PESQUISA SOCIAL
RECONSTRUTIVA

Dados Internacionais de Catalogação na Publicação (CIP)
(Câmara Brasileira do Livro, SP, Brasil)

Bohnsack, Ralf
    Pesquisa social reconstrutiva : introdução aos métodos qualitativos / Ralf Bohnsack ; tradução Markus A. Hediger ; revisão da tradução de Wivian Weller ; prefácio à edição brasileira de Wivian Weller – Petrópolis, RJ : Vozes, 2020.

    Título original: Rekonstruktive Sozialforschung : Einführung in qualitative Methoden
    Bibliografia.
    ISBN 978-85-326-6311-5

    1. Ciências Sociais – Pesquisa – Metodologia. 2. Sociologia do Conhecimento. 3. Pesquisa Qualitativa. I. Weller, Wivian. II. Bohnsack, Ralf. III. Título.

19-29876   CDD-301

Índices para catálogo sistemático:
1. Métodos qualitativos : Pesquisa social   301

Cibele Maria Dias – Bibliotecária – CRB-8/9427

Ralf Bohnsack

PESQUISA SOCIAL RECONSTRUTIVA

Introdução aos métodos qualitativos

Tradução de **Markus A. Hediger**
Revisão da tradução de **Wivian Weller**
Prefácio à edição brasileira de **Wivian Weller**

EDITORA
VOZES

Petrópolis

Título do original em alemão: *Rekonstruktive Sozialforschung – Einführung in qualitative Methoden.* 9., überarbeitete und erweiterte Auflage

Direitos de publicação em língua portuguesa:
2020, Editora Vozes Ltda.
Rua Frei Luís, 100
25689-900 Petrópolis, RJ
www.vozes.com.br
Brasil

Editoração: Maria da Conceição B. de Sousa
Diagramação: Sheilandre Desenv. Gráfico
Revisão gráfica: Nilton Braz da Rocha / Fernando Sergio Olivetti da Rocha
Capa: Felipe Souza | Aspectos

ISBN 978-85-326-6311-5 (Brasil)
ISBN 978-3-8252-8554-8 (Alemanha)

Editado conforme o novo acordo ortográfico.

Este livro foi composto e impresso pela Editora Vozes Ltda.

Sumário

Referências, 345

Prefácio à edição brasileira

No início dos anos de 2000, quando passei a lecionar disciplinas sobre méto-dos de pesquisa qualitativa na pós-graduação, existiam poucas obras em língua portuguesa fundamentadas na tradição da Escola de Chicago e da etnometo-dologia, dentre as quais algumas estavam esgotadas. A análise da conversação inspirada na etnometodologia e a teoria fundamentada, dois procedimentos bastante difundidos no contexto norte-americano e europeu a partir dos anos de 1960, também eram pouco conhecidos entre os estudantes em função da ausência de traduções dessas obras. A tradição alemã de pesquisa empírica, com seus procedimentos de análise de dados qualitativos desenvolvidos com base na hermenêutica social, no interacionismo simbólico, na fenomenologia social e na sociologia do conhecimento, era praticamente desconhecidos no Brasil. Ao perguntar a um renomado professor e tradutor de obras clássicas da teoria sociológica alemã por que não existiam traduções de obras clássicas da sociologia empírica desenvolvida na Alemanha, obtive mais ou menos a seguinte resposta: "Recorremos aos alemães para o embasamento teórico e aos americanos para os procedimentos de pesquisa empírica". Parecia existir nessa explicação a percepção de que livros sobre sociologia empírica e sobre métodos de pesquisa não são teóricos, de que representam apenas um caminho para se chegar aos dados que deverão ser analisados teoricamente, ou seja, com base em teorias exteriores ao campo empírico e não a partir de procedimentos in-terpretativos que possibilitam a reconstrução da construção social da realidade, que se constitui com os atores e com suas ações (MEUSER, 2018). Com isso não estamos afirmando que a reconstrução da construção social da realidade prescinde de teorias, mas que estas não podem se sobrepor ou substituir o processo interpretativo dos dados à luz do que eles mesmos revelam sobre a realidade social pesquisada.

Esse quadro foi superado e atualmente contamos com diversas traduções de manuais sobre métodos de pesquisa qualitativa, bem como outras obras elaboradas por pesquisadores brasileiros no campo das ciências sociais e da educação. A Editora Vozes ocupa uma posição importante nesse trabalho de difusão dos métodos de pesquisa qualitativa. A obra *Pesquisa qualitativa com texto, imagem e som – Um manual prático,* publicada em 2002 e atualmente em sua 13ª edição, representou um importante marco e uma mudança na forma de se fazer pesquisa qualitativa. O avanço tecnológico – com os gravadores digitais que deram fim à memorável fita cassete, com as máquinas fotográficas digitais e os aparelhos celulares para registro de imagens e realização de filmagens sem grandes custos – fez com que cada vez mais pesquisadores passassem a se utilizar desses equipamentos altamente funcionais durante a realização do trabalho de campo. Mas faltava um guia que pudesse indicar possíveis caminhos para a análise dessa imensidão de dados que são produzidos hoje com mais facilidade e com menos custos do que no passado. Explica-se assim o sucesso dessa obra que trouxe importantes contribuições sobre os diferentes tipos de entrevistas e enfoques analíticos para a análise interpretativa de textos, imagens e sons, preenchendo "um vácuo que nos afligia dentro da própria pesquisa qualitativa" (GUARESCHI, 2002, p. 7).

Metodologias da pesquisa qualitativa em educação – Teoria e prática, publicada em 2010 e atualmente em sua 5ª reimpressão, embora mais direcionada para a área de educação mas com abordagens metodológicas oriundas da sociologia, representou uma inovação em dois sentidos: por um lado acrescentou concomitante à apresentação do método documentário e à fundamentação teórico-metodológica de instrumentos de geração, isto é, de construção de dados empíricos – tais como a entrevista narrativa, os grupos de discussão, as imagens e filmes –, exemplos de como esses procedimentos foram efetivamente empregados, realizando uma interlocução entre a teoria e a experiência prática de análise de dados qualitativos. Por outro, além de traduzir textos do alemão para o português, a obra trouxe reflexões sobre a pesquisa qualitativa no Brasil e na Alemanha com a participação de autores de ambos os países, apontando para a importância do diálogo em torno dos métodos de pesquisa e da sistematização de experiências em distintos contextos. Por quase 10 anos esse manual foi e ainda continua sendo uma importante referência para pesquisadores que buscam uma ferramenta de análise sólida e fundamentada teoricamente, a exemplo do método documentário, desenvolvido por Ralf Bohnsack com base na sociologia do conhecimento de Karl Mannheim e em debate com a sociologia da cultura de Piere Bourdieu.

Pesquisa social reconstrutiva – Introdução aos métodos qualitativos, fruto da tradução da 9ª edição da obra em língua alemã, chega ao público brasileiro em um momento em que a pesquisa qualitativa exige maior entendimento teórico e epistemológico do processo de construção de conhecimento a partir da empiria. Torna-se necessário conhecer distintas tradições e correntes da pesquisa qualitativa, especialmente da pesquisa qualitativa reconstrutiva.

Antes de situar o contexto da presente obra, farei uma breve apresentação de seu autor – Ralf Bohnsack –, orientador de minha tese de doutorado (WELLER, 2011), com quem atuei também como "trabalhadora científica" (*wissenschaftliche Mitarbeiterin*) no período de 1997 a 2001, no âmbito de um projeto sobre criminalidade e experiências de exclusão típicas da fase do desenvolvimento e do meio social em grupos juvenis.

Nascido em 1948, iniciou seus estudos em sociologia na recém-fundada Faculdade de Sociologia da Universidade de Bielefeld no ano de 1967, na qual também concluiu em 1972 seu mestrado com uma dissertação sobre "Competências de ação e criminalidade juvenil" e em 1981 seu doutorado sobre "Interpretação cotidiana e reconstrução sociológica", contando, na tese, com a orientação dos professores Joachim Matthes e Niklas Luhmann. Foi docente e pesquisador do Instituto de Sociologia da Universidade de Erlangen-Nürnberg no período de 1987 a 1990, dedicando-se concomitantemente ao desenvolvimento de sua tese de livre-docência supervisionada pelos professores Joachim Matthes e Werner Mangold, defendida em 1987. Em sua tese de livre-docência, publicada em 1989 com o título "Geração, meio social e gênero – Resultados de grupos de discussão com adolescentes", Ralf Bohnsack dá continuidade ao desenvolvimento do método documentário já iniciado em sua tese de doutorado e apresenta uma nova fundamentação teórica para o método dos grupos de discussão que haviam sido criados nos anos de 1950 por pesquisadores da Escola de Frankfurt. Por meio da interpretação das orientações coletivas emanadas dos grupos de discussão realizados com jovens de distintos meios sociais, o autor demonstra o potencial desse procedimento assim como do método documentário como forma de acesso ao conhecimento experiencial coletivo ou conjuntivo dos atores, entre outros, o acesso às orientações coletivas vinculadas ao meio social, geracional, educacional, da fase de desenvolvimento e de pertencimento de gênero. Em 1990 assume a cátedra de Métodos Qualitativos no Departamento de Educação e Psicologia da Universidade Livre de Berlim. Entre outras atividades foi responsável pelo curso de especialização Métodos Qualitativos nas Ciências Sociais e pela oficina de pesquisa (*Forschungswerkstatt*). Nesses espaços formou-se uma geração de pesquisadores que se tornaram professores e contribuíram para o desenvolvimento e aplicação do método documentário em distintos campos de pesquisa como será demonstrado ao longo desse livro. A partir dos anos de 2000, quando o método documentário já era amplamente conhecido e testado na análise de grupos de discussão e entrevistas narrativas, Ralf Bohnsack assume um novo e bem-sucedido desafio de ampliar as potencialidades do método documentário para a análise de fotografias e filmes, dedicando-se à publicação de um manual específico sobre a análise de imagens e vídeos (BOHNSACK, 2011) assim como à organização de coletâneas e artigos sobre o tema.

Mas o que vem a ser pesquisa qualitativa reconstrutiva? Entre os procedimentos de pesquisa qualitativa definidos como reconstrutivos, encontram-se a sociologia do conhecimento hermenêutica, a hermenêutica objetiva, o método documentário, a análise da conversação, a análise de narrativas e a análise de discurso com base na sociologia do conhecimento. Segundo Meuser (2018), mesmo apresentando fundamentações teórico-epistemológicas distintas, esses procedimentos tomam como base a construção social da realidade no sentido de Berger e Luckmann, voltando-se, assim, para a reconstrução da construção social da realidade. Busca-se compreender como os sujeitos se orientam no mundo social, assim como os sentidos atribuídos por eles aos fenômenos sociais (WAGNER, 1999). Para alcançar esse propósito e considerando que a pesquisa qualitativa reconstrutiva tem como foco a construção de teorias fundamentadas empiricamente, os procedimentos utilizados na construção dos dados empíricos são abertos, permitindo, por exemplo, que participantes de um grupo de discussão discorram sobre suas ações ou situações específicas a partir do próprio vocabulário e da relevância que eles mesmos atribuem a essas ações ou acontecimentos. Bohnsack (cap. 2) destaca que "se o foco principal dos métodos reconstrutivos estiver voltado para a geração de teorias, a metodologia reconstrutiva precisa se ocupar com a identificação e extração desses princípios da geração de teorias ou tipos". As bases para alcançar esses princípios são discutidas ao longo da obra, por meio da apresentação de três procedimentos de pesquisa qualitativa reconstrutiva: hermenêutica objetiva, análise de narrativas e o método documentário. A obra prioriza a apresentação detalhada do método documentário desenvolvido pelo próprio autor, assim como a aplicação prática do método na análise de grupos de discussão, fotografias e filmes[1]. À versão portuguesa da obra foram incluídos nos anexos uma lista de publicações em português e inglês que apresentam discussões teóricas e metodológicas básicas do método documentário, assim como resultados de pesquisas realizadas por diversos pesquisadores. Também foi acrescentada uma lista com a terminologia do método documentário em alemão, inglês e português, que enfatiza a particularidade dos conceitos adotados na sociologia do conhecimento de Karl Mannheim e o vocabulário do método documentário para a análise de imagens e textos.

Traduzir e revisar a tradução de uma obra fundamentada na sociologia do conhecimento do alemão para o português, mantendo-se fiel ao original e tornando-a compreensível ao leitor de língua portuguesa, não é uma tarefa simples. Foram realizadas diversas consultas, e gostaríamos de registrar nossos agradecimentos às sugestões que nos foram encaminhadas por colegas brasileiros e alemães que realizaram outras traduções.

Wivian Weller
Universidade de Brasília – UnB
Setembro de 2019.

Referências

BOHNSACK, R. (2011). *Qualitative Bild- und Videointerpretation*. Opladen/Farmington Hills: Barbara Budrich.

GUARESCHI, P. (2002). Apresentação. In: BAUER, M.W. & GASKELL, G. *Pesquisa qualitativa com texto, imagem e som*: um manual prático. 13. ed. Petrópolis: Vozes, p. 7-9.

---

1 Para os leitores interessados em publicações em língua portuguesa sobre a hermenêutica objetiva e sobre a análise de narrativas sugerimos consultar, entre outros: Vilela e Nápolis, 2010; Rosenthal, 2014; Schütze, 2013; Schütze, 2014.

MEUSER, M. (2018). Rekonstruktive Sozialforschung. In: BOHNSACK, R.; MEUSER, M. & GEIMER, A. (eds.) (2018). *Hauptbegriffe Qualitativer Sozialforschung*. Opladen/ Toronto: Barbara Budrich, p. 206-209.

ROSENTHAL, G. (2014). *Pesquisa social interpretativa*: uma introdução. Porto Alegre: Edipucrs.

SCHÜTZE, F. (2014). Análise sociológica e linguística de narrativas. In: *Civitas – Revista de Ciências Sociais*, 14 (2), p. e11-e52.

_____ (2013). Pesquisa biográfica e entrevista narrativa. In: WELLER, W. & PFAFF, N. (2019). *Metodologias da pesquisa qualitativa em educação*: teoria e prática. 3. ed., 5. reimpr. Petrópolis: Vozes, p. 210-222.

VILELA, R.A.T. & NOACK-NAPOLES, J. (2010). "Hermenêutica objetiva" e sua apropriação na pesquisa empírica na área da educação. In: *Linhas Críticas*, 16 (31), p. 305-326.

WAGNER, H.J. (1999). *Rekonstruktive Methodologie*. Opladen: Leske/Budrich.

WELLER, W. (2011). *Minha voz é tudo que eu tenho* – Manifestações juvenis em Berlim e São Paulo. Belo Horizonte: UFMG.

WELLER, W. & PFAFF, N. (2019). *Metodologias da pesquisa qualitativa em educação*: teoria e prática. 3. ed., 5. reimpr. Petrópolis: Vozes.

Prefácio à nona edição

A primeira edição desta obra foi publicada em 1991. Como orientação para os leitores que possuem ou conhecem edições anteriores, parece-me indicado esboçar as mudanças e ampliações ao longo de todas as edições:

A segunda edição foi apenas revista e ampliada em seu registro bibliográfico.

A terceira edição recebeu um novo capítulo com a discussão metodológica atual sobre os métodos qualitativos (Metodologia praxiológica) e um capítulo final (inserido como apêndice) com instruções para a realização dos grupos de discussão (Princípios reflexivos de iniciação e direção dos grupos de discussão).

A quarta edição foi apenas revista e ampliada em seu registro bibliográfico.

Na quinta edição o capítulo sobre a análise conversacional foi ampliado com uma seção sobre a análise da conversação do método documentário no contexto dos procedimentos sociolinguísticos. Foi acrescido ainda o capítulo sobre interpretação de imagens (Procedimentos qualitativos de interpretação de imagens e o método documentário). Em novas seções do capítulo final (apêndice) explicamos de modo exemplar a análise documentária conversacional (Interpretação exemplar de uma passagem textual) e a interpretação documentária de imagens (Exemplos de interpretações de imagens).

A sexta edição foi revista e ampliada em seu registro bibliográfico. O mesmo vale para as sétima e oitava edições.

Esta nona edição, por sua vez, recebeu um capítulo sobre a interpretação documentária de vídeo (Interpretação documentária de vídeos e filmes) e duas seções correspondentes no apêndice (Princípios da transcrição de vídeos: MoViQ; Passos da interpretação documentária de vídeos e filmes).

Ralf Bohnsack
Berlim, março de 2014.

1
Introdução

Este livro introdutório surgiu do contexto da experiência e diálogo na docência. Isso significa que ele se baseia essencialmente em manuscritos destinados originalmente à prática cotidiana de ensino.

Ao mesmo tempo, este livro foi marcado pelas experiências da própria prática de pesquisa (inclusive da prática do ensino da pesquisa). Esse procedimento empírico e metodológico, que se desenvolveu, aos poucos, com base em uma experiência de pesquisa própria e da discussão sobre ela foi definida por mim como "método documentário".

Remeto assim à tradição metodológica da sociologia da cultura e da sociologia do conhecimento de Karl Mannheim, fundada por este já na década de 1920. No início da década de 1960, Harold Garfinkel, fundador da etnometodologia, chamou atenção para o método documentário e para alguns elementos essenciais dos trabalhos metodológicos e epistemológicos de Karl Mannheim. No entanto, os conhecimentos metodológicos desenvolvidos já na década de 1920 em sua obra *Lehre von der Seinsverbundenheit des Wissens* [Teoria da Determinação Existencial do Pensamento] não foram aproveitados pela etnometodologia para uma reconstrução da prática de pesquisa empírica (cf. cap. 3.2).

Apesar de eu argumentar a partir da minha própria posição metodológica, que tem seu fundamento na prática de pesquisa, e este ser o fio da meada deste livro, eu tento fazer jus às outras posições expostas e discutidas em maior detalhe neste livro em suas próprias reivindicações imanentes. São estas, em primeira linha, as duas formas de procedimento ou metodologias da *hermenêutica objetiva* e da *entrevista narrativa*.

As comparações e os confrontos das metodologias realizados nessa base têm, por um lado, a vantagem de evidenciar de forma mais clara suas posições distintas. Ao mesmo tempo, porém, tento sempre identificar também os aspectos que essas correntes dentro da pesquisa social qualitativa ou reconstrutiva têm em *comum* a despeito de todas as diferenças. Assim torna-se possível evidenciar características e premissas fundamentais da pesquisa social reconstrutiva. (Sigo assim o mesmo princípio que é de importância central também para a prática de pesquisa empírica, ou seja, a análise comparativa.)

O capítulo 2 oferece uma visão geral das características fundamentais dos procedimentos qualitativos ou, de forma mais precisa, *reconstrutivos* – em oposição aos procedimentos de teste de hipóteses. É essa contraposição que eu considero sensata e justificável, não, porém, aquela que procura contrapor a pesquisa social *qualitativa* à *quantitativa*.

Considerações metodológicas que realmente podem ser relevantes para a pesquisa empírica possuem seu fundamento experiencial na prática da pesquisa. Devem ser compreendidas no sentido de uma explicação, sistematização, justificação, categorização e fundamentação dos métodos da prática de pesquisa, isto é, no sentido de uma resposta a perguntas que se põem ao pesquisador no decorrer desse tipo de reconstruções. Esse é um dos significados do título "Pesquisa social reconstrutiva".

Metodologias inovadoras, como as da entrevista narrativa, da hermenêutica objetiva e da "*grounded theory*" de Glaser e Strauss e, por fim, também do método documentário, surgiram da prática de pesquisa e foram desenvolvidas na prática de pesquisa. Em relação à sua plausibilidade e seu potencial inovador, uma metodologia depende diretamente da prática de pesquisa na base da qual ela foi desenvolvida (cf. tb. cap. 12).

Todavia, isso significa também que certa familiaridade com a prática de pesquisa é precondição para o entendimento adequado de uma metodologia. Isso significa: A apreensão de métodos "qualitativos" depende (na prática de pesquisa) de um conhecimento experiencial adquirido pessoalmente – um conhecimento apenas adquirido (de manuais) não oferece o fundamento necessário. A mera aquisição da reflexão metodológica, de regras metódicas, instruções ou diretrizes não permite uma prática de pesquisa nem mesmo uma compreensão adequada de um método. Entre regras metódicas de um lado e a prática de pesquisa de outro, não existe uma relação dedutiva, mas apenas *reflexiva*.

Essa relação com a prática de pesquisa, diferentemente do procedimento de teste de hipóteses, documenta uma relação fundamentalmente distinta com a prática cotidiana em geral, que afeta não só a prática dos pesquisadores, mas também a dos pesquisados: formação de teoria e tipos ocorre na base da reconstrução da prática cotidiana dos pesquisados ou na base da reconstrução do conhecimento experiencial, que é constitutiva para essa prática cotidiana. Esse é o outro dos dois significados do título "Pesquisa social reconstrutiva".

Essa acepção de método acima esboçada demarca também os limites deste livro: Se a apreensão de métodos qualitativos exige um conhecimento experiencial adquirido pessoalmente na prática de pesquisa, a aquisição desses métodos resulta primariamente da prática de ensino da pesquisa. Livros metodológicos podem, a princípio, contribuir apenas para a reflexão, confirmação e solução de problemas que se apresentam àqueles que já se envolveram com a prática de pesquisa em determinado grau.

Onde não houver essa participação na prática de pesquisa, um manual pode compensar isso em parte por meio de uma "participação virtual" no processo de pesquisa – na base de relatos experienciais, descrições e narrativas da prática de pesquisa.

Em todo caso, porém, segue daquilo que já foi dito como precondição essencial para um manual sobre métodos de pesquisa que ele deveria ter sido escrito na base de experiências de pesquisa (adquiridas pessoalmente). Não me refiro com isso apenas a experiências no contexto de grandes projetos de pesquisa, mas também a experiências adquiridas no contexto do ensino da pesquisa; isto é, no contexto de projetos de pesquisa menores, concebidos especialmente para o exercício dos alunos na prática de pesquisa.

No que diz respeito às minhas próprias experiências, penso aqui sobretudo também naqueles tipos de seminários ou colóquios em que os participantes de diversas disciplinas debatem seus próprios projetos de pesquisa concebidos pessoalmente – exames de qualificação, dissertações e teses – nos diferentes estágios de seu processamento. Visto que foram principalmente as experiências com estudantes de semestres avançados ou pós-graduações que determinaram a forma deste livro, ele se dirige primariamente a esse círculo de leitores.

Creio que a vivacidade e a criatividade que vivenciei nesses colóquios de pesquisa se devem essencialmente ao fato de que tanto os pesquisados quanto os pesquisadores são levados a sério na complexidade de seu conhecimento experiencial, de suas competências cotidianas e de sua sensibilidade. Por outro lado, a pesquisa social empírica fornece bastantes exemplos para o fato de que não só os pesquisados, mas também os pesquisadores não conseguem se reconhecer nos produtos do processo de pesquisa: Quando as técnicas e os produtos de pesquisa perdem seu vínculo com a experiência cotidiana e com a sensibilidade ali arraigada, os resultados são pobres e não ocorre uma ocupação produtiva e crítica com a experiência cotidiana. É nessas condições de produção de conhecimento e teoria que encontramos as raízes dos problemas centrais da relevância prática da pesquisa sociocientífica.

Visto que a prática de pesquisa sempre está bem à frente de sua própria certificação e explicação, de sua reconstrução metodológica, o desenvolvimento de métodos reconstrutivos e sua comunicação e transmissão no ensino dependem em medida decisiva da troca de "experiências de laboratório", que, no produto publicado do processo de pesquisa, já não se evidencia tão facilmente (mesmo nos casos em que o processo da produção de resultados também é descrito).

Esse tipo de abordagens metódico-teóricas está inseparavelmente vinculado às formas de ensino, que se diferenciam dos estilos comuns de um seminário: Os colóquios de pesquisa com estudantes, cujos elementos essenciais são a familiarização em grupo, a troca e a reflexão sobre a experiência da prática de pesquisa, hoje são realizados em diversas instituições de formação de pesquisa social reconstrutiva – às vezes chamados de "oficina de pesquisa". Aqueles que conhecem esses seminários sabem que aqui existe a chance de realizar de forma viva a pretensão da unidade de pesquisa e ensino – pretensão esta que, em algumas áreas, já nem é mais levada a sério.

2
Métodos reconstrutivos na pesquisa social empírica em distinção aos procedimentos de teste de hipóteses

As ciências sociais são ciências empíricas, ou seja, ciências experienciais. O que distingue as ciências empíricas de ciências não empíricas é que elas reconhecem apenas afirmações teóricas que possam ser verificadas pela experiência. Trata-se do chamado critério de demarcação, que demarca a fronteira entre ciência empírica e o cotidiano, mas também entre ciência empírica e matemática e lógica.

Dentro da metodologia empírica existe, a despeito das posições divergentes, consenso em relação a isso. Os problemas verdadeiros começam com as perguntas: Como a experiência é possível? Como se realiza experiência? Como deve ser a relação entre teoria e experiência? Quando investigamos mais de perto o que se esconde por trás do conceito de "experiência", nós já nos aproximamos bastante da resolução do problema referente à relação entre teoria e experiência.

Já que a experiência sensual simples e não interpretada não pode adquirir relevância científica, e já que, quando lidamos com experiência cientificamente relevante, sempre já estamos diante de estados de coisas interpretados, isto é, linguisticamente apreensíveis e formulados, o problema da relação entre teoria e experiência pode ser designado como problema da relação entre *sentenças teóricas* e aquelas afirmações que procuram formular experiências e observações. Popper (esp. 1971), como um dos fundadores da metodologia do procedimento de teste de hipóteses, chama essas sentenças de *enunciados básicos* ou *sentenças protocolares*. O problema da relação entre teoria e experiência, entre teoria e empiria pode, portanto, ser formulado inicialmente como problema da relação entre sentenças teóricas e sentenças de observação, enunciados básicos ou sentenças protocolares.

Mas o que caracteriza essa relação, como ela pode ser compreendida em termos epistemológicos? É possível deduzir de sentenças específicas sentenças gerais, hipóteses ou teorias – de baixo para cima, ou seja, de forma *indutiva*?

2.1 Sobre a metodologia dos procedimentos de teste de hipóteses

Como demonstrou Popper, o problema da indução não pode ser resolvido pela lógica do conhecimento. Popper fundamenta isso da seguinte forma: Quando apelo ao princípio indutivo, preciso poder justificá-lo como sentença geral. Essa sentença geral precisa ser empiricamente verificável. Para poder verificá-la, preciso deduzir de sentenças específicas, que remetem a observações de deduções indutivas individuais, (indutivamente) uma sentença geral – justamente a sentença que diz respeito à validade do princípio indutivo como princípio geral. Ou seja, preciso realizar uma inferência indutiva para justificar o princípio indutivo. Isso me leva ao "regresso infinito": A fim de justificar o princípio indutivo, preciso aplicar inferências indutivas, ou seja, preciso me apoiar no princípio indutivo. E para justificar isso, preciso... Popper (1971, p. 4s.) escreve: "A fim de justificar o princípio indutivo, precisaríamos aplicar chaves indutivas, para as quais seríamos obrigados a pressupor um princípio indutivo de ordem superior etc. Uma acepção empírica do princípio indutivo fracassa porque conduz a um *regresso infinito*".

Se, então, o princípio indutivo não pode ser fundamentado pela lógica do conhecimento, ele não serve como "critério de demarcação", como critério que permite distinguir a ciência empírica das ciências não empíricas: "O que nos levou a refutar a lógica indutiva foi justamente o fato de que não podemos reconhecer nesse método indutivo um *critério de demarcação* adequado, isto é, um distintivo do caráter empírico, não metafísico de um sistema teórico" (p. 9).

Popper, como fundador da lógica de pesquisa, na qual se apoia o racionalismo crítico[1], apontou como saída para esse dilema a exclusão da justificação

---

1 O racionalismo crítico, cuja lógica de pesquisa se orienta por Popper, desdobrou e formulou sua posição principalmente no contexto da chamada "disputa do positivismo" (cf. ADORNO et al., 1969) sob a liderança de Albert (esp. 1969) em confronto com a Escola de Frankfurt e seus representantes Adorno e Habermas.

epistemológica do contexto da origem, descoberta e gênese das teorias do processo de pesquisa. A pergunta: "Como alguém chega a uma hipótese teórica?" é – nesse sentido – no máximo *objeto* da ciência empírica, por exemplo, da psicologia; não, porém, seu fundamento epistemológico: Não existe, portanto, na metodologia do racionalismo crítico um *método* de descoberta de algo novo, um *método* de descoberta ou geração de teorias.

Assim, a garantia da lógica da pesquisa das ciências empíricas se concentra ali exclusivamente no *contexto de verificação ou justificação* das teorias.

No esclarecimento dos métodos de verificação de sentenças teóricas ou gerais por meio de sentenças de observação ou enunciados básicos, resulta outro passo lógico do fato de que – na acepção do racionalismo crítico – as proposições de lei, visadas pela ciência, possuem o caráter de proposições universais, de sentenças universais. Mesmo que não exista – ou *ainda* não exista – nas ciências sociais esse tipo de proposições independentes de tempo e espaço, as ciências sociais, como também as ciências naturais, deveriam – segundo o racionalismo crítico – orientar e alinhar sua metodologia a esse ideal.

Sentenças universais, proposições universais se referem a um número ilimitado de possíveis casos de aplicação. Visto, porém, que a série de observações por meio da qual a hipótese verificada num caso específico é finita, isto é, limitada, as hipóteses de leis gerais no sentido de proposições universais não são *verificáveis*. Basta, porém, uma única observação contrária para *falseá-las*.

Por questões de exaustividade, podemos distinguir das proposições empíricas também os conceitos ou as *definições analíticas*. Estes se apoiam em acordos, em convenções entre cientistas e representam as precondições para as proposições empíricas. Isso vale, por exemplo, no caso da definição de conceitos básicos da sociologia, por exemplo, para a definição do conceito de sistema: "Quando qualquer objeto é um sistema social, ele consiste de pessoas que interagem umas com as outras" (POPPER, 1971, apud KROMREY, 1998, p. 35). No entanto, esse tipo de definições ou de categorias analíticas costuma ser contestado. A definição acima citada é, por exemplo, uma das quais a moderna Teoria de Sistemas – por exemplo, a de Luhmann – se despediu há muito tempo. Segundo Luhmann, os sistemas não consistem de pessoas, mas de relações significativas: "Um sistema social é compreendido aqui como relação significativa de atos sociais, que remetem uns aos outros e que podem ser distinguidos de um ambiente de atos não pertinentes" (LUHMANN, 1970a, p. 115).

Esse tipo de definições ou categorias analíticas se apoia em acordos e é precondição de uma língua comum, imprescindível para a formulação de proposições empíricas. Não são, elas mesmas, proposições empíricas, pelo menos não do tipo que a análise empírica concreta pretende verificar.

Uma distinção entre definições ou proposições empíricas e os conceitos ou as definições pressupostas à investigação empírica concreta é importante não só no quadro de referências dos procedimentos de teste de hipóteses e de sua lógica de pesquisa, mas também no quadro de referências dos métodos reconstrutivos e de sua metodologia. Como demonstrarei mais adiante, distinguimos ali entre categorias formais ou sociológico-formais ou também metateóricas e categorias substantivas (baseadas em observações empíricas).

Voltemos para as proposições empíricas: Proposições empíricas na forma de hipóteses de leis gerais não são verificáveis, pois se referem a um número ilimitado de possíveis casos de aplicação. Assim, por exemplo, a sentença universal: "Todos os cisnes são brancos" não é verificável, pois ela se refere a todos os cisnes que já viveram e ainda viverão. Basta, porém, a observação de um *único* cisne negro para falsear a proposição universal ou a hipótese de lei.

Se a verificação de hipóteses de leis gerais não é possível, se elas só podem ser falseadas, o critério de demarcação pode – se seguirmos a argumentação de Popper e do racionalismo crítico – ser redefinido de forma mais restrita: Proposições empíricas devem: a) informar sobre a realidade e b) poder falhar diante da realidade, ou seja, devem ser falseáveis. Quando proposições de lei não podem ser verificadas, torna-se impossível fazer proposições *verdadeiras*: O cientista nada *sabe*, ele apenas *adivinha*. Ele não conhece proposições *verdadeiras*, apenas proposições *experimentadas*. Ao reformular hipóteses falseadas, eliminando seu teor falso, ou seja, ao reformulá-las e limitando-as ao mesmo tempo, impondo-lhes limitações e restrições, ele chega a proposições *experimentadas*, aproximando-se assim neste sentido da verdade. As hipóteses, as sentenças teóricas são submetidas a condições restritivas, mas perdem assim também seu caráter de proposições universais.

O problema da relação entre sentenças teóricas, ou seja, entre proposições teóricas e sentenças de observação ou enunciados básicos já é, em si, bastante complexo. Até agora, porém, nada foi dito sobre a relação entre os enunciados básicos ou sentenças de observação e aquilo que é observado. Isso nos leva ao *problema do enunciado básico* ou ao *problema básico*, como o denominaram

Popper e o racionalismo crítico. Encontramos este mesmo problema em outra terminologia, em outra embalagem também na *metodologia interpretativa ou reconstrutiva*, onde a questão é problematizada com maior profundeza e mais consequências.

O manual de métodos empíricos acima citado, que se aproxima do racionalismo crítico (KROMREY, 1998, p. 46), formula no contexto da verificação de uma teoria ou de uma construção hipotética sobre contatos entre vizinhos a seguinte sentença protocolar: "No assentamento suburbano X, os contatos entre vizinhos em determinado momento t foram mais intensos (em termos de frequência) do que na região intraurbana e no mesmo momento t".

Agora é evidente – e Popper, e com ele o racionalismo crítico, vê isso também – que nos enunciados básicos propriamente encontram-se implícitos conhecimentos teóricos, teorias; por exemplo, preciso saber o que é um "contato entre vizinhos". Isso pode ser fixado em parte por uma definição, mas, no fim das contas, inserem-se na formulação de enunciados básicos sempre uma abundância de pressuposições, de pressuposições teóricas que não são nem definições, nem podem ser verificadas empiricamente na respectiva pesquisa. Isso, porém, põe em xeque – também no sentido do racionalismo crítico – o teor de verdade, a verificação do enunciado básico.

Esse problema básico só pode ser superado, a objetividade dos enunciados básicos só pode ser garantida se o passo, o processo interpretativo que levou ao enunciado básico, à sentença protocolar, puder ser verificado e controlado de modo intersubjetivo – tanto dentro do grupo de pesquisadores como também por parte do público científico. A possibilidade da *crítica* dentro do grupo de pesquisadores e por parte do público científico é, portanto, característica central e constitutiva do processo de pesquisa, é tão central e constitutiva que o racionalismo crítico a inseriu em seu nome.

A possibilidade intersubjetiva de verificar, controlar e criticar deve, naturalmente, ser vista como ideal. A fim de se aproximar desse ideal, o processo por meio do qual os atos observados são traduzidos para categorias de observação, para uma língua de observação, precisa ser documentado. Em uma pesquisa, por exemplo, devem ser documentadas não só as perguntas do pesquisador (p. ex., por meio da impressão do questionário), mas, no caso ideal, também as respostas dos interrogados e, por fim, também o passo dessas declarações para aquilo que o entrevistador protocola, para aquilo que é "codificado".

A verificabilidade intersubjetiva é viabilizada por meio da *possibilidade de reproduzir o processo de pesquisa, o processo de conhecimento*. No esforço de garantir a possibilidade de reproduzir o processo de conhecimento, os métodos influenciados pelo racionalismo crítico se orientam pelo experimento científico-natural, que se apoia na imagem ideal de um processo de pesquisa cujas condições são mantidas constantes na medida do possível. Em analogia ao experimento da ciência natural, a investigação sociocientífica deve garantir a constância de suas condições por meio da formalização, esquematização ou *padronização* da comunicação entre os pesquisadores e seus objetos de pesquisa. Por isso, os procedimentos de teste de hipóteses são chamados também de "métodos padronizados".

Quanto mais se alcança esse tipo de formalização – que visa à possibilidade de reproduzir o processo de conhecimento – e, com isso, uma "precisão formal", mais os métodos de coleta de dados correspondem ao critério da "fiabilidade" (ou "*reliability*").

2.2 Sobre a crítica aos procedimentos de teste de hipóteses

Com sua formalização e padronização crescente, os métodos de coleta de dados (p. ex., a entrevista) não possuem mais o *status* de mídias da comunicação entre os pesquisadores e aqueles que são objeto da pesquisa. Eles se transformam em "instrumentos" – como são chamados também no uso linguístico dos procedimentos de teste de hipóteses.

Aqui surge o problema de que uma padronização restringe a comunicação de pesquisa, sobretudo, porém, as possibilidades de comunicação dos probandos são limitadas. Isso, porém, põe em xeque aquilo que designamos como "validade" de um procedimento, de um método; isto é, questiona-se que o método é adequado ao seu objeto, à ação social, à comunicação daqueles que são objeto da pesquisa.

A crítica aos métodos empíricos, provocada pelo modelo de pesquisa, pelo modelo do processo de pesquisa desenvolvido pelo racionalismo crítico, voltou-se contra dois aspectos: Por um lado, essa crítica partiu do chamado problema do enunciado básico, do problema da relação entre sentença de observação e realidade observada, ou seja, da relação entre experiência de observação e o objeto dessa observação, a ação observada, a realidade social observada.

Nesse caso, a crítica visava à relação, à comunicação entre o observador – por exemplo, o entrevistador – e a ação, as expressões linguísticas dos entrevistados e pesquisados.

Por outro lado, essa crítica se volta também num nível mais fundamental contra a acepção de teoria, contra a relação entre teoria e campo de objetos, referente à qual as ciências naturais e as ciências sociais se diferenciam. Por fim, isso afeta também a ideia do procedimento de teste de hipóteses, que resulta – segundo a justificação de Popper – quando o contexto da descoberta de teorias, a gênese de teorias é excluída da observação sob os termos da lógica de pesquisa.

Nesse resumo da crítica ao modelo de pesquisa convencional, eu me concentrarei no âmbito da relação entre experiência de observação e realidade, isto é, à comunicação entre observador e observado, para mais tarde voltar para a problemática do procedimento de teste de hipóteses em geral.

Essa crítica teve sua repercussão vasta graças às experiências imediatas da prática de pesquisa. Esse desconforto dos pesquisadores foi, porém, alimentado por considerações das áreas da Teoria da Comunicação e da Teoria da Interação e, por fim, também de forma bem geral por observações metodológicas nos campos da fenomenologia, da sociologia do conhecimento, da Escola de Chicago, isto é, do interacionismo simbólico, da etnografia ou também da antropologia cultural, que se ocupam com o problema da compreensão de outras culturas. Por fim, a crítica recebeu o apoio metodológico também por considerações do campo da hermenêutica, que tradicionalmente se ocupa com a interpretação de textos.

A fenomenologia, o interacionismo simbólico e as ciências etnológicas levantaram o problema fundamental se observador e observado, entrevistador e entrevistado conseguem se entender diretamente, visto que, muitas vezes, eles pertencem a mundos sociais distintos, a subculturas ou ambientes diferentes, foram socializados diferentemente e, por isso, falam línguas diferentes. Mesmo que a sintaxe, isto é, a gramática e o vocabulário, seja a mesma e ambos falem, por exemplo, a língua alemã, a semântica, ou seja, o conteúdo significativo vinculado às manifestações linguísticas, é diferente. Garfinkel, que, sob o nome da "etnometodologia", acatou pensamentos da fenomenologia, do interacionismo simbólico e – como já diz o nome – também das ciências etnológicas, mostra como a comunicação pode ser frágil e precária já no dia a dia normal, sem a interferência de um entrevistador, de um estranho.

Reproduzo aqui um dos exemplos dos chamados experimentos de crise citados por Garfinkel (1973, p. 206s.). Garfinkel pediu que seus estudantes realizassem um experimento. Os probandos eram, em sua maioria, amigos e amigas ou cônjuges.

> Caso 3
>
> Na noite de sexta-feira, meu marido e eu estávamos sentados assistindo televisão. Meu marido afirmou que estava cansado. Perguntei: Em que sentido você está cansado? No sentido físico, mental ou apenas entediado?
>
> (P) Não tenho certeza. Suponho que sobretudo fisicamente.
>
> (E) Você quer dizer que seus músculos ou seus ossos estão doendo?
>
> (P) Acho que sim. Não seja tão sugestiva.
>
> (Após algum tempo, em que continuaram assistindo TV)
>
> (P) Em todos esses filmes antigos aparecem as mesmas camas de ferro.
>
> (E) Isso o faz pensar em quê? Você está se referindo a todos os filmes antigos ou apenas a alguns deles, ou apenas àqueles que você mesmo viu?
>
> (P) O que está acontecendo com você? Você sabe o que quero dizer.
>
> (E) Eu queria que você fosse mais preciso.
>
> (P) Você sabe exatamente o que eu quero dizer. Agora para com isso!

Os experimentadores (E) se comportavam em relação aos probandos (P) como estranhos. Como estranhos culturais, eles se faziam sistematicamente de estranhos. Ser estranho significa não conseguir atribuir aos esquemas de expressão, às manifestações linguísticas, os esquemas de interpretação, os conteúdos significativos, os teores semânticos pretendidos pelo falante (cf. SCHÜTZ, 1971, p. 63).

Garfinkel observa que, na nossa comunicação linguística cotidiana, as manifestações linguísticas são *indexicais*, isto é, são apenas indicadores, referências a significados, a conteúdos significativos. Os significados não são "automaticamente" vinculados às expressões. Como ouvinte, preciso sempre realizar interpretações para deduzir os significados corretos. Quanto menos cultura e experiência eu tiver em comum com o falante, menos sou capaz de realizar a interpretação correta (por isso, tendo também – como mostram os experimentos de crise de Garfinkel – a provocar crises quando, em situações de comunicação com pessoas com as quais compartilho uma abundância de experiências biográficas, *faço de conta* que não as entendo).

No fundo, porém, toda comunicação e, principalmente, toda comunicação entre um entrevistado e um entrevistador que lhe é estranho (e que possivelmente pertence a outro meio social) gera problemas de compreensão da realidade estranha. Na entrevista, por exemplo, esses problemas surgem não só quando o entrevistado interpreta o enunciado do entrevistador ou este a resposta do entrevistado, mas também quando a pergunta é "codificada", isto é, quando ela é traduzida em uma língua de observação. Os entrevistadores ou o fazem imediatamente, quando marcam a resposta correspondente ou aquilo que acreditam ser a resposta correspondente no questionário; ou eles registram as respostas primeiro literalmente (talvez, eles as gravam) para então codificá-las, traduzi-las para uma língua de observação. Por fim, essa língua de observação precisa ser traduzida para uma língua teórica. Os resultados precisam ser relacionados à teoria, à construção hipotética e, portanto, ser expressados na língua da teoria.

Desenvolver métodos empíricos significa, portanto, controlar também metodicamente esse processo de compreensão da realidade alheia. Por isso, falamos no contexto da metodologia interpretativa da *compreensão metodicamente controlada da realidade alheia*. Como esse controle é possível?

Como já afirmado, no âmbito dos métodos convencionais os cientistas procuram obter esse controle metódico através da preestruturação e padronização do decurso da comunicação, garantindo assim a possibilidade de reprodução dos processos de coleta e de processamento de dados que devem ser gerados por meio da verificabilidade intersubjetiva.

Aquilo que a verificabilidade intersubjetiva – sobretudo das intervenções dos observadores e pesquisadores – pretende garantir tem, porém – como já dissemos –, como consequência uma limitação das possibilidades de comunicação daqueles que são o objeto da pesquisa.

2.3 Sobre a metodologia dos métodos reconstrutivos

Os métodos interpretativos ou reconstrutivos optam pela direção oposta, segundo o lema: Menos intervenção gera mais possibilidades de controle. Uma diminuição das intervenções do pesquisador pretende permitir um controle metódico maior. Isso parece paradoxal.

A pergunta – para permanecer no exemplo da entrevista – deve ser a mais aberta possível, de modo que os entrevistados possam estruturar pessoalmente a comunicação e receber assim a possibilidade de documentar se a pergunta realmente lhes interessa, se ela ocupa um lugar em seu mundo da vida (*Lebenswelt*) – dizemos também: em seu sistema de relevância – e, se este for o caso, sob qual aspecto ela adquire importância para eles. Os próprios entrevistados devem revelar como eles interpretam a pergunta, para que evidenciem o modo como eles traduzem as perguntas; ao mesmo tempo, eles recebem a oportunidade de desdobrar o tema em sua própria língua. Quanto maior a medida em que isso acontece, menor o perigo de uma interpretação equivocada das respostas por parte do entrevistador ou também daqueles que analisam a entrevista.

Controle metódico significa aqui então controle sobre as diferenças entre a língua do pesquisador e a língua do pesquisado, sobre as diferenças de seus quadros de interpretação, de seus sistemas de relevância. E esse controle só pode ser exercido se dermos oportunidade aos pesquisados de desdobrar o seu sistema de relevância, para então reconstruirmos e nos conscientizarmos das diferenças dos quadros de interpretação.

Em um ensaio sobre a comparação entre entrevista aberta e fechada, isto é, padronizada, Kohli (1978, p. 11) cita um exemplo de uma de suas pesquisas. Trata-se da pergunta como filmes sobre operários são percebidos e interpretados pelos próprios operários: "Em nossa pesquisa sobre 'filmes de operários', a pergunta inicial era: 'O que você achou do filme?' Queríamos descobrir assim quais eram as dimensões e critérios de avaliação que os próprios entrevistados aplicavam ao filme; apenas depois disso o entrevistador tematizava alguns deles, por exemplo, com a pergunta: 'O filme descreve a realidade como ela é? Ou existem coisas no filme que não são como na realidade?' – com perguntas sobre aspectos específicos (operários, sindicato, diretoria, solução de conflitos etc.). Ou seja, na entrevista aberta, o entrevistado é incentivado a apontar o que e de que modo aquilo é relevante para ele. As perguntas gerais com as quais o entrevistador começa precisam ser concretizadas por ele. A princípio, o entrevistador se limita a seguir as contribuições do entrevistado e, quando necessário, aprofundá-las por meio de perguntas adicionais, e apenas no final fala sobre os temas apontados pelo guia que ainda não foram discutidos".

A intenção da entrevista aberta, como também de todos os métodos abertos, é permitir que os entrevistados desdobrem um tema em sua própria língua, em seu sistema de símbolos e dentro de seu próprio quadro de relevância; apenas assim os entrevistadores ou observadores podem evitar a projeção de significados inapropriados sobre enunciados individuais. Quando, por exemplo, um entrevistado, ao ser perguntado, informa que ele teve uma educação rígida, o pesquisador não pode dizer muito sobre essa declaração isolada; a não ser que ele projete sobre ela sua própria ideia de uma educação rígida. Ele descobre mais quando essa declaração é realizada no contexto de uma narrativa do entrevistado, quando ele dá ao entrevistado a oportunidade de narrar os estilos educacionais de sua casa paterna em sua própria língua. Ele pode fazer isso definindo o tema, que aqui seria "estilos educacionais". Na entrevista narrativa (cf. cap. 6), a única restrição imposta é o período temporal – a infância ou também toda a biografia. Esta segunda opção tem a vantagem de descobrirmos algo não só sobre a casa paterna, mas também sobre a importância que o entrevistado atribui à educação na casa paterna no contexto de sua biografia como um todo.

A palavra mágica é, portanto, *contexto*: Na entrevista individual, consigo compreender adequadamente a declaração individual apenas no contexto geral de uma narrativa ou de uma exposição mais extensa. No *grupo de discussão* (cf. tb. cap. 3 e 7) posso entender muito de forma muito mais clara quando vivencio o indivíduo na comunicação com aqueles com os quais ele se comunica também no cotidiano, ou seja, dentro do *contexto social* habitual, por exemplo, dentro de seu grupo, do grupo de sua idade com o qual ele costuma conviver. As referências que os indivíduos fazem uns aos outros geram um *contexto comunicativo*, por meio do qual o teor significativo de cada manifestação individual se torna mais claro para mim. E dentro de um grupo com os quais os indivíduos convivem também em seu dia a dia, eles usarão também os símbolos, a língua e, sobretudo, também as metáforas, as imagens que são típicas nesse mundo da vida específico.

No caso da *observação participante*, tenho a vantagem de poder relacionar as declarações – sejam estas declarações individuais, conversas ou discussões –

ao *contexto de ação* correspondente sobre o qual os indivíduos conversam. Isso significa, por exemplo, que, quando realizo uma observação participante em uma instituição de formação profissional, eu tenho a possibilidade de observar a situação de formação e, ao mesmo tempo, ouvir as conversas e discussões dos aprendizes sobre a realidade em que vivem.

O que todos os métodos abertos têm em comum é que eles deixam ao critério dos objetos da pesquisa a estruturação da comunicação dentro dos limites do tema relevante à pesquisa, de forma que possam desdobrar seu sistema de relevância e seu sistema de regras comunicativas para assim evidenciar as diferenças em relação ao sistema de relevância dos pesquisadores.

No sentido de uma *compreensão da realidade alheia metodicamente controlada* o controle metódico se torna possível. Christa Hoffmann-Riem cita dois princípios metódicos dos métodos interpretativos: de um lado, o princípio da abertura e, de outro, o princípio da comunicação. Ela escreve (1980, p. 343s.): "O princípio da comunicação afirma que o pesquisador só consegue acesso à dados com estrutura significativa se ele estabelecer uma relação de comunicação com o sujeito da pesquisa e preservar a validade do sistema de regras comunicativas dos sujeitos da pesquisa", e mais adiante (p. 346): "O princípio da abertura estabelece que a estruturação do objeto de pesquisa é relegado ao segundo plano, até que a estruturação do objeto se desenvolva através dos sujeitos da pesquisa".

Para fazer jus a isso, a compreensão teórica que encontramos nos métodos convencionais e padronizados também precisa ser reavaliada.

Abandono agora o âmbito da comunicação entre pesquisador ou observador e aqueles que são objeto da pesquisa e volto minha atenção para uma observação mais geral do processo de pesquisa, para a relação entre teoria e objeto da pesquisa, ou seja, para a relação entre teoria e observação. Eu me apoiarei em reflexões da *sociologia fenomenológica* com seu fundador Alfred Schütz e na versão que a etnometodologia lhe conferiu. Além disso, recorrerei à *sociologia do conhecimento* de Karl Mannheim e à *hermenêutica* – principalmente a Habermas, que acatou a tradição hermenêutica, mas também a criticou e contribuiu para o seu avanço. Por fim, eu me apoiarei na tradição de pesquisa da Escola de Chicago.

A metodologia do procedimento de teste de hipóteses, desenvolvida principalmente por Popper e que se transformou em metodologia dominante, postula que ela foi desenvolvida para atender tanto os objetos das ciências naturais como das ciências sociais. Essa pretensão de uma "ciência unificada" é característica essencial dessa metodologia. Alfred Schütz, mas também Karl Mannheim e – com referência a Schütz et al. – Habermas apontaram que as *particularidades do campo de objetos das ciências sociais*, isto é, as particularidades que caracterizam a relação da teoria sociocientífica com seu objeto não permitem uma orientação pela metodologia da ciência natural.

Ao contrário das construções teóricas das ciências sociais, as construções sociocientíficas mantêm um laço especial com seu campo de objetos. Alfred Schütz (1971, p. 6) escreve: "Os fatos, dados e eventos com os quais o cientista natural se vê obrigado a lidar são apenas fatos, dados e eventos dentro de seu campo de observação; no entanto, esse campo nada 'significa' para os átomos, moléculas e elétrons que nele se encontram. O cientista social, por sua vez, se vê diante de fatos, eventos e dados que apresentam uma estrutura completamente diferente. Seu campo de observação, o mundo social, não é, por natureza, desestruturado. Ele possui uma estrutura especial de sentido e relevância para as pessoas que nele vivem, pensam e agem. Elas dividiram e interpretaram de antemão este mundo por meio de diversas construções da realidade cotidiana, e o que determina sua conduta, que define suas metas de ação e define os recursos para a realização dessas metas são os objetos mentais desse tipo – ou seja: eles ajudam as pessoas a sobreviver e conviver com seu ambiente natural e sociocultural. Os objetos mentais que as ciências sociais formam remetem e se baseiam em objetos mentais que são formados na compreensão das pessoas que convivem com o próximo no dia a dia. As construções às quais o cientista social recorre são, portanto, de certa forma construções de segundo grau: São construções daquelas construções que são formadas no campo social pelos agentes [...]". Com referência a Alfred Schütz, Anthony Giddens (1984, p. 95) fala nesse contexto também de uma "hermenêutica dupla" dos padrões conceituais sociocientíficos.

A ação daqueles que são objeto da pesquisa – ou seja, a ação cotidiana – se apoia em construções, isto é, em abstrações, formações de tipos e também em métodos. Se nos lembrarmos dos experimentos de Garfinkel, torna-se evidente que os enunciados são indexicais, são indicadores de conteúdos significativos. Para acessá-los, preciso fazer um esforço interpretativo. Preciso dispor de um conhecimento e de métodos de interpretação (já também no cotidiano) que me permitem "aplicar" meu conhecimento sobre motivos de ação, orientações, papéis etc. na situação certa e perante as pessoas certas.

Karl Mannheim fez contribuições essenciais e, até agora, pouco estudadas sobre uma metodologia e epistemologia das "ciências da cultura" que parte do pressuposto segundo o qual já nos são dados métodos no cotidiano, que aplicamos intuitivamente e que precisam ser reconstruídos. A etnometodologia, que em parte tem suas raízes na sociologia fenomenológica de Alfred Schütz, se inspirou em Mannheim – principalmente em seu método documentário de interpretação –, mas sem se debruçar de forma sistemática e mais profunda com os pensamentos de Mannheim (cf. cap. 3.2).

A peculiaridade do pensamento sociocientífico consiste, portanto, no fato de que não só esse pensamento em si resulta de interpretações, formação de tipos e construções, mas de que já o objeto desse pensamento, isto é, a ação social, a ação cotidiana é preestruturada por construções, formação de tipos e métodos em diversos níveis. E isso vale não só quando nos comunicamos em teorias cotidianas *sobre* a ação social, mas vale também para a *própria ação*: ela se orienta por tipos, por conhecimento e por esboços (cf. tb. BERGER & LUCKMANN, 1969).

Quando, por exemplo, eu entro no carro de manhã para ir ao trabalho, estamos lidando com uma ação rotineira: Percorro o caminho quase que automaticamente. Mesmo assim, essa ação se baseia num esboço. O caminho é hipoteticamente predefinido na minha mente. Se alguém quiser entender o que estou fazendo, não basta que ele me veja sentado no carro; ele precisa conhecer também o meu esboço, meu plano de ação, isto é, ele precisa fazer suposições sobre o meu esboço, sobre o meu plano para entender o que ele está observando.

Se o pesquisador depende em todos os casos da reconstrução compreensiva daqueles que são objeto de sua pesquisa, podemos dizer que a ação cotidiana é inacessível para a mera observação externa: "A experiência do cotidiano que, à luz de conceitos teóricos e com a ajuda de operações de medição, pode ser transformada em dados científicos, é, por sua vez, simbolicamente estruturada e inacessível para a mera observação" (HABERMAS, 1981, p. 162). A experiência cotidiana é estruturada simbolicamente, ela consiste de construções simbólicas, já mesmo no âmbito das ações rotineiras, das ações pré-teóricas ou ateóricas – como Mannheim as denomina –, das ações irrefletidas. Do ponto de vista da construção *científica*, as construções do cotidiano são construções de primeiro grau. O cientista social precisa primeiramente – antes de construir e desenvolver métodos – *reconstruir* os métodos contidos nelas implicitamente.

Precondição para isso é que aqueles que são objeto da pesquisa tenham a oportunidade de desdobrar suas construções e seu sistema de regras comunicativas. Este é um dos significados do conceito da reconstrução, dos métodos reconstrutivos. Ele se refere ao dia a dia daqueles que são objeto da pesquisa.

O outro significado resulta quando nos conscientizamos de que também a pesquisa, o trabalho do cientista, tem sua prática cotidiana. A pesquisa se realiza como ação cotidiana do cientista. Em decorrência da observação dessa prática de pesquisa, percebe-se em medida crescente que existe um abismo entre a pretensão epistemológica e metodológica de um lado e a prática de pesquisa do outro. Muitas vezes, isso gera um abismo entre a prática de pesquisa *real* e a *representação* dessa prática de pesquisa, do procedimento adotado em publicações e também, por exemplo, diante dos financiadores da pesquisa: "A relevância limitada das diretrizes da teoria científica se evidencia já no fato de que a maioria dos cientistas praticantes não dispõe de uma autoimagem científico-teórica clara, muito menos ainda de um conhecimento sobre posições epistemológicas concorrentes [...]. Em vez disso, recorre-se na prática a regras básicas de objetividade de natureza experiencial e indexical [...]. A sujeição do trabalho no laboratório a regras de controle científico-teóricas e até mesmo a referência a teorias do objeto ('posição atual da pesquisa') ocorre apenas no relato final – uma observação que aponta um 'modo duplo de produção' [...] de conhecimentos científicos. Porquanto 'pesquisa' e 'exposição' obedecem a critérios de racionalidade distintos" (BONSS & HARTMANN, 1985, p. 31).

Se observarmos a prática cotidiana da pesquisa, veremos que, a despeito ou justamente por causa do desvio aqui discutido de diretrizes epistemológicas, podemos registrar aumentos de conhecimento. Os pesquisadores procedem de modo intuitivo, eles empregam suas competências cotidianas intuitivas, não explícitas e as refinam na base de sua experiência de pesquisa.

2.4 Sobre a reconstrução da reconstrução

Em vista dessas observações, torna-se plausível a exigência de que os pesquisadores também deveriam incorporar em seu próprio cotidiano aquilo que eles fazem com o dia a dia, com a prática cotidiana daqueles que são objeto da pesquisa. Eles estabelecem uma relação *reflexiva* consigo mesmos, com seu próprio cotidiano, e procuram assim – por via dessa reflexão ou reconstrução – encontrar princípios metódicos (cf. tb. BOHNSACK, 2005a).

Essa reconstrução do próprio procedimento empírico, uma reconstrução da reconstrução, por assim dizer, pode ocorrer de forma bastante pragmática. Os princípios do próprio procedimento assim desenvolvidos assumem então mais o caráter de receitas extraídas da experiência. Os pesquisadores se conscientizam em cada caso de seu próprio modo de procedimento para então sistematizá-lo, harmonizá-lo intersubjetivamente e, talvez, até abreviá-lo. Voltarei a falar sobre isso mais adiante.

Precisamos distinguir essa *reconstrução no nível da prática de pesquisa*, para a qual encontramos exemplos na Escola de Chicago e nos pesquisadores que aderiram a essa tradição (principalmente GLASER & STRAUSS, 1969), da *reconstrução no nível metodológico*. Lidamos então com uma metodologia que não é mais normativa – simplesmente por partir da discussão e tradição filosófico-epistemológica, como a conhecemos em Popper –, mas que se apoia e que parte da reconstrução dos processos de conhecimento no cotidiano e que é desenvolvida a partir do estudo destes (mais detalhes no cap. 12).

Como já explicamos, essa posição é sustentada pela sociologia fenomenológica (Alfred Schütz), principalmente na versão criada pela etnometodologia (Harold Garfinkel e Aaron Cicourel), e pela sociologia do conhecimento de Karl Mannheim e a hermenêutica na versão encontrada em Jürgen Habermas.

Trata-se de reconstruir aqueles procedimentos ou métodos de interpretação e reflexão que são aplicados igualmente no cotidiano e nas ciências, ou mais precisamente: no cotidiano daqueles que são objeto da pesquisa e no cotidiano dos pesquisadores. A etnometodologia fala aqui de "regras básicas". Habermas fala nesse contexto de "universais pragmáticos". Essas regras são regras comunicativas, condições da possibilidade de compreensão comunicativa, que garantem o alinhamento comunicativo entre os pesquisadores, a intersubjetividade. Visto que também os princípios epistemológicos desenvolvidos por Popper são o produto da comunicação, da ação comunicativa, da comunicação intersubjetiva entre os cientistas, essas regras comunicativas se tornam a última bitola para os cientistas sociais, a última instância também de sua metodologia, a justificativa dos métodos de pesquisa.

Na Teoria da Ação Comunicativa, desdobrada por Habermas (1981), e também na etnometodologia, a reconstrução dessas regras comunicativas é igualmente constitutiva para a justificativa sociológica da Teoria de Ação (uma metateoria da ação) e para a metodologia.

O fato de que a ação comunicativa, a estrutura de regras contida implicitamente nela, se torna a instância última da justificativa metodológica parece compreensível também em vista do contexto de argumentação desdobrado por Popper e pelo racionalismo crítico em decorrência da ocupação com o chamado problema básico e com o qual já nos familiarizamos acima: Como caminho para a solução do problema básico – do problema da relação entre estados de coisas observados e sentenças de observação ou enunciados básicos – Popper precisa recorrer à comunicação entre os pesquisadores, na qual se apoia a verificabilidade intersubjetiva e a possibilidade de crítica das sentenças de observação ou dos enunciados básicos.

Ao contrário da versão da hermenêutica de Habermas, a *hermenêutica tradicional*, vinculada ao nome de Gadamer (principalmente 1965), se distancia da ideia de poder desenvolver reconstrutivamente princípios básicos metodológicos – com referência ao *círculo* em que o processo de conhecimento passa a se encontrar. Se as regras que eu pretendo reconstruir devem ter validade universal, eu mesmo preciso me apoiar nelas: Preciso recorrer justamente às regras de interpretação e reflexão que eu pretendo extrair quando começo a desenvolver uma metodologia.

Habermas, que costuma se inserir na tradição hermenêutica, rompe aqui com essa tradição, apoiando-se menos na fenomenologia e na etnometodologia, que ele também discute, e mais na arquitetura das teorias de competência da linguística (Chomsky; Searle) e na psicologia de desenvolvimento (Piaget; Kohlberg). Segundo Habermas, a verdade, ou, num sentido mais geral, a validade de afirmações científicas deve ser decidida de acordo com a chamada Teoria do Consenso da Verdade[2], onde os cientistas se orientam por regras comunicativas, num modelo de discurso sem dominação, como ele já existe implicitamente na comunicação cotidiana, que, portanto, pode ser reconstruído a seu exemplo.

---

2 A "Teoria do Consenso da Verdade" foi desenvolvida por Habermas (1971) principalmente em um ensaio intitulado "Observações preparatórias para uma Teoria da Competência Comunicativa", tendo como base reflexões teóricas sobre os "universais que constituem o diálogo", que se apoiam na Teoria dos Atos de Fala de Searle e Austin. Visto que no cotidiano "somos obrigados a pressupor uma situação de fala ideal em cada discurso" (HABERMAS, 1971, p. 122), uma *reconstrução* oferece às condições – contrafactuais – dessas suposições o fundamento para um modelo de discurso livre de dominação.

Se o controle metódico e a reflexão metodológica se realizarem de tal modo que nós reconstruímos os modos de procedimento e os métodos de interpretação que são aplicados igualmente no cotidiano daqueles que são objeto da pesquisa e no cotidiano dos próprios pesquisadores, as pretensões – em relação a esses métodos e competências – de uma diferença epistemológica entre interpretação cotidiana e interpretação científica no sentido de uma supremacia fundamental desta última não podem mais ser sustentadas. Esse pensamento foi desenvolvido primeiro pela etnometodologia: O "método documentário da interpretação", cujo conceito e ideia fundamental Harold Garfinkel, como fundador da etnometodologia, emprestou de Karl Mannheim, é igualmente um método do cotidiano dos pesquisados e dos pesquisadores. Esse pensamento, visto como provocativo nas décadas de 1960 e 1970, provocando, em parte, agressões consideráveis, pertence hoje aos fundamentos básicos da metodologia qualitativa (cf. tb. cap. 3.2).

Ao mesmo tempo, os procedimentos adotados na etnometodologia, na sua "postura" típica, revelaram pela primeira vez em que ponto, nesse novo nível de reflexão metodológica, a diferença entre procedimento científico e cotidiano poderia ser identificada: na postura *reconstrutiva* ou "genética" do pesquisador social em oposição à "postura natural" do cotidiano (cf. mais detalhes nos cap. 3.2, 10 e 12).

Os pesquisadores com sua postura reconstrutiva ou genética voltam sua atenção não só para a prática cotidiana daqueles que são objeto da pesquisa, mas também – de modo autorreflexivo – para a sua própria prática (mais detalhes no cap. 12).

No âmbito dessa reconstrução autorreflexiva, da reconstrução da reconstrução, precisamos, como já foi mencionado, diferenciar mais uma vez entre uma reconstrução no nível *metodológico* ou *epistemológico*, sobre a qual já falei sucintamente, e uma reconstrução no nível da *prática de pesquisa*. A mera reconstrução de regras metodológicas ainda não nos coloca na situação de realizar a prática de pesquisa.

Decisivas para essa reconstrução do próprio procedimento sob o aspecto da *prática de pesquisa* foram as reflexões metódicas de Glaser e Strauss (esp. 1969) e Strauss (1987), que se inserem na tradição da Escola de Chicago. Por trás das reflexões de Glauser e Strauss, esconde-se a suposição ou experiência (no entanto, não formulada explicitamente como tal) segundo a qual nós dispomos de competências intuitivas para a formação de teorias, para a geração de teorias e que precisamos aproveitar, sistematizar e desenvolver. Por isso, Glaser e Strauss (1969, p. 7) iniciam a exposição dos objetivos que procuram alcançar com o livro com a observação: "Ele [i. e., o livro; R.B.] pretende ajudar aos estudantes a defender-se contra os verificadores, que gostariam de ensinar-lhes a negar a validade (*validity*) de sua própria inteligência científica"[3]. Glaser e Strauss assumem aqui um tom polêmico contra os representantes dos procedimentos de teste de hipóteses e os denominam de "verificadores" (deixando claro que, por razões que ainda discutirei mais adiante, não levam a sério a exigência de um procedimento que possa ser falseado). E como a citação também deixa claro, eles acreditam que a separação entre racionalidade cotidiana e racionalidade científica em uma metodologia, como a que encontramos no racionalismo crítico, teria como consequência a necessidade de negação da inteligência arraigada na racionalidade cotidiana na medida em que se avança no pensamento cien- tífico. E, ainda em sua opinião, isso teria as seguintes consequências: "Muitos dos nossos professores do ensino superior transformaram esses institutos sociológicos em um tipo de despensa para teorias de grandes homens e agora ensinam essas teorias com uma autoridade carismática, à qual os estudantes raramente conseguem se opor [...]. Em consequência disso, muitos estudantes com potencial criativo se limitaram a quebrar suas cabeças naqueles peque- nos problemas que essas grandes teorias lhes legaram. Alguns poucos (como Parsons e Merton) demonstraram ter uma compreensão suficiente da visão dos grandes homens, o que lhes permite desenvolver suas próprias 'grandes' teorias. Mas até mesmo a esses poucos faltam os métodos para a produção de teorias na base de dados, ou então não escreveram sobre esses métodos. Assumiram o papel de 'capitalistas teóricos' ('*theoretical capitalists*') diante da massa de 'proletários' verificadores de teorias, formando jovens sociólogos para testar a obra de seus mestres, *não* para imitá-las" (1969, p. 10).

Na contramão, Glaser e Strauss enfatizam a formação de teorias, a geração de teorias. Eles exigem que todo o processo de pesquisa se oriente pela geração de teorias, não pela verificação de teorias. Isso porque uma teoria antiquada e

---

3 Todas as citações retiradas de obras não alemãs e encontradas neste livro foram traduzidas por mim (R.B.). Mesmo nos casos em que já existe uma tradução, preferi, por vezes, recorrer a uma tradução de próprio punho. • As mesmas citações foram traduzidas para o português. É provável que nossa tradução não seja idêntica às publicações dessas obras na língua portuguesa [N.Rev.].

inadequada só pode ser superada por meio de uma teoria alternativa, desenvolvida ou gerada na base do mesmo objeto, não porém pelo falseamento. O progresso científico só é possível por meio da geração de teorias.

Nesse sentido, a argumentação de ambos coincide com a de Feyerabend (1976), que, na base de uma disputa científico-teórica travada também com Popper, chega a esse resultado, mas disso tira a conclusão de que não vale a pena desenvolver uma metodologia empírica, visto que não é possível identificar as regras para a geração de teorias alternativas. No entanto, Glaser e Strauss conseguem sim indicar alguns princípios para a geração de teorias com base na reconstrução de suas experiências de pesquisa. Falarei sobre isso mais adiante.

A experiência segundo a qual uma teoria antiquada só pode ser superada por uma teoria alternativa, não, porém, pelo falseamento, se torna plausível quando reconhecemos o *vínculo indissolúvel entre teoria e observação, entre teoria e experiência.*

Esse pensamento já foi desenvolvido pela hermenêutica de modo mais amplo e minucioso, e lá o encontramos na forma do *círculo hermenêutico*. Para ilustrar esse círculo, Habermas utiliza um exemplo com o qual Popper pretendia exemplificar o procedimento hipotético-dedutivo. Popper compara o processo no qual os pesquisadores chegam a um acordo em relação a um enunciado básico, a uma sentença de observação com o poder judiciário inglês. Habermas (1969, p. 179) comenta: "Popper compara esse processo com o poder judiciário, sendo que a ordem processual anglo-saxônica é especialmente ilustrativa. Por meio de um tipo de dedução, os juízes chegam a um acordo em relação a qual representação da ocorrência factual eles pretendem aceitar. Isso corresponde à suposição de um enunciado básico. Juntamente com o sistema das normas do direito penal (de hipóteses científico-experienciais), este permite determinadas deduções forçosas e a sentença do juiz. A nós interessa, porém, o paralelo apenas em vista do círculo, que, aparentemente, não pode ser evitado tampouco na aplicação de hipóteses científicas a estados de coisas observados quanto na aplicação de normas legais jurídicas às ocorrências investigadas. Tanto aqui quanto lá seria impossível aplicar o sistema de leis se antes não se chegar a um acordo em relação à determinação dos fatos. Essa determinação precisa, porém, por sua vez ser alcançada por meio de um procedimento que corresponde ao sistema de leis e, portanto, já o aplica. Não é possível aplicar regras gerais sem que os fatos que possam ser subsumidos a estas fossem discutidos de antemão; por outro lado, esses fatos não podem ser identificados como casos relevantes antes da aplicação daquelas regras".

Este é um bom exemplo do círculo hermenêutico, que, por sua vez, evidencia o vínculo indissolúvel entre teoria e observação, entre leis gerais e casos de aplicação. É justamente desse vínculo indissolúvel entre teoria e observação, entre teoria e experiência, que Mannheim trata em maior detalhe em suas reflexões sobre a "totalidade das visões de mundo", que se encontram no início da "sociologia do conhecimento" desenvolvida por ele (cf. esp. MANNHEIM, 1921-1922; 1964a).

Essa relação circular entre sentenças gerais e específicas, desdobradas aqui com referência às sentenças teóricas gerais e às sentenças de observação, é encontrada também no âmbito da metodologia e da epistemologia, ou seja, na relação entre princípios epistemológicos e procedimentos específicos da prática de pesquisa das disciplinas empíricas, como explicou Mannheim (1931; 1952b, p. 248): "O desenvolvimento das ciências principiais se realiza no elemento da empiria, e também suas transformações dependem das transformações que ocorrem nos modos de conhecimento factuais", de modo que afirmações sobre princípios epistemológicos sempre precisam se ocupar de forma reconstrutiva com esses "modos de conhecimento factuais". Desde muito cedo, portanto, Mannheim se voltou contra aquela posição epistemológica atualmente tão influente que "se fundamenta na sentença segundo a qual a determinação de fatos *não pode* deter relevância para as reflexões epistemológicas" (1931; 1952b, p. 246).

A relação circular entre sentenças gerais e específicas pode ser caracterizada também como relação *reflexiva*. Na fenomenologia, na etnometodologia e também na Teoria dos Sistemas mais recente (LUHMANN, 1970a; 1973), fala-se por isso também da *relação reflexiva* entre regras e normas gerais e "casos de aplicação" – distanciando-se criticamente da noção de uma aplicação dedutiva de normas (no entanto, essa reflexividade da ação não é aplicada por todas as vertentes teóricas também aos princípios metodológicos e procedimentos empíricos).

Segundo esse vínculo indissolúvel entre teoria e experiência afirmado igualmente pela hermenêutica, pela sociologia do conhecimento (Mannheim) e pela etnometodologia, eu sempre faço – quando parto de uma teoria – observações seletivamente à luz dessa teoria. Um avanço no conhecimento é, portanto, só concebível se eu "sair" do círculo e iniciar um novo círculo alternativo – ou seja, seu eu, em vista de observações e dados determinados, gerar uma nova teoria igualmente plausível na base desses dados. O avanço do conhecimento está, portanto, vinculado à geração de teorias.

Quando afirmações teóricas deduzidas de sentenças gerais são apenas impostas a um campo de objetos, elas estruturam a percepção, a observação de maneira seletiva e obstruem a evidência teórica das observações incompatíveis com as categorias predefinidas. Isso não só torna improvável um falseamento, de modo que o teste de hipóteses acaba adquirindo o caráter de verificação; no cotidiano da pesquisa ocorre muitas vezes também um emprego "oportunista" de teorias. Explicações teóricas são impostas às observações ou exemplos oportunos são selecionados para confirmar a teoria (Glaser e Strauss chamam isso de *exampling*).

Em vista de tudo que foi dito até agora e como podemos ver no contexto do vínculo indissolúvel entre teoria e observação, Glaser e Strauss chegam à seguinte conclusão: Uma teoria só é adequada a seu objeto se ela foi desenvolvida a partir deste. E com isso eles se voltam contra um modelo, no qual a gênese de afirmações teóricas permanece metodologicamente ignorada no processo da pesquisa.

Se então o foco principal dos métodos reconstrutivos estiver voltado para a geração de teorias, a metodologia reconstrutiva precisa se ocupar com a identificação e extração desses princípios da geração de teorias ou tipos. Glaser e Strauss, cujas reflexões permanecem no nível da *prática de pesquisa* e se conscientizam de forma reconstrutiva principalmente de sua própria prática, mas também da prática de outros pesquisadores (principalmente da Escola de Chicago), compreendem a *análise comparativa* ou a *comparação da formação de grupos* como sendo o método de geração de teorias *par excellence*.

O método documentário, cujo procedimento e metodologia na prática de pesquisa pretendo explicar no próximo capítulo (3), se apoia essencialmente na geração de tipos ou de teorias por meio da análise comparativa.

Primeiro pretendo explicar o método documentário com base em grupos de discussão com jovens (cap. 3.1), para então (principalmente com referência à etnometodologia e à sociologia do conhecimento de Karl Mannheim) discutir sua metodologia.

3
O método documentário

O método documentário encontrou principalmente nas ciências sociais e nas ciências da educação, mas também além destas, um variado campo de aplicação. Para um resumo, remeto o leitor à introdução ao volume Bohnsack, Nentwig-Gesemann e Nohl, 2013 e à lista abrangente e organizada em rubricas na internet, que foi criada para a terceira edição deste livro (www.dokumenta rischemethode.de)[1]. Esse registro bibliográfico é organizado de acordo com os campos de pesquisa e também de acordo com as diferentes abordagens e problemáticas metodológicas. Ele oferece também um resumo da literatura em língua estrangeira.

A seguir (3.1), elucidarei primeiro a *prática de pesquisa* do método documentário com base no projeto de pesquisa que serviu como ponto de partida para o seu desenvolvimento. Na seção seguinte (3.2), essa prática de pesquisa é justificada *metodologicamente*.

3.1 Sobre a prática de pesquisa do método documentário

O procedimento empírico que pretendo apresentar aqui foi desenvolvido no decurso de um projeto de pesquisa[2] que nós realizamos entre o outono de 1984

---

1 Essa lista é atualizada continuamente. Somos gratos por informações que possam completar a lista e pedimos que o leitor envie uma notificação a Arnd-Michael Nohl (nohl@hsu-hh.de).

2 O projeto financiado pela DFG, intitulado "Kollektive Orientierungen in Gruppen Jugendlicher" [Orientações coletivas em grupos de jovens], foi realizado sob a direção de Werner Mangold e minha pessoa. Os resultados desse projeto podem ser encontrados no relato de pesquisa para a DFG (MANGOLD & BOHNSACK, 1988; BOHNSACK, 1989).

e a primavera de 1987 em uma pequena cidade da região da Francônia com 18 mil habitantes – tendo como base os grupos de discussão realizados com trinta coletivos de jovens. Dentre estes, 14 grupos de discussão foram analisados de modo intensivo, isto é, segundo o procedimento que apresentarei aqui.

Esse procedimento pode ser designado como *reconstrutivo*. Com isso quero dizer duas coisas – acatando aquilo que já expus no capítulo 2: Por um lado, as etapas de pesquisa, os passos de levantamento e de apuração só foram desenvolvidos durante o próprio processo de pesquisa. Foram sistematizados e refinados em retrospectiva com base em nosso próprio procedimento. Portanto, não podem ser deduzidos de princípios metódicos gerais. As considerações metodológicas serviram como ajuda para a reflexão, articulação e sistematização no decorrer da reconstrução de passos já executados. Existe uma relação reflexiva, mas não dedutiva entre experiência de pesquisa e terminologia metodológica. No que diz respeito à metodologia e à terminologia conceitual, apoio-me principalmente em Karl Mannheim, na sociologia fenomenológica e, em parte, também na tradição da Escola de Chicago.

O outro significado – mais fundamental – de "reconstrutivo" diz respeito ao fato de que a nossa relação com o *objeto* de pesquisa é de natureza reconstrutiva. Trata-se da reconstrução de orientações para a vida de jovens, e, mais precisamente, de orientações coletivas[3], ou seja, daquelas que, em um processo de divisão igual do trabalho, são articuladas pelos coletivos de jovens. Precondição para uma comunicação que opera na base de uma divisão de trabalho é certo automatismo do discurso. As perguntas do moderador da discussão têm como função primária iniciar e encorajar esse automatismo. Quando isso ocorre, os jovens conseguem articular em seus discursos experiências comuns ao contexto escolar, trabalho, vizinhança, família e outras áreas da vida.

Das discussões que, via de regra, demoravam várias horas, submetemos a uma interpretação em vários níveis aquelas passagens que eram tematicamente relevantes para nós (futuro profissional, experiência profissional; relações de gênero), e também aquelas passagens que – independentemente de sua temática – documentavam um empenho marcante do grupo, isto é, aquelas que se destacavam em virtude de sua alta densidade interativa e metafórica. (Denominamos essas passagens de "metáforas de foco".)

---

3 Sobre o conceito "padrão de orientação" (*Orientierungsmuster*) como termo geral para "esquema de orientação" e "quadro de orientação", cf. Bohnsack, 1997c; Bohnsack, 1998a; Bohnsack, 2012.

Entre outros aspectos, nos interessava retomar e seguir desenvolvendo o procedimento dos grupos de discussão desenvolvido originalmente na década de 1950 por Werner Mangold (1960; 1973), tendo como base novas ferramentas de interpretação textual (cf. cap. 7.1).

A recepção ou interpretação adequada de "figurações mentais", de construções da realidade, consiste, segundo Karl Mannheim, *não* da prática "de simplesmente *tomar conhecimento* dos conteúdos, mas de participar mentalmente de sua reconfiguração" (1980, p. 279s.). Trata-se, portanto, da tentativa de retraçar o processo criativo. Essa é uma das características do método *reconstrutivo*. Nos métodos mais recentes da interpretação de textos, a interpretação se realiza na reconstrução sequencial de decursos narrativos, interativos e discursivos: Isso se evidencia na "descrição estrutural" do procedimento de análise de entrevistas narrativas (cf. cap. 6) e também na chamada "análise sequencial" da "hermenêutica objetiva" (cf. cap. 4).

No decorrer do nosso próprio trabalho de interpretação de textos dos grupos de discussão – que eu chamarei de "método documentário" em alusão a Karl Mannheim, a quem devemos muito em relação à reflexão metodológica e metateórica –, chegamos a diversos passos ou níveis de interpretação ou reconstrução de textos, que já foram testados em numerosas aplicações no decorrer do tempo.

Uma das consequências da escolha desse procedimento reconstrutivo é o fato de que o tratamento dos resultados em sua relação com o objeto – nesse caso, especialmente com a sociologia da juventude – só ocorre após a construção de tipos oriundos da análise empírica. Isso, porém, não significa que o pesquisador se lança na análise empírica totalmente desprovido de teorias. No entanto, como já explicamos no capítulo 2, as categorias teóricas estabelecidas antes do processo de pesquisa não estão relacionadas ao conteúdo do objeto, mas são de natureza metateórica no sentido de uma terminologia formal (cf. tb. cap. 12).

Podemos distinguir quatro níveis ou fases de reconstrução ou interpretação: interpretação formulada, interpretação refletida, descrição do discurso e construção de tipos (cf. o detalhamento desses passos no cap. 8.1 e a ilustração das duas primeiras fases no cap. 13.2). Na primeira fase, a preocupação é identificar os temas e subtemas articulados no decorrer do discurso como um todo e depois – em uma análise detalhada dessa divisão temática – naquelas passagens que, em vista de sua temática geral, são especialmente relevantes para nós. Já que, em decorrência dessa subdivisão do texto, o intérprete formula resumos, denominamos esse passo de *interpretação formulada*: Aqui, é importante permanecer *dentro* do sistema de relevância, do enquadramento do grupo. Nesse passo o quadro, que é decisivo para verificar como, isto é, com que seletividade o tema é tratado, não é transcendido, não é explicitado.

Isso ocorre no passo seguinte – na *interpretação refletida* –, no qual a seletividade, isto é, a problemática específica no tratamento do tema e, portanto, o *quadro* determinante para o tratamento do tema é evidenciado por meio da contraposição de alternativas, do tratamento do mesmo tema ou de temas semelhantes em outros grupos: Tornam-se visíveis as contingências.

Quero ilustrar isso com um exemplo: À pergunta do moderador sobre expectativas gerais em relação ao futuro, o grupo de aprendizes, provenientes de um bairro residencial de uma pequena cidade, dá a seguinte resposta, da qual reproduzo aqui um pequeno trecho (Prairie, futuro geral, 13-32):

```
13   Am:   E saúde e tal você deseja a maioria (.) a maioria pois eu
14         não tô nem aí enquanto eu
15                ⌊
16   Bm:          ⌊ Qual a vantagem de eu - de eu
17         morrer com saúde
18
19   Cm:   Nenhuma
20
21   Am:   Se eu tô doente e tal e aquilo não me incomodar muito,
22         não tô nem aí
23                ⌊
24   Cm:          ⌊ Se aquilo não te incomodar muito
25                                          ⌊
26   Am:                                    ⌊ É o
27         que tô dizendo se for uma tortura total é claro que eu
28         ficaria chateado ((assoa o nariz)) mas assim (.) digamos
29         então por exemplo cês sabem que tenho um problema
30         como estômago, mucosa gástrica corroída e tal (.) e eu
31         cara eu não tô nem aí não (.) já sinto isso de manhã
32         cedo quando levanto mas com o tempo cê se acostuma
```

Esta resposta desdobrada interativamente pelos participantes ocorre, como já foi mencionado, a uma pergunta geral sobre o futuro.

Em outro grupo de aprendizes, que não provêm de um bairro residencial de uma cidade pequena, mas de um dos vilarejos vizinhos, uma pergunta semelhante feita pelo moderador rende a seguinte resposta (Bänkla, futuro, 1-37).

```
1    Y1:   E vocês (.) vocês como é que veem o futuro, sem falar da
2          profissão (.) quando vocês pensam no futuro?
3
4
5    Bm:   Bem, acho que seremos, bem, isso (.) deve ser igual para todos,
6          vivemos de um dia pro outro, assim (.) sem olhar assim pras
7          próximas semanas ou meses, vivemos de um dia pro outro
8          assim (3) bem eu pelo menos sou assim; o que será na próxima
9          semana não me interessa, não, o que acontecer amanhã, isso (.)
10         isso me interessa um pouco mais (.) ou o que acontece hoje
11                                                              |
12   Dm:                                                        l
13         na próxima semana começa a feira
14                                            |
15   Bm:                                      l o quê, na próxima semana?
16                                                          |
17   Cm:                                                    l @na
18         próxima  semana começa a feira@
19
20   Bm:   isso me interessa sim
21                       |
22   Am:                 l próxima semana?
23                                        |
24   Dm:                                  l daqui a duas semanas,
25         na próxima semana vêm primeiro os feir- os feirantes, onde
26         meu irmão instalará o telefone
27                 |
28   Bm:           los balanceadores
29                                  |
30   Dm:                            l Vai querer
```

```
31              passe livre de novo?
32                          |
33   Bm:                    | Sim, eu também
34                                    |
35   Dm:                              | Quer alguns?
36                                            |
37   Bm:                                      | agora (16)
```

Bm nega decididamente qualquer perspectiva de futuro que se estenda para além dos próximos dias e seja relevante para sua biografia. Ele nega aspectos biograficamente relevantes: "o que será na próxima semana não me interessa, não" (8-9). No decorrer do discurso, isso se expressa também no fato de que o grupo volta sua atenção para o dia a dia do vilarejo, "mergulhando" de repente nas atividades do vilarejo, no ciclo do calendário de eventos local.

E também em outro grupo encontramos um tipo de negação, um "não querer saber" do futuro biograficamente relevante. Neste, porém, o próprio futuro é questionado até em seus fundamentos físico-existenciais ("não tô nem aí" com a saúde no futuro), sendo negado dessa forma. Nesse grupo, a negação do futuro assume – como mostra o decurso posterior do discurso de forma ainda mais nítida – um caráter de crise, enquanto a negação do futuro no ambiente do vilarejo se dissolve ou é suspensa nas atividades comunais cíclicas.

Para esses jovens do vilarejo, as atividades comunais do vilarejo são – como evidenciam também outras passagens – de importância central para sua identificação, sua identidade. Isso se expressa também quando, por incentivo do moderador, a vida da aldeia é contraposta à vida na cidade (Bänkla, metáfora de foco, 1-24):

```
1    Y1:   Vocês gostariam gostariam eh gostariam eh gostariam de viver
2          na cidade
3                    |
4    Cm:             | Ugn
5                        |
6    Am:                 | Nãã
7                            |
8    Cm:                     | Nãã
9                                |
```

```
10   Ef:                             | Nãã com certeza não
11                                              |
12   Am:                                  | Tudo menos na cidade
13
14   Bm:    Nã cês deveriam conhecê-la primeiro
15
16   Cm:    Eh vai ouvir o que  os zombadores dizem lá em baixo
17                                              |
18   Ef:                                 |Ei pra mim basta, pra mim basta quando
19          passo o fim de semana com meu irmão, ele mora na cidade X né
20                                                                    |
21   Cm:                                                              |
22          Ouviu
23               |
24   Am:         | Ouça lá em baixo não acontece nada, não
```

A recusa dos jovens diante da vida urbana é compartilhada de forma coletiva e inequívoca e se apresenta como a inversão dos preconceitos que normalmente os habitantes da cidade nutrem em relação à vida no campo: Não são os habitantes das aldeias, mas os da cidade que são "zombadores", pessoas que falam mal sobre os outros (16), e não é no campo, mas na cidade que "não acontece nada" (24).

No desenvolvimento do discurso, a vida anônima nos bares e nas discotecas é contraposta à situação em que os jovens se reúnem no idílio vilarejo em torno de uma caixa de cerveja, que é esvaziada em grupo – uma imagem que retorna várias vezes ao longo da discussão.

E também em seu decurso posterior, essa passagem, em comparação com a discussão de resto pouco animada, se destaca por seu automatismo, seu engajamento e sua densidade. Por trás desse foco no mundo da vida do vilarejo, do qual os jovens desse grupo extraem a certificação da identidade, a importância da esfera profissional para a identificação própria é colocada em segundo plano (Bänkla, trabalho, 144-166).

```
144  Y1:    Como é que vocês veem seu (2) os próximos anos da profissão de vocês (.)
145         ou do vosso trabalho
146
147  ?:             (       )
```

```
148
149   Y1     Como é quando vocês olham pro futuro (2)
150
151   Dm:    Como vai ser  no futuro?
152                        |
153   Y1:                   ⌊ Com o trabalho de vocês
154                                          |
155   Dm:                                     ⌊ Com o trabalho?
156                                          |
157   ?:                             ⌊    (            )
158
159   Am:    Aí não  posso dizer nada (.) pois nunca podemos saber como
160          será, não
161                   |
162   Bm:            ⌊ Pois é, é isso aí (6)
```

Esses jovens da vila estão muito longe de extrair algum sentido da pergunta sobre o futuro profissional. Eles simplesmente não entendem a pergunta (151 e 155). Não se trata de uma recusa ou defesa em relação à profissão ou em relação a uma possível autorrealização profissional, antes observamos aqui uma indiferença, isto é, ao contrário do grupo "Prairie" do bairro residencial, nenhum fenômeno de crise.

Quando comparamos esses dois grupos ("Bänkla" e "Prairie"), cujos membros todos já têm experiência profissional e cuja maioria se encontra no segundo ano de aprendizagem, com outros grupos – também mais velhos, mas principalmente mais jovens –, os pontos que eles têm em comum se tornam mais visíveis. Descobrimos que eles se encontram em uma fase semelhante de desenvolvimento – uma fase em que a decepção com o cotidiano profissional faz com que os jovens não queiram mais saber de um futuro profissional ou de uma perspectiva do futuro biograficamente relevante. Essa fase é acompanhada – como mostram os textos – por um consumo marcante de álcool e, em parte, também de drogas.

Na comparação entre esses dois grupos, que se veem diante de um problema comum que é típico da fase de desenvolvimento, são evidenciados nos diferentes modos de superação do problema, as diferenças ou contrastes típicos do meio social. Esse princípio do *contraste na situação comum* é de importância central para a interpretação do texto e para a seleção dos nossos grupos, dos nossos casos.

As diferenças tanto quanto os aspectos comuns no tratamento do mesmo tema ou de um tema *comparável* se evidenciam em diferenças e semelhanças no desenvolvimento do discurso, que precisa ser reconstruído cuidadosamente. Precondição disso é a divisão temática, identificada detalhadamente no passo interpretativo anterior da interpretação formulada, das passagens daqueles grupos que serão incluídos na análise comparativa.

Portanto, a comparação com outros casos ou grupos já ocorre desde o início nessa segunda fase da interpretação. Isso se deve ao nosso conceito de reflexão subjacente. Reflexão pressupõe horizontes opostos e horizontes comparativos. E o resultado de uma reflexão, que deve ocorrer de forma empírica e metodicamente controlada, precisa se apoiar em horizontes opostos empiricamente fundamentados e verificáveis. Com referência ao nosso conceito de reflexão subjacente chamamos o segundo passo de "*interpretação refletida*" ou de "*interpretação refletida no desenvolvimento do discurso*", com a intenção de destacar que aquelas correlações de significado, aqueles padrões de orientação, os objetos da interpretação, se desenvolvem de modo processual no desenvolvimento do discurso.

Aquilo que, na contraposição contrastante dos dois grupos "Bänkla" e "Prairie" acima citados, permaneceu visível como aspecto comum – isto é, a forma específica de processar as primeiras experiências profissionais – só começou a ganhar contornos na contrastação com outros grupos, principalmente os mais jovens. Naqueles grupos que se encontram no final de seu primeiro ano de aprendizagem, ainda encontramos aquela reflexão sobre a própria biografia profissional, à qual os grupos mais velhos se recusam radicalmente.

Os grupos mais jovens expressam uma decepção profunda em relação ao cotidiano profissional (Insel, profissão, 1-7 e 19-27).

1	Am:	Bem, então (.) quero dizer, no início, quando ainda estava na escola eu
2		estava ansioso para poder fazer algo autônomo na profissão, né (.) é,
3		imaginava |
4		|
5	Y1:	| Hm
6		
7	Am:	minha profissão, eu imaginava outra coisa, assim (.)

E mais adiante, Am faz um resumo de suas experiências, e Bm se junta à conversa:

```
19   Am:                    (.) E eu acho que isso (.) bem eu não estou vendo
20          nenhuma graça momento (.) tudo uma droga
21                                 |
22   me:                          ⌊ °@ (2) @ ° (2)
23
24   Bm:   Então eu sou  então comigo foi assim que eu estava muito ansioso para
25         começar a trabalhar (.) e (.) pois é, escola uma merda e tal e então foi
26         assim que, bem eu preferi ir pra escola do que pro trabalho porque
27         assim (.)
```

A desilusão que se expressa aqui é uma desilusão no sentido literal da palavra, pois os jovens haviam se iludido: Am havia "outra coisa" (7), agora "tudo é uma droga" (20). Bm estava "muito ansioso" (24) para começar a trabalhar e agora "preferi ir pra escola" (26).

Como mostra o desenvolvimento do discurso, os jovens explicam essa ilusão com uma falta de antecipação do cotidiano profissional: Eles não foram suficientemente informados pelos adultos, no entanto – como eles admitem mais adiante – também não fizeram qualquer esforço nesse sentido. Encontramos isso não só como padrão comum naqueles grupos que, em retrospectiva, refletem a partir da desilusão sobre a transição da escola para a profissão como uma situação de seu desenvolvimento biográfico; isso se documenta também nos textos daqueles grupos cujos membros ainda frequentam predominantemente o ensino elementar (*Hauptschule*[4]). Nestes temos como resposta à pergunta sobre o futuro profissional (Mauer, futuro, 7-23):

```
7    Dm:   Me interesso mais pelo hoje (.) não pelo
8          amanhã.
9                 |
10   ?w:          ⌊ é verdade
```

---

4 Após a conclusão do ensino primário, os estudantes podem seguir três percursos escolares distintos: Hauptschule (até o 9º ano com seguimento em cursos profissionalizantes no ramo industrial/ atividades braçais); Realschule (até o 11º ano com seguimento em cursos profissionalizantes no ramo de serviços/comércio); Gymnasium (até o 12º ou 13º ano com a possibilidade de seguir com os estudos em nível superior) [N.Rev.].

```
11                      |
12   ?w:        ⌊ isso é verdade
13                              |
14   ?w:                ⌊ isso é verdade
15                                      |
16   ?w:                        ⌊ isso é verdade
17
18   Af:   É o que se diz, vivemos hoje (.) e (.) o que  será amanhã
19         (.) bem (.) em algum momento virá um novo dia (.)
20                         |
21   ?w:            ⌊ também acho
22
23   Aw:   de algum (3) jeito
```

Esboços biográficos profissionais são decididamente excluídos ou suspensos. Não encontramos uma antecipação de esboços biográficos profissionais nos aprendizes, o que é confirmado também por aqueles grupos que fazem uma retrospectiva dessa fase.

Ao longo dessa análise comparativa de grupos de diferentes idades, alcançamos uma sequência de fases de desenvolvimento, uma tipologia de desenvolvimento. À fase da *suspensão* segue, já que no fim do ensino elementar eles tiveram que tomar alguma decisão, uma fase bem curta, mas otimista de *decisão*, após a qual os jovens se deparam, num padrão de sequência biográfica, com o respectivo cotidiano, que eles conseguem reconhecer em toda a sua extensão, em seu significado para a identificação biográfica, apenas agora e que, ao mesmo tempo está vinculado a uma desilusão no sentido literal da palavra, que se transforma em motor de uma reflexão sobre as orientações biográficas profissionais. Esta, porém, não resulta em uma procura por saídas, em uma antecipação de possíveis alternativas, mas se converte em negação, em um "não quero mais saber" de uma reflexão e identificação biográfica profissional e, possivelmente, de uma identificação biográfica em um sentido mais amplo.

Uma antecipação de processos biográficos profissionais ou de situações de decisão no sentido de esboços como experimentos mentais não pode ser encontrada em nenhuma das fases. Uma reflexão sobre processos biográficos profissionais sempre se inicia apenas como reação a experiências profissionais próprias, ou seja, quando os jovens já se encontram no meio da execução do processo biográfico profissional. Visto, então, que a individualização, pelo menos na esfera biográfica profissional, só se desenvolve a partir da execução prática, a partir de processos biográficos não antecipados na ação prática, quero falar aqui de *individuação prática*. Esse conceito e as reflexões subjacentes a ele implicam, como deve ser perceptível, concepções de outro tipo de individuação, ou seja, as de uma *individuação teórica*. Isso significa que o conceito da *individuação prática* já sobre a influência de outros horizontes de comparação – da contrastação com grupos de estudantes do liceu (*Gymnasium*).

Os estudantes do liceu, antes mesmo de serem confrontados com decisões biográficas profissionais, são capazes de simular situações de decisões biograficamente relevantes, sendo que esses experimentos mentais referentes ao futuro realmente se transformam em jogo, que podem terminar em brincadeiras mentais. No grupo "Kaff", por exemplo, onde as reflexões sobre o financiamento dos estudos terminam com uma acrobacia mental, um cálculo fictício da bolsa que acaba se pagando a si mesma. A longa análise desse financiamento dos estudos termina finalmente da seguinte forma (Kaff, futuro profissional, 641-688):

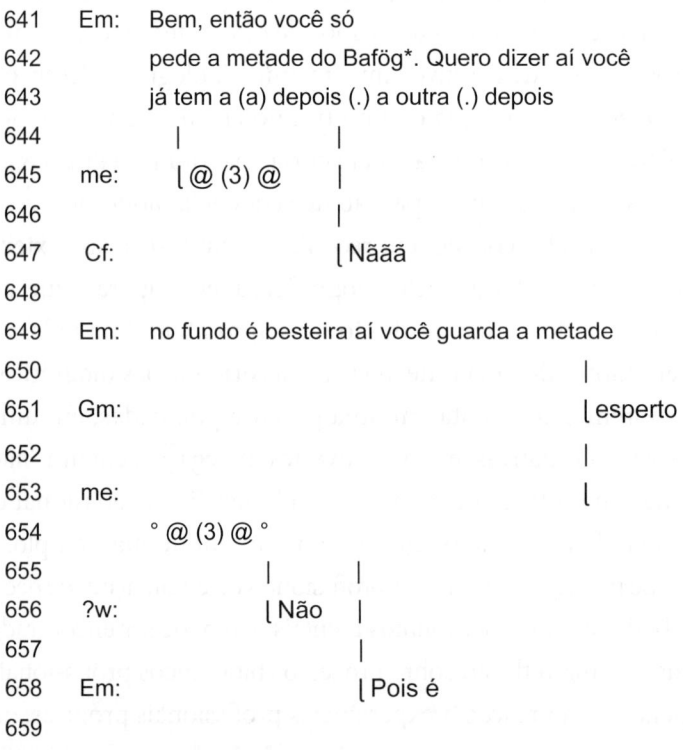

```
641   Em:    Bem, então você só
642          pede a metade do Bafög*. Quero dizer aí você
643          já tem a (a) depois (.) a outra (.) depois
644                 |             |
645   me:          ⌊ @ (3) @     |
646                              |
647   Cf:                       ⌊ Nããã
648
649   Em:    no fundo é besteira aí você guarda a metade
650                                              |
651   Gm:                                        ⌊ esperto
652                                              |
653   me:                                        ⌊
654          ° @ (3) @ °
655                 |       |
656   ?w:          ⌊ Não    |
657                         |
658   Em:                   ⌊ Pois é
659
```

* O termo original Bafög corresponde ao Fies no Brasil [N.Rev.].

```
660   (1)
661
662   Em:   Quero dizer, no fim das contas isso não leva a nada
663
664   Af:   Não, se você pensar bem não. Se o dobro
665                                              |
666   Em:                                        ⌊ Ok os juros
667
668   Af:   Você não (.)
669               |
670   Em:         ⌊ Hm
671               |
672   Af:             ⌊ se você guardar a metade, já quitou tudo
673         no fim porque você guardou a metade, mas se você
674               |                           |
675   Cf:         ⌊ Sim                       ⌊ pois é
676   Aw:   pedir apenas a metade, você precisa ti- tirar a metade
677         de algum de onde você tira o dinheiro para a metade
678                                           |
679   me:                                     ⌊ @ (3) @
680                                           |
681   Em:                                     | Bem, se você
682                                           |
683   me:                                     ⌊ @ (8) @
684
685   Dm:   Ei aiai (.) liceu liceu (.) time out time out parem
```

Quando os jovens fazem uso de um experimento intelectual para evitar que caiam em dependência financeira por meio de um empréstimo (*Bafög*), eles imaginam meios de quitar o empréstimo e não ficar com dívidas, mas que também não lhes deixa com dinheiro para viver.

Esse exemplo evidencia ainda outro componente do quadro típico para os estudantes do liceu: a garantia de autonomia individual como ambição de assegurar a liberdade de decisão sobre seu desenvolvimento biográfico (voltarei a falar sobre isso).

A dissecação e comparação teórico-reflexiva de alternativas biográficas pode, como vemos nesse exemplo, ser iluminada de maneira autocrítica e fundamentada nas próprias condições de socialização ("Ei aiai, liceu, liceu"; 685).

Os jovens desse grupo se referem, portanto, às suas condições de socialização, à sua situação social ou – para usar um conceito de Karl Mannheim – ao seu contexto existencial. Eles mesmos estabelecem uma relação entre o contexto existencial de sua formação e orientações de vida típicas, conceitualizando – se assim pudermos afirmar – elementos típicos do meio educacional.

Se ignorarmos por ora que aqui se documentam elementos típicos do meio educacional diante do horizonte oposto dos aprendizes, esse texto pode nos mostrar ainda outra coisa, algo que é de importância central para o nosso procedimento empírico: O automatismo do discurso, impulsionado pela intensificação recíproca das contribuições de fala, faz com que aqui se cristalize um *padrão de significação coletiva*, não pretendido subjetivamente dessa forma pelos participantes individuais, mas que é produto da intensificação recíproca, sendo que, nesse caso, os próprios jovens expressam sua surpresa, eles se sentem apanhados em flagrante e encerram o tema ("*time out, time out*, parem"; 685). Essa intensificação recíproca, que pode se expressar não só na densidade crescente da interação, mas também em uma condensação crescente do significado do conteúdo, ocorre de forma ainda mais intensa quando o discurso é sustentado por vivências comuns, por uma socialização conjunta, por um contexto social comum. É, portanto, a intensificação recíproca, uma condensação dramatúrgica do discurso na qual se expressam aspectos coletivos – quanto mais houver um contexto de vivências comuns, mais isso acontece. São os próprios grupos que nos mostram onde devemos procurar o centro, o foco de suas vivências comuns e de sua coletividade, a partir do qual podemos então interpretar com maior segurança o espaço de experiência do grupo, da coletividade.

Esse tipo de coletividade, que encontramos aqui, não é caracterizado primariamente pela sua exterioridade em relação aos participantes individuais, mas pela intensificação recíproca e pela euforia. Onde essa intensificação recíproca ocorre no discurso, os elementos coletivos se tornam empiricamente palpáveis na forma do texto. É a essa relação mimética, por assim dizer, que Mannheim (1980, p. 232) se refere quando ele observa que existem representações coletivas que "segundo sua natureza, não podem ser realizadas por um indivíduo. Cada culto, cada cerimônia é um contexto de sentido, uma totalidade, dentro da qual o indivíduo tem a sua função e o seu papel; o todo, porém, é algo que, em sua atualização, depende de uma multiplicidade de indivíduos e que, nesse sentido, transcende a *psiquê* individual. Um indivíduo pode *imaginar* toda a cerimônia, mas como representação coletiva não se trata em primeira linha de algo que deve ser imaginado, mas de algo que deve ser executado por diversos indivíduos em sua interação".

Se quisermos que a nossa interpretação faça *jus* ao padrão de significado que se desdobra na interação dos participantes, não podemos proceder como se esse padrão pudesse ser compreendido a partir das intenções de um produtor que se esconde por trás dele: Não podemos interpretá-lo ao modo do "sentido de expressão intencional" – para usar uma expressão de Mannheim. A interpretação se realiza principalmente na reconstrução, camada após camada, do processo de interação, através da qual é possível identificar a seletividade no tratamento do tema característico para aquele grupo. Trata se de uma das peculiaridades da interpretação documentária do texto que o padrão de sentido não é mais idêntico ao conteúdo de sentido pretendido pelo produtor ou pelos produtores, sendo compreendido agora apenas a partir do aspecto "receptivo", sendo construído apenas a partir do aspecto receptivo, dependendo assim de modo especial da perspectiva, do "ponto de vista do intérprete". Em termos metódico-formais, depende, portanto, dos horizontes opostos e de comparação do intérprete.

A reconstrução da referência recíproca e interativa dos participantes é apenas uma das dimensões da compreensão de sentido documentário. A seguir, quero falar da outra dimensão da interpretação documentária: Segundo Mannheim (1980, p. 272), "na compreensão das realidades espirituais (p. ex., as representações coletivas; R.B.) pertencentes a um determinado espaço de experiência, somente captamos os significados perspectivísticos especiais existencialmente fundamentados, se conseguirmos identificar, de alguma forma, o espaço da experiência ou contexto da experiência subjacente". Esse "espaço de experiência ou contexto de experiência" que está "por detrás" dos significados também é denominado por Mannheim como "pano de fundo existencial".

Nas descrições e narrativas, desdobradas discursivamente pelos jovens como resposta às perguntas sobre suas orientações de vida, documenta-se também o cenário das representações coletivas e os processos e contextos de experiência que estão por detrás, sem o qual não poderíamos compreender as orientações coletivas. Interpretamos de forma documentária quando sondamos essas descrições e narrativas em vista de seu teor metafórico. Isso significa: tentamos apreender de modo teórico e conceitual aquilo que, a princípio, nos é dado de forma "ateórica", isto é, que não é conceitualizado (cf. tb. cap. 8). Como Mannheim expôs em suas reflexões sobre a interpretação da totalidade da visão do mundo, são justamente nesses âmbitos do ateórico, do não apreendido de modo teórico e conceitual, que a visão de mundo se documenta de forma mais abrangente, visto que esses âmbitos estão diretamente ligados à prática cotidiana.

Nas descrições e narrativas dos e das estudantes do liceu, são quase sempre os processos de desenvolvimento biográfico, ou seja, processos biográficos e individuais padronizados e cronologicamente sequenciados – dos próprios estudantes, mas também e sobretudo de adultos significativos, como, por exemplo, os professores – que chegam a ser representados nos discursos como horizontes de orientação e identificação biográfica. No caso dos aprendizes, os horizontes da autoidentificação são as situações sociais. Essas situações são desenvolvidas durante o discurso na forma de representações cênicas, em metáforas de cenários sociais.

Apresento agora o exemplo de um grupo de aprendizes de ambos os sexos do bairro residencial cujos pais são funcionários de nível mediano: Uma preocupação central do grupo, isto é, a identificação das necessidades e também dos sentimentos verdadeiros, "autênticos", a maneira como essas necessidades ou esses sentimentos podem ser expressados e comunicados, é inserida no discurso por meio de variadas representações cênicas, por meio de diversas metáforas, por exemplo, por meio da metáfora da situação de vida do "homem da era da pedra" ou por meio da metáfora do "sonho da juventude" de uma vida em uma ilha deserta, cuja preocupação principal é o problema geral da procura pelas necessidades fundamentais, verdadeiras ou autênticas (Insel, metáfora de foco, 2-5):

```
2    Df:   Sabe o que realmente me interessaria uma vez; viver uma
3          vez uma semana como-como os homens da era da pedra (.)
4          só por uma semana. (.) se uma pessoa de hoje ainda
5          sobreviveria a isso.
```

Bm acata a representação cênica de Df e dá continuidade à sua ideia, expondo em uma representação cênica própria o seu "sonho de juventude" (Insel, metáfora de foco, 19-54):

19	Bm:	Quero dizer por exemplo do meu <u>sonho de juventude</u>, hein,
20		hein isso ainda é hein hein hein. Quero dizer, quando eu era menor
21		eu, né, ainda tenho de vez em quando e de novo ainda tenho (.)
22		o sonho que estou numa ilha como a de Robinson Crusoé
23		|
24	Df:	⌊ Hm
25		
26	Bm:	ou coisa assim (.) né. Bem quero dizer, isso ainda é o meu
27		sonho e não sei por que (.) fugir, relaxar (.) fazer algo com as
28		próprias mãos (.) né (.) construir uma cabana
29		| |
30	Df.	⌊ mas você ⌊ aguentaria sem
31		TV, sem rádio
32		
33	Bm:	Sim, cê sabe, né, aí pensei, sabe quando eu for
34		rico, fiquei pensando, eu compro uma ilha, um som
35		e uma TV
36		|
37	todos:	⌊ @ (8) @
38		|
39	Df:	⌊ em uma ilha?
40		|
41	Bm:	⌊ Sim (.) cê precisa imaginar, né, bem eu
42		|
43	me:	⌊ @ (4) @
44		
45	Bm:	sei (.) é besteira total (.) né mas (.)
46		|
47	Dm:	⌊ OK, mas
48		
49	Bm:	imagino isso toda vez em cada sonho (.) né
50		(.) vídeo (.) estéreo total (.) quero dizer total (.) hard rock
51		| |
52	Df:	⌊ @ (1) @ ⌊ @ (1) @
53		
54	Bm:	ou qualquer merda assim (.)

O retorno para um modo de vida que permite uma volta às necessidades originais se contrapõe aos hábitos de consumo cotidiano, às necessidades transmitidas pelo consumo diário, representados acima pelo consumo midiático, ao qual, no decurso da passagem, são acrescentados outros tipos de consumo. O que se expressa metaforicamente nessa representação cênica de uma experiência relevante para o cotidiano e para a biografia é que os jovens em sua busca pelas necessidades autênticas se deparam constantemente com o consumo, de modo que, na representação cênica acima citada, a própria ilha, a vida na ilha, se transforma em objeto de consumo, ocupando o mesmo nível da TV e do equipamento de som: Bm compra uma ilha, um som e uma TV (34-35).

Nessa busca pelo individual e autêntico – como prefiro definir – se expressa, como mostra a comparação com outros grupos, algo típico sobretudo para aqueles grupos que não convivem em uma mesma vizinhança ou espaço social – inclusive para o grupo dos estudantes do liceu, cujo vínculo social espacial não é relevante para a autoidentificação –, ao contrário do grupo de jovens do vilarejo. No caso dos e das estudantes do liceu, o problema da autenticidade individual se desdobra não em relação ao âmbito de consumo e do tempo livre, mas em relação à esfera profissional. Além disso, não encontramos entre os estudantes do liceu o modo de representação cênica nem a autoidentificação cênica ou sociossituativa, mas a autoidentificação cronologicamente sequenciada. O quadro abrangente da representação no âmbito da autoidentificação biográfica é o desenvolvimento da carreira individual. No caso dos estudantes do liceu, essas representações adquirem, como horizontes da autoidentificação dos grupos, um caráter de foco e qualidade metafórica, ou seja, elas se transformam em metáforas de foco.

O auge do processamento discursivo da temática da profissão e o auge de toda a discussão em um grupo predominantemente masculino com estudantes do liceu é a parte que trata dos adultos, desenvolvida na metáfora do professor-residente[5] com a carreira linear (Band, futuro profissional, 369-377 e 396-473):

---

5 O termo original "Referendar", traduzido como professor-residente, denomina o profissional que realiza a residência em uma escola após a conclusão da Licenciatura [N.Rev.].

369   Dm: A (.) a contraparte são então as pessoas que

370   sei lá como o (.) o M no ano passado que (.) fez o *Abitur*[i]

371   com um vírgula alguma coisa um vírgula oito ou um vírgula

372   sete (1) e depois fez a faculdade, professor

373 |

374   Cm: ⌊ Sim são exatamente

375   essas as pessoas e (.)

376

377   Dm: ele foi professor (1) agora.

E mais abaixo:

396   Am: Ele completou o ensino secundário em nove

397   anos ele teve algum tipo de escola em que

398 |

399   Dm: ⌊ Com certeza

400

401   Am: cê faz o vestibular depois do nono ano ou alguma vez

402

403   Dm: (   ) inteligente (fazer o que)

404

405   Am: pulou um ano por exemplo (.) tô dizendo, ele fez (.) com oit-

406 |

407   Cm: ⌊ ou deve ter pulado alguma coisa porque

408

409   Am: dez seu Abitur pro exército ele não foi (.) teve

410 |

411   Cm: ⌊ porque o cara era tão incrível

412

413   Am: ele mesmo teve (.) seu primeiro emprego ele teve na turma do

414   décimo terceiro ano (.) onde o mais velho da turma tinha a idade

415   @dele @ @(.)@ (.) É (isso) ou ou um ano

416 |

---

i O Abitur corresponde aos exames finais realizados no último ano escolar. A nota maior equivale a 1 (10 no Brasil) e a pior a 5 [N.Rev.].

417 Cm: ⌊ @ (1) @ Exato, sim
418 |
419 me: ⌊ @ (1) @
420
421 Cm: @de alguma forma sim@ (.) e isso e <u>esse</u> homem ele veio ele fez
422   ele fez (.) e veio (.) e qual era mesmo a idade dele
423   quando ele foi nosso professor?
424 |
425 Am: ⌊Ele nunca nos contou mas ele tinha
426   uns vinte e quatro uns vinte e
427 |
428 Cm: ⌊ vinte e quatro
429
430 Am: vinte (.) esposa ele tem filhos ainda não
431
432 Cm: ele tinha vinte e cinco anos e ele tinha esposa e filho
433 |
434 Dm: ⌊ (Não tem não)
435
436 Cm: claro que teve
437 |
438 Am: ⌊ Filho ele não tem
439
440 Cm: Ele não teve (.) em todo caso (1) sempre veio
441 | de terno
442 |
443 Dm: ⌊ Ele não teve não
444
445 Cm: (.) totalmente (.) totalmente quero dizer (.) to-totalmente conservador
446   bem, mas se ele realmente era é outro assunto
447 |
448 Am: ⌊Agora eu cheguei
449 |
450 Cm: ⌊ mas pra fora ele se apresentou assim porque ele (.)
451   certamente acreditava ganhar algo com isso deve (.) e ele
452   tinha um medo incrível, geral não de tudo (.) acima
453   de tudo isso (.) meu Deus meu Deus sou estagiário
454   e seu emprego e tudo aí ele ficou (.) ele era <u>tão</u>

```
455            ruim (.) e tal (.) quando cê precisa viver o tempo todo em
456            algum tipo de medo ter medo (.) de qualquer superior
457            então (1) isso é, isso também não é legal (.) quando vejo
458            esse tipo de pessoas (1) então
459                                          |
460      Bf:                                 | Então cê se orgulha de você mesmo né
461
462      Cm:   Sério (.) Não porque eu
463                          |
464      Dm:                 | Talvez não
465
466      Cm:   pois tenho certeza absoluta de que
467                          |
468      Y1:                 | ((conversa paralela)) Pede uma cerveja pra mim também?
469                                                                               |
470      Am:                                                                      | Sim (.)
471            (          ) uma escura
472
473      Cm:   que com certeza isso não vai acontecer comigo
```

O professor-residente, que se submete totalmente aos padrões de desenvolvimento de sua carreira profissional, priva-se das possibilidades de autorrealização. Aqui, é sobretudo essa manutenção de fachada associada à submissão das exigências da carreira ("mas pra fora ele se apresentou assim porque ele (.) certamente acreditava ganhar algo com isso"; 450-451) que não permite mais a possibilidade de um autodesdobramento individual e autêntico. Essa representação personificada do horizonte oposto negativo do desenvolvimento biográfico foi preparada por meio de uma caracterização geral da geração mais velha, dos "senhores mais velhos" (254-279): "Quero dizer existem bastante pessoas que então (.) que a partir de determinado momento (.) se sentem como senhores sérios mais velhos ou tal (.) quando querem ser adultos de verdade, adultos de verdade e tal (.) agora, agora tô nessa fase de verdade, assim (.)".

Em termos teórico-biográficos, essa citação documenta uma preocupação dos jovens com uma "'biografia normal' cronologicamente padronizada" (KOHLI, 1985, p. 2) como "realidade (heterônoma) predeterminada" (p. 21), como estrutura "objetiva", que aqui é processada de forma "subjetiva" ou, mais precisamente, "coletiva" (cf. tb. FISCHER & KOHLI, 1987, esp. p. 29). O modelo de ação (teórico-fundamental ou metateórico) subjacente corresponde ao modelo apresentado por Kohli (1985; 1988), no qual "a tensão entre biografia como realidade (heterônoma) predeterminada e biografia como construção subjetiva é preservada, podendo então ser interrogada em termos de suas consequências. Ação biográfica apresenta – como toda ação – um aspecto de *emergência e autonomia*. Ação nunca é apenas a execução de estoques de conhecimento socialmente transmitidos, sempre tem também o caráter de um esboço aberto" (KOHLI, 1985, p. 21).

O "subjetivo", aqui: processamento coletivo da estrutura *objetiva* da inserção nos padrões de decurso institucionalizados (da "biografia") se esgota aqui, no caso dos estudantes jovens do liceu, basicamente num distanciamento negativo, e não resulta em um esboço diferente, "autônomo": Diante deste horizonte negativo aqui documentado, de um desenvolvimento biográfico não autêntico, as noções relacionadas à existência adulta ou ao tornar-se adulto, que poderiam se transformar em horizonte *positivo*, permanecem relativamente confusas. Portanto, não surpreende também que, para os estudantes do liceu do sexo masculino, a melhor parte da vida já passou quando se alcançam os 25 anos de idade (futuro profissional, 126-135): "Aos quinze começa a (.) pa (.) a melhor parte da vida, digamos, mais ou menos até os 25 (.)", lemos já no início do trecho sobre o futuro profissional.

Um horizonte positivo em relação ao futuro é apresentado de forma mais evidente pelo grupo de estudantes do liceu do sexo feminino "*Entwicklungsland*" [País em desenvolvimento], para o qual quero apresentar aqui um exemplo que não provém da esfera profissional, mas do âmbito dos relacionamentos entre os gêneros. Aqui, o processo de amadurecimento se apresenta como um processo de desenvolvimento de longo prazo em direção a um futuro aberto e se orienta pela criação de condições para a possibilidade de esgotar plenamente o potencial do desdobramento individual. Documenta-se aqui uma orientação consequente pela *autenticidade individual*. Isso pode chegar ao ponto de um adiamento do relacionamento conjugal como ameaça potencial ao desdobramento individual até a velhice (*Entwicklungsland*, futuro geral, 514-545):

514	Df:	Mesmo assim quero casar um dia
515		│
516	Bf:	⌊ Sim claro eu também
517		│
518	?f:	⌊ ( )
519		
520	Bf:	Sim, mais tarde
521		│
522	Cf:	⌊ @Ter uma velhice bacana, tranquila@
523		
524	Y1:	@ (2) @
525		│
526	Cf:	⌊ Quando ficarmos velhos, precisamos de alguém, eu acho
527		de todo jeito, aí você pode, aí você é (.) você é uma dessas
528		velhas que reclamam de tudo, a gente vê isso, ( )
529		
530	Af:	Foi ontem que conversei com uma (.) mulher,
531		isso mesmo com a L, com a esposa do M., (.) e mais algu-
532		│
533	Bf:	⌊ h-hm
534		
535	Af:	guém e (.) e aí também chegamos a falar sobre isso, que pessoas
536		mais velhas, mais tarde provavelmente, quando estão sozinhas,
537		precisam de muito mais energia, para sair sozinhas, ir para algum lugar
538		ou para se encontrar com pessoas, para fazer contato, isso demora
539		tudo muito mais e é tudo muito mais difícil quando
540		estão sozinhas, pois se tiverem alguém, claro (.) isso
541		também (.) é um laço, mas nesse caso
542		isso deve ser algo bom
543		│
544	Bf:	⌊ Você precisa de algum tipo
545		de laço quando velho acho(4)

Na medida em que as mulheres jovens – apesar de cogitarem a possibilidade da maternidade – não quererem se vincular primariamente e tão rapidamente às esferas do casamento e da família, mas ainda assim, mantendo aberta a transposição para essas esferas, elas se sentem menos expostas à submissão aos padrões de decurso profissional e sua identificação apresenta, ao contrário dos homens jovens, abertura e uma dimensionalidade múltipla. [Em consonância com a pesquisa biográfica e dos cursos de vida e a discussão aqui travada, poderíamos falar de uma "despadronização" da biografia (cf. KOHLI, 1985; KOHLI, 1988), para assim – *após* a construção de tipos – procurar o ponto de contato para a discussão teórica e seu uso linguístico. Aqui, porém, surge um dilema para o pesquisador social reconstrutivo: Se ele procurar esse ponto de contato, ele logo se expõe à suspeita de apenas ter atribuído seu material às categorias conhecidas – ainda mais que justamente aqueles que têm menos acesso a esse procedimento metódico muitas vezes também não estão dispostos a se interessar para algo além dos resultados, como, por exemplo, o processo de produção. Se ele não procurar esse ponto de acesso, reduzem-se as chances de ele ser levado em consideração de modo adequado pelos receptores que se orientam por categorias centrais e sedutoras].

A base de experiência também representada nos discursos para essas orientações das mulheres jovens é o destino de suas próprias mães, que lhes serviu como aprendizagem. Enquanto que, no caso dos jovens rapazes (e não só entre os estudantes do liceu), o pai permaneceu praticamente insignificante para os discursos (com algumas exceções), a orientação biográfica de todas as mulheres jovens – também das aprendizes – é transmitida por meio da identificação com a mãe.

Como mostra a comparação com os grupos de aprendizes, a orientação pela autenticidade individual é algo que se evidencia em todos os grupos. Mas ela passa para o segundo plano na medida em que os grupos de aprendizes têm suas raízes no espaço social da vizinhança. Falarei sobre isso mais adiante. Visto que, nas descrições metafóricas, os adultos ou representantes da geração mais velha agem frequentemente como horizontes opostos negativos, isso sugere que estamos lidando com orientações típicas para toda a geração, ou seja, com tipos geracionais.

O que interessa aos aprendizes masculinos são as necessidades individuais autênticas e possibilidades de expressão autêntica, ou além do consumo padronizado ou além daqueles rituais que documentam as máscaras e as fachadas e a coerção moral dos adultos, expressadas nas representações cênicas metafóricas de situações do dia a dia. O modo típico de representação para os estudantes do liceu é, como já dissemos, a descrição ou narrativa de decursos de desenvolvimento biográfico individual.

Se retomarmos mais uma vez da descrição metafórica do professor-residente já integrado ao padrão de normalidade biográfica, evidenciam-se, dependendo da escolha dos horizontes opostos ou dos grupos de comparação, outras camadas de significado, que remetem ao mesmo tempo a diferentes camadas do contexto existencial do grupo. A mesma representação metafórica pode, diante do horizonte oposto dos aprendizes, evidenciar elementos típicos do meio educacional; em comparação com as estudantes do liceu, elementos típicos de gênero – e, na comparação com outros grupos, elementos típicos da geração que podemos observar nos aspectos comuns entre os mesmos.

Já observei que a interpretação documentária depende em medida especial da posição do intérprete – visto que o padrão de sentido que aqui se documenta não é algo pretendido pelo produtor, mas só pode ser compreendido a partir do receptivo. Em termos de uma reflexão teórica, podemos dizer que a interpretação documentária depende do horizonte, ou melhor: dos horizontes opostos e de comparação do intérprete, não só em vista de sua nitidez e da clareza de seus traços, mas em relação a toda sua orientação – ao contrário da interpretação do sentido de expressão intencional como reconstrução compreensiva de intenções subjetivas.

Essa é a razão pela qual uma interpretação documentária, controlada empírica e metodicamente, depende de horizontes opostos empiricamente fundamentados e verificáveis, ou seja, de uma formação de grupos de comparação já nos passos fundamentais de análise. Isso vale primeiro para a interpretação documentária do próprio desenvolvimento do discurso e do padrão de significado coletivo que se desdobra nele. No entanto, vale igualmente também para a interpretação documentária das diferentes camadas de significado de descrições e narrativas, ou seja, para a explicação teórico-conceitual do conteúdo da representação metafórica dos processos de experiência que são objeto desse discurso.

Quando desmembramos dessa forma o caso específico diante do horizonte oposto de outros casos e identificamos suas camadas de significado, chegamos à construção de tipos. A atribuição desse caso a uma tipologia, ou seja, a interpretação do caso como documento dessa tipologia, é tanto mais válida quanto mais abrangente for a identificação nesse caso de outras camadas ou dimensões de significado, nas quais outras tipologias se documentam quanto mais abrangente for a localização do caso dentro de uma tipologia. A tipologia que nós desenvolvemos abarca cinco, ou melhor, seis tipos:

- o tipo *desenvolvimento social* dos aprendizes do gênero feminino e masculino, sendo que, aqui, só pude tratar dos últimos; isto é, das fases de desenvolvimento adolescente em aprendizes masculinos (para o tipo de desenvolvimento de aprendizes femininos, cf. MANGOLD & BOHNSACK, 1988, cap. 3.5);
- o tipo *meio educacional*, onde identificamos as diferenças entre as orientações biográficas de aprendizes e estudantes do liceu;
- o tipo relacionado às especificidades *gênero*, onde identificamos as orientações biográficas das jovens aprendizes em suas particularidades em relação aos aprendizes masculinos e às estudantes do liceu;
- o tipo *geracional*, sobre o qual já falei;
- e, por fim, o tipo relacionado ao *meio socioespacial*: vizinhança de operários, região de moradia emergencial e vilarejo.

Isso nos leva ao último passo do nosso método de interpretação: a geração de tipos dentro de uma tipologia. Para enumerar mais uma vez os passos anteriores: Após o primeiro passo, a interpretação formulada, na qual a passagem correspondente é dividida também tematicamente, segue a interpretação refletida. Esta é executada como interpretação documentária nas duas dimensões mencionadas: na interpretação documentária do coletivo e na interpretação documentária do conteúdo metafórico de descrições e narrativas em diversas camadas de significado. Nesse passo, deve ser explicitada, durante a interpretação do coletivo, também a referência interativa em sua estrutura formal. Assim distinguimos uma organização discursiva concorrente, comentadora, contínua e – no caso dos aprendizes femininos – paralelizadora.

Após a análise segregada do desenvolvimento do discurso em seus componentes durante a interpretação formulada e a interpretação refletida, a etapa denominada *descrição discursiva* volta a reunir as análises e inseri-las em um tipo de narrativa subsequente do desenvolvimento do discurso. Com a descrição discursiva, inicia-se a comunicação dos resultados da interpretação textual ao público, que não acompanhou os passos individuais e também não conhece os textos discursivos, as transcrições. A descrição discursiva adquire sua relevância primariamente dessa função comunicativa de apresentação, sintetização e condensação; não se trata mais de um trabalho interpretativo como nas etapas anteriores. A explicação do teor metafórico das descrições e narrações é inserida em uma reconstrução do desenvolvimento do discurso com referência às mudanças temáticas, ao desenvolvimento dramatúrgico com seus pontos altos e suas conclusões, ou seja, às sínteses realizadas pelo próprio grupo. Trata-se aqui de demonstrar como o grupo processa sucessivamente uma temática e assim desdobra um contexto cada vez mais denso, complexo e delineado, dentro do qual o tema é trabalhado. Trata-se também de mostrar quais temas não foram abordados ou apenas de forma marginal.

À descrição discursiva segue, como já mencionamos, como próximo passo a construção de *tipos*, que então se complementam em uma *tipologia*. Na descrição discursiva, a característica geral do caso como um todo permanece como referência central, mas, no decorrer da formulação da tipologia, os casos adquirem a relevância de documentos e exemplificações de um tipo.

Para encerrar, quero caracterizar com base em alguns exemplos aqueles grupos nos quais a orientação geracional, tipificada como individual e autêntica, passa para o segundo plano ou nem sequer é documentada. No caso dos aprendizes masculinos, essa orientação passa ainda mais para o segundo plano quanto mais estes estiverem arraigados no espaço social da vizinhança. No caso dos aprendizes do gênero feminino, também encontramos apenas poucos indícios da presença dessa orientação individual e autêntica. Aqui, porém, o vínculo com o ciclo feminino tradicional dentro da família e dos parentes, transmitido por meio da identificação com a mãe, entra no foco do autoposicionamento. Por isso, encontramos nos grupos de aprendizes femininos outro decurso de desenvolvimento do que nos aprendizes masculinos. Essas fases não focam no processamento da experiência profissional, mas na preparação do relacionamento com um cônjuge potencial – ou seja, com o namorado fixo – e, por fim, na preparação e no planejamento do futuro relacionamento conjugal: Precisamos distinguir a fase pré-relacionamento, de relacionamento e de planejamento.

Para as jovens aprendizes surge, por meio da identificação com a mãe, a transmissão de uma orientação segura que, a princípio, não encontramos nos aprendizes masculinos; eles só encontrarão mais tarde no relacionamento com a namorada o que então lhes permite uma reorientação em decorrência da superação da fase de negação. Assim, constatamos no grupo "Wies'n", um dos nossos grupos mais velhos (Wies'n, profissão, 541-568):

```
541   Bm:   Mas espera só até você ter uma namorada, uma namorada fixa,
542         aí você vai ver: cê economiza aa (    ) para cem (      )
543                |
544   ?m:      ⌊(Sim correto)
545                        |
546   Em:                    ⌊em todo caso terá mais dinheiro, quando tiver
547         uma namorada                                            |
548                          |                                       |
549   Bm:                    ⌊ Sim                                   ⌊Sim
550
551   Em:   do que quando sai sozinho
552                              |
553   Bm:                        ⌊ Sim eh, cê percebe né, a gente percebe
554                                                        |
555   Em:                                                  ⌊Em todo
556
557   Bm:   cem por cento (.) sim sim é assim mesmo
558                        |                        |
559   me:                  ⌊ @ (1) @                |
560                                                 |
561   Em:                                           ⌊ Sim a gente percebe
562                                                 |
563   Km:                  ⌊ Ei cês tão falando dos bêbados e tal?
564                                                 |
565   Bm:                                           ⌊ Não, ninguém tá
566         falando nisso agora (.) mas então você tem uma meta
567         e você começa a pensar, você
```

A identificação biográfica profissional, em torno da qual gira o desenvolvimento do discurso acima citado, exige uma identificação vinculada ao contexto de um relacionamento fixo, ao casamento e à família, para que se tenha "uma meta" e se comece "a pensar", indicando claramente uma referência a algo biograficamente relevante. Isso significa que, apenas agora, nessa fase de desenvolvimento, o contexto do casamento e da família se torna um contexto abrangente.

O grupo "Wies'n", que conhecemos aqui no final da fase da negação, no início de uma fase de reorganização, faz parte dos grupos arraigados na vizinhança.

Como filhos de operários de fábrica, eles cresceram juntos na vizinhança de um assentamento para trabalhadores. A vizinhança de trabalhadores, que desde a infância representa o pano de fundo da experiência comum do grupo "Wies'n", é tematizada, ela abandona seu *status* de pano de fundo e se transforma em tema quando os jovens veem seu espaço de vivência ameaçado – por estrangeiros. No final de uma representação cênica mais extensa da vida na vizinhança de trabalhadores (profissão, 1442-1444), nós lemos: "E como era a Wies'n no passado, né, perfeita [...] e desde que chegaram esses estrangeiros de merda, a Wies'n nada mais é do que merda".

A "Wies'n", um pequeno gramado no centro do assentamento de trabalhadores, se transformou para os jovens em uma metáfora (socioespacial) de identificação biográfica, pois está intimamente associada à infância dos jovens, onde se encontram também as raízes de seu *peergroup*. Agora, os estrangeiros invadem o espaço de vivência e experiência da vizinhança de trabalhadores, que lhes oferece moradia barata. Além da perda do espaço de experiência comum, vinculado ao pano de fundo existencial do assentamento de trabalhadores, isso significa para os jovens também que agora eles terão como vizinhos aqueles que ocupam a posição mais baixa na sociedade local. Os jovens percebem os estrangeiros como ameaça não só no seu bairro, mas também – e principalmente – no trabalho (Wies'n, profissão, 938-964):

938	Dm:		Chefe de recru-
939			|
940	Lm:		⌊ é um estrangeiro (.)
941			
942	Dm:	tamento, é ele	
943		|	
944	Lm:	⌊ ele fez (.) porque é (.) o que é o H.	
945			|
946	Dm:		⌊ Chefe de recrutamento
947			|
948	Bm:		⌊ Chefe de recrutamento
949			|
950	Lm:		⌊ Sim chefe
951		de recrutamento (.) e (.) aí (.) o H. deu uma bronca	
952		no mestre só porque ele não quis fazer o trabalho (.) não	

953		gostou do trabalho (.) eu me colocaram para fazer <u>aquele</u>
954		trabalho (.) como aprendiz e eu nem deveria (.)
955		|
956	Fm:	| O que, o que um estrangeiro deveria fazer?
957		
958	Lm:	signfica que fui levantar peças, ou trabalhar na
959		produção. Por exemplo encaixar peças, isso me é proibido
960		total (.) me deixaram encaixar peças (.) <u>me obrigaram</u> (.)
961		|
962	Bm:	| <u>obrigaram</u>
963		
964	Lm:	só porque o cara não quis fazer o trabalho

Como se evidencia na representação cênica, da qual posso citar apenas um trecho muito curto, Dm se sente duplamente um "idiota" no conflito com os estrangeiros (para usar a terminologia dos jovens usada mais adiante): por um lado, porque precisa fazer um trabalho que ninguém mais deseja assumir, nem mesmo um estrangeiro, e Dm se vê inserido na hierarquia da empresa abaixo dos estrangeiros, e, por outro, ele é o idiota porque se vê como vítima de uma conspiração dos estrangeiros – pois o chefe de recrutamento também é estrangeiro. Isso é problemático principalmente porque os jovens já consideram o trabalho de um simples operário sem formação profissional como algo inferior, sendo que isso se documenta claramente no distanciamento da posição profissional dos pais, que também são, em sua maioria, trabalhadores sem formação formal (Wies'n, profissão, 335-356):

335	Gm:	Quando eu for ajustador, quando vier do exército serei
336		ajustador não é, aí já serei alguma coisa
337		|
338	Em:	| Cê já é alguma coisa ((irônico))
339		|
340	Im:	| Pois é, cê vai ser ajusta-
341		dor, o que você vai ser como ajustador?
342		|
343	Cm:	| Ei, não quero terminar como meu <u>pai</u>
344		ir pra fábrica todo dia, ei isso é o <u>cúmulo</u>, ei
345		| |

```
346    Gm:    | Você pode              |
347                                    |
348    Lm:                             | E você, o que você quer ser
349            me diz aí? O que você quer fazer?
350    Cm:    No, você, o que você é como ajustador? Como ajustador você
351            não é nada     |
352                           |
353    Am:                    | Se eu fosse você, eu iria para a escola
354            mas com certeza (              )
355                           |
356    Cm:                    | Ir pra algum lugar
```

Nas diversas representações cênicas dos jovens se documenta, por meio de sua vida na vizinhança e no mundo do trabalho, um padrão de sentido *homólogo* e repetitivo, e isso nos dá acesso ao espaço de experiência comum ou conjuntivo – como diz Mannheim – do grupo em sua totalidade, dentro do qual podemos entender a xenofobia dos jovens: Dentro da hierarquia social local, os jovens se veem posicionados quase na posição mais baixa – e isso se intensifica quanto mais aqueles que ocupam a posição mais baixa na sociedade local se transformam em seus concorrentes nos âmbitos relevantes da vida e da experiência. Diante desse problema da autoidentificação na hierarquia social, as outras orientações – como, por exemplo, a individual e autêntica – passam completamente para o segundo plano.

E também nos grupos do *vilarejo* não encontramos qualquer problematização da individualização. Isso tem a ver, como já demonstrei a exemplo do grupo "Bänkla", com a inserção dos jovens na sociedade do vilarejo com seu calendário de eventos cíclico. Aqui, no vilarejo, o foco do discurso está em outra problemática, em um tipo de conflito que – diferentemente daquilo que observamos na busca pelo individual e autêntico – não é travado com adultos anônimos, mas com os próprios pais. Nas representações cênicas do grupo mais jovem do vilarejo, documenta-se a problemática do afastamento da família de origem, a partir dos pais. Os jovens apresentam dois adultos mais jovens do vilarejo como exemplos de uma fase de desvinculação não superada: a irmã de um dos membros do grupo, que, aos 23 anos de idade, ainda brinca com bonecas, e um jovem que – apesar de já ter uma namorada – ainda passeia pelo vilarejo com um carrinho de bonecas. Ele é considerado "débil mental"

(213). Com a ajuda desses exemplos, os jovens se conscientizam das possíveis consequências de uma crise de desvinculação não superada: uma deficiência, a patologia (Garten, metáfora de foco, 151-162):

```
151   Bm:                  Ei conheço um cara, ele brinca ainda, ele
152                  tem agora 16 anos, ele ainda brinca com bonecas
153
154   ?m:    ih-esse
155              |
156   Cm:          ⌊Aquele?
157                  |
158   Bf:                  | @vocês disseram aquele, uns dias atrás eu o vi
159          caminhar pelo vilarejo com um carrinho de bonecas @
160                  |
161   Dm:                          ⌊ Minha irmã tem vinte e três e só tem
162          bonecas da Barbie em casa
```

Mais tarde, Dm continua falando do caso de sua irmã, que ganha o prêmio principal na "Kärwa" (Kirchweih; consagração da igreja, festa popular), mas não escolhe, como poderíamos supor em antecipação de seu futuro papel como dona de casa, o "jogo de mesa", mas uma boneca gigante. Essa boneca "apodrece" no armário (Garten, metáfora de foco, 316-332):

```
316   Dm:                  É ela vai deixá-la ali até o fim (.) até
317          despedaçar
318          |        |
319   ?:   ⌊ @(1)@    |
320                  |
321   Cm:              ⌊ apodrecer (.)
322
323   Dm:   Isso mesmo (.)
324          |
325   Cm:          ⌊ Ela deve vestir o vestido sozinha, hein?
326                          |
327   Dm:                          ⌊ Hein?
328                          |
```

329	Cm:	⌐
330		Ela veste o vestido
331		⌐
332	Bf:	⌐ @(1)@ deve ser lindo

A análise comparativa mostra que, nos grupos da *cidade pequena*, a problemática da desvinculação não adquire qualquer significado. Os jovens do vilarejo, porém, são identificados pela população do vilarejo de tal forma com seus pais (como mostram outras representações cênicas) que eles se deparam com problemas maiores em relação à libertação dessa identificação, que é importante para a desvinculação. Ao mesmo tempo, a identificação íntima entre pais e filhos tem um efeito também sobre os pais: Quando os pais e a família de origem são identificados intimamente com os desvios de seus filhos, aumenta a pressão de adaptação que os pais exercem sobre os filhos e diminuem os espaços de ação necessários para a solução.

Enquanto o grupo "Garten" foca no problema da desvinculação da infância e da família de origem, para o grupo mais velho "Bänkla", proveniente do mesmo vilarejo, a questão da desvinculação já aparenta ter sido resolvida. Em uma música que os jovens tocam no fim da discussão, que eles acompanham cantando e que eles chamam de *sua* música, a letra diz:

> Nosso vilarejo era tão pequeno, mas nunca estive só
> Pois mamãe estava lá, e o lar era próximo
> Conheço ali cada casa, cada pedra
> Pois lá era o meu lar

E o refrão da música diz:

> No coração continuo criança
> Fecho os olhos e estou em casa
> Sinto o vento no meu cabelo
> Como éramos orgulhosos naquele tempo

Essa música do grupo "Bänkla" como também as afirmações xenofóbicas do grupo "Wies'n" só podem ser compreendidas e interpretadas se encontrarmos um acesso aos espaços de experiência comuns ou "conjuntivos" do grupo e dos ambientes, isto é, se conseguirmos entender aqueles processos de vivência comum que resultam nessas declarações (i. e., nas orientações que se expressam nessas declarações) (cf. tb. cap. 7.1 e 8).

Aqueles que pertencem ao ambiente e estão inseridos nos processos de vivência conjunta têm um acesso imediato aos padrões de sentido subjacentes a essas declarações. O teor *indexical* dessa declaração, como denominado na etnometodologia, é dado de forma imediata em virtude das biografias comuns. Aquele que é estranho ao ambiente, o pesquisador, precisa primeiro encontrar esse acesso por meio da interpretação – por meio da *interpretação documentária*.

Esta, porém, só começa onde – e aqui a etnometodologia não fez a diferenciação necessária – uma experiência *conjuntiva* não é (mais) dada. Então estamos lidando com o modo da experiência *comunicativa*. Essa distinção estabelecida por Mannheim entre experiência conjuntiva e comunicativa (cf. 1980; primeiro 1922-1925) é precondição essencial para uma compreensão mais abrangente do método documentário de interpretação do que aquela que encontramos na etnometodologia. Tratarei mais a fundo esse aspecto no capítulo seguinte (3.2) no contexto da discussão metodológica do método documentário.

3.2 Sobre a metodologia da interpretação documentária

O "método documentário de interpretação", cunhado em 1922 por Karl Mannheim (1964a) como conceito central de sua sociologia do conhecimento e justificado epistemologicamente, adquiriu, no tocante à sua metodologia, importância na Alemanha primeiro como reimportação norte-americana – por via da etnometodologia.

O caráter precário da comunicação no cotidiano: contribuições da etnometodologia

Harold Garfinkel, o fundador da etnometodologia, fez referência ao método documentário pela primeira vez em 1959, durante uma palestra no quarto congresso mundial de sociologia. Tentou demonstrar a fragilidade da comunicação diária, ilustrando-a com os chamados experimentos de crise (cf. cap. 2). Situações de crise eram provocadas pela recusa experimental iniciada por estudantes de referir afirmações de pessoas conhecidas ou de cônjuges a um conhecimento contextual (biográfico) comum e de entendê-las. Os experimentadores se recusavam, segundo a explicação de Garfinkel, a aplicar o método documentário. Interpretação documentária significa nesse sentido "tratar um fenômeno como 'documento', como 'referência a' algo que substitui ou age em nome de um padrão pressuposto e subjacente [...]. Cada um dos dois lados ('documento' e 'padrão'; R.B.) é usado para desdobrar o outro" (GARFINKEL, 1973, p. 199). Garfinkel (1967b) chamou essa relação recíproca e circular de "reflexividade". Esse princípio, que revela paralelos com o "ciclo hermenêutico" (cf. o resumo em GADAMER, 1990), adquiriu sua relevância em diversos estudos etnometodológicos sobre a racionalidade instrumental, a orientação normativa e a causalidade de modelos de ação (cf., entre outros, CICOUREL, 1973; DOUGLAS, 1970; DOUGLAS, 1971; McHUGH, 1971; MEHAN & WOOD, 1970; BOHNSACK, 1983).

Os aspectos (*features*) da comunicação cotidiana identificados por Garfinkel são, ao mesmo tempo, aspectos do método documentário. Dizem respeito à socialidade e temporalidade da interação comunicativa e se baseiam nas "idealizações" de Alfred Schütz (1971). Segundo o conceito de socialidade aqui aplicado, os sujeitos que se comunicam são estranhos uns aos outros no sentido de que suas perspectivas individuais se distinguem fundamentalmente umas das outras. A socialidade precisa sempre ser primeiro produzida situacionalmente como intersubjetividade. Consequentemente, Garfinkel compreendeu o método documentário como procedimento interpretativo para o processamento da "vagueza essencial" de "expressões ocasionais" (cf. tb. HUSSERL, 1968) e de sua "indexicalidade" (GARFINKEL & SACHS, 1976). O "individualismo metodológico" da sociologia fenomenológica de Schütz (SRUBAR, 1992) e o caráter precário da produção de intersubjetividade foram levados ao absurdo por Garfinkel quando falou de um "fingimento" recíproco ou de uma "pretensão de acordo" ("*pretence of agreement*") (GARFINKEL, 1973, p. 205).

Isso aconteceu com uma intenção crítica: Objeto da análise empírica dos etnometodólogos eram os processos (documentários) de interpretação em organizações burocráticas do controle estatal, como, por exemplo, a polícia (CICOUREL, 1968), a justiça (GARFINKEL, 1967d; GARFINKEL, 1976; EMERSON, 1969; McHUGH, 1970), a assistência social (ZIMMERMANN, 1969) e a pesquisa em ciências sociais. A crítica à sua prática de pesquisa sob o ponto de vista da codificação de questionários (GARFINKEL, 1967e) e, em termos bem gerais, da problemática de medição (CICOUREL, 1970), marcou o início de uma reflexão metodológica radical. No que diz respeito à metódica fundamental, isto é, à racionalidade, não existe qualquer diferença entre uma "construção de fatos realizada por leigos e por profissionais" (cf. GARFINKEL,

1962, p. 689). A etnometodologia corresponde então nesse sentido ao programa epistemológico da sociologia do conhecimento em Mannheim (1952b), segundo o qual a interpretação científica social não pode alegar uma racionalidade *superior* em relação ao pensamento cotidiano.

Mesmo assim, afirma uma diferença epistemológica em relação à prática cotidiana, isto é, uma postura analítica fundamentalmente diferente. Esta é a postura *processual-reconstrutiva* ou *"genética"*, como Mannheim a chamou. Trata-se da pergunta *como* "fatos sociais", por exemplo, a "criminalidade" (inclusive a biografia do criminoso) e a "verdade", são *produzidos* no processo jurídico – ao contrário de uma postura analítica que procura determinar *o que* é criminalidade ou verdade[6]. Esta segunda é, segundo Mannheim, a postura "imanente". Na postura analítico-processual, "a realidade objetiva do fato social se apresenta como realização contínua (*'accomplishment'*) das atividades harmonizadas da vida diária" (GARFINKEL, 1967a, p. VII). O etnometodólogo mantém a postura da "neutralidade oficial" perante a "convicção" "segundo a qual os objetos do mundo são como aparentam ser" (GARFINKEL, 1967f, p. 272s.; cf. tb. cap. 11). A postura analítico-processual da etnometodologia está, por um lado, vinculada à suspensão da "postura natural" da fenomenologia de Husserl e Schütz, à chamada *epoché*. Por outro lado, corresponde àquilo que Mannheim (1980, p. 88) chamou de "pôr entre parênteses o caráter de validade", que acompanha a "postura genética" constitutiva da sociologia do conhecimento.

Em sua prática de pesquisa, a etnometodologia deve ser compreendida como *crítica metódica* (bem-sucedida) em seu sentido mais amplo[7]. Abordagens "construtivistas" mais recentes se apoiam nisso (cf. KNORR-CETINA, 1989)[8]. Os procedimentos interpretativos dos agentes de organizações formais e seus métodos de decisão e de construção de identidades e biografias, por exemplo,

---

6 Cf. a definição do "método fenomenológico" em Heidegger, 1986, p. 7: "A expressão 'fenomenologia' significa primariamente um conceito de método. Ele não caracteriza o O *quê* objetivo dos objetos da pesquisa filosófica, mas o *Como* desta".

7 A análise etnometodológica da conversação ocupa aqui uma posição especial (SACKS, 1995), a reconstrução *empírica* daquelas estruturas da prática comunicativa que subjazem a qualquer comunicação verbal como condições de possibilidade.

8 As análises construtivistas mais recentes se diferenciam das análises etnometodológicas anteriores no sentido de que seu objeto de interesse não é mais apenas o procedimento de interpretação, mas a prática de ação (observada diretamente) (cf. tb. GARFINKEL, 1986).

do "criminoso", do "doente psíquico" (SMITH, 1976), do "transexual" (GAR-FINKEL, 1967e) etc. e também os métodos das ciências sociais podiam assim ser reconstruídos e criticados com sucesso – isso mais ou menos de forma implícita sob o ponto de vista de que eles não fazem jus à autocompreensão e ao mundo de vivência, isto é, à realidade específica daqueles que são objeto da prática de decisão ou de pesquisa.

Mesmo assim, a etnometodologia permaneceu uma sociologia do conhecimento "pela metade". Pois a pergunta de como um acesso metódico *adequado* à "indexicalidade" da realidade estranha pode ser encontrada não foi respondida pelos etnometodólogos. O que Karl Mannheim pretendia com o seu método documentário, desenvolvido por ele em sua sociologia do conhecimento como Teoria da "Ligação do Conhecimento com o Ser", era justamente encontrar um acesso adequado à indexicalidade de "espaços de experiência" alheios[9].

Compreender e interpretar: experiência conjuntiva e comunicativa

Uma compreensão de manifestações ou ações, isto é a compreensão das posturas ou orientações que estão implicadas, exige que tenhamos conhecido o contexto experiencial, o contexto de vivência ou o espaço de experiência em que essa manifestação se insere. Segundo Mannheim (1980, p. 272), "nós apreendemos [...], na compreensão das realidades intelectuais que pertencem a determinado espaço de experiência, as perspectivas existenciais específicas apenas se apreendermos de alguma forma também o contexto de vivência por trás destas".

Mannheim faz uma distinção entre *"compreender"* e *"interpretar"*. Aqueles que estão vinculados uns aos outros por meio de contextos experienciais comuns, que pertencem a determinado "espaço de experiência" se compreendem de forma imediata. Eles não precisam interpretar o outro. Vinculado a isso estão dois modos de experiência ou de socialidade fundamentalmente diferentes: a experiência "conjuntiva", que se baseia na compreensão imediata, e o relacionamento "comunicativo", que se realiza na interpretação mútua.

---

9 Na opinião de René König, a sociologia do conhecimento de Mannheim, principalmente sua concepção de "comunidade conjuntiva de experiências", anunciou uma mudança paradigmática na sociologia alemã da década de 1930, cujo desdobramento foi impedido pela emigração de Mannheim. Para uma das primeiras avaliações da importância paradigmática de Mannheim, cf. Matthes, 1967.

A etnometodologia não consegue diferenciar entre os dois. Os experimentos de crise de Garfinkel (cf. cap. 2), porém, demonstraram – involuntariamente – a diferença entre esses dois modos de socialidade: Os experimentadores negaram artificialmente a compreensão natural e incontestada dentro de um "espaço de experiências conjuntivas" e assim transformaram a situação em um espaço de interpretação comunicativa (documentária) de sujeitos estranhos.

Mannheim (1980, p. 73ss.) explica a *compreensão* (intuitiva), que resulta da prática da ação, com o simples exemplo de um nó. Para "compreender" o nó, precisamos recriar e retraçar seu processo de produção[10]. Isso ocorre de maneira intuitiva, na base de um conhecimento "ateórico". Se recorrermos aqui à terminologia de Bourdieu (1976; 1982), trata-se de recriar a "fórmula geradora", o "*modus operandi*" da produção do nó. Isso se baseia, de certa forma, num desempenho da "mimesis" (cf. GEBAUER & WULFF, 1992)[11]. Diante dessa "compreensão" do nó, parece difícil "interpretá-lo", isto é, fornecer uma "explicação teórico-conceitual" de seu processo de produção. Esse é o produto da "interpretação genética" segundo Mannheim. No "*modus operandi*" (típico de uma personalidade ou de um coletivo) da produção reconstruído pela interpretação genética, documenta-se o "*habitus*" individual ou coletivo (cf. MANNHEIM, 1964a, p. 109). É a isso que a *interpretação documentária* se propõe.

Da apreensão intuitiva, da compreensão da configuração (do nó), por um lado, e da interpretação genética ou documentária, de outro, precisamos distinguir ainda o conteúdo de sentido "imanente" ou "objetivo" (de um nó) no sentido de Karl Mannheim. A interpretação imanente implica um modelo de ação racional direcionada. Corresponde à interpretação dos "motivos para" de Alfred Schütz (1974): Junto as duas pontas de uma corda *para* fazer um nó. Ou, para usar outro exemplo de Mannheim (1964a): Faço uma doação para

---

10 "Este ente não é objeto de um conhecimento teórico do 'mundo', é aquilo que é usado, produzido etc." (HEIDEGGER, 1986, p. 67). Apesar de Mannheim não citar Heidegger aqui, os paralelos com a filosofia de Heidegger são evidentes.

11 Bourdieu (1992, p. 105) caracteriza o conhecimento ou a ação mimética, o "mímico", ao contrário do filósofo, da seguinte forma: "O princípio subjacente à sua ação não lhe é consciente [...]. O mímico não sabe o que ele faz, porque ele se confunde com sua ação. Ele é incapaz de objetivar, de se objetivar". Gebauer e Wulff (1992, p. 11) descrevem a *mimesis* como uma "mistura muitas vezes inconsciente de ação e conhecimento". Não devemos, porém, confundir a orientação mimética com a "imitação". Como Gebauer e Wulff (1998, p. 25) mostram com o exemplo da socialização da criança pequena, o mímico "absorve um modelo, adapta a este a sua motricidade e então o executa como um movimento adaptado ao modelo".

"ajudar". O conteúdo de sentido "imanente" ou "objetivo" é aqui a "ajuda". Ele se baseia em suposições recíprocas de motivação, socialmente institucionalizadas ou "objetivadas" e que são expressadas explícita ou "literalmente". A interpretação genética, por sua vez, se apoia na reconstrução *analítico-processual* ou *analítico-sequencial* de práticas de ação, interação e discurso e na reconstrução da representação experiencial, da narrativa ou descrição dessas práticas.

Devemos diferenciar do conteúdo de sentido genético ou documentário, de um lado, e do conteúdo de sentido imanente ou literal, de outro, o "sentido de expressão intencionado" (p. 104ss.). Ao contrário dos dois tipos de sentidos mencionados até agora, este implica em uma (auto)representação dos agentes. O intérprete é obrigado a recorrer a suposições sobre as *intenções comunicativas*, ou seja, a suposições sobre "o que o sujeito *pretendia expressar* no foco consciente e intencional" (p. 107).

Experiência conjuntiva e coletividade

Não devemos confundir as suposições sobre a intenção comunicativa, sobre o "sentido de expressão intencionado" do agente como uma "compreensão" no sentido de uma apreensão intuitiva de configurações mentais. Uma compreensão nesse sentido depende da reconstrução da prática da ação, isto é, depende da existência dessa prática de ação[12]. Não se baseia primariamente em suposições sobre intenções comunicativas. Mannheim explica isso com o exemplo da *"polis"* grega. A existência da *"polis"* e a afiliação a ela não se deve primordialmente ao fato de que "sujeitos individuais a imaginam ou, de alguma forma, se orientam conscientemente por ela" (MANNHEIM, 1980, p. 250): *"existimos*, antes, *na polis* existente não por meio da formação de conceitos, mas pelo fato de nos encontrarmos *dentro* daquelas relações espirituais que representam a existência da *polis"* (p. 248).

Se usarmos como outro exemplo o conceito de "vilarejo", podemos dizer que temos acesso ao seu significado administrativo, jurídico, técnico ou também econômico, determinado em partes pela sua diferença em relação ao conceito de "cidade" ou de "município". No entanto, o conceito adquire ainda um outro significado, completamente diferente para aqueles que vivem no vilarejo e a

---

12 "Essa compreensão, como toda compreensão, não é um conhecimento surgido da existência, mas um modo de ser original, sem o qual não existiriam percepção e conhecimento" (HEIDEGGER, 1986, p. 123).

ele vinculam experiências da existência cotidiana[13]. A existência comum nesse tipo de relações mentais constitui um "espaço de experiências conjuntivas" dos sujeitos participantes na base de uma prática comum – além do conhecimento teórico e das intenções comunicativas. Devido a essa fundamentação da nossa análise na prática, que assim representa o plano de sentido primordial, essa sociologia do conhecimento é "praxiologicamente fundamentada" (cf. tb. cap. 12; BOHNSACK, 2003g).

Visto que (para retornar ao nosso exemplo) o conceito do vilarejo apresenta ambas as dimensões de significado, tanto a da existência na prática (do vilarejo) quanto a da comunicação *sobre* essa prática, "surge como resultado uma duplicidade dos modos de conduta em cada indivíduo, tanto em relação aos conceitos quanto em relação às realidades" (MANNHEIM, 1980, p. 296). Essa "duplicidade", por um lado, representa a formação de sentidos e tipos "*conjuntivos*", e, por outro, a formação *comunicativa-generalizadora* de tipos pertencentes ao sentido imanente. Em suas *análises de estilo*, o historiador da arte Erwin Panofsky diferenciou, com referência a Mannheim, claramente entre essas duas formações de tipos: a do "sentido significativo" como comunicativa-generalizadora e aquela "que podemos designar com uma expressão de Mannheim de região do 'sentido do documento' ou também como região do 'sentido do ser'" (PANOFSKY, 1932, p. 115; cf. tb. PANOFSKY, 1975). Portador do sentido do documento é, como Panofsky explica em outro lugar (1989), o "*habitus*"[14]. Mais tarde, Bourdieu tomou essas análises de Panofsky como ponto de partida para seus próprios estudos (cf. abaixo).

Empresto outro exemplo para esses dois níveis de sentido na comunicação diária de uma pesquisa empírica (BOHNSACK et al., 1995), que incluiu não só gangues de *hooligans*, mas também grupos musicais de jovens (cf. tb. SCHÄFFER, 1996). Em um grupo de discussão, os jovens reagiram inicialmente com distanciamento ou recusa a uma pergunta do moderador ("Que tipo de música vocês fazem?"), que eles entenderam como pedido de classificação comunicativo-generalizadora de seu estilo. Após uma longa pausa, segue uma

---

13 Isso é, segundo Schütz (1971), o horizonte "interno" de um tipo que deve ser visto no contexto da gênese dos "motivos por quê" (SCHÜTZ, 1974). Ambas as coisas, porém, permanecem pouco desenvolvidas – ao contrário dos "motivos para" e do horizonte "externo" –, representando assim uma categoria residual (cf. cap. 8.2).

14 Panofsky fala aqui de "*mental habits*". A tradução alemã (1989) os chama, inapropriadamente, de "hábitos do pensamento".

descrição (desdobrada interativamente) irônica e distanciada e até banalizadora da própria *prática* musical: "música às vezes alta, às vezes baixa, às vezes rápida, às vezes lenta"; "de vez em quando, alguém canta"; "temos também uma garota". Ao mesmo tempo essa descrição é apresentada na forma de um "*rap*". A representação da prática musical e a prática em si, ou seja, sua *performance*, se confundem perfeitamente.

A descrição resulta em uma narrativa, já não mais distanciada e irônica, da origem do grupo. Na *narrativa conjunta de atividades conjuntas* ou de acionismos situacionais, documenta-se sua função para o desdobramento de uma *concordância habitual* (cf. tb. BOHNSACK 1996a; BOHNSACK & NOHL, 2001c), de uma busca por *elementos estilísticos habituais*, que não se orientam pelo produto musical de forma racional e direcionada nem por estilos de classificação generalizadora. Os estilos em seu conteúdo de sentido imanente ou comunicativo-generalizador (aqui, o *hip-hop*) são usados apenas, tal como a música em si, como meio para desdobrar por via do acionismo situacional na interação – isto é, na vivência lúdica e descompromissada da prática conjunta –, uma concordância habitual e os elementos estilísticos "autênticos" e *habituais* na "essência do ser". A procura por uma concordância habitual e por um espaço de experiências conjuntivas fundamentado nesta, é continuada na interação com um público durante um concerto por nós observado, que adquire seu significado não primeiramente como espetáculo da autorrepresentação, mas como "festa". A busca por concordância e convergências aqui observada, se revela finalmente como uma busca especificamente adolescente por um pertencimento ao meio social.

Esse nível de sentido primordial da prática habitual é levado em conta no modelo da emergência de símbolos significantes em Mead (1968)[15] apenas como categoria residual. Símbolos significantes e o "*self*", que ocupam o centro da análise de Mead, se formam apenas durante a "conscientização mental" (*mind*) de processos habitualizados de interação, aos quais Mead se refere quando diz que "o processo social preexiste temporal e logicamente ao indivíduo consciente, que se desenvolve nele" (MEAD, 1968, p. 230). O contexto de sentido primordial desse processo social, isto é, a reconstrução desse tipo

---

15 Sobre a importância de Mead para a pesquisa social reconstrutiva, especialmente para a hermenêutica objetiva e o método documentário, cf. Wagner, 1999.

de sequências interativas em sua *estrutura processual* é objeto da interpretação sociogenética ou documentária.

No caso do grupo musical ou do vilarejo, esse contexto de sentido primordial do "espaço de experiências conjuntivas" resulta – visto superficialmente – de uma prática de ação *grupal*. A intenção de Mannheim visa, porém, à separação entre a concepção do espaço de experiências conjuntivas e o fenômeno de grupo, isto é, da interação imediata, como o faz, por exemplo, em seu conceito de gerações[16]. Uma "conexão geracional" se constitui por meio de "uma *participação* em *destinos comuns*" (MANNHEIM, 1964b, p. 542), isto é, com base em aspectos comuns da "estratificação experiencial" (p. 535s.). São existencialmente determinantes porque se baseiam em lembranças adquiridas em *ações práticas próprias* – ao contrário de conhecimentos adquiridos meramente pela via comunicativa[17].

Quando aqueles que pertencem à mesma conexão geracional se encontram e formam grupos, este grupo não se torna o local social da *gênese*, mas o local da articulação e objetivação de uma estratificação experiencial coletiva específica daquela geração. Resta, porém, esclarecer em cada caso individual quais são os aspectos coletivos comuns ou específicos daquele meio social representados pelo discurso ou pelo grupo, na base dos quais aquele grupo se constituiu. O grupo é, portanto, apenas um "epifenômeno" para a análise de espaços de experiência específicos de meios sociais, mas ele fornece um acesso empírico válido à articulação do contexto de sentidos coletivos. Esses contextos de sentidos se articulam em práticas de ação "cerimoniais", ou seja, habitualizadas, isto é, constantemente reproduzidas no discurso. Por isso, o método documentário, como nós o entendemos no sentido de Mannheim, foi aplicado principalmente no âmbito da análise conversacional, especialmente no procedimento dos grupos de discussão (cf. cap. 3.1, 7, 13.2; BOHNSACK, 1996b; BOHNSACK, 1997b).

---

16 A categoria de "pertença" em Gurwitsch como "compreensão mútua no meio do evidente" (1967, p. 178) corresponde, em muitos aspectos, à categoria do "espaço de experiências conjuntivas". A solução do conceito de grupo, porém, não é desdobrada de forma consequente.

17 Cf. sobre esses diferentes tipos de conhecimento, também a diferenciação entre *"knowledge of acquaintance"* e *"knowledge about"* em William James é acatada por Schütz (1971, p. 16).

"Pôr entre parênteses o caráter de validade" e reflexão

A diferença fundamental subjacente à análise documentária entre conteúdos de sentido *imanente* e *documentário* encontra sua expressão prática na distinção entre interpretação *formulada* e *refletida* (cf. tb. cap. 8.1). A transição da interpretação imanente (formulada) para a interpretação documentária (refletida), que demarca a mudança das perguntas pelo *O que* para as perguntas pelo *Como* (cf. acima), corresponde à transição da "observação de primeira ordem" para a "observação de segunda ordem", isto é, para a "cibernética de segunda ordem", para a "observação de observações" no sentido de Luhmann (1990, p. 86ss.; cf. tb. cap. 12).

A postura analítica da sociologia do conhecimento mantém em ambos os passos interpretativos, em ambos os níveis de interpretação sua distância em relação à pergunta se as representações a serem interpretadas (p. ex., a descrição dos modos de conduta de um professor-residente por estudantes do liceu; cf. cap. 3.1) correspondem aos critérios de validade da *verdade* ou da *precisão normativa*. Ou seja, não interessa se as representações são (factualmente) verdadeiras ou corretas, interessa apenas o que se *documenta* nelas em relação àqueles que representam e em relação às orientações destes. A suspensão das pretensões de validade vinculadas ao *conteúdo de sentido* imanente, o "pôr entre parênteses do caráter de validade", é constitutiva para um método que visa ao processo da *produção* (experiencial) de realidade, ou seja, à pergunta pelo *Como* e não ao *O que* dessa realidade além da experiência específica do meio social. Aqui se encontra, ao mesmo tempo, a *diferença epistemológica* em relação à prática cotidiana com suas obrigações pragmáticas e também em relação às pretensões de uma abordagem objetivista à realidade e às aporias da contraposição entre "realidade objetiva" e "experiência subjetiva" (cf. a crítica de MATHES, 1985a; MATHES, 1992).

Ao contrário da suspensão do caráter de validade na postura analítica da sociologia do conhecimento, as hermenêuticas representadas por Gadamer e Habermas – independentemente de todas as diferenças entre elas (cf. cap. 11) – têm em comum o fato de tomarem como ponto de partida o conteúdo de sentido imanente, a "comunicação sobre uma coisa" e as pretensões de validade vinculadas a esta: "O mesmo acontece em uma conversa que travamos com alguém com a finalidade de conhecê-lo, isto é, para sondar sua localização e seu horizonte. Não se trata de uma conversa verdadeira, isto é, ela não visa a comunicação sobre uma coisa" (GADAMER, 1990, p. 308). A pretensão de verdade, a "antecipação da perfeição" só é abandonada diante do "fracasso da tentativa de considerar verdadeiro aquilo que foi dito" (p. 299). A interpretação "histórica" ou "psicológica", iniciada após o fracasso, tem seu ponto de partida sempre já nos *desvios* da antecipação.

Isso explica uma seletividade específica dessa interpretação, como a que encontramos também na "hermenêutica objetiva". Assim, a interpretação, por exemplo, da "estrutura de sentido latente" em uma sequência interativa é provocada pelo desvio de uma afirmação de um "modelo explícito e idealizado para um elogio adequado entre cônjuges" (OEVERMANN 1979, p. 372; cf. tb. cap. 4). Procuram-se então as fontes de erros para tal desvio, no sentido de uma "hermenêutica da suspeita" (BUDE, 1994, p. 118; cf. tb., para uma crítica semelhante, REICHERTZ, 1994). A sociologia do conhecimento se ocupou, principalmente em sua variação etnometodológica, com esse problema da interpretação. Aquilo que os etnometodólogos apontaram nos procedimentos de interpretação de organizações burocráticas e instâncias de controle pode ser caracterizado como "construção de realidade orientada pela suspeita" (BOHNSACK, 1983).

Quando a hermenêutica representada por Gadamer e Habermas parte do pressuposto de uma "antecipação da perfeição" (cf. tb. BOHNSACK, 2003i), ela pressupõe também que eu consigo me comunicar com o outro sobre uma "coisa" também a despeito ou independentemente das diferenças em nossas histórias de socialização ou em nossa pertença a um meio social. No entanto, isso tem como consequência – como poderíamos alegar do ponto de vista da sociologia do conhecimento – que eu interpreto as afirmações do outro diante do pano de fundo ou do horizonte de comparação da minha *própria* história de socialização e da minha *própria* prática cotidiana (habitualizada), ou seja, dentro do meu próprio "espaço de experiências". Para evitar isso é preciso trabalhar explicitamente toda história de socialização e prática cotidiana alheia em cujo quadro de referências se inserem as afirmações dos outros. Trata-se de "atravessar as configurações e alcançar o contexto existencial de um espaço de experiência" (MANNHEIM, 1980, p. 276). Isso ocorre com base em uma reconstrução da prática cotidiana sócio-histórica e comunicativa, em cujo contexto devemos procurar a gênese da afirmação que precisa ser interpretada.

Esse tipo de interpretação sociogenética como interpretação refletida pressupõe, porém, horizontes de comparação (cf. BOHNSACK, 1983; BOHN-

SACK, 1993), isto é, um conhecimento sobre práticas de ação alternativas e contingentes. O êxito de uma explicação desses horizontes de comparação e uma verificabilidade intersubjetiva assim garantida aumenta na medida em que esses horizontes são introduzidos não só na forma de experimentos mentais, mas de modo empiricamente fundamentado e verificável – por via da comparação de casos. Dessa forma, os horizontes de comparação pressupostos a princípio de modo ingênuo pelos intérpretes, isto é, diante do pano de fundo de sua própria prática cotidiana, podem ceder seu lugar aos horizontes de comparação empiricamente controlados.

Isso atribui à análise comparativa no contexto da interpretação documentária uma importância dupla. Ela permite o controle metódico dos horizontes de comparação necessários para a reflexão e é, ao mesmo tempo – como já mostramos no capítulo 3.1 – o fundamento da abstração conjuntiva e da construção de tipos.

Sobre a análise de entrevistas biográficas, protocolos e textos especializados

Objeto da interpretação documentária não é apenas o *habitus* coletivo, mas também o *habitus* individual, o *habitus* pessoal. O próprio Mannheim, quando tentou ilustrar o método documentário de forma mais concreta (1964a, p. 105ss.), recorreu a um exemplo desse tipo, apesar de a "visão de mundo de um indivíduo", ao contrário da "visão de um grupo, de uma era", não ocupar o centro de sua atenção (MANNHEIM, 1980, p. 88).

O âmbito predestinado para a representação daquela dimensão em que se documenta o *habitus* pessoal é a "narrativa espontânea autobiográfica" (cf. cap. 6.1). O alto grau de detalhamento da narrativa não visa, como muitos acreditam, elevar o teor verídico da facticidade (no nível do conteúdo de sentido imanente). O que interessa aqui é, sobretudo, o fato de que, na representação detalhada de execuções *práticas,* a *estrutura processual* do *habitus* consegue se documentar. Nosso procedimento analítico serve também para processar narrativas espontâneas (cf., entre outros, STRAUB, 1989; STRAUB, 1993; WEISSMANN, 1994; SCHÄFFER, 1996; NESTLER, 1996; BOHNSACK et al., 1995; SPARSCHUH, 2001; RUDLOFF, 2002; FRITZSCHE, 2003; NOHL, 2005; NOHL, 2006a; NOHL, 2006b). O que ocupa o primeiro plano aqui não é a reconstrução da estrutura formal dos discursos como na análise dos grupos de discussão, mas a identificação de diferentes níveis de representação, de diferentes "gêneros de textos" (narrativas, descrições, esboços biográficos, teorias), cuja análise se apoia nos trabalhos de

Fritz Schütze (1987a). Nosso método analítico se presta especialmente para um processamento *comparativo* e temático de entrevistas (p. ex., entrevistas estruturadas e entrevistas com especialistas; cf., entre outros, MEUSER & NAGEL, 1991) e para a produção e avaliação de protocolos de uma observação participante (cf., entre outros, VOGD, 2004; VOGD, 2006a; VOGD, 2006b) e para a análise de *métodos plurais* ("triangulação metódica)" de entrevistas biográficas, observação participante e grupos de discussão (cf., entre outros, LOOS, 1998; BOHNSACK et al., 1995; SCHÄFFER, 1996).

Além da análise de vídeo (cf. cap. 10, 13.5, 13.6) e a interpretação de imagens (cf. cap. 9, 13.4), a interpretação documentária se mostrou útil também no âmbito da análise de textos especializados, como, por exemplo, na análise dos textos de matemáticos da história da tecnologia de informação (STÄDTLER, 1998; STACH, 2001) em relação aos conhecimentos naturais por eles pressupostos no sentido de um *habitus* especificamente cultural e típico de determinado tempo. A análise desse tipo de textos especializados demonstra nitidamente que uma competência (técnica) no âmbito do conteúdo de sentido imanente (p. ex., matemático) não é precondição para uma interpretação com base na sociologia do conhecimento, contanto que seja possível determinar precisamente de modo metodológico e metateórico o nível de análise do sentido do documento. Para literatura adicional sobre o processamento dos diferentes tipos de entrevista e de protocolos de observação, consulte www.dokumentarischemethode.de

Estilos habitualizados e estilos expressivos intencionais

É preciso distinguir o "sentido expressivo intencional" do sentido do documento, que se refere, por um lado, ao *habitus*, a estilos habitualizados, e, por outro, ao conteúdo de sentido imanente ou literal (cf. MANNHEIM, 1964a, p. 104ss.).

O sentido expressivo intencional se distingue do sentido do documento por meio da intenção comunicativa e do conteúdo de sentido imanente, pelo fato de que o conteúdo de sentido é expressado não literal ou explicitamente, mas de modo figurado, metafórico ou "estilístico" (cf. tb. BOHNSACK, 1993b) e pelo fato de ser autorreflexivo, ou seja, pelo fato de se referir ao próprio agente, à sua identidade. Falamos aqui de *estilos* expressivos intencionais. Sua interpretação exige pressuposições sobre motivações, ao contrário dos estilos habitualizados, que são o objeto da interpretação documentária[18]. Goffman,

---

18 Sobre a diferenciação entre "estilo" (pré-reflexivo) e "estilizações conscientes", cf. Hahn, 1986.

como teórico proeminente dos estilos expressivos intencionais, raramente denomina essas autorrepresentações de "estilo", mas usa esse conceito para aquilo que nós chamamos de estilos habitualizados: "O estilo nos parece falso (*false*) quando é intencional" (1974, p. 290). Goffman esclarece aqui que o nível da ação prática, na qual procuramos pelo estilo, se encontra além das intenções comunicativas. Ele menciona isso de forma periférica (como categoria residual) em sua "*framing analysis*". Seu conceito central de "figuração" ("*animation*") corresponde em grande parte àquilo que nós chamamos de "sentido expressivo intencional" (cf. p. 518ss.) e é consequência daquilo que Goffman tem chamado (1973) de "distância do papel" (referindo-se à distância expressiva em relação à suposta identidade social do agente do papel, cf. BOHNSACK, 1992b).

Um exemplo recente para a análise de estilos expressivos intencionais é o de Hans-Georg Soeffner[19] em sua análise do "punk". Nesse sentido, "o estilo é produzido para ser observado" (SOEFFNER, 1992b, p. 78). Assim, a pessoa produtora do estilo demonstra "que ela observa e interpreta também a si mesma. – O 'estilo' se transforma assim em um meio de expressão e em uma forma de representação de *distanciamento* social" (p. 81). Esse tipo de distanciamento ou de "'transfiguração cultural' do cotidiano" (p. 79) já pressupõe uma consciência, por mais opaca que seja, de sua própria cotidianidade, do próprio *habitus*, ou seja, uma autointerpretação documentária. Para uma compreensão adequada do estilo expressivo intencional, a interpretação documentária do *habitus*, dos elementos estilísticos habituais, já é uma precondição[20].

---

19 Soeffner representa a corrente da "hermenêutica sociológica do conhecimento" (cf. resumo em SCHROER, 1997), que foi fundada por ele em colaboração com Jo Reichertz e Ronald Hitzler e que exerce uma influência decisiva sobre a hermenêutica objetiva, a metodologia da entrevista narrativa, do método documentário e também a pesquisa social reconstrutiva. Sobre o posicionamento da hermenêutica sociológica do conhecimento ou da "sociologia hermenêutica do conhecimento", cf. tb. Soeffner e Hitzler, 1994; Reichertz e Schroer, 1994; Honer, 1994. A hermenêutica sociológica do conhecimento, cunhada essencialmente pela sociologia fenomenológica, diferencia-se da sociologia do conhecimento aqui representada e fundamentada praxiologicamente em sua relação com a prática. Para esta segunda sociologia do conhecimento – e ao contrário da hermenêutica sociológica do conhecimento – a prática de ação habitualizada representa o nível de sentido primordial. O nível de sentido coletivo é primordial em relação ao nível de sentido individual, ao contrário do individualismo metodológico da sociologia fenomenológica (cf. SRUBAR, 1992). Soeffner (1991) usa o conceito da "reconstrução" mais no sentido de uma sociologia fenomenológica do conhecimento. Fora isso, concordo com Soeffner (1992a) em sua delimitação de uma reconstrução da construção social da realidade de um "construtivismo radical".

20 Sobre a diferenciação desses diferentes níveis de estilos ou padrões da conduta de vida, cf. Ulf Matthiesen (1995, p. 56), que diferencia entre os "*lifestyles* ritmizados por mecanismos do mercado e

Conjunção e distinção

Bourdieu, que toma Panofsky como ponto de partida, fez contribuições decisivas para o desenvolvimento da concepção de elementos estilísticos habituais (cf. BOURDIEU, 1970). No entanto, ao longo de sua aplicação empírico-metódica em *La distinction* (1979), sua concepção de *habitus* sofreu, sobretudo em função da redução à pesquisa com questionários, em parte uma limitação metodológica que a aproxima da "revelação iconográfica do sentido de significado" segundo Panofsky (1932, p. 109). E também sob outro ponto de vista, essa análise de Bourdieu se apresenta como problemática sob a perspectiva da sociologia do conhecimento, no sentido de que a "gênese" das formas do *habitus* e das formas estilísticas da prática, ou seja, aquilo que estrutura o "princípio estruturante" do *habitus*, é explicada por meio de "configurações de capital". Estas são "precondições causais da gênese" (MANNHEIM, 1964c, p. 395) em oposição a uma interpretação *sociogenética*, que aponta as condições constitucionais do *habitus* na *estratificação da vivência* no ambiente social específico. Em comparação com esta, a análise de Bourdieu é uma interpretação *"genético-causal"* (MANNHEIM, 1980, p. 87s.), com as respectivas consequências de um modo de contemplação, em algumas áreas, estático e determinista (cf. cap. 8.3). Sobretudo as condições socializadoras da interação para a aquisição e para o desdobramento emergente de elementos estilísticos habituais (cf. BOHNSACK et al., 1995) se recusam a uma análise empírica ao modo da interpretação genético-causal.

Na comparação com o procedimento analítico de Bourdieu, torna-se evidente ainda outra característica decisiva da interpretação sociogenética ou documentária. Essa interpretação objetiva alcançar os aspectos comuns da estratificação da experiência, os centros de vivência comum, sob o foco de uma visão de mundo compartilhada – documentada nas "metáforas de foco" apresentadas acima. Assim, o *habitus* é analisado primariamente (não de modo negativo) por meio da *distinção*, mas sob o ponto de vista de uma *concordância habitual* fundamentada em experiências conjuntivas, ou seja, por meio da *conjunção*.

---

estruturas de gostos comercializados" e "os padrões fundamentais da conduta de vida", "as imagens do mundo e os padrões de interpretação", "sedimentados num nível mais profundo e que se transformam de forma mais lenta e em relativa independência do mercado".

4
A hermenêutica objetiva

A hermenêutica objetiva de Ulrich Oevermann se insere na tradição da teoria crítica e, portanto, foi influenciada pela compreensão da hermenêutica desenvolvida nos escritos de Jürgen Habermas. Mas a hermenêutica objetiva também se distingue desta em alguns aspectos essenciais.

Para Habermas, cuja contribuição foi essencial para tornar a tradição hermenêutica relevante para a metodologia das ciências sociais, assim como para a etnometodologia (cf. cap. 3.2), as "regras" culturais e contextuais da comunicação e interpretação, os "universais pragmáticos" constituem um interesse central, como ele expressa em sua "Teoria da Ação Comunicativa" (1981).

Primeiro, porém, Habermas problematiza a posição etnometodológica: Se as interpretações nas ciências sociais dependerem da mesma forma do contexto como as interpretações do cotidiano (e isso é um elemento essencial do ponto de vista etnometodológico), como a sociologia pretende estar na posição de questionar os princípios universais da contextualização, as regras básicas, os procedimentos interpretativos: "Na medida em que a etnometodologia se apresenta não só como crítica metodológica, mas como teoria em seu próprio direito, torna-se visível o contorno de um programa de uma pragmática formal. Aqui, porém, deparamo-nos novamente com a pergunta como pode ser realizada uma pesquisa dos universais desse tipo, se as interpretações nas ciências sociais dependerem da mesma forma do contexto quanto as interpretações do cotidiano" (HABERMAS, 1981, p. 185). Com essa crítica, Habermas acata inicialmente a posição da hermenêutica tradicional com referência a Gadamer, onde lemos que "a conversa, que nós somos" (GADAMER, apud HABERMAS, 1971, p. 276), isto é, na qual e por meio da qual a nossa consciência se constitui, "não pode ser transcendida". Quando tentamos reconstruir as competências comunicativas só podemos fazê-la na comunicação, e nisso recorremos justamente às pré-comunicações, aos pré-acordos, que remetem à implementação de contextos tradicionais comuns e que sempre já estão inseridos nas competências comunicativas.

Ao longo de sua ocupação sobretudo com a posição de Gadamer (esp. 1990), Habermas (1973; 1981) chega à conclusão – ao contrário da hermenêutica tradicional – que o programa de uma reconstrução de universais pragmáticos seria, sim, possível e promissor. No entanto, Habermas não concorda com aquela via de reconstrução que encontramos na tradição fenomenológica, pois a considera insuficientemente verificável do ponto de vista intersubjetivo (DÖBERT et al., 1977, p. 27): "É, portanto, plausível, desenvolver a teoria sociológica da ação como teoria que procure reconstruir os elementos universais do conhecimento pré-teórico relevante do leigo sociológico. [...] O programa de pesquisa fenomenológico também visa, com uma intenção semelhante, à apreensão de estruturas gerais de possíveis mundos de vivência social; mas a execução desse programa apresentava, desde o início, as falhas de um método, que copia os procedimentos introspectivos da filosofia da consciência". Na opinião de Habermas, a verificabilidade intersubjetiva é mais plausível em outras áreas de pesquisa do que na tradição fenomenológica; como, por exemplo, nas abordagens de competência teórica da linguística (principalmente na Teoria dos Atos de Fala), assim como nas teorias da psicologia do desenvolvimento que tratam do desenvolvimento de competências (Piaget e Kohlberg) e nas pesquisas sobre o desenvolvimento filogenético (trabalhos sobre a evolução dos fundamentos de formas de vivência socioculturais).

Habermas havia iniciado sua tentativa de reconstrução das condições da interação comunicativa e das regras interpretativas em um ensaio anterior (1973) sobre a compreensão hermenêutica (intitulado de "A pretensão universal da hermenêutica"). Nele, Habermas havia recorrido à psicanálise e explicado o processo hermenêutico de compreensão. Ele parte da compreensão cênica reconstruída por Lorenzer (1970) como modo da hermenêutica psicanalítica: Um comportamento sintomático no sentido da psicanálise é um comportamento contextual inadequado: "A cena se torna incompreensível a uma compreensão cotidiana assim que nos deparamos com uma 'ação' de um próximo que não se insere no quadro cênico, uma ação que chama a atenção de todos os envolvidos, menos a do próprio agente. Já que a cena nos é 'incompreensível', surge então a exigência de compreender a prática de vivência daquele que precisa ser compreendido" (LORENZER, 1970, p. 116).

O analista procura agora transformar a situação de diálogo em situação de transposição, evocando a conduta sintomática. Se o paciente, em uma cena sintomática, por exemplo, em uma cena cotidiana de comunicação com um superior, demonstra uma mistura de comportamento adequado à realidade e elementos de uma reprodução da relação de conflito infantil com o pai, surgido, por exemplo, durante a crise édipa, o terapeuta procura incentivar o paciente a transpor essa conduta para a situação terapêutica, para assim poder deduzir da cena de transposição a cena sintomática, a cena do cotidiano para, então, a partir daí, reproduzir a cena infantil "soterrada", a cena primordial.

Em decorrência da execução de mecanismo de defesa, a cena primordial é representada pelo paciente apenas de modo incompleto, psíquica, consciente e linguisticamente fragmentada. A representação linguística incompleta da cena primordial provoca o emprego de "clichês", como Lorenzer os chamou. A cena primordial foi parcialmente excomungada, ou seja, excluída da comunicação linguística.

Objetivo da análise é a reconstrução da cena infantil, da cena primordial, ou seja, a reconstrução do contexto original desse comportamento sintomático, dentro do qual esse comportamento faça sentido: "A reprodução dos padrões de relacionamento infantis, provocada pela coerção à repetição, nas cenas da atualidade conduz, se o analista os vincular de forma interpretativa às cenas correspondentes do passado, aos eventos originais, isto é, às cenas que permitem a reconstrução de toda a possibilidade relacional, a reconstrução do conteúdo de significado pleno, porque aqui a cena adquire aquela complementação que foi destruída pela defesa" (LORENZER, 1970, p. 166). Segundo Habermas, confundem-se na reconstrução da cena original – e isso me parece altamente significativo – "compreensão" e "explicação": "A reconstrução da cena original possibilita ambos de uma só vez: ela abre uma compreensão do sentido do jogo linguístico deformado e explica ao mesmo tempo a evolução da própria deformação" (HABERMAS, 1973, p. 292).

A hermenêutica objetiva se interessa agora – e diferentemente da hermenêutica tradicional, na forma que Habermas a preparou para as ciências sociais – não só pelas orientações transmitidas pela psique e pelo *psiquicamente* inconsciente, mas alega poder identificar também o *socialmente* inconsciente – estruturas de sentido social "latente" (que não são totalmente representadas psiquicamente).

E ao contrário de Habermas e em decorrência do desenvolvimento da hermenêutica objetiva, Oevermann não parte primariamente de problemas epistemológicos, mas da prática de pesquisa. Como procedimento empírico, a hermenêutica objetiva foi desenvolvida na base da prática de pesquisa e se fundamenta, portanto, nas experiências da prática de pesquisa e em sua reconstrução. O ponto de partida foi dado, no início, por questões oriundas de pesquisas empíricas sobre socialização (para uma exposição útil da metodologia da hermenêutica objetiva com referências especiais à problemática da Teoria de Socialização, cf. MATTHES-NAGEL, 1982): A pesquisa sobre socialização não se mostrou capaz de compreender adequadamente os processos da aprendizagem socializatória, ou seja, aquilo que acontece entre pais e filhos, entre socializadores e socializados, quando se aprende ação social, quando se aprende comunicação. Devido a essas falhas, Oevermann et al. (1976) e Oevermann et al. (1979) questionaram, de forma prudente, se é possível falar de uma teoria *sociológica* da socialização tendo em vista a situação atual da pesquisa sobre socialização.

Essa falha remete, por sua vez, a um problema mais geral da pesquisa sociológica: A sociologia é empiricamente incapaz de identificar seu objeto verdadeiro – o social –, pois seus métodos só conseguem compreender o individual, como criticou Adorno já nos tempos da chamada disputa positivista (cf. cap. 2, anotação 2): "Em termos gerais, a objetividade da pesquisa social empírica se refere aos métodos, não ao objeto pesquisado. Por meio do processamento estatístico, a pesquisa deduz das apurações de um número maior ou menor de pessoas afirmações que, segundo as leis do cálculo da probabilidade, podem ser generalizadas e que são independentes de oscilações individuais. Mas os valores medianos adquiridos, por mais que sua validade seja objetiva, permanecem, na maioria das vezes, afirmações objetivas sobre sujeitos" (ADORNO, 1969, p. 84).

Como já criticado corretamente por Adorno à época, os métodos que costumam ser empregados pela pesquisa social empírica não conseguem compreender os atos individuais como elementos de um contexto de ação independente das intenções subjetivas dos agentes envolvidos – como elementos de um contexto de ação, de certa forma, objetivamente oposto a esses agentes.

A falta de um acesso empírico às características estruturais "objetivas" de um contexto de ação tem consequências também para a pesquisa sobre socialização, cuja prática de pesquisa originou a hermenêutica objetiva. As teorias de socialização (como as teorias clássicas de Mead, Piaget e Erikson), que partem do pressuposto de que na aprendizagem de socialização o indivíduo adquire competências em níveis cada vez mais elevados, se deparam com o seguinte dilema: "Por um lado, a competência desenvolvida é condição necessária para a produção de uma comunicação que seja intersubjetivamente compreensível, por outro, porém, a criança que ainda não possui essa competência só pode adquiri-la por meio da participação num diálogo que seja intersubjetivamente compreensível" (OEVERMANN, et al., 1976, p. 397).

Esse dilema se resolve quando submetemos a interação socializadora a uma observação mais minuciosa, como o fez o grupo de pesquisa de Oevermann na base de uma interpretação textual precisa de gravações de uma comunicação familiar, fazendo então a descoberta de que as crianças são inseridas em contextos (objetivos) de ação e interação e que elas participam destes ativamente, cujo sentido, porém, lhes é velado – ao contrário do que acontece com os socializadores, os pais. As crianças aprendem justamente graças ao fato de os pais as tratarem *como se fossem* competentes: "Em termos bem gerais, os pais atribuem à ação de seus filhos – semelhante ao que faz o intérprete das estruturas de sentido latente em relação aos pais – um extra de intenção e de sentido subjetivo do que as crianças realmente conseguem realizar" (OEVERMANN et al., 1979, p. 383).

Se desenvolvermos essas observações no sentido de que não só as crianças, mas todos os sujeitos sociais em geral se encontram inseridos em contextos de ação, cuja estrutura de sentido eles entendem apenas em parte ou conseguem "ler" apenas parcialmente (se os imaginarmos na forma de textos), então cada intérprete de um texto se encontra em uma posição em relação aos pais seme-lhante à dos pais em relação aos filhos – no entanto não em virtude de uma competência superior, pois a hermenêutica objetiva parte – como todos os pro-cedimentos reconstrutivos – do pressuposto de que "não pode ser estabelecido uma diferença epistemológica entre os procedimentos da ação cotidiana e os procedimentos da hermenêutica objetiva" (p. 391). O intérprete de um texto sociológico dispõe apenas de mais tempo e não se encontra sob a pressão da situação que ele pretende interpretar (cf. tb. SOEFFNER, 1979, p. 329s.), ou seja, ele pode trabalhar sob condições "que permitem alcançar um mínimo de perturbação dos juízos de adequabilidade" (OEVERMANN et al., 1979, p. 392). (Uma reconstrução das competências intuitivas que subjazem a esses juízos de adequabilidade, como a que foi feita no caso do método documentário de interpretação de Karl Mannheim e da etnometodologia, não interessa à hermenêutica objetiva. Ela se vê como "teoria artística": As habilidades da interpretação são transmitidas ao aluno pelo mestre na execução prática, no exercício prático; cf. cap. 4.2.)

Além da análise empírica das estruturas de sentido latente da interação na socialização, o grupo de Oevermann desenvolveu seu procedimento metódico sobretudo na base de casos de análise de estruturas familiares (patológicas) (para trabalhos mais recentes, cf. HILDENBRAND, 1983; HILDENBRAND, 1998).

4.1 Sobre a forma de procedimento da hermenêutica objetiva

Podemos distinguir dois princípios básicos entrelaçados no procedimento metódico da hermenêutica objetiva: A variação de contexto como experimento mental e o procedimento de análise sequencial.

Sobre a "variação de contexto como experimento mental": Como já vimos na área da hermenêutica convencional – elucidada por Habermas a exemplo da psicanálise –, a compreensão hermenêutica de uma declaração significa identificar o contexto adequado a essa expressão. Em Oevermann et al. (1979, p. 415), lemos: "Consideramos o vínculo entre uma declaração e a condição contextual que cumpra pragmaticamente essa declaração como uma forma de leitura".

Com base no exemplo: "Mamãe, quando é que você vai me dar algo pra comer, estou com tanta fome", Oevermann et al. explicam seu procedimento e desenvolvem contextos como experimentos mentais, dentro dos quais essa declaração se apresente como plausível (uma criança pequena chama a mãe; uma criança mais velha, mas doente, chama pela mãe; um marido que pertence a um ambiente social específico chama pela sua esposa ao retornar do trabalho etc.). Ao mesmo tempo, evidencia-se que essas condições contextuais esboçadas como experimentos mentais se apoiam em concepções de normalidade sobre:

- *Instituições*: padrões de comportamento institucionalizados (papéis e funções na família).
- *Idade*: padrões de comportamento típicos de determinadas fases de desenvolvimento (fases do desenvolvimento de competências na infância e juventude).

• *Meio social*: padrões de comportamento específicos de um meio social (familiar).

A próxima fase é a da contrastação da "lista de contextos possivelmente sensatos da afirmação com o contexto real no qual a afirmação ocorreu: O falante era um garoto de 6 anos, ele fez sua afirmação no momento em que a família se sentou à mesa para jantar. Na mesa havia pão, presunto, manteiga e tomates. Todos podiam começar a comer. Bastava preparar uma fatia de pão.

A comparação mostra que o contexto factual não estava contido na lista das condições contextuais que haviam sido esboçadas como experimento mental e que cumpriam as condições de normalidade da afirmação" (p. 417).

Portanto, a afirmação não pode ser explicada a partir de condições contextuais *externas*, isto é, a partir de condições contextuais institucionais, dos papéis sociais e dos meios sociais específicos. Isso significa que, diante dessas concepções de normalidade, essa afirmação se destaca e *chama atenção*. Se, mesmo assim, quisermos explicar essa afirmação, se quisermos entendê-la, precisamos identificar o *contexto interno*, isto é, a peculiaridade e estrutura específica do caso (p. ex., da família).

Isso ocorre quando aplicamos o procedimento da análise sequencial, que os autores explicam não com a ajuda desse caso, mas com outros casos: A estrutura do caso – na compreensão de *todos* os procedimentos reconstrutivos e não só na compreensão da hermenêutica objetiva – não é algo estático, mas sempre uma *estrutura processual*, que só pode ser identificada por meio de uma reconstrução sequencial de decursos de interação, discursos e narrativas: "Pois nossa tese só permite falar de uma estrutura se conhecermos seu processo de reprodução – se dispormos da reconstrução das leis de transformação que caracterizam essa reprodução" (p. 423). Na acepção da hermenêutica objetiva, esse processo de reprodução pode ser observado em momentos aleatórios das sequências de interação que ocorrem constantemente na família[1]. Ele não pode ser reduzido às motivações e expectativas dos agentes envolvidos, ou seja, às suas intenções subjetivas. Antes a dinâmica de interação iniciada se transforma por meio das contribuições de ação individuais – independentemente de

---

1 "De fato, consideramos aleatório em que ponto iniciamos uma cena de um protocolo abrangente para fins interpretativos" (OEVERMANN et al., 1979, p. 421). A *análise comparativa* com base na interpretação textual documentária, por sua vez, procede segundo o princípio da seleção de passagens temáticas comparáveis, para poder contrastá-las com passagens de textos de *outros grupos ou casos* com a mesma temática (cf. cap. 3).

suas motivações – em uma estrutura de sentido. Ela se torna empiricamente palpável quando sua *seletividade* é identificada: "As leis que regem a estrutura de um caso específico se revelam na mesma medida em que as mesmas possibilidades repetitivas são sistematicamente excluídas, que, segundo as regras vigentes, poderiam ter sido igualmente possíveis como as realmente selecionadas" (OEVERMANN et al., 1983, p. 274).

A *análise sequencial*, que procura identificar essa seletividade, que constitui o contexto interno, ocorre de tal forma que o intérprete esboça, num experimento mental, para cada contribuição de fala individual de uma sequência de interação possibilidades alternativas de continuação, de reação a essa contribuição (o que B poderia ter respondido à declaração de A?). O horizonte oposto introduzido pelo experimento mental é então contrastado com a contribuição de fala realmente observada. "Um dos fundamentos da análise sequencial aqui representada é que o texto é interpretado passo a passo sem antecipação daquilo que virá depois" (HILDENBRAND, 1987, p. 154). "Nenhuma informação ou observação de interações posteriores deve ser usada para a interpretação de uma interação anterior" (OEVERMANN et al., 1979, p. 414). Isso significa que, no início de sua análise, o intérprete não precisa conhecer a totalidade do texto e, possivelmente, nem mesmo conhece. Isso tem a vantagem de que ele não é influenciado em seus *experimentos mentais* pelo conhecimento do decurso real da interação ou comunicação.

Como já mencionamos, *todos* os procedimentos de interpretação de textos reconstroem os decursos de interação, discursos ou narrativas na sequência temporal de seu processo de criação (sua construção): "Interpretação é essencialmente a simulação interpretativa da geração do texto, isto é, de sua constituição sequencial de sentido" (SOEFFNER, 1979, p. 347). No âmbito da hermenêutica objetiva, porém, esse princípio adquire ainda uma variação específica. (Isso tem a ver com o fato de que, segundo a compreensão estrutural da hermenêutica objetiva, a estrutura que se constitui de modo sequencial é apenas "latente", de modo que, na execução das contribuições de fala, isto é, no decurso da produção do texto, os participantes da interação não se orientam por esse contexto estrutural – ao contrário, p. ex., daquela "estrutura" de conhecimento no sentido de orientações coletivas; cf. cap. 5.)

Sem poder detalhar aqui a denominada "análise fina" da hermenêutica objetiva, que deve ser lida no original (OEVERMANN, 1979, p. 394ss.) e cujo perfil é delineado também no capítulo 7 deste livro, reproduz-se a seguir, como ilustração, a passagem textual da sequência de interação de uma família durante o jantar, que o próprio Oevermann et al. (1979, p. 354s.) usou como modelo para explicar o seu procedimento:

47	K[6] 7:	obrigado, igualmente, bom apetite (afetado, tom imitador)
48	M 6:	mehm
49	V 10:	(barulho de mastigar)
50	K1 8:	Bom apetite senhora Schütze (afetado)
51	B2 7:	Bom apetite, Paul (imitando o tom)
52	K1 9:	Obrigado igualmente, obrigado igualmente (afetado)
53	V 11:	ou M 16: psst!
54	B1 6:	hahaha, mhm, como são gostosos
55	M 17:	Vamos, coma por favor
56	K1 10:	Obrigado igualissimamente (afetado)
57	M 18:	pensei nessa comida o dia todo
58	B1 7:	Como?
59	M 19:	eu pensei nessa comida o dia todo
		(rindo)
60	B2 8:	ri
61	V 12:	né, essa ela sabe fazer
62	B1 8:	née, esses são são realmente ótimos
62	V 12a:	sim, sim ao mesmo tempo com 62 B1 8
62a	B1 8:	Às vezes é assim, a gente tem fases em que morre de vontade
62		disso, não é
63	M 20:	sim, sim
64	V 13:	Olha, se você continuar assim, podemos passar a vendê-los
65	B2 9:	hm
66	M 21:	(ri)
67	B 19:	(ri)
68	M 22:	(rindo) é claro, bem aqui // tão bom assim eles também não são
69	K1 11:	Sim, foi você que fez?

70	M 23:	É claro
71	V 14:	(pigarreia)
72	B1 10:	Especialidade
73	K1 12:	produção artesanal

> Sobre o contexto da cena:
> Para a interpretação exemplar recorremos aqui aos atos comunicativos 54 a 69. Trata-se de um excerto de mais ou menos 20 segundos da quinta e última sessão de observação na casa paterna. A mãe preparou um jantar, do qual, contrariando as regras normais, os observadores também participam dessa vez, pois tratava-se, de certa forma, de um jantar de despedida. A diferença entre família e observadores é, portanto, preservada no sentido de que os observadores permanecem sentados à mesa de centro na frente do sofá, enquanto a família se senta à mesa de jantar do outro lado da sala. – O filho de $5^{1/2}$ anos de idade e a filha de 4 anos estão à mesa, o filho de 1 ano já está na cama.

Na interpretação da estrutura de sentido latente dessa sequência de interação, que é trabalhada, segmento por segmento, por Oevermann et al. a partir de alternativas experimentais em sua seletividade, a contribuição de fala do pai (61) exerce uma função-chave: a declaração "essa ela sabe fazer" apresenta um desvio evidente do *contexto externo*, isto é, do "modelo explícito e idealizado para um elogio adequado entre cônjuges", que os intérpretes introduzem como horizonte oposto (p. 372). Essa declaração só pode ser compreendida na base do conhecimento do contexto *interno* (da estrutura da peculiaridade específica ao caso), identificado ao longo da análise sequencial. A princípio, é interpretada como "desqualificação", que apresenta dois componentes: "Esses experimentos mentais nos levam a dois componentes essenciais, que compõem essa desqualificação: De um lado, a declaração contém uma expressão de menosprezo diante das capacidades da mãe como dona de casa, um papel que, para ela, é muito importante, como o pai sabe" (p. 358). O segundo componente se expressa no fato de que o pai não fala aqui com a mãe, mas com os observadores *sobre* a mãe: "Com essa forma de declaração, ele abandona o nível do relacionamento conjugal, que aqui é implicitamente tematizado. A desqualificação é, portanto, sobretudo uma desconfirmação do relacionamento conjugal. Ela é tratada de forma implícita, como se ela nem existisse. Os observadores são mais importantes para o pai do que sua esposa", e mais abaixo (p. 360): "Do ponto de vista do significado objetivo, a sua declaração inverteu a intenção (de fazer um elogio à esposa; R.B.), sem que ele o percebesse claramente".

Isso vale também para a declaração (64), com a qual o pai pretende intensificar seu elogio: "Olha, se você continuar assim, podemos passar a vendê-los". Na opinião do grupo de Oevermann, "o conflito nuclear dessa família se expressa nessa breve sequência de interação em várias fases e como que de forma concentrada, de certo modo num microformato" (p. 364): uma falta de diferenciação entre a esfera particular e a esfera profissional (o pai trabalha como funcionário de seu pai em uma banca no hospital com horários irregulares e não coordenados com a agenda da família), de modo que o pai é excluído da interação familiar "normal". Assim, "a estrutura de conflito típica dessa família se reproduziu completamente nessa breve sequência" (p. 365). O grupo de pesquisa admite, porém, que – como eles mesmos explicam – teve que recorrer "ao contexto de todo seu conhecimento sobre a família", ou seja, às *condições contextuais internas*, que não podem ser extraídas da passagem interpretada, para caracterizar a estrutura de conflito[2].

No decurso da realização de sua pretensão de obter um acesso empírico ao "inconsciente social", ao "inconsciente do sistema de interação" (p. 367), com a qual a hermenêutica objetiva vai além da hermenêutica convencional, a metodologia da hermenêutica objetiva segue essencialmente, no início, a hermenêutica convencional: Por meio da inserção no *contexto* de ação, em virtude de sua posição em uma sequência de ação, o ato individual ou a declaração individual recebem seu sentido verdadeiro. E nosso excurso pela hermenêutica

---

2 Considero essas observações (não confirmadas pela passagem citada) sobre o contexto interno da família e também as caracterizações que influem em alguns pontos da interpretação da estrutura psíquica do pai (p. ex.: "o pai é uma pessoa potencialmente paranoica, extremamente insensível na comunicação"; OEVERMANN et al., 1979, p. 360) questionáveis, porque o grupo de pesquisa abandona, com suas suposições, o fundamento dos princípios por ele mesmo formulados: *Por um lado*, trata-se do princípio de interpretar as sequências de interação independentemente umas das outras: "Apenas quando em outras cenas independentes a mesma estrutura, ou uma estrutura semelhante, seria o resultado de uma reconstrução minuciosa do sentido – o que se aplica a essa família –, nós declararíamos essa estrutura como reconstrução empírica do caso" (p. 376). Aqui, a estrutura de sentido latente de uma cena é interpretada com base em informações de outras cenas e situações familiares. *Por outro lado*, trata-se do seguinte princípio: "Por essa razão, consideramos errado querer identificar os significados de um texto por meio de deduções sobre as intenções do producente ou a compreensão de recipientes concretos" (p. 379). Aqui, porém, as suposições sobre as intenções ou motivações dos produtores do texto são usadas como base para a interpretação de sequências de interação.

psicanalítica já nos mostrou que lá, onde abandonamos o terreno daquilo que conhecemos, isto é, aquilo que podemos compreender por meio do conhecimento contextual disponível, nós somos obrigados a reconstruir, passo a passo, o contexto "interno" (a peculiaridade específica ao caso).

Como mencionado, encontramos aqui o significado especial da interpretação textual, pois apenas a interpretação de passagens de texto com seu procedimento analítico sequencial garante da melhor forma possível a reconstrução do *contexto interno*, que permite uma compreensão adequada da afirmação individual. Dessa forma, conseguimos adquirir uma compreensão daquilo que, a princípio, nos é estranho. Ao contrário da hermenêutica convencional, porém, a hermenêutica objetiva argumenta metodologicamente no sentido de que também os textos de cuja produção eu mesmo participo me são estranhos, isto é, que eles podem ser lidos por um observador de um modo que me é inicialmente estranho. Existe uma discrepância notória entre a forma de leitura dos meus próprios textos e a forma de leitura feita pelo observador. A leitura do observador assume, em relação ao estado de consciência do produtor do texto – enquanto esta não lhe estiver ciente e presente – a posição de um sentido *latente* dessa declaração. Esse sentido é latente apenas em relação às leituras ou aos significados realizados pelos produtores do texto.

A diferença real e central entre metodologia hermenêutica convencional e hermenêutica objetiva gira em torno do conceito da *objetividade*, da "estrutura de sentido social objetivo". Nas explicações de Oevermann et al., podemos detectar dois significados de "objetivo". Em seu significado mais fraco, fundamentado de modo mais reflexivo e teórico, "objetivo" pode ser compreendido no sentido de que os próprios sujeitos se tornam objetos em seus textos, de que eles se objetivizam em seus textos: Quando reflito sobre mim mesmo, eu me lembro de textos de cuja produção eu mesmo participei e faço leituras diferentes deles (i. e., eu reflito sobre eles, inserindo-os em contextos diferentes).

Em seu significado mais forte e mais extenso, "objetivo" visa à independência do contexto de ação sistemático que aqui se documenta para o observador em relação às intenções *subjetivas* dos agentes envolvidos. É possível que essa estrutura contradiga às intenções subjetivas expressadas pelos agentes envolvidos.

Com base nesses conhecimentos fundamentados nas experiências da prática de pesquisa e em suas reconstruções e iniciados a partir destas sobre o contexto da estrutura de sentido social (objetivo) e intenções subjetivas dos indivíduos envolvidos, Oevermann (1983, p. 239) procura explicar de forma empiricamente plausível, "em que medida a construção de Habermas é errada, que reduz de modo individualista o caráter social de comunicação a desempenhos de coordenação de sujeitos linguísticos e ativos". Sentido se constitui primariamente de forma social e é apenas na base de contextos sociais já constituídos que o sentido subjetivo-intencional se forma.

Ao abrir a possibilidade de um acesso *empírico* àquele nível de ação social, cuja existência já havia sido postulada teoricamente (principalmente por G.H. Mead), mas ainda não havia sido aplicada empiricamente, a hermenêutica objetiva pretende desenvolver uma metodologia adequada ao campo de objetos das ciências sociais na base de interpretações de textos: "Podemos dizê-lo também assim, que um texto, uma vez que foi produzido, constitui uma realidade social com leis próprias e que precisa ser reconstruída por meio de procedimentos próprios. Essa realidade não pode ser reduzida às disposições de ação e circunstâncias psíquicas por parte dos falantes nem à realidade psíquica interna dos recipientes. Por isso, consideramos errado desde o princípio querer compreender os significados de um texto por meio de conclusões sobre as intenções do produtor ou por meio da compreensão de recipientes concretos e – como costuma ser feito nas ciências sociais – fazer afirmações sobre a realidade psíquica interna de sujeitos de ação, sobre suas motivações, expectativas e orientações de valor sem uma reconstrução minuciosa e fundamentada da estrutura de significado objetivo de seus textos de interação" (OEVERMANN et al., 1979, p. 379).

O texto, ou a interpretação do texto, se transforma assim em "modelo" para o conhecimento científico social em si, como diz Ricoeur (1970; 1972), ao qual Oevermann et al. se referem nesse contexto.

Quando Oevermann (1986, p. 45ss.) fala sobre "figuração textual da realidade social", podemos entender isso no sentido acima exposto. O outro significado de "figuração textual da realidade social", implícito na exposição acima, é que – como já explicamos no capítulo 2 – quando lidamos com uma experiência relevante para a ciência (social), esta sempre já é experienciada, linguisticamente formulada; ou seja, "protocolada": "Uma realidade social só pode ser compreendida metodologicamente na forma de protocolos" (p. 47).

4.2 Sobre a reconstrução do método da hermenêutica objetiva

Oevermann et al. (1979, p. 391) concordam – como já foi mencionado – com a posição representada de uma forma bem geral pela fenomenologia social, pela sociologia do conhecimento e pela hermenêutica segundo a qual "não pode ser estabelecida uma diferença epistemológica entre os procedimentos da ação cotidiana e a hermenêutica objetiva" (cf. tb. cap. 2, 11). Consideram também a reconstrução das competências intuitivas, implicitamente contidas nesses procedimentos cotidianos, "um objetivo científico importante". No entanto, não acreditam que a "validade" de interpretações sociológicas não possa depender da explicação teórica dessas regras ou competências – por causa da circularidade do processo de conhecimento: A reconstrução adequada das competências e dos métodos subjacentes ao poder de juízo intuitivo só pode ocorrer na base de juízos que, evidentemente, precisam recorrer a essas competências.

Em primeiro lugar, a problemática mencionada pelos autores só diz respeito, no sentido restrito, à "confiabilidade", e não à "validade" de procedimentos de interpretação. A questão da confiabilidade diz respeito à "precisão formal", às regras formais, que estruturam, de modo *relativamente* independente da pessoa concreta do intérprete e de sua situação social e do objeto da interpretação, o processo interpretativo. Teorias de competência e ação, que contêm suposições sobre sujeitos competentes, visam a uma explicação dessas regras formais e invariáveis na cultura.

No que diz respeito à *validade*, trata-se da pergunta se o procedimento de interpretação é adequado ao objeto, se ele se mostra capaz de compreender os diferentes níveis e modos da comunicação. Com o enquadramento, estabelecido pelos procedimentos de coleta e processamento de dados, sempre são fixadas – de forma explícita ou implícita – suposições teóricas de ação, suposições sobre competências e níveis de reflexão dos agentes em seu campo de ação. Pressuposições *metateóricas*, uma metateoria da ação e da constituição de sujeitos sempre influi – implícita ou explicitamente – na prática de pesquisa. A validade, ou seja, a adequabilidade de um procedimento ao objeto, só pode ser avaliada na base de reconstruções teóricas dessas competências no campo da pesquisa.

Do ponto de vista de uma metodologia reconstrutiva, porém, não é possível fazer uma distinção entre confiabilidade e validade: A metateoria da ação social subjacente à metodologia reconstrutiva – ou metateoria do sujeito – se aplica tanto às ações e às competências do pesquisador (isso diz respeito à confiabilidade) quanto às ações e competências do objeto pesquisado (isso diz respeito à validade). Podemos então falar aqui de uma "equivalência estrutural entre uma constituição de problemas epistemológicos e de problemas pragmáticos formais (ou seja: da Teoria de Ação; R.B.)" (MATTHES, 1983, p. 9). Por isso, não pode ser justificada uma "diferença epistemológica" entre os procedimentos da ação cotidiana e os procedimentos reconstrutivos.

Isso, porém, significa que a "circularidade do processo de conhecimento" já se inicia na ação de pesquisa no momento em que são feitas declarações sobre a ação social no campo de objetos – antes mesmo de fazermos reflexões teóricas sobre nossa ação de pesquisa. Assim, a hermenêutica objetiva insere a análise da estrutura de sentido latente em uma "Teoria dos Processos de Formação na forma de uma Teoria da Constituição Social do Sujeito [...]. Por um lado, podem ser integradas a essa teoria as teorias que remetem a G.H. Mead, a J. Piaget, a S. Freud e a N. Chomsky e que tratam do desenvolvimento ontogenético, de outro, podem ser fundamentadas sociologicamente" (OEVERMANN et al., 1976, p. 396).

Os conhecimentos ali adquiridos sobre a regularidade da ação social, da comunicação, da reflexão e da interpretação podem então ser aproveitados também para o desdobramento da reflexão metodológica – mesmo que, como Oevermann et al. observam corretamente –, a validade ou confiabilidade dos procedimentos reconstrutivos não podem depender de uma explicação dessas regras.

No entanto, uma reflexão metodológica (ou seja, uma reconstrução a nível metodológico ou metateórico) – como, p. ex., as reflexões de Karl Mannheim sobre o método documentário de interpretação (1964a; 1980) ou sobre a formação conjuntiva de conceitos (1980) – pode contribuir para a explicação e sistematização do procedimento da *prática de pesquisa*: Pois pelo menos em um nível muito pragmático (a partir das exigências da organização de pesquisa, da harmonização intersubjetiva das fases de trabalho, da preservação e da evolução de experiências, da evitação de erros antigos), os pesquisadores precisam sempre já dar alguns passos em direção a uma reconstrução do procedimento adotado até então (cf. cap. 8.1) – como podemos observar também no grupo de Oevermann por ocasião da definição das fases de trabalho da "análise fina". Então, torna-se visível – mesmo que em um nível bem baixo de explicação – uma regularidade da interpretação refletida do pesquisador. Assim, para uma prática de pesquisa efetiva, a necessária sistematização e explicação dos procedimentos práticos da pesquisa pode ser fortalecida pelos conhecimentos adquiridos com base nas teorias das competências e da ação (e vice-versa).

A hermenêutica objetiva, porém, se distancia – como já foi mencionado – de uma explicação metodologicamente relevante dessas competências intuitivas. Ela pretende garantir e transmitir as competências intuitivas subjacentes ao seu procedimento de interpretação exclusivamente por via de uma "teoria artesanal". Reconhecemos já aqui que essa hermenêutica se autodenomina "objetiva" não porque visa a uma objetivação crescente de seu método – como muitos acreditam erroneamente –, mas simplesmente porque pretende compreender seu *objeto* de modo tão reconstrutivo ao ponto de tornar visíveis as estruturas objetivas – independente das intenções subjetivas dos agentes envolvidos. Quando agora se fala em hermenêutica "estrutural", isso se deve provavelmente ao desejo de evitar esse tipo de equívocos.

A hermenêutica objetiva tem sua gênese no âmbito da análise de interações. Posteriormente – e nisso ela seguiu as tendências de toda a pesquisa social empírica –, ela foi marcada e cunhada pela dominância da entrevista individual. Para os trabalhos iniciais sobre a interpretação de entrevistas individuais, consulte Oevermann et al., 1980; Oevermann, 1988. Para trabalhos mais recentes, Hildebrand, 1999; Wohlrab-Sahr, 1993a; Wohlrab-Sahr, 1998a, e sob o ponto de vista metodológico, Oevermann, 2001a; Oevermann, 2001b. Para um estudo com abordagem multimetódica, que (pelo menos em partes essenciais) se fundamenta na hermenêutica objetiva, confira as "reconstruções da cultura escolar" de Helsper et al., 2001. Para exposições gerais do desenvolvimento e do programa metodológico da hermenêutica objetiva, confira: Reichertz, 1986; Reichertz, 1994; Reichertz, 1997; Wohlrab-Sahr, 2003 e as antologias de Garz e Kraimer, 1994; Sutter, 1997. Para uma "Introdução à técnica de interpretação", Wernet, 2000.

5
Sobre algumas diferenças entre o método documentário e a hermenêutica objetiva

A discussão no capítulo anterior em torno do uso da reflexão nos próprios modos de procedimento já remete a *uma* diferença entre os procedimentos hermenêuticos e os procedimentos fundamentados na fenomenologia e na sociologia do conhecimento. Para poder apontar as diferenças centrais, precisamos, porém, voltar nossa atenção para as posições metódico-teóricas e metodológicas iniciais (cf. tb. BOHNSACK, 2003i).

O procedimento fundamentado na sociologia do conhecimento e – especialmente – na fenomenologia parte da estranheza básica entre agente e intérprete e nisso vai de encontro com a etnografia e antropologia cultural. O princípio da estranheza (cf., entre outros, SCHÜTZE, 1993), isto é, do "se fazer estranho", da "idiotice artificial" (cf. HITZLER, 1986) ou do "estranha-mento" (cf. AMANN & HIRSCHAUER, 1997) precisa, porém, ser diferenciado do princípio da suspensão da postura natural: *Ser estranho* significa atribuir aos esquemas de expressão – de natureza linguística ou não verbal, como os encontrados no campo social – esquemas de interpretação que não lhes são adequados. Atribuir esquemas de interpretação adequados pressupõe, como vimos, levar em conta o contexto dentro do qual ocorre a comunicação.

Suspender a postura natural – a "*epoché*" da sociologia fenomenológica e da etnometodologia – significa voltar sua atenção para as *regras* da interpre-tação, para a regularidade dos processos interpretativos, segundo os quais os esquemas de interpretação são atribuídos aos esquemas de expressão. Trata-se, portanto, de tornar visíveis as regras de contextualização, as regras básicas, as "idealizações".

Encontramos ambos os princípios metódicos de forma especialmente destacada na tradição fenomenológica e na etnometodologia. Na tradição fenomenológica, o *princípio da estranheza* já está arraigado nas pressuposições básicas da socialidade e intersubjetividade. Intersubjetividade precisa ser sempre produzida primeiramente de modo processual. A estabilidade precária do mundo da vida depende de constantes desempenhos interpretativos. Como formula Habermas (1981, p. 188) em relação à etnometodologia: "Sob o microscópio, *toda* comunicação se revela ocasional e frágil".

Na sociologia do conhecimento, encontramos em paralelo ao princípio da estranheza do intérprete o princípio da aspectualidade, isto é, do condicionamento local das interpretações (cf. cap. 11). No entanto, aqui a intersubjetividade não precisa ser sempre "produzida", apenas quando o intérprete não pertence ao mesmo "espaço de experiência" (conjuntivo), ao mesmo meio social (cf. tb. cap. 7).

Em paralelo à postura da *epoché* (da suspensão da postura natural) na fenomenologia e na etnometodologia, encontramos em Mannheim a "postura da funcionalidade" ou "postura genética" (cf. cap. 8). Esta, porém, não está voltada para as estruturas formais do mundo da vida ou para as "regras básicas" da etnometodologia, mas para a identificação da "determinação existencial" do conhecimento e do pensamento com a intenção de reconstruir os processos de sua gênese, de sua constituição vivencial.

Em oposição à estranheza básica (metodológica) do intérprete (sociológico) na sociologia fenomenológica e na sociologia do conhecimento, Habermas (1981) assim define a *interpretação hermenêutica*: "A hermenêutica se ocupa das interpretações como uma produção excepcional, que só se torna necessária quando recortes relevantes do mundo da vida se tornam problemáticos, quando certezas do contexto cultural se rompem e os meios normais da comunicação falham". Como demonstrado também pela hermenêutica psicanalítica, a exemplo da qual Habermas procura desdobrar os fundamentos da compreensão hermenêutica nas ciências sociais em geral, a hermenêutica costuma partir tipicamente da problematização (cf. tb. cap. 3.2): Primeiro ela tenta – visto do contexto externo – encontrar para manifestações inadequadas um contexto interno – específico do caso – que plausibilize essa manifestação (cf. o exemplo de pesquisa acima citado: a cena do jantar em uma família de classe média, na qual um desvio da forma de elogio adequada ao contexto da família serve como ponto de partida para a reconstrução da estrutura latente de sentido que determina o ambiente familiar). A hermenêutica visa, portanto, à particularidade específica desse caso e de sua história de formação cultural peculiar.

Nisso, as certezas do contexto cultural assumem a posição de uma ficha interpretativa, um quadro interpretativo. Representam o horizonte contrário, o contexto a partir do qual se reflete sobre o estranho. O conhecimento sobre o contexto cultural, sobre o "contexto externo" é, de certa forma, *atualizado* para o texto que precisa ser interpretado. As expectativas de normalidade, isto é, o conhecimento do comum e das peculiaridades do caso servem como horizontes contrários mútuos[1].

A identificação da particularidade específica do caso encontra seus indícios no desvio da ficha da normalidade, sendo iniciada e desdobrada a partir daí. O respectivo caso se apresenta primariamente à luz dos desvios da ficha da normalidade. Isso vale não só para a hermenêutica psicanalítica, a exemplo da qual Habermas tentou exemplificar o procedimento hermenêutico, como também para a hermenêutica objetiva. Nas interpretações de textos citadas por Oevermann et al. sobre os exemplos de suas observações de famílias encontramos, por isso, com frequência a tendência de patologizar as estruturas de comunicação e também os indivíduos.

Na análise de entrevistas gravadas não padronizadas, à qual a hermenêutica objetiva voltou sua atenção apenas em uma fase tardia e recentemente de modo reforçado e que visa à identificação da formação da identidade do entrevistado, esse princípio também se torna evidente: A variedade das formas de leitura (como experimento mental), que o intérprete faz das expressões individuais do entrevistado "fornece a ficha de contraste das 'possibilidades objetivas', que a princípio teriam existido para a estrutura do caso, mas é justamente sua não seleção que caracteriza a sua particularidade [...]. Esse princípio metodológico segue apenas o próprio objeto, ou seja, o processo real da constituição e re-

---

1 Quando as pesquisas da hermenêutica objetiva incluem uma análise comparativa com base em horizontes de comparação empíricos, como nos trabalhos de Hildebrand (1987), esta só começa após a identificação da peculiaridade específica do caso. A análise comparativa assume o valor de um "acúmulo de reconstruções de casos individuais" (HILDENBRAND, 1987, p. 160).

produção da particularização em geral, da formação identitária em específico" (OEVERMANN, 1988, p. 248)[2].

Porém, a "ficha de contraste das 'possibilidades objetivas'" toma como base as representações de normalidade que se inserem nas competências interpretativas do pesquisador, ou em outras palavras: "a reconstrução de possibilidades está pautada ela mesma em suposições de 'regras de validade geral', cuja validade é problemática, visto que ela precisa se apoiar na competência social do pesquisador, em seu conhecimento das regras e das convenções do uso linguístico" (FISCHER & KOHLI, 1987, p. 45).

A crítica aqui apresentada é *exmanente*, isto é, uma crítica que parte de premissas que divergem das premissas subjacentes à própria hermenêutica objetiva. Mais adiante esboçarei rapidamente essas outras premissas. Em vista das diferenças determinadas por premissas divergentes sobre a abordagem ao objeto, a crítica não pode ser compreendida como se a hermenêutica objetiva produzisse "artefatos", ou seja, estruturas artificiais. Trata-se antes de deixar claro que esse procedimento foi adaptado para um campo específico, para uma dimensão determinada desse campo no qual consegue produzir seus conhecimentos.

Diferenciando da hermenêutica objetiva, temos o procedimento fundamentado na sociologia do conhecimento: o método documentário de interpretação coloca seu peso ou foco onde o estranho – em sua normalidade distinta determinada pelo meio social – deve ser compreendido, em uma normalidade que resulta de um arraigamento existencial ou experiencial de outro tipo. Karl Mannheim desenvolveu sobretudo com sua concepção do "espaço de experiências conjuntivas" (1922-1925; 1980) uma compreensão abrangente da determinação existencial do ser, do arraigamento existencial do pensamento e da ação: "O pensamento humano não se constitui independentemente no espaço social livre, ao contrário, está permanentemente arraigado em um lugar específico. Esse arraigamento não pode, porém, ser visto como fonte de equívocos. Assim como o ser humano, que mantém uma relação vital com outras pessoas ou suas circunstâncias, possui a chance de acessá-lo precisamente com

---

2 "Seguir o próprio objeto" significaria – no sentido de um procedimento que se fundamenta estritamente nas experiências daqueles que são objeto da pesquisa, no caso da análise de formações individuais de identidades –, identificar aqueles horizontes de comparação ou de contrastes, que são constitutivos para a vivência do próprio indivíduo.

seu conhecimento, assim também a dependência social de uma visão, de um aparato categorial significa justamente por causa desse vínculo vital uma chance maior para a força desse modo de pensamento em determinadas regiões do ser" (MANNHEIM, 1929; MANNHEIM, 1952a, p. 53).

Com a noção de experiência conjuntiva, Mannheim desenvolve uma compreensão do ancoramento existencial da formação da experiência e da consciência, que contempla o arraigamento da "consciência", isto é, da comunicação teórico-reflexiva nos processos sociais da existência sócio-histórica não unilateralmente como "fonte de erros", como causa de uma consciência "falsa", mas como característica constitutiva da ação coletiva, da consciência coletiva e da identidade coletiva como tal.

A fim de adquirir acesso à especificidade do ancoramento existencial da experienciação e conscientização, é necessário, inicialmente, compreender as diferentes formas de ação e de consciência a partir de seus centros, de seu foco. Isso é alcançado quando – como já explicado – reconstruímos o processo criativo da construção coletiva da realidade, principalmente onde esta alcança – tanto em relação ao decurso processual, à sua *dramaturgia* (forma), quanto ao *conteúdo metafórico* (conteúdo) – o auge do engajamento, da intensidade e densidade, ou seja, naquelas passagens discursivas que nós denominamos de *metáforas de foco*. Por meio da reconstrução de sentidos alheios a partir de seus centros, o pesquisador consegue superar a dependência, o centrismo em torno dos padrões de normalidade da própria cultura, do próprio meio social, ao ponto de poder *relativizar* os próprios horizontes de normalidade – estejam estes ancorados na realidade cotidiana ou na teoria (sociológica) ou ainda em ambos.

No lugar dos próprios horizontes de normalidade e da experiência – considerando que a reflexão sempre pressupõe horizontes contrários –, surgem horizontes empiricamente fundamentados de outros grupos e meios sociais pesquisados (no decurso da análise comparativa).

Uma relativização realizada dessa forma não precisa, porém, terminar em um "relativismo" que meramente contrapõe realidades diferentes umas às outras de modo pluralista. Pelo contrário, ela só é alcançada quando conseguimos demonstrar como a experiência dos outros – assim como a própria –, está ligada, em seu foco, a vivências específicas sob determinado aspecto e quando tornamos amplamente visíveis também os *limites* dessa experiência alheia (assim como a própria): "Cada análise sociológica do conhecimento que segue suas próprias intenções alcança aquele ponto em que a sociologia do conhecimento é mais do que uma narrativa sociológica de fatos, de como determinadas visões surgiram em um meio social, mas onde ela é também uma crítica, porque ela também reconstrói o poder de percepção e os limites do poder de percepção das afirmações" (MANNHEIM, 1929; MANNHEIM, 1952a, p. 244; cf. tb. cap. 11).

Em um processo de pesquisa assim compreendido as categorias teóricas *relacionadas ao objeto* (ou seja, os resultados de outras investigações empíricas e reflexões teóricas) só são levadas em consideração no final: A confrontação com estas ocorre com base nos tipos ou categorias teóricas *gerados* na respectiva investigação empírica[3]. Pressuposições teóricas relacionadas ao objeto não são incluídas como horizontes contrários na análise empírica, na interpretação do texto como sua precondição. Precondições para o método documentário de interpretação e – como veremos mais adiante – também para a análise biográfica de entrevistas narrativas são, como já disse, categorias *formais* ou *formal-sociológicas* ("analíticas"), ou seja, conceitos definidos como fundamentalmente teóricos como, por exemplo, grupo, ação, geração etc.

No que diz respeito àquelas categorias metateóricas e às reflexões subjacentes a elas sobre *constituição da experiência, do conceito e do sentido*, concordamos com base no conceito de experiência conjuntiva desenvolvido por Mannheim (cf. tb. cap. 3.2, 7.1) com a hermenêutica objetiva – como já mencionado –, que o sentido é constituído primariamente de modo social e apenas secundariamente se torna um padrão de expectativa ou sentido que orienta a ação individual. Com ênfase na primazia da constituição objetiva de sentido em relação à formação subjetiva de sentido, Oevermann estabelece um limite claro em relação à sociologia fenomenológica e também em relação às interpretações abreviadas dos trabalhos de George Herbert Mead (que marcou amplamente o interacionismo simbólico). Distanciando-se também de seu Professor Habermas, Oevermann (1983, p. 238) destaca no âmbito de um evento em homenagem a Theodor W. Adorno que "na lógica constitucional [...], a estruturalidade da socialidade [...] da constituição do sujeito é sempre antecipada e lhe é subjacente".

---

3 Isso foi feito de modo exemplar quando discuti os conhecimentos obtidos no projeto de pesquisa sobre a configuração de uma geração (da geração "autêntica") em consonância com os resultados (teóricos e empíricos) de outras pesquisas sociológicas com jovens (cf. a parte C: "Geração autêntica e insegura: duas formas geracionais subsequentes"; in: MANGOLD & BOHNSACK, 1988).

Isso é uma crítica à teoria habermasiana da ação comunicativa, pois Oevermann alega que – segundo as premissas de Habermas – a socialidade, o social, isto é, a intersubjetividade precisa de sujeitos capazes de agir para ser produzida, enquanto a socialidade, a estrutura social seria o meio dentro do qual os sujeitos capazes de agir se formam. Essas suposições teóricas fundamentais correspondem à diferença metodológica estabelecida por Oevermann entre os métodos da compreensão dos motivos, da compreensão dos sujeitos, do sentido subjetivo por um lado e, por outro, da compreensão de estruturas objetivas de sentido. Aqui vale observar – e isso pode ser aplicado a todos os novos caminhos da metodologia interpretativa – que o ímpeto para a diferenciação desses diversos caminhos da compreensão não deve ser procurado primariamente no âmbito da reflexão metódico-teórica, mas na prática da pesquisa, na confrontação com o objeto como produto do trabalho intensivo com textos.

A necessidade de esclarecer suficientemente esse novo caminho da compreensão em sua diferença em relação à compreensão dos motivos levou, por um lado, a uma *dicotomia* de representação mental ou psíquica e, por outro, da estrutura objetiva, a uma dicotomia do latente/manifesto ou latente/subjetivo-intencional[4]. Diante disso, é preciso validar justamente do ponto de vista da sociologia do conhecimento, que, no cotidiano, a comunicação se realiza em uma multiplicidade de níveis sobrepostos e reflexivamente relacionados uns aos outros: Ação própria e também a inserção em estruturas de ação são compreendidas mais ou menos tentativamente pelos agentes de modos completamente diferentes e se introduzem de modo múltiplo e multiestratificado – por exemplo, também na forma de representações e alusões metafóricas – na interação comunicativa.

O que se quer dizer com isso é que – para citar um exemplo de nossos grupos de discussão – por meio das descrições de situações sociais, essas situações, também em suas características estruturais objetivas, são representadas

---

4 E é aqui que entra a crítica de Reichertz (1988): "O mundo do agente se divide, portanto, para Oevermann em uma perspectiva interna e outra externa" (p. 129). Reichertz objeta que, na tradição da sociologia compreensiva de Weber, a ação subjetiva deve representar o ponto de partida, o quadro abrangente da interpretação sociológica: "O exterior – a natureza, a socialidade – não age diretamente sobre essa ação, o exterior é refratado pela interpretação do agente. Ele só possui força e, às vezes, também poder sobre o agente quando ele adquiriu significado por meio dele e para ele" (p. 129). Reichertz levanta assim a pergunta se – com essa marginalização do nível da formação subjetiva de experiência – a hermenêutica objetiva não foge às premissas de uma sociologia compreensiva, abandonando, portanto, seu fundamento.

em condensação metafórica. Podemos aplicar a uma estrutura contida em descrições e narrativas metafóricas desse tipo também o conceito do *habitus* na forma como foi desenvolvido por Bourdieu com base em análises empíricas próprias (para uma discussão mais minuciosa sobre o procedimento de Bourdieu, cf. cap. 8.3)[5]. A estrutura orientativa da vida e das relações entre papéis não é mencionada explicitamente, mas é transportada por meio do conteúdo documentário das descrições em condensação metafórica e, portanto, não pode ser caracterizada nem como conteúdo de sentido inequivocadamente manifesto nem inequivocadamente latente.

Quero explicar isso com a ajuda de um exemplo e, para isso, retorno mais uma vez aos resultados da análise empírica esboçada anteriormente (cap. 3):

O discurso das aprendizes está focado na problemática dos papéis de gênero, como demonstram as discussões nas díades, nos grupos de pares, nos quais as jovens se juntam às suas melhores amigas – justamente na fase das primeiras relações íntimas com o namorado, o parceiro do outro gênero. As representações cênicas, que sempre tratam da relação entre os papéis de gênero, giram não só em torno da relação com o namorado, mas também em torno da relação entre mãe e pai e entre filha e pai. O problema abrangente é o problema da proteção da esfera de privacidade feminina em relação aos homens. As mulheres precisam defender sua própria esfera contra as invasões constantes dos homens.

Esse problema é expressado metaforicamente em diferentes representações cênicas. A casa e a cozinha são contextos de representação espaço-social centrais. Na descrição metafórica de uma cena na casa paterna no sábado, uma das jovens mulheres explica de modo diferenciado quais são as consequências quando o homem participa das tarefas domésticas sem realmente assumir responsabilidade. Aqui uma breve passagem da representação cênica mais extensa (Casa, metáfora de foco, 311-338):

---

5 Segundo Bourdieu (1976, p. 208), não podemos responder à pergunta sobre a "ignorância" diante do *habitus* próprio "de modo que, procedendo segundo a máxima 'tudo ou nada', contrapomos uma consciência totalmente transparente a um inconsciente totalmente opaco, ou a uma presença constante da consciência sua ausência igualmente constante".

311	Df:	Ou quando ele tem sua crise, né, ele sai e
312		compra carne e coisas e tal, né, e então
313		ela diz: o que cê comprou aí de novo, heim? Bem,
314		eu vou cozinhar um pouco, e depois a gente
315		congela tudo. E então ele fica na cozinha,
316		cozinha das nove da manhã até, se deixar,
317		até as dez da noite ou tal, né (.) E nós precisamos,
318		nós nunca podemos
319		⌊
320	me:	⌊ @ (1) @
321		
322	Df:	ficar no caminho dele, mas nós devemos arrumar,
323		né. Ele tira tudo pra fora, usa todas as panelas,
324		para cada coisa que cozinha ele precisa de uma panela separada
325		né (.) aí ele sempre diz ⌊
326		⌊
327	me:	⌊ @ (3) @
328		
329	Df:	agora temos quatro placas pra cozinhar né, e ele sempre diz:
330		não me bastam essas placas, eu preciso de mais placas, né
331		ele cozinha que nem um louco, verdade, e sempre diz: sim
332		agora eu não ⌊
333		⌊
334	me:	⌊ @ (3) @
335		
336	Df:	tenho mais panelas, (.) lava essas panelas, aí
337		nós lavamos as panelas. Aí ele diz, agora vocês estão
338		de novo no meio do caminho, aí (.) aí (.)

Sob o pretexto de ajudar as mulheres a cozinhar, o pai consegue invadir a esfera das mulheres, a cozinha, e ali fazer o que quiser, gastar suas energias (ele tem sua "crise"), sem assumir responsabilidade pela sensatez econômica. O trabalho e a responsabilidade ficam com as mulheres.

O que toda essa representação cênica, da qual só posso citar um recorte sucinto, revela é o seguinte: O espaço social da casa é para os homens a esfera do tempo livre, do descanso e do entretenimento, para as mulheres, é a esfera de trabalho duro. Formas de participação do homem, que não são, na verdade, parcerias no sentido de que o homem assumiria responsabilidade, limitam, como invasão na esfera das mulheres, não só suas possibilidades de ação, mas aumentam também a carga de trabalho das mulheres, já que o homem, após se entreter de forma um tanto jocosa com as atividades específicas das mulheres, pode se retirar a qualquer momento e deixar para as mulheres o trabalho mais pesado, a "sujeira".

A fim de preservar sua esfera, suas possibilidades de ação como forma específica de independência, as jovens mulheres acreditam ser melhor ater-se às divisões de trabalho convencionais. A independência desejada é, portanto, uma independência dentro das relações de papéis convencionais, da divisão de trabalho e esfera tradicional.

Esse tipo de representações cênicas fornece, por assim dizer, a justificativa para a identificação contínua das aprendizes com a mãe em sua relação de gênero com o pai e seu distanciamento dele e de sua invasão masculina.

Encontramos aqui, portanto, uma preservação e até um retorno para uma distribuição tradicional de papéis com seus padrões morais – em contraste evidente às alunas do liceu (cf. cap. 3; BOHNSACK, 1989).

A estrutura das relações entre os gêneros não é, porém, representada de forma *explícita* nas representações cênicas. Mas ela é, como já dissemos, transportada pelo conteúdo documentário, de modo que – e isso me parece ser típico desse tipo de comunicação na língua cotidiana – a estrutura das relações de papéis entre os gêneros não pode ser caracterizada nem como conteúdo de sentido manifesto inequívoco nem como conteúdo de sentido latente inequívoco.

No que diz respeito à representação psíquica de estruturas sociais "objetivas", não existe alternativa, mas apenas níveis diferentes da percepção intuitiva e da explicação, ou seja, diferentes níveis da "latência". O conceito de latência se refere à relação mental, psíquica, consciente dos sujeitos com as características que estruturam sua ação do contexto (interno), que Oevermann et al. caracterizam como objetivas. Isso implica porém uma dicotomia de sujeito e objeto, que resulta do fato de que a comunicação e reflexão sobre a própria ação, que se realizam em diferentes níveis de explicação e em diferentes modos da representação, ou seja, o conhecimento cotidiano em suas diferentes camadas do teórico e pré-teórico não interessa muito à hermenêutica estrutural.

6
Entrevista narrativa

É justamente o acesso aos diferentes níveis da formação da experiência no cotidiano – aquele que, como mostramos no capítulo anterior, é de pouco interesse para a hermenêutica objetiva – que ocupa o centro da metodologia da entrevista narrativa, desenvolvida por Fritz Schütze.

O *quadro de referências metodológico e prático-teórico* da entrevista narrativa é marcado pela influência da sociologia fenomenológica (Alfred Schütz) e pela Escola de Chicago – mais precisamente, por seu Departamento de Filosofia Social, representado em primeira linha pelo nome de George Herbert Mead (e que, mais tarde, se tornou famoso como "interacionismo simbólico", nome este cunhado por Blumer (1969) a partir de uma interpretação específica e abreviada). A fusão dessas duas tradições pode ser chamada também de sociologia "fenomenológico-interacionista" (cf. MATTHES, 1983), na qual devemos incluir também a etnometodologia, que também influenciou o pensamento de Schütze.

O *quadro de referências da prática de pesquisa* da entrevista narrativa é marcada principalmente pelo Departamento de Sociologia da Escola de Chicago com sua prática de pesquisa específica (cf., entre outros, os trabalhos de Thomas e Zaniecki; Park; Burgess; Shaw; e, depois da Segunda Guerra Mundial, principalmente Hughes; Strauss; Becker; Goffman; Glaser e Strauss; cf. tb. cap. 8.2).

Portanto, Fritz Schütze se apoia em vários trabalhos da prática de pesquisa do Departamento da Escola de Chicago, quando busca acesso aos diversos níveis da experiência constitutiva para a realidade e a ação cotidiana: "Narrativas (histórias) são, no cotidiano, um meio familiar e comum para comunicar algo que diz respeito a nós mesmos ou algo que vivenciamos. Narrativas são a expressão de experiências próprias, isto é, recorremos a elas como meio de comunicação sempre que se trata de compartilhar algo que nós mesmos experimentamos. Nesse sentido, podemos dizer que a narrativa é uma 'instituição elementar da comunicação humana', uma forma de comunicação praticada diariamente" (SCHÜTZE, 1987a, p. 77).

Em decorrência do desenvolvimento da metodologia da entrevista narrativa, Fritz Schütze desenvolveu uma *Teoria da Narrativa* fundamentada na sociologia linguística. Por outro lado, a metodologia da entrevista narrativa fornece também uma Teoria do Conteúdo que é comunicada na narrativa. Visto que a entrevista narrativa foi aplicada em seu desenvolvimento posterior principalmente no contexto da análise biográfica, ou seja, na análise da experiência cotidiana biograficamente relevante, Fritz Schütze desenvolveu uma *Teoria da Biografia* em parte fundamentada empiricamente (que ao mesmo tempo fundamenta toda pesquisa empírica adicional), na qual foi destacada a importância de se diferenciar as camadas de experiências biograficamente relevantes – na medida em que estas são desdobradas na narrativa.

Em ambas as esferas – na Teoria da Narrativa e na Teoria da Biografia – trata-se de conceituações *metateóricas* ou *formais*, isto é, as categorias desenvolvidas no âmbito da Teoria da Narrativa informam a estrutura formal das narrativas, independentemente de seus conteúdos empiricamente bastante diversos. E as categorias desenvolvidas no âmbito da Teoria da Biografia nos fornecem um acesso à estrutura formal da experiência cotidiana biograficamente relevante, às "estruturas processuais dos cursos de vida" (SCHÜTZE, 1981) e da formação de identidades decorrente destas, da formação do *habitus* do narrador, independentemente da pessoa biografada. Categorias formais ou metateóricas desse tipo são – como já dissemos – precondição de uma análise empírica, elas formam a "estrutura" para uma empiria que não se orienta por hipóteses, mas que procede de modo reconstrutivo.

6.1 Sobre os fundamentos teórico-narrativos da entrevista narrativa

Visto que dispomos no cotidiano, sem sombra de dúvida, de competências (intuitivas) para criar uma narrativa de tal forma que – mesmo que dure horas – seja entendida pelo ouvinte, o que significa que ela possa ser aprendida em sua estrutura, o desenvolvimento da metodologia da entrevista narrativa objetiva garantir que essas competências possam se desdobrar preferencialmente sem perturbação e sem influência por parte do entrevistador. Ao mesmo tempo, isso permite garantir – essas precondições são contidas implicitamente na metodologia da entrevista narrativa – que o narrador reproduza a história de sua vida da forma como ele a *vivenciou*, ou seja, que ele reproduza a experiência biográfica com a estratificação, relevância e focalização que são constitutivas para a sua identidade e, portanto, como uma ação relevante para ele próprio. Essa precondição pode ser designada também como uma "homologia de constituição narrativa e experiencial" (cf. BUDE, 1985).

Essa homologia de narrativa e experiência (relevante para a identidade e a ação) é dada de forma imediata quando se trata de *narrativas improvisadas*: "A narrativa improvisada é um ato criativo, ela dá forma ao fluxo de experiências feitas transcendendo em muito as expectativas e imagens pré-formadas do narrador" (SCHÜTZE, 1987a, p. 184). Quando o narrador se dedica a uma narrativa autobiográfica improvisada (de várias horas de duração, que, normalmente, se estende desde as primeiras lembranças da infância até o presente), ele passa a ser inserido na dinâmica de um processo narrativo que não pode ser controlado pelas representações e possibilidades da autorrepresentação, que costuma ser determinada pela situação comunicativa atual e momentânea (da entrevista). O narrador precisa desenvolver uma reprodução consistente de experiências já processadas (e ancoradas em sua autoexperiência e autoconstituição) e pouco formadas em termos teóricos e reflexivos – uma situação para ele normalmente incomum: "Justamente porque o narrador sabe 'instintivamente' e confia que a dinâmica do processo narrativo [...] o 'tomará pela mão' a despeito de suas insuficiências, ele consegue ter a coragem para tentar uma representação narrativa em forma retrospectiva de contextos de eventos complexos e difíceis, que na época surgiram em sua vida" (p. 186).

Essa representação reprodutora de níveis já maturados e teórico-reflexivos menos moldados da própria experiência confere à sua narrativa um fluxo natural, do qual ele só consegue sair por meio de rupturas e inconsistências, ou seja, violando aquelas "regras" das quais dispomos no cotidiano quando contamos uma história plausível e consistente a um ouvinte. Essas regras da narrativa no cotidiano foram formuladas em parte por Kallmeyere Schütze (1976; 1977) durante a fundamentação teórico-narrativa da entrevista narrativa, e elas se apoiam em reflexões sobre a análise da conversação[1] como ramo de orientação linguística da etnometodologia.

Aquelas regras – que garantem a intersubjetividade – da estrutura formal de narrativas improvisadas foram chamadas por Kallmeyer e Schütze (por razões que explicarei mais adiante) de "persuasões" da narrativa:

• *A coerção que leva ao fechamento da forma* – Mesmo sem qualquer conhecimento preliminar daquilo que é representado no conteúdo de uma narrativa, nós dispomos (por meio do conhecimento intuitivo sobre a estrutura *formal* de narrativas) da competência de saber decidir se uma narrativa ou narrativa parcial foi encerrada – isto é, se sua forma foi "fechada" –, ou não.

• *A coerção que determina a relevância e o condensamento* – Uma vez que o tempo da narrativa é limitado (também porque a capacidade de concentração do ouvinte e do narrador é limitada, ele precisa se concentrar no essencial – no que diz respeito à narrativa total e às narrativas parciais –, mas mesmo assim "fechar" as formas. Portanto, precisa condensar a narrativa e suas narrativas parciais.

• *A coerção que leva ao detalhamento* – Na medida em que o narrador tenha iniciado sua fala sobre determinados eventos biograficamente relevantes, ele é "obrigado" – a fim de plausibilizar o ocorrido e de inserir o ocorrido no decurso da narrativa – a detalhar o contexto dos eventos mencionados. Mas é possivelmente assim que modelos de ação, de decisões e de decursos se tornam visíveis, que o narrador teria ignorado – seja porque ele os esqueceu, seja porque pretendia ocultá-los.

Em uma narrativa improvisada, o narrador – pelo fato de não refletir sobre a estrutura de sua narrativa, realizando-a apenas intuitivamente – é, em virtude do fluxo automático do processo narrativo, "emaranhado" nas "obrigações de ação" da narrativa (SCHÜTZE, 1977).

Isso contribui para que, na narrativa improvisada, seja desenvolvida uma dinâmica própria que, relativamente independente da autorrepresentação situacional – como afirmado –, libera níveis mais fundamentais para a identidade do narrador e justamente naquelas sequências que não são determinadas de forma teórico-reflexiva, ou seja, nas sequências puramente *narrativas*. Por isso, uma das preocupações centrais da metodologia da entrevista narrativa é a

---

1 Para a fundamentação da análise da conversação, cf. Sacks, 1995; Sacks, Schegloff e Jefferson, 1978. Para um resumo das características da análise da conversação, cf. Bergmann, 1981; Eberle, 1977.

distinção (fundamentada na teoria narrativa) entre gêneros textuais narrativos e os não narrativos, sobretudo tipos de texto argumentativos ou avaliativos e teóricos, que foram apresentados com mais detalhes por Kallmeyer e Schütze (1976) e Schütze (1987a)[2].

Assim, o primeiro passo analítico consiste – no que diz respeito ao *processo de interpretação* – na separação das sequências não narrativas e sequências narrativas, e na realização da entrevista – ou seja, no que diz respeito ao processo de levantamento – trata-se sobretudo de "liberar o padrão de narração" (SCHÜTZE, 1977; SCHÜTZE, 1987a), ou seja, de não expor o narrador à obrigação de argumentar. Isso, porém, já nos leva ao procedimento de interpretação e coleta.

No que diz respeito ao processo de interpretação, quero citar aqui uma passagem mais extensa do próprio Schütze (1983, p. 286s.), de um resumo dos diferentes passos analíticos:

> O primeiro passo analítico – *análise formal do texto* – consiste em primeiramente eliminar todas as passagens não narrativas para então segmentar o texto narrativo "purificado" em relação aos seus segmentos formais.
>
> No segundo passo analítico é realizada uma descrição estrutural do conteúdo das partes da representação, que são separados formalmente por meio de elementos de comutação [...]. A descrição estrutural identifica as estruturas processuais temporalmente limitadas da biografia – isto é, situações fixas e institucionalmente determinadas da vida; situações de clímax; emaranhamentos de situações sofridas; viradas dramáticas ou mudanças semelhantes e também decursos de ações biográficas planejadas e executadas.
>
> Na terceira fase da interpretação, na abstração analítica, o resultado da descrição do conteúdo é isolado dos detalhes das fases biográficas individuais, as afirmações estruturais abstraídas são relacionadas sistematicamente às fases individuais da vida, e, sobre esse fundamento, a formação biográfica geral, isto é, a sequência biográfica das estruturas processuais que dominam a experiên-

---

2 Cf. a distinção dos "esquemas da representação de fatos": narrar, descrever, argumentar em Kallmeyer e Schütze, 1977, e as exposições sobre os "diversos tipos de atividades avaliativas e teóricas no decurso narrativo" em Schütze, 1988, p. 155-172.

cia é identificada nas fases individuais da vida até a identificação das estruturas processualmente dominantes no presente.

Somente após a identificação da sequência essencial de eventos e a estratificação fundamental da experiência biográfica podemos, num quarto passo analítico, na análise do conhecimento, elucidar as declarações teóricas e argumentativas do informante sobre sua biografia e sua identidade tanto a partir das passagens narrativas das duas primeiras partes da entrevista quanto a partir da parte argumentativa e abstrata da entrevista narrativa e [...] interpretá-las sistematicamente em relação à sua função de orientação, processamento, interpretação, autodefinição, legitimação e repressão.

Sem conhecer o quadro de eventos e experiências da história de vida para as produções de conhecimento teórico do portador da biografia é impossível determinar a posição e o valor das produções autobiográficas teóricas para o decurso da vida.

Torna-se claro aqui que – ao contrário da interpretação textual documentária, como a apresentei de modo exemplar no caso da análise dos grupos de discussão – a interpretação refletida do pesquisador no contexto da metodologia da entrevista narrativa, ou seja, a "abstração analítica", na qual são identificados os padrões repetitivos do desenvolvimento biográfico, não se apoia inicialmente na comparação contrastante de casos *diferentes*, na análise comparativa; a comparação com outros casos só é realizada quando o caso foi trabalhado em sua totalidade. Isso tem a ver com o fato – que será mais detalhado no capítulo 7 – de que a unidade do caso é constituída fundamentalmente pelo princípio intencional, pelas intenções subjetivas, já que estamos tratando aqui de sujeitos, de tipos de personalidade. E isso vale também (e principalmente) para os casos em que Schütze consegue demonstrar de forma impressionante com a ajuda de seu conceito de "curva do decurso" como o princípio intencional é rompido, quando o "portador da biografia vivencia os eventos não na forma de conjuntos de orientação intencionais e acessíveis, mas quando estes o confrontam na forma de condições ocasionadas externamente à sua intenção" (SCHÜTZE, 1983, p. 288).

Durante a abstração analítica, o conceito de curva do decurso é desenvolvido na comparação contrastiva, *interna* ao caso, com aquilo que o portador da biografia realmente pretendia ("esboço biográfico") com suas ideias verdadeiras em relação ao seu desenvolvimento futuro.

Apenas após identificar, por meio da contrastação interna, a "formação biográfica geral", inicia-se a *análise comparativa*, identificando primeiramente concordâncias e semelhanças com outros casos ("contrastação mínima"), para então recorrer cada vez mais a casos de comparação de contraste "máximo", de modo que os aspectos comuns só podem ser identificados em um nível muito abstrato, formal ou elementar.

A "contrastação máxima" (realizada, p. ex., em uma comparação intercultural) "leva à formação de categorias elementares" (SCHÜTZE, 1983, p. 288). Essas categorias elementares podem ser levadas em consideração para diferenciar e ampliar o quadro de referências categorial metateórico ou também formal. Assim, encontramos aqui o ponto de contato entre resultados empíricos e objetivos e o quadro de referências teórico-biográfico (sempre pressuposto à respectiva análise empírica) de natureza sociológico-formal, que será melhor detalhado mais adiante. As categorias elementares não devem, porém, ser confundidas com os *modelos teóricos*, que também são identificados na *análise comparativa*, mas que são usados para responder a perguntas relacionadas ao objeto. Por exemplo: Quais decursos processuais biográficos comuns encontramos em sem tetos? Ou – como no exemplo abaixo citado da pesquisa de Gerhard Riemann (1987) – em pacientes psiquiátricos?

6.2 Sobre os fundamentos teórico-biográficos da entrevista narrativa

A diferenciação categorial central dentro do modelo teórico-biográfico (metateórico ou sociológico-formal) é aquela que acabamos de mencionar entre os *esboços biográficos* ou *esquemas de ação biográficos*, as representações ou orientações biográficas como princípio intencional da biografia de um lado e, de outro, as *curvas do decurso* como "princípio de impulsionamento por meios das condições socioestruturais e externas e fatídicas da existência" (SCHÜTZE, 1981, p. 288).

Uma representação exemplar do processo de análise de entrevistas narrativas, em que todas as fases do procedimento analítico são apresentadas claramente e podem ser remetidas aos textos subjacentes a elas e que permite comunicar também o modelo teórico-biográfico com suas categorias centrais, encontra-se em Riemann 1987, que trabalha essencialmente com a análise de dois casos de narrativas biográficas de pacientes psiquiátricos – outros três casos são apresentados em menor detalhe.

Aqueles fatores ou componentes que fazem com que o desenvolvimento biográfico se autonomiza diante das intenções verdadeiras, dos esboços biográficos ou dos esquemas de ação do portador da biografia, entrando assim em uma curva do decurso, são chamados de *potencial da curva do decurso*: No caso "Bruckner", esse potencial da curva do decurso apresenta os seguintes componentes:

Como evidencia a sua narrativa biográfica, "Bruckner" aprendeu na casa paterna que ele precisa conquistar reconhecimento por meio do desempenho – na escola e na profissão – também naqueles relacionamentos sociais, que deveriam fundamentar-se em confiança e empatia. Isso faz com que ele queira "comprar" ou garantir afeto e amor por meio de desempenhos especiais, destruindo, porém, justamente assim a base de confiança necessária. Por outro lado, isso o leva à tentativa em todas as áreas da vida de conquistar segurança e autoconfirmação por meio de desempenhos extremos. Confira, como exemplo, uma passagem do texto da entrevista (RIEMANN, p. 222):

14	E:	Então tive também que .. pois eu não havia recebido nenhum dinheiro
15		durante - a/o tempo no exército - tive então também que
16		ganhar e juntar o dinheiro para o primeiro semestre.
17		E isso ocorreu da seguinte forma, que, durante o dia, eu trabalhava
18		na construção e, à noite, dirigia caminhões de seixo.
19		Que - naquele tempo - praticamente - tive cinco horas de sono,
20		e estas intercaladas, por noite.
21		Trabalhava das sete da manhã até às cinco da tarde na construção
22		e pegava o primeiro caminhão às seis e **meia**.
23	P:	hmh
24	E:	Ou seja, descansava uma hora das cinco às seis.
25		Partida às seis e meia.
26		E de manhã, voltava às quatro quatro e meia - descansava mais duas
27		ou três horas, depois de volta para a construção.
28		Na construção tudo corria bem, mas - ainda me lembro quando,
29		nas últimas horas - (ou) na última viagem, quando passava pelo ((rio))
30		e entrava na cidade A .. então
31	P:	hm
32	E:	(quando) entrava na cidade A, às vezes, eu baixava as duas janelas

33		cantava em voz alta, para não cair no
34		sono, não é, foi assim
35	P:	hm hm
36	E:	E issssso - fiquei fazendo isso - durante meio ano
37		e então - eu tinha isso em duas declarações de imposto de renda e
38		devo ter perdido a hora ou três vezes, não conseguia chegar
39		a tempo na construção de manhã, com o resultado de que eles me demitiram,
40		essa foi a minha empresa de aprendizagem! (((agitado)))

Depois da demissão do exército, "Bruckner" se vê "na obrigação de 'ganhar e juntar o dinheiro para o primeiro semestre' e assim, sob essas circunstâncias, adota um ritmo extremo de vida e trabalho: durante o dia, trabalha na construção, à noite, faz transportes de seixo" (p. 325).

O resultado disso é que ele é demitido na construção (pois chega tarde em virtude do excesso de trabalho) e, também, que ele perde de vista seu objetivo real, isto é, "o esquema de ação biográfico superior": realizar seus estudos e, para isso, criar a base financeira necessária. "As torturas que ele suporta se devem não só ao esgotamento de suas energias, mas são também torturas de sentido: ele mergulha no trabalho para não ter que encarar a pergunta por que ele estaria fazendo tudo isso" (p. 326).

Por causa dessa "focalização extrema" em "esquemas de ação inferiores", ele fracassa no "*padrão do decurso institucional*" dos estudos em nível superior já durante as primeiras etapas. Ele tenta superar a discrepância (notória) entre esquemas de ação biográficos superiores de um lado e os eventos de realização (esquemas de ação inferiores) de outro por meio de um "esquema de ação de controle": "Ele continua a se orientar pela retomada de seus estudos e procura, para isso, recompensar um déficit de qualificação, que o põe em desvantagem em relação aos seus colegas e lhe custou muito tempo: Ele trabalha em escritórios de construtoras para adquirir habilidades específicas" (p. 327).

Quando tudo isso fracassa, a *discrepância sistemática* entre o esquema de ação biográfico e seus eventos de realização se torna aparente. Ele "perde o controle", ocorre um *colapso de orientação* e, devido a isso, uma internação temporária em uma psiquiatria, mas que desvia sua atenção de um processamento adequado de sua curva do decurso e impede esse processamento. Por fim, ele desiste de seu esquema de ação biográfico superior (formação acadêmica) e aceita um emprego como representante. Após outra internação (voluntária) na psiquiatria, seu desenvolvimento biográfico se estabiliza. Ele se casa e passa a ter uma carreira profissional muito bem-sucedida no departamento de vendas de sua empresa. Essa ascensão profissional volta a confrontá-lo com uma situação em que ele precisa lidar com exigências com as quais ele não consegue lidar por razões biográficas, pois ele teria que superá-la não só por meio de um foco excessivo no desempenho instrumental, mas também com base na comunicação e empatia. Também aqui documenta-se novamente sua problemática biográfica fundamental: o foco excessivo no desempenho (no âmbito de esquemas de ação inferiores) lhe serve, ao mesmo tempo, como oportunidade de fuga e como único caminho de ser reconhecido. Assim, inicia-se a *segunda curva do decurso*: ele volta a sofrer um colapso de orientação e uma *transformação da curva do decurso para outros âmbitos da vida*: do âmbito do trabalho para o casamento e a família (que já vem sofrendo com sua falta de empatia e reciprocidade). Isso leva ao fim do casamento e à *primeira internação à força*.

Após identificar assim em uma abstração analítica a *estrutura do processo biográfico*, ou seja, a *formação biográfica geral* (inclusive o potencial da curva do decurso), Riemann volta sua atenção para aquelas passagens do texto em que o próprio narrador expressa como ele vê seu desenvolvimento biográfico: as "tematizações autobiográficas", em Schütze também denominadas de "análise de conhecimento", ou seja, daquele conhecimento que o narrador ou portador da biografia possui sobre seu desenvolvimento biográfico. No caso "Bruckner", por exemplo, Riemann descobre que este não encontra um acesso temático à "dinâmica das curvas do decurso" que determinam sua biografia e, além disso, é confrontado com um "dilema de teoria" referente ao seu convívio com definições psiquiátricas de sua pessoa: "Por um lado, ele apela à desculpa psiquiátrica para o seu ataque violento de raiva [...] para poder neutralizá-lo moralmente; por outro lado, ele refuta a atribuição psiquiátrica de uma incapacidade geral de [...] se controlar" (p. 339), pois isso é inconciliável com sua autopercepção baseada em desempenho.

Como mostra o exemplo de pesquisa acima citado, a entrevista narrativa é predestinada para a análise biográfica, Schütze desenvolveu para esse campo de objetos os fundamentos metateóricos ou sociológico-formais, e foi aqui que eles foram testados e aplicados. Mesmo assim, a origem da entrevista narrativa não se encontra no âmbito da análise biográfica, mas no âmbito da pesquisa sobre estruturas de poder em comunas, ou seja, de contextos de interação ou – nas palavras de Fritz Schütze (1977; 1987a): no âmbito de "estudos de campo de interação". Em 1975, Schütze havia começado a analisar as constelações de poder interativas determinantes para um município no caso de uma fusão recente de dois municípios, submetendo as representações narrativas dos diversos políticos municipais a uma chamada comparação cruzada. Segundo Schütze (1977, p. 3), "os estudos de campo de interação, principalmente os estudos de fusões de municípios permitem a comparação cruzada sistemática de todas as informações especiais comunicadas nas narrativas, possibilitando assim comparar conclusões com base em indicadores textuais formais (p. ex., o fato de o informante hesitar em determinado ponto da representação, baixando imediatamente o nível de detalhamento narrativo; conclusão possível, apoiada por outros indicadores: ele pretende ocultar seu envolvimento nos interesses) com conclusões pautadas em representações explícitas de outros informantes (que esse envolvimento do informante realmente existe)".

A entrevista narrativa se transformou somente em uma fase posterior – influenciada pela importância crescente de abordagens biográfico-teóricas, principalmente no contexto da teoria e na aplicação no contexto de trabalhos de qualificação – em um instrumento de análise biográfica.

Desde o final da década de 1980, a entrevista narrativa foi combinada também com procedimentos de apuração da hermenêutica objetiva. Por um lado, a entrevista narrativa foi simplesmente usada no quadro de referências da hermenêutica objetiva como instrumento de levantamento (WOHLRAB-SAHR, 1992; WOHLRAB-SAHR, 1993a; WOHLRAB-SAHR, 1993b; WOHLRAB--SAHR, 1998a; WOHLRAB-SAHR, 1998b; NAGEL, 1997); por outro, tentaram também vincular elementos da metodologia da entrevista narrativa, da análise textual e narrativa à metodologia da hermenêutica objetiva (ROSENTHAL, 1987; ROSENTHAL, 1995; FISCHER-ROSENTHAL & ROSENTHAL, 1997).

O estudo de Christa Hoffmann-Riem (1984), que analisa as narrativas de 30 pais adotivos em relação às concepções de normalidade que os mesmos possuem sobre família, relações entre pais e pais-filhos e sobre filhos, pode ser considerado um caso de aplicação exemplar para além do contexto da análise biográfica. A confiança de Hoffmann-Riem "na validade do instrumento se apoia no conhecimento adquirido pela pesquisa narrativa segundo o qual a narrativa de uma estrutura apresenta características estruturais que tornam visíveis a diferença em relação a representações de meros fatos calculados – por exemplo, em prol da autovalorização ou do velamento dos próprios envolvimentos na atividade" (1984, p. 15). A análise contempla em seu decurso cronológico as fases e a execução da adoção até à "constituição da família adotiva"; porém, no centro da análise, não está o decurso do próprio desenvolvimento e as etapas individuais são avaliadas em relação a temas específicos com base na comparação das narrativas de diferentes pais adotivos (*análise comparativa*).

Uma mudança interessante foi dada por Schütze (1989a; 1989b) à entrevista narrativa com a análise de *curvas do decurso coletivas*. Ele manteve o quadro teórico-biográfico e identificou, por meio da abstração analítica, os fatores que, como componentes do potencial da curva do decurso, iniciam os processos biográficos. No entanto, a análise já não visa mais àqueles fatores que determinam o destino individual específico, mas, a exemplo dos participantes da Segunda Guerra Mundial, ele identifica aqueles fatores que são vivenciados por uma legião ou uma geração em comum, ou seja, de forma coletiva (como, p. ex., o recrutamento, inserção na instituição total da Wehrmacht, confrontação com a ideologia nazista, cativeiro) e que, assim, conseguem iniciar uma *dinâmica da curva do decurso compartilhada pelo coletivo* (cf. tb. cap. 7.2).

Posteriormente, Fritz Schütze e Gerhard Riemann inseriram – de acordo com a tradição da Escola de Chicago – a análise biográfica e a entrevista narrativa em um quadro de referências metódico mais amplo, em um quadro "metódico--plural" da "análise do caso" (sob a perspectiva do contexto de ação do trabalho social), que leva em conta também elementos da análise de interação ou diálogo da observação participante (cf. SCHÜTZE, 1993; RIEMANN, 2000). As análises ali esboçadas são compreendidas não só como métodos empíricos no sentido mais restrito, mas como contribuição também para uma metodologia reconstrutiva da análise do caso para o trabalho social e a pedagogia social (cf. tb. BOHNSACK, 1998c; GILDEMEISTER & ROBERT, 1997; JAKOB & VON WENSIERSKI, 1997) e, por fim, como contribuição para uma "teoria social interdisciplinar de base [...] orientada essencialmente para o caso" (SCHÜTZE, 1992, p. 166).

Para encerrar, quero voltar minha atenção para alguns pontos centrais da crítica à entrevista narrativa (cf. tb. NOHL, 2006a): em primeiro lugar, quero tratar de uma *crítica imanente*, apresentada por aqueles que não questionam as *premissas*, ou seja, as suposições fundamentais metateóricas e metodológicas, e depois, da *crítica exmanente*, que visa justamente a essas premissas.

Primeiro, então a *crítica imanente*, voltada principalmente à cultura e ao meio social; ou seja, ao pertencimento e ancoramento de classe do narrador, bem como dos fundamentos teórico-biográficos e narrativos: Enquanto Fuchs (1984, p. 148s.) observa que a pergunta sobre as especificidades da classe social na competência para narrar ainda não foi investigada de forma sistemática, Matthes (1985b) questiona, com base em suas próprias experiências de pesquisa no âmbito asiático, os fundamentos teórico-biográficos sob o ponto de vista da "narrativa como processamento do tempo" (p. 317ss.) e os fundamentos teórico-narrativos em relação às "regras culturais básicas da narrativa" (p. 319ss.) – sob o aspecto "de que é menos a forma concreta individual dos procedimentos analítico-narrativos da pesquisa social empírica mais recente, mas mais os esforços de sua fundamentação, sua fundamentação metodológica e teórica, que estão ameaçados pelo perigo elementar de uma universalização de suposições adotadas por uma perspectiva eurocêntrica" (p. 324).

Matthes, porém, oferece também caminhos para superar esses problemas: A partir de um estudo metodicamente refletido do material textual – ou seja, por meio de uma interpretação textual minuciosa – "o processo de levantamento profissional pode ser visto como fracassado, mas esse reconhecimento gera também a precondição para uma ação de pesquisa profissionalmente bem-sucedida" (p. 322s.). Como já exposto no capítulo 1, *controle metódico* significa na acepção dos procedimentos reconstrutivos justamente um controle sobre diferenças linguísticas, do meio social e da cultura entre pesquisador e probando. E o controle metódico pode fazer com que os conhecimentos adquiridos na *reconstrução* do próprio procedimento – justamente quando fracassa –, isto é, na comunicação fracassada com o probando, podem resultar em uma diferenciação e em um desenvolvimento das precondições metateóricas. Isso vale naturalmente não apenas para a aplicação transcultural da entrevista narrativa, mas também para a aplicação problematizada por Fuchs (1984) a estratos sociais alheios ao pesquisador. E isso afeta então não só os fundamentos teórico-narrativos (p. ex., o nível incomum de detalhamento na aplicação de representações metafóricas em ambientes específicos), mas também os fundamentos teórico-biográficos (p. ex., a ausência de esboços biográficos, de esquemas de ação biográficos no sentido de um planejamento biográfico intencional em determinadas áreas da vida dos aprendizes – ao contrário dos estudantes do liceu, como já pudemos constatar em nossa própria pesquisa (cf. cap. 2) com base nos grupos de discussão, mas que, possivelmente, poderia se expressar também na entrevista narrativa. Aqui, porém, são significativas não só as diferenças do meio social, mas também as diferenças no que concerne às competências específicas à faixa etária). Com base em uma "contrastação sistemática máxima" em relação às especificidades da cultura, do meio e da classe social, as "categorias elementares" podem ser refinadas e diferenciadas.

Nesse contexto, cabe mencionar um problema não só terminológico que eu tenho no âmbito dos fundamentos teórico-narrativos da entrevista narrativa quando se utiliza o conceito de "coerção da narração": Essas "regras básicas" diferenciadas em termos da análise da conversação devem ser compreendidas como condições da possibilidade comunicativa, da comunicabilidade intersubjetiva de conteúdos narrativos, que são obrigados a assumir determinada forma para que o contexto narrativo se apresente ao ouvinte de forma plausível e consistente. Quando Kallmeyer e Schütze designam aquilo que viabiliza uma comunicação intersubjetiva como "coerção", isso se deve, provavelmente, de um lado, ao fato de que a observação de uma situação *específica* da entrevista foi determinante para o desenvolvimento terminológico dessas categorias adquiridas pela via reconstrutiva: A metodologia da entrevista narrativa possui sua origem no levantamento das narrativas de políticos municipais, que, sob perspectivas diferentes, falaram sobre o conflito de poder em decorrência da fusão de municípios. Sob as condições da autorrepresentação político-estratégica, essas competências voltadas para uma comunicação intersubjetiva ideal (por isso, falamos não só de "regras básicas", mas também de "idealizações"; cf. SCHÜTZ, 1971; GARFINKEL, 1967; GARFINKEL, 1976) se transformam em "coerções". Devemos analisar se as categorias obtidas a partir de um âmbito de ação institucional específico não deveriam ser libertadas de seu vínculo terminológico a essa situação de origem muito específica.

É possível, porém, que essa terminologia foi mantida por outro motivo especial: Precisamos estar cientes de que também os procedimentos de levantamento abertos e reconstrutivos – e isso igualmente para o procedimento dos grupos de discussão e para as entrevistas narrativas – representam uma intervenção na normalidade da comunicação cotidiana: Em relação aos hábitos cotidianos, a obrigação de apresentar uma representação consistente, "a obrigação à consistência", como prefiro denominá-la, é tão elevada que o narrador ou participante de um grupo de discussão tem mais dificuldades de se despedir de modo metacomunicativo da situação comunicativa, abandonando, por exemplo, um tema ou por meio da afirmação do narrador de que "ele não quer entrar em detalhes". Essa obrigação à consistência – mais elevada em comparação às exigências normais do cotidiano – pode assumir certo caráter de constrangimento, mas sem significar que isso resulte em uma "distorção" dos conteúdos representados. Mesmo assim, precisamos ver claramente que, na situação do levantamento, o quadro de uma situação comunicativa cotidiana é abandonado. Schütze, porém, não limita o emprego do conceito das "coerções" às narrativas improvisadas produzidas em uma *situação de entrevista*. Ele o usa também para designar as "regras básicas" da narrativa improvisada em situações cotidianas. E, a meu ver, essa generalização não é justificada.

Volto-me agora para a *crítica exmanente* à entrevista narrativa, a uma crítica, portanto, que questiona as premissas (metateóricas ou metodológicas). Essa crítica se concentra sobretudo na pergunta sobre a relação entre a narrativa, entre o processo narrativo e o objeto da narrativa.

Um dos pontos críticos mais acentuados, apresentado por Gerhardt (1985) se deve, evidentemente, a um equívoco, para o qual, porém, Schütze e Riemann contribuíram na medida em que não ofereceram formulações mais precisas; por exemplo, quando Riemann (1987, p. 22) reforça diante de seus críticos a reivindicação vinculada à metodologia da entrevista narrativa, segundo a qual seria possível "deduzir das representações autobiográficas os fatos representados". Esse tipo de formulação permite levantar a suspeita de que ele estaria dizendo que realmente existe algo como fatos simples, não interpretados (i. e., fatos anteriores a qualquer interpretação), fatos do decurso biográfico, o que então suscita a pergunta "se o pesquisador realmente é capaz de identificar o que ocorre na vida dos entrevistados" (GERHARDT, 1985, p. 235).

No entanto, o objeto da análise narrativa é a *experiência*, a constituição de experiência em suas múltiplas camadas: "As narrativas de experiências próprias são aqueles textos linguísticos, destacados da ação e do sofrimento factual sociologicamente interessantes, que mais se aproximam destes e que reconstroem em medida considerável as estruturas de orientação da ação e do sofrimento factuais também sob a perspectiva da recapitulação experiencial" (SCHÜTZE, 1987a, p. 2).

Portanto, o objetivo da análise da entrevista narrativa é também avançar para as *estruturas de orientação* da ação e sofrimento no passado, ou seja, para aquela experiência intimamente vinculada à ação biográfica (mesmo que remota), que, no momento da narrativa da recapitulação da experiência, é modificada (fato ao qual se referem as categorias como "narrativa autobiográfica" e "análise de conhecimento"), mas essa modificação permanece visível como tal (principalmente em virtude da diferenciação entre esquemas de narração e argumentação). Os objetos da narrativa são, portanto, experiências (do narrador) em diferentes níveis de sedimentação e do ancoramento relevante para a personalidade (cf. tb. ALHEIT & HOERNING, 1989; ROSENTHAL, 1995; TREICHEL, 1996).

Aqui podemos constatar – e com isso passamos para um outro ponto criticado – que a metodologia da entrevista narrativa é fundamentada pela premissa da "homologia entre constituição narrativa e constituição experiencial" (BUDE, 1985, p. 329), na qual a crítica de Bude se concentra quando ele questiona que os princípios elementares de representação da entrevista narrativa "são, ao mesmo tempo, princípios elementares de representação e de orientação da experiência pessoal e da compreensão comum do mundo" (p. 329s.), questionando assim se diferentes princípios de *representação* (p. ex., narrar e argumentar) são homólogos a diferentes níveis da estratificação *experiencial*, isto é, a diferentes graus da sedimentação e do ancoramento da experiência relevante à personalidade.

Com isso, Bude problematiza uma premissa própria a todos os procedimentos reconstrutivos – tenham eles seus fundamentos na hermenêutica, na fenomenologia ou na sociologia do conhecimento –, isto é, a premissa de que a estrutura fundamental de um caso, de um indivíduo ou de uma coletividade se reproduz sempre de novo nas diferentes camadas de significado e também nos âmbitos das atividades desse caso, constituindo assim o caso como unidade, como "totalidade".

O que Bude pretende ressaltar com sua crítica é que "nós fazemos experiências que não podem ser representadas em forma narrativa" (1985, p. 335). Ele não quer dizer, e nisso podemos concordar com ele, que existem experiências que não podem ser expressadas linguisticamente (como vimos, estas não seriam metodologicamente relevantes, pois não poderiam ser registradas por protocolos). Bude remete antes a outras formas de representação, como, por exemplo, a "colagem" e o "conceito", mesmo que esses exemplos não deixem claro por que as experiências transportadas por *outras* formas de representação não possam se documentar *também* em narrativas – sobretudo em narrativas extensas. Este, pelo menos, seria o argumento contrário na base das premissas próprias aos procedimentos reconstrutivos (visto que a estrutura básica do caso se reproduz de forma homóloga em suas diferentes formas de representação). Para fundamentar sua crítica, Bude teria que demonstrar a partir de qual *posição metodológica diferente* ele estaria argumentando. Pelo contrário, suas declarações não revelam isso; em outro trabalho (BUDE, 1987) demonstra partir das mesmas premissas.

Trabalhando de forma crítica com a análise documentária de entrevistas narrativas, mas também com referência a essa, Arnd-Michael Nohl (2006a; 2006b) desenvolveu, na base do método documentário, um procedimento de análise alternativo.

7
O procedimento do grupo de discussão e a análise conversacional

7.1 O procedimento do grupo de discussão e a pesquisa em meios sociais

Nas pesquisas de mercado, os grupos de discussão são empregados há muito tempo. O conceito de *"focus group"*, por exemplo, cunhado originalmente por Merton et al. (1956; cf. tb. MERTON, 1987), se transformou na pesquisa de mercado norte-americana quase em sinônimo de métodos qualitativos (cf. MORGAN, 1988). No entanto, a *importância metodológica* do procedimento do grupo de discussão na pesquisa de mercado é praticamente ignorada, ao contrário da entrevista individual. O que importa ali são, principalmente, fatores financeiros e aspectos relacionados à economia do tempo: Pretende-se alcançar vários entrevistados ao mesmo tempo.

Ao contrário desse tipo de "entrevistas em grupo", pode-se falar em procedimento do grupo de discussão somente quando a importância metodológica de processos de interação, discursos e grupos para a constituição de opiniões, padrões de orientação e significação estiver ancorada em um modelo teórico subjacente, isto é, em categorias metateóricas com tradição histórico-teórica. Isso vale para todos os métodos qualitativos[1], ou seja, para aqueles proce-

---

1 Devem ser lidos com cuidado aqueles manuais ou representações sumárias em que essa fundamentação metatéorica ou teórico-fundamental não é levada em conta adequadamente, como, p. ex., em Lamnek, 1998. O que Stefan Hirschauer e Klaus Amann alegam em relação ao livro introdutório aos métodos qualitativos de Lamnek (1988/1989) vale sobretudo para seu livro sobre "grupos de discussão" (LAMNEK, 1998). Trata-se, em muitas passagens, de uma "representação

dimentos que merecem ser chamados de "método". Na história conturbada do procedimento do grupo de discussão na Alemanha, podemos identificar diferentes modelos teóricos (cf. tb. BOHNSACK, 1997b; BOHNSACK, 2000b; BOHNSACK, 2002; BOHNSACK, 2004).

A iniciativa do *Institut für Sozialforschung* [Instituto de Pesquisa Social], em Frankfurt, no desenvolvimento inicial do procedimento do grupo de discussão na Alemanha, documentada no volume organizado por Pollock (POLLOCK, 1995), "remetia à considerações críticas sobre a validade e relevância dos resultados de enquetes de opinião" (MANGOLD, 1988, p. 9; cf. tb. MANGOLD, 1960; MANGOLD, 1973).

As discussões eram vistas como recriações daquelas situações públicas da formação e articulação de opiniões, das quais se acreditava que elas formavam também no cotidiano o contexto para a exploração de posturas políticas. "Queriam evitar que as posturas, opiniões e modos de conduta das pessoas fossem estudadas de forma isolada, como praticamente nunca ocorrem" (POLLOCK, 1955, p. 34).

Por essa via de uma contextualização social deveria, então, também ser possível articular opiniões "mais profundas": "Muitas vezes, o indivíduo se dá conta destas apenas na discussão com outras pessoas. Elas podem estar latentemente presentes, mas só adquirem uma forma concreta quando o indivíduo – por exemplo em uma conversa – se vê obrigado a identificar e defender seu ponto de vista. Durante esse processo da discussão, durante o qual as próprias posturas podem mudar, as opiniões transparecem de forma mais nítida, para depois voltarem a adotar o caráter do antiquado, indefinido e turvo, e assim se esquivar da fixação. Para eruí-las é necessário produzir uma situação mais próxima da realidade, na qual as posturas são ativadas e formuladas por seus portadores" (POLLOCK, 1955, p. 32).

Típico para a Escola de Frankfurt e que caracteriza sua pesquisa social empírica até hoje (cf. cap. 4), o procedimento era caracterizado por pressuposições psicanalíticas. A intenção era tornar visíveis, "em analogia à técnica psicanalítica" (p. 35), "mecanismos de defesa e racionalizações" e, assim, também aquilo que "normalmente é encoberto por estes".

---

equivocada dos procedimentos qualitativos na terminologia da pesquisa social estandardizada" (AMANN & HIRSCHAUER, 1997, p. 15).

No que diz respeito às dificuldades de uma abordagem metódica e prática à complexidade dos discursos, Pollock já apontou na época para o problema sempre atual de que – como eu o diria hoje – afirmações individuais só podem ser interpretadas adequadamente a partir do conhecimento da dramaturgia e organização do discurso completo: "O verdadeiro poder de convicção dos diagnósticos qualitativos, seu aspecto coercitivo, se comunica apenas, enquanto os métodos de análise não forem desenvolvidos para além de seu estado atual, somente a partir do conhecimento do material primário: a experiência viva de discussões coerentes como um todo perde a aparência da arbitrariedade que adere à interpretação de diagnósticos individuais, enquanto não for contemplada em seu contexto estrutural" (p. 275).

A despeito de uma reflexão metódica relativamente avançada em relação aos processos qualitativos de análise como também em relação à crítica às pesquisas de mercado, a análise qualitativa de protocolos de discursos se orientava – como esclarece Mangold (1988, p. 14) em retrospectiva – pelos indivíduos como unidades de pesquisa e, por fim, também pelo modelo da enquete.

Uma perspectiva que apontasse para além disso surgiu somente com a tese de doutorado de Mangold, publicada em 1960. Essa teve como base a *reconstrução* do trabalho de pesquisa realizado até então pelo *Institut für Sozialforschung* de Frankfurt, dos procedimentos de análise e do rico material dos protocolos das discussões. Mangold conseguiu demonstrar "que, ignorando as intenções meramente explorativas, o procedimento do grupo de discussão não é apropriado para investigar opiniões individuais, isto é, para substituir a entrevista individual, mas pode ser usado como instrumento autônomo para a investigação sistemática e controlada de 'opiniões informais de grupos'" (MANGOLD, 1988, p. 17).

Com base na *evidência empírica* do rico material dos protocolos das discussões, Mangold conferiu ao procedimento do grupo de discussão uma dupla mudança, chegando assim a uma abordagem empírica do coletivo: Por um lado, ele não se orientava mais pela suposição de que, nos grupos de discussão, no confronto com outras opiniões (individuais), o indivíduo concretiza e explica cada vez mais a sua postura *individual*. Por meio da *intensificação e complementação* mútua, as opiniões do grupo ou as opiniões coletivas dos indivíduos envolvidos são reveladas: "Estas são apresentadas sob a forma de uma divisão de trabalho. Os falantes confirmam, complementam, corrigem uns aos outros, suas afirmações se apoiam umas nas outras; às vezes, chegamos a crer que é uma única pessoa que fala, porque as contribuições à discussão harmonizam muito entre si. Uma dissecação desse processo coletivo da expressão de opiniões em opiniões dos falantes individuais é, muitas vezes, impossível. A opinião do grupo não é uma 'soma' de opiniões individuais, mas o produto de interações coletivas. Os falantes individuais participam dessa representação em medidas diferentes, mas todos se orientam uns pelos outros [...]. As opiniões do grupo só podem ser deduzidas a partir da totalidade dos posicionamentos verbais e não verbais" (MANGOLD, 1960, p. 49).

Essa opinião coletiva – e esse é o outro componente dessa mudança dada por Mangold por meio do procedimento do grupo de discussão –, já se constituiu na realidade de um grupo, na discussão, ela é apenas *atualizada*: "As opiniões que são aceitas por todos na discussão desse tipo de grupos não podem ser compreendidas como produto do experimento, como resultado final de um processo atual de adaptação e influência mútua na situação do próprio discurso. Nelas se refletem, antes de tudo, opiniões coletivas informais que já foram formadas na realidade entre os membros do respectivo coletivo" (MANGOLD, 1973, p. 240). Contudo, isso significa também que, num grupo de discussão, não é atualizado apenas o que os participantes processaram como membros de um "grupo real" (caracterizado pelo conhecimento direto e por uma história comunicativa comum). Mangold se interessava sobretudo por aqueles coletivos que ele chamava de "grandes grupos", cujos membros eram ligados uns aos outros por meio de um destino comum (p. ex., refugiados) e/ou por uma situação social comum (p. ex., mineradores ou camponeses) e não (ou somente de forma adicional) pelo fato de se conhecerem diretamente. Ou seja, tratava-se dos meios sociais.

No decurso da análise dos grupos de discussão por Mangold, o coletivo se evidenciou empiricamente – e nós pudemos confirmar e aprofundar isso com base nas nossas próprias pesquisas (cf. cap. 3) –, justamente onde o indivíduo – possivelmente de forma quase eufórica – se dissolve no discurso (e isso pode acontecer também na oposição argumentativa). Essa evidência *empírica* resiste àquela acepção *teórica* do coletivo que determina a discussão sociológica e é definida pelos critérios da exterioridade e da coerção de Durkheim. No prefácio ao estudo de Mangold, Horkheimer e Adorno se referem à acepção de coletividade de Durkheim[2].

Para as *evidências empíricas* geradas por Mangold em decorrência da reconstrução de protocolos de discussões não era possível encontrar um quadro de referências adequado, uma vinculação apropriada da fundamentação e certificação *teórico-metódica* a partir da orientação teórica do *Institut für Sozialforschung* de Frankfurt e tampouco a partir da discussão sociológica alemã do pós-guerra da época. Como consequência, isso gerou uma certa discrepância nos trabalhos de Mangold sobre o procedimento do grupo de discussão, entre a reconstrução empírico-evidente de orientações coletivas e sua justificativa teórico-metódica[3].

Encontramos – como já exposto (cf. cap. 3) – uma justificativa teórico--metódica do coletivo, adequada à evidência empírica dos grupos de discussão, na concepção dos "espaços de experiências conjuntivas" em Mannheim. (Os escritos redigidos entre 1922 e 1925, em que essa concepção é desdobrada, só foram publicados em 1980.) Já se discutiu um pouco nos capítulos 3 e 5 a concepção de coletivo amplamente fundamentada por Karl Mannheim et al., também em distinção a Durkheim, como um contexto de sentidos que se fundamenta em experiências "conjuntivas" mútuas, que será tratada novamente a seguir (cf. tb. cap. 11). A essa altura, é preciso lembrar que uma compreensão de "fatos sociais" só pode ser harmonizada com nossa compreensão de coletividade nos termos de uma sociologia do conhecimento como fatos sociais daqueles que são objeto da pesquisa e que os *experimentam* como exteriores e compulsivos (ao contrário, p. ex., da "hermenêutica objetiva", cuja metodologia postula fatos sociais que exercem uma coerção da experiência daqueles que são objetos da investigação, mas que não são acessíveis ou apenas de forma parcial; cf. cap. 4 e 5).

Aquela *experiência* é de natureza fundamentalmente conjuntiva ou *coletivamente* compartilhada, desenvolvida sobre a base de contextos de vivência

---

2 No prefácio de Horkheimer e Adorno (apud MANGOLD, 1960, p. 6s.) lemos: "As opiniões do indivíduo são subordinadas a essas opiniões informais do grupo. Essas opiniões coletivas se autonomizam como *faits sociaux* no sentido de Durkheim [...]".

3 Mangold – ao se referir às opiniões de grupo de mineradores, cujo discurso ele havia caracterizado a partir da evidência empírica por meio da descrição –, afirma: "às vezes, parece que somente um está falando aqui..." (1960, p. 49). Em outro lugar, porém, volta a falar de "norma e resistência, como *faits sociaux* no sentido de Durkheim" (p. 59).

comuns. A característica da heteronomia pode ser atribuída não a esse espaço de experiência coletivo, mas àquilo que é objeto da experiência coletiva. Como exemplo, os padrões de decurso biográficos padronizados desdobrados no discurso do grupo "Band" de estudantes do liceu como horizonte de contraste negativo como precondições e expectativas sociais heterônomas são equipados com essas características da exterioridade e da coerção no sentido de Durkheim. No espaço de experiência coletivo dos estudantes masculinos, seu caráter coercitivo é tão evidente que os estudantes não conseguem se esquivar da inserção nesses padrões biográficos, e, por isso, como eles mesmos dizem, a parte mais bela da vida já "passou aos 25 anos" (cf. cap. 3).

Aquilo que, aqui, é vivenciado como fato social heterônomo – e não só o processamento (coletivo) dessa experiência (coletiva) – se evidencia de forma muito específica ao respectivo meio social. As estudantes vivenciam a inserção nesses padrões de decurso institucionais como algo exterior, mas para elas isso não tem um caráter coercitivo: Elas veem alternativas. Para os aprendizes, esses padrões de decurso não possuem qualquer realidade: Dentro de seu espaço de experiência coletivo, eles não adquirem o caráter de fatos sociais.

Considerando que, com exceção da sociologia da cultura de Mannheim (e, em certo sentido, do conceito do *habitus* de Bourdieu; cf. cap. 8.3), os fundamentos para uma justificativa teórico-metódica das representações coletivas empiricamente evidentes praticamente inexistem, pode-se deduzir que as possibilidades de acesso empírico abertas por Mangold não foram acatadas ou, quando foram, não conseguiram atingir o núcleo central do que Mangold conseguiu reconstruir com base nos trabalhos do *Institut für Sozialforschung* de Frankfurt. Por outro lado, isso é também – como Pollock já havia reconhecido – uma questão do desenvolvimento dos métodos de análise.

A discussão sobre o procedimento do grupo de discussão – retomada apenas no final da década de 1970 por ocasião do avanço dos métodos de pesquisa interpretativa, principalmente por meio das contribuições de Niessen (1977) e Volmerg (1977) desenvolvidas com base em suas próprias práticas de pesquisa – não resolveu plenamente esses problemas, devido as duas razões mencionadas acima. Nenhum dos dois trabalhos se voltou àquelas orientações coletivas situadas no nível de *grandes grupos* e *meios sociais*, tampouco ofereciam um acesso teórico ao nível intencionado por Mangold. Partindo do nível de *grupos reais*, eles não desenvolveram afirmações sobre orientações coletivas no sentido de orientações independentes de situações e específicas a grupos, mas atribuíram certa validade ao procedimento do grupo de discussão apenas como procedimento da reconstrução de processos *vinculados a uma situação e com referência a uma interação*. A princípio, Niessen (1977, p. 66) justifica sua restrição na seleção de grupos reais para os grupos de discussão, afirmando que "grupos reais podem partir de uma história de interação comum em relação ao estado de discussão e, portanto, de formas de ação comum já desenvolvidas e de seus padrões de significado subjacentes"; mas mais adiante ele volta a problematizar isso: "As linhas de ação comuns trazidas por eles [os grupos reais; R.B.] para a discussão, podem ser transpostas por eles para a situação real. No entanto, na compreensão do interacionismo simbólico, isso sempre se apoia nos processos de definição por meio dos participantes [...]. Evidentemente, isso implica a possibilidade de que os significados mudem, que os sujeitos de ação sejam definidos e interpretados diferentemente, de modo que as suposições sobre a ação realizadas com base nos resultados da discussão não correspondam à realidade" (p. 67s.).

Em sua crítica à concepção de Mangold sobre as opiniões de grupo, Volmerg também ressalta (1977, p. 205): "Experiências próprias com grupos de discussão mostraram que grupos inteiros podem sair da discussão com uma opinião sobre o tema diferente daquela que tiveram antes da discussão". E ela conclui: "Se, em decorrência da aplicação do instrumento de pesquisa 'grupo de discussão' as opiniões são mudadas ou moldadas, os resultados não podem ser reproduzidos". Essa reprodutibilidade dos resultados seria, porém, precondição para a "objetividade", para a verificabilidade intersubjetiva do processo de conhecimento.

Ambos os trabalhos – tanto o de Volmerg quanto o de Niessen – são, dentro das premissas metódico-teóricas subjacentes, minuciosamente observados e metodicamente refletidos. Suas observações sobre a processualidade, a dinâmica e a emergência de uma articulação interativa de opiniões, porém, levam ambos a igualar processualidade com falta de estrutura. Estruturas – portanto também os padrões de orientação ou, mais precisamente, as representações ou articulações de orientações (na forma de descrições, narrativas etc.) – não são apenas transformadas pelos *processos* discursivos, mas são primeiramente *constituídas*. Apenas os procedimentos mais recentes de interpretação de textos conseguem fazer *jus* ao fato de que uma estrutura se torna visível, com base em uma *reconstrução* exata de decursos sequenciais de interações, narrativas e discursos: "estruturas de sentido (latentes)" (na hermenêutica objetiva), "estruturas processuais da biografia" (na entrevista narrativa) e padrões de orientação coletiva (no método documentário). Para a análise dos grupos de discussão, isso significa que apenas uma reconstrução exata tanto da organização discursiva (da forma interativa como se referem mutuamente) quanto da dramaturgia do discurso nos permite identificar aquele padrão coletivo de significados que transcende os conteúdos de sentido subjetivo-intencionais da expressão individual. Já nos passos básicos da interpretação textual (na "interpretação refletida"; cf. cap. 8), não sondamos o teor de significado de uma contribuição discursiva em uma direção que nos poderia revelar informações sobre a personalidade do orador: No grupo "Insel", por exemplo, as razões pelas quais Bm tematiza a situação de um enterro e assim inicia uma "representação cênica" específica nos interessam não no sentido de que Bm se ocupa aqui com a morte da avó, que lhe significava muito, antes a representação cênica adquire na referência interativa dos participantes uns aos outros e no desenvolvimento do discurso como um todo – isto é, no contexto de outras representações cênicas (p. ex., aquela da vida em uma ilha solitária) – seu significado coletivo e específico daquele grupo: Aqui, por exemplo, trata-se do processamento metafórico da pergunta sobre quais seriam as necessidades e os sentimentos verdadeiros e autênticos, ou seja, como esses sentimentos (p. ex., luto) podem ser expressados de modo autêntico. No processo discursivo, os temas parecem mudar repentinamente e, nesse exemplo, em parte também na discussão argumentativa ("antitética"), documenta-se nas diferentes representações metafóricas sempre a mesma estrutura "homóloga" de significado.

A análise de "opiniões de grupos", de padrões de significado coletivos pressupõe, portanto, uma abordagem *metódica* – desenvolvida apenas nos procedimentos mais recentes de interpretação de textos –, que leva em consideração a processualidade, mas, mesmo assim – isto é, na base da reconstrução dessa processualidade –, consegue identificar estruturas.

Por outro lado – e condicionado a isto – torna-se necessário outra abordagem *teórica*, uma abordagem que seja capaz de fazer jus à socialidade específica que se documenta nos grupos de discussão. Visto que Volmerg e Niesses recorrem ao "paradigma interpretativo" no que diz respeito ao seu quadro de referências teórico-comunicativo, os dois se orientam por modelos de ação, desenvolvidos com recurso à sociologia fenomenológica e ao interacionismo simbólico, nos quais se identifica claramente como a socialidade se constitui de forma processual: A socialidade é *produzida* na interação por via de uma "congruência dos sistemas de relevância" dos sujeitos envolvidos (SCHÜTZ, 1971), ou seja, por via de uma coordenação de intenções subjetivas como "intersubjetividade".

Dentro do quadro de referências do paradigma interpretativo, essa outra forma de socialidade, encontrada também em clássicos do interacionismo simbólico (Mead) e da sociologia fenomenológica (principalmente Gurwitsch), é negligenciada: A socialidade já está arraigada em um nível "inferior" às intenções subjetivas nos aspectos comuns da vivência biográfica, dos destinos comuns compartilhados. Aqueles aos quais isso se aplica estão vinculados uns aos outros em relação a domínios de vivência específicos por meio de "experiências conjuntivas" no sentido de Mannheim, por meio de experiências que não são produzidas, mas apenas atualizadas no discurso – por via de narrativas e descrições ou de explicações teórico-conceituais. Diferenciando essas ações e vivências *conjuntivas*, Mannheim (1980, p. 285ss.) refere-se às outras formas de socialidade, produzidas como intersubjetividade por via da comunicação, como ações e vivências *comunicativas*.

Meios sociais enquanto "espaços de experiência conjuntiva" são caracterizados pelo fato de que seus membros, seus portadores são interligados por aspectos comuns dos seus destinos, da vivência biográfica, por aspectos comuns da história de socialização. A constituição de experiência conjuntiva depende aqui não da convivência em grupo daqueles que dela participam. Podemos demonstrar isso de modo exemplar no caso da "conexão geracional" como espaço de experiência conjuntiva (cf. tb. BOHNSACK & SCHÄFFER, 2002; SPARSCHUH, 2001): na base de vivências comuns de determinados eventos e desenvolvimentos históricos, constitui-se uma "estratificação da vivência" comum, como desenvolvida por Mannheim no decurso de sua definição do conceito de geração em suas diversas dimensões. Esta deve ser compreendida como um "conjunto de indivíduos, ligados uns aos outros por alguma coisa; mas essa ligação não resulta ainda em um grupo concreto. Mesmo assim, a conexão geracional é um fenômeno social, cuja peculiaridade precisa ser descrita e compreendida" (1964d, p. 525).

O exemplo da conexão geracional nos permite, porém, ilustrar ainda outra característica dos espaços de experiência conjuntiva. Experiências conjuntivas ou coletivas resultam não necessariamente de uma continuidade da história da socialização no sentido de legado de conhecimento depositados, mas também da vivência coletiva e estrutural de *des*continuidades e inseguranças habituais (como, p. ex., a experiência da "Wende", a reunificação das Alemanhas). Esse tipo de vivência coletiva pode levar à emergência de novos espaços de experiência conjuntiva, como, por exemplo, à emergência de uma nova configuração geracional.

O conceito do espaço de experiência conjuntiva se situa, portanto, em outro nível do que os conceitos de "grupo" ou de "comunidade" e justamente por isso é significativo para a definição do conceito de meio social. Grupos e comunidades têm seus espaços de experiência conjuntiva, mas estes se constituem também em um nível "supracomunal", sem que o vínculo grupal daqueles que deles participam fosse precondição para a experiência conjuntiva, como, por exemplo, no caso de "meios sociais grandes" (KÄSLER, 1984) ou "meios sociais macro" (HRADIL, 1989).

Meios sociais grupais ou comunais (como, p. ex., casamentos, famílias, vizinhanças) representam expressões específicas de espaços de experiência conjuntiva ou de meios sociais. Eles se destacam através de um tipo específico de aspectos comuns da estratificação experiencial, isto é, de aspectos comuns biográficos: grandes partes da biografia foram vivenciadas por todos, isto é, em uma relação interativa direta entre os membros do meio social, em uma relação "face a face".

Essa concepção de meio social grupal ou comunal também é encontrada em Gurwitsch (1976, p. 191s.), que – semelhantemente a Mannheim com sua distinção entre experiência (e ação) comunicativa e conjuntiva – desenvolve dois tipos diferentes de socialidade: o "pertencimento" e a "parceria". O "pertencimento" é "um trabalho conjunto nascido da vida comunitária, e a forma e o jeito como os participantes convivem é radicalmente diferente de uma situação de trabalho autônoma e independente, em que os parceiros se encontram em suas funções", ou seja, daquela que Gurwitsch denomina de "parceria", da ação social (sobre o conceito de meio social em Gurwitsch, cf. GRATHOFF, 1979; GRATHOFF, 1989; HITZLER & HONER, 1984; HITZLER & HONER, 1988).

É preciso diferenciar não só os meios sociais – isto é, os meios grupais (famílias, vizinhanças etc.) – dos meios sociais no sentido de espaços de experiência conjuntiva mais abrangentes (de geração, gênero, migração, formação cultural etc.), mas também os *"pequenos mundos da vida"* ou *"os pequenos mundos da vida social*" (KNOBLAUCH, 1996a; HONER, 1993; HITZLER & HONER, 1984; HITZLER & HONER, 2003). Em relação aos meios sociais, estes são menos fundamentados em termos da história de socialização, e sua força determinante é pequena para o agente e suas disposições habituais. Nesse sentido, os pequenos mundos da vida correspondem mais ao conceito do "mundo social" (*"social world"*) na tradição da Escola de Chicago (STRAUSS, 1978).

Os pequenos mundos da vida se fundamentam, assim como os meios sociais (e, em parte, também os mundos sociais), em um conhecimento comum compartilhado no sentido da *"doxa"*. Esse "conhecimento natural, que compartilhamos com outros, representa o depósito básico daquilo que consideramos real" (KNOBLAUCH, 1996a, p. 12). Trata-se de um "conhecimento que *não está à nossa disposição* no sentido de que *não* podemos nos conscientizar dele e questioná-lo à vontade" (MATTHIESEN, 1985, p. 86). Para a análise de um conhecimento contextual e compartilhado uns com os outros, a interpretação documentária de grupos de discussão é predestinada. Esse método foi provado e desenvolvido especialmente na análise de meios sociais no sentido de espaços de experiência conjuntiva e do *habitus* coletivo. Essa concepção de meio social, como mostrou Ulf Matthiesen (1998) em um estudo abrangente, não deve ser situada no nível micro e tampouco no nível macro, mas em um "nível meso" da análise social.

Sobre os procedimentos do grupo de discussão, principalmente como método de reconstrução de espaços de experiência conjuntiva e de meios sociais, foram publicados diversos trabalhos sobre diferentes contextos no campo da pesquisa sociológica e educacional. Um resumo dos trabalhos mais recentes pode ser encontrado em: Bohnsack, Przyborski e Schäffer, 2006. Além disso, indico ao leitor os seguintes trabalhos: Sobre a análise de espaços de experiências conjuntivas e o *habitus* específico de gênero: Behnke, 1997; Meuser, 1998; Loos, 1991; Bohnsack, Loos e Przyborski, 2001; Liebig, 2000; Schlittenhelm, 2003, Schlittenhelm, 2005. Sobre a análise de orientações religiosas e eclesiásticas: Schmid, 1987; Nuscheler et al., 1995; Krügeler et al., 2002. Sobre o trabalho social e a pedagogia social: Wagner-Willi, 2002; Streblow; 2005; Streblow, 2006. Sobre a pesquisa no campo da infância, Nentwig-Gesemann, 2003. Sobre o desenvolvimento da adolescência feminina: Breitenbach e Kausträter, 1998; Breitenbach, 1999; Schittenhelm, 2005. Sobre o desenvolvimento da adolescência masculina: Bohnsack, Loos e Przyborski, 2001. Sobre a pesquisa no campo da juventude e do comportamento desviante em geral: Bohnsack, 1989; Bohnsack et al., 1995; Schäffer, 1996; Bohnsack e Nohl, 2001c; Gaffer, 2000; Weller, 2003; Weller, 2011. Sobre a pesquisa no campo da migração: Nohl, 1996; Nohl, 2001; Bohnsack e Nohl, 1998; Bohnsack e Nohl, 2001a. Sobre a pesquisa da cultura organizacional: Liebig, 2001; Mensching, 2006a; Mensching, 2006b. Sobre as experiências cotidianas na Alemanha Oriental e a "Wende": Nentwig-Gesemann, 1999. Sobre a análise midiática: Schäffer, 1998b; Schäffer, 2001; Schäffer, 2003. Sobre a pesquisa de valores e desempenho: Honneth e Neckel, 2002; Dröge, Neckel e Somm, 2006.

Para a triangulação entre videografia, observação participante e o procedimento dos grupos de discussão, confira: Wagner-Willi, 2003. Para a triangulação entre análise de conversas à mesa, interpretação de fotografias e grupos de discussão, confira: Bohnsack, Gebhardt, Kraul e Wulf, 2001. Para a interpretação de imagens em grupos de discussão, confira: Michel, 2001; Michel, 2002; Michel, 2003; Michel, 2006a; Michel, 2006b. Sobre a didática dos grupos de discussão, confira Schäffer, 2006a.

Para uma representação geral do procedimento dos grupos de discussão em relação à sua história, metodologia e prática de pesquisa, confira: Bohnsack, 1997b; Bohnsack, 2000b; Bohnsack, 2002e, Bohnsack, 2004; Loos e Schäffer, 2001; Bohnsack e Schäffer, 2001b; Liebig e Nentwig-Gesemann, 2002; Nentwig-Gesemann, 2003; Bohnsack, Przyborski e Schäffer, 2006.

7.2 Diferenças entre grupo de discussão e entrevista narrativa

A *análise do meio social*, para a qual o procedimento do grupo de discussão é visto como predestinado, é, como já evidenciamos, sempre também uma *análise de biografias*[4], e isso em um sentido duplo. Por um lado (como exposto principalmente no cap. 7.1), porque meios sociais ou espaços de experiência conjuntiva se constituem com base em *aspectos comuns na biografia*; por outro, porque esses espaços de experiência são caracterizados por aspectos comuns

---

4 Nesse sentido, o procedimento dos grupos de discussão e o método documentário devem ser vistos também como análise biográfica. Uma acepção semelhante da pesquisa biográfica de forma mais ampla é encontrada também na "pesquisa biográfica educacional", que se constituiu como um foco nas ciências da educação e também como um grupo de trabalho da Sociedade Alemã de Ciências da Educação (Deutsche Gesellschaft für Erziehungswissenchaft – DGfE), representada, entre outros, nos volumes publicados por Behnken e Schulze, 1997; Kraul e Marotzki, 2002; Krüger e Marotzki (1999).

nos esboços biográficos ou em suas orientações, ou seja, por aspectos comuns em relação ao "construto social da 'biografia'" (FISCHER & KOHLI).

Construções biográficas sempre se desdobram na ocupação com (e na adoção de) padrões biográficos "objetivos" ou "heterônomos", padronizados e normatizados – Schütze os denomina de "padrões de decurso institucionalizados"; Kohle (1983) e Fischer e Kohli (1987), de "estrutura objetiva". A confrontação com essa estrutura objetiva dos padrões de decurso padronizados (premoldados por instituições como formação, profissão e família), ou seja, seu "processamento subjetivo" (KOHLI & FISCHER, 1987, p. 29) também está no centro da pesquisa biográfica nas ciências da educação (cf. MAROTZKI, 1990; MAROTZKI, 1996; KRÜGER, 1997). No entanto, vale superar aqui uma unilateralidade específica das análises existentes, já que estas entendem a confrontação com as exigências de padrões objetivados ou institucionalizados predominantemente como algo *individual*. Essa unilateralidade foi reforçada decisivamente pela predominância do "teorema da individualização" (cf. a crítica em BOHNSACK, 1997a; BOHNSACK, 1998d). Diante disso, nossos próprios estudos empíricos mostram que essa confrontação ocorre não só no nível individual, ou seja, no contexto da formação biográfica individual, mas essencial e primordialmente no contexto de construções da realidade e de visões do mundo específicas ao meio social e à geração.

Coletivo no sentido empregado aqui significa, como já explicamos, que juntamente com aqueles com os quais estamos vinculados por meio de experiências iguais ou semelhantes de aspectos biográficos comuns, nós nos ocupamos com os fatos "objetivos" do nosso espaço de experiência, da língua constitutiva do nosso meio social. Nós interpretamos e modificamos esses padrões biográficos preexistentes com base nas experiências comuns e assim chegamos, possivelmente, também a uma superação dos padrões de decurso tradicionais e à construção de novas representações sobre o desenvolvimento biográfico futuro, assim, por exemplo, no caso das estudantes do liceu (do grupo "país em desenvolvimento"; cf. cap. 3), que esboçam como alternativa para a inserção em padrões de decurso institucionais (i. e., vinculados ao casamento e à família), desdobrados metaforicamente a exemplo do destino de suas mães, ou seja, com base em experiências comuns, um futuro aberto no discurso – no sentido de surgimento de novos significados, isto é, de uma "emergência" de significados como apresentados detalhadamente por George Herbert Mead

(1968). Segundo o modelo de Mead da constituição de significado, as expressões linguísticas (essencialmente: "gestos") recebem sua *significância específica ao grupo* por meio da reação de outros, ou seja, no processo comunicativo ou social (por meio do processo constituído pela relação entre gesto e reação ou expressão e interpretação). Nisso, o indivíduo orienta suas manifestações – por exemplo, representações metafóricas – em parte pela reação antecipada dos outros, em parte as manifestações (espontâneas) recebem sua significância apenas na reação não antecipada dos outros. Dessa forma, a vivência comum pode alcançar uma primeira articulação e um processamento relevante para a orientação, que o indivíduo então internaliza como significado novo e emergente (no sentido do "me" de George Herbert Mead).

Em todo caso, isso significa que um acesso direto e válido a padrões de significado específicos do meio social passa pela reconstrução daqueles discursos em que os participantes apresentam mutuamente uns para os outros os "outros significantes" específicos do meio social.

O procedimento do grupo de discussão, como o entendemos aqui, objetiva alcançar justamente o condicionamento local, a dependência situacional ou vinculação ao meio social, cujas significâncias ou contextos de sentido são desdobradas no discurso. É justamente sua aspectualidade que precisa – por meio da incorporação da análise comparativa – ser identificada e interrogada à luz das experiências específicas do meio social e dependentes da situação.

Se partirmos do indivíduo, este se encontra – do ponto de vista da Teoria da Ação ou da biografia – na intercessão com diferentes grupos de referência, ou em termos mais abstratos, com diferentes mundos sociais, subculturas ou meios sociais. Ele participa de realidades diferentes. Ele precisa – do ponto de vista biográfico-individual – desenvolver a "linha de sua vida" (sua formação biográfica geral) na passagem por diferentes âmbitos da realidade, subculturas e meios sociais e em sua adaptação a eles. A análise de narrativas autobiográficas improvisadas visa primariamente a esses processos – que constituem a formação biográfica geral, ou seja, o desenvolvimento da personalidade – do processamento de experiências, principalmente quando toda a biografia até então representa o contexto para o levantamento e a análise.

Cada posicionamento sobre a formação biográfica geral e, nesse sentido, nas identidades individuais na metodologia da entrevista narrativa não significa, porém, que os requisitos "objetivos" da biografia não estivessem empiricamente acessíveis: a formação biográfica geral se constitui também na confrontação (visível nos textos) com esses fatos objetivos. Tampouco o posicionamento sobre a formação biográfica geral significa uma redução ao nível do sentido subjetivo-intencional. Como já mostramos, a análise de narrativas autobiográficas improvisadas pode tornar acessíveis aqueles estratos de sentido a uma interpretação reconstrutiva, refletida e observadora que, para além do princípio intencional da biografia, dos esquemas ou esboços de ação biográfica, impulsionam o desenvolvimento biográfico – agora, porém, na passagem do indivíduo por diferentes grupos de referência, domínios da realidade, espaços de experiência ou meios sociais. A formação biográfica geral se constitui, portanto, tanto na relação tensional com o princípio intencional da biografia como também na transcendência dos vínculos específicos com grupos de referência e coletivos. Isso significa por um lado: "na ação se realiza mais 'sentido' do que era previsto pela intenção" (FISCHER & KOHLI, 1987, p. 38). Por outro, realiza-se também um sentido diferente do sentido específico aos grupos de referência ou ao meio social.

A garantia de que as narrativas autobiográficas improvisadas se despem de seu vínculo com uma realidade específica a um grupo de referência ou a um meio social já está dada pelo fato de que, com a pergunta inicial da entrevista narrativa, via de regra o período de toda a biografia já é definido e, ao contrário do procedimento do grupo de discussão, o entrevistador como interlocutor interativo do narrador não pode fazer parte do círculo dos outros relevantes (ou seja, de um dos grupos de referência), muito menos daquele subgrupo específico dos outros relevantes ou significantes, que Fuchs (1984, p. 60) designa com um conceito de Goffman como os "outros biográficos": "São muitas as pessoas, sobretudo os meus parceiros de interação próximos, que conhecem minha biografia ou partes dela, às vezes, até melhor do que eu mesmo (p. ex., a primeira infância). Biografia nesse sentido é também um estoque de conhecimento, que outros guardam para mim e pela qual eu preciso me orientar constantemente".

O que deve impulsionar a comunicação na entrevista não é a referência comum a estoques de conhecimento compartilhados, a uma estratificação comum de vivências (como no procedimento do grupo de discussão), mas justamente a estruturação das vivências próprias e individuais estratificadas (e do "emaranhamento" nestas) em sua dramaturgia.

Toda comunicação, porém, toda manifestação linguística – também o "diálogo interno" – pressupõe, do ponto de vista da Teoria da Comunicação – um outro, por mais "generalizado" e "universalizado" que seja. Qual é a natureza, porém, desse outro relevante implicado na narrativa autobiográfica improvisada, na entrevista narrativa?

Deveríamos esclarecer a natureza desse outro generalizado – em todo caso altamente abstrato – do narrador na comunicação da entrevista narrativa, não porque a evidência desse nível analítico visado pela narrativa autobiográfica improvisada estaria sendo colocada em dúvida, mas pelo fato dos textos documentarem repetidamente a evidência desse nível analítico da biografia como um todo. O esclarecimento dessa pergunta é de relevância não só metodológica, mas também teórico-biográfica, pois também essa narrativa biográfica é *seletiva* e cuja seletividade precisa ser determinada com maior precisão: "A expectativa frequente com a qual a pesquisa biográfica se vê confrontada, segundo a qual aqui – ao contrário de outras tradições sociológicas – a 'vida inteira' é tematizada, se revela como sendo uma expressão metafórica. Toda tematização da vida representa uma seleção (cf. KOHLI, 1983: 8). Mesmo assim, essa metáfora expressa algo correto: Ao contrário de outros princípios de seleção, a 'biografia' formula a expectativa de uma figuração *total*, que, entre início e fim da vida, constitui um contexto de sentido refletido [...]" (FISCHER & KOHLI, 1987, p. 29).

Nos nossos grupos de discussão a "tematização da vida" – como demonstramos – torna-se evidente na sua seletividade a partir de um contexto completamente diferente da tematização da vida que se evidencia na narrativa autobiográfica improvisada da entrevista narrativa e vice-versa (cf. BOHNSACK, 1995).

Em seguida quero perguntar em que medida e em que sentido o coletivo foi identificado empiricamente também com base em entrevistas biográficas, isto é, a que tipo de ideias do coletivo as entrevistas biográficas nos dão acesso. Fritz Schütze se ocupou com "*curvas de decurso coletivas*" com base de duas pesquisas empíricas: A primeira pesquisa – realizada bem no início do desenvolvimento da entrevista narrativa – trata do problema da fusão de dois municípios em decorrência da reforma regional na década de 1970 e das mudanças na constituição social e na constelação de poder nesses municípios (SCHÜTZE, 1976; SCHÜTZE, 1977; SCHÜTZE, 1982). A outra pesquisa se ocupa com as experiências de soldados norte-americanos e alemães na Segunda Guerra Mundial sob o título: "Curva de decurso coletiva e processo de transformação coletiva" (SCHÜTZE, 1989a; SCHÜTZE 1989b).

O que as duas pesquisas têm em comum é que elas partem daquele ponto em que a identidade coletiva é abalada e entra em crise: Em uma das pesquisas, isso ocorre no nível "mesoestrutural" (SCHÜTZE, 1982) da sociedade local: "As fusões de municípios no contexto das reformas regionais iniciadas pelo planejamento estadual e autorizadas pelos parlamentos estaduais são um tipo de crise séria para a identidade, as constelações de interesses e as estruturas de poder em uma sociedade local que ocorrem quase que diariamente" (SCHÜTZE, 1976, p. 212), pois os padrões rotineiros do processamento do cotidiano e suas orientações coletivas são questionados.

No nível da sociedade como um todo, a guerra altera "as condições sociais, isto é, as instituições, instalações e equipamentos materiais" de modo radical (quando, p. ex., o indivíduo é retirado de padrões de decurso institucionais, ou seja, de sua carreira de formação e profissão, de decursos cíclicos familiares etc.). Isso significa: "os eventos histórico-coletivos obstruem como figurações de mudança muitas vezes dramáticas o caminho das estruturas de decurso individuais da biografia; eles as marcam, perturbam, bloqueiam" (SCHÜTZE, 1989a, p. 31).

Esses processos assim iniciados podem assumir a forma de "curvas de decurso" e também de "processos de mudança". O conceito da curva de decurso (individual) já é conhecido por nós ("curvas de decurso, por sua vez, podem ser caracterizadas em termos bem gerais de forma que a pessoa afetada é obrigada a reagir a poderosas séries de eventos externos, que não estão sujeitos à própria competência de planejamento, desenvolvimento e controle" (SCHÜTZE, 1989a, p. 2; cf. tb., neste trabalho, cap. 6.2). Os "processos de mudança", por sua vez, abarcam o lado positivo do não planejamento do próprio desenvolvimento biográfico, ao qual Schütze se referiu em um trabalho mais antigo (1982) como "curvas de decurso positivas" ou "curvas ascendentes": "Processos de mudança podem ser caracterizados em termos bem gerais de forma que a pessoa afetada recebe novas competências e possibilidades de ação, que antes não estavam à sua disposição e que ela é surpreendida por esse desenvolvimento interior" (1989a, p. 2).

"A realidade social" de curvas de decurso *coletivas* (e também de processos de mudança coletivos) se encontram "além da biografia individual" (SCHÜTZE, 1982, p. 585). Elas não podem ser compreendidas simplesmente como agregação de curvas de decurso individuais, que se apoiam no princípio da passividade (ao contrário da ação intencional): "Uma característica específica das curvas de decurso coletivas é que as contribuições de ação intencionais de atores individuais podem alcançar um caráter de evento condicional para a unidade coletiva social justamente por meio de seus efeitos não pretendidos" (p. 582). Isso significa que a curva de decurso *individual* é vivenciada já no momento do evento como processo passivo, como ocorrência heterônoma. Diante disso, o portador da biografia considera sua contribuição para a curva de decurso *coletiva* primeiramente uma ação intencional; apenas mais tarde, a inserção da sua própria ação no processo coletivo, a ocupação por meio desse processo se torna visível – quando, em decorrência do desenvolvimento do decurso coletivo as curvas de decurso individuais são iniciadas, ou seja, quando o indivíduo não consegue mais harmonizar o desenvolvimento com suas intenções. Fritz Schütze (1982) cita o exemplo de um político municipal que relata "que a coalizão secreta de seu partido com o partido majoritário em outro distrito só ajudou a levar este ao poder na eleição do prefeito, e agora seu próprio partido se encontra emaranhado na rede do partido majoritário".

Na pesquisa sobre as experiências de guerra de soldados norte-americanos e alemães, as curvas de decurso individuais iniciadas pelo desenvolvimento da curva de decurso coletiva da guerra precisam ser compreendidas no sentido de uma desmoralização crescente: "No verão de 1943, na seção intermediária da linha de frente no leste, Georg Fulda fica profundamente pensativo quando, durante um ataque com perdas extremas a uma colina sob controle soviético, a unidade punitiva [Strafkompanie] é destacada. Ela não tem qualquer chance de sobrevivência e é dizimada. Georg Fulda reflete intensamente, a essa altura, sobre a desumanidade da direção do exército. Ele a explica com o espírito nazista, contra o qual já houve alguma resistência entre suas tropas" (SCHÜTZE, 1989a, p. 9s.).

No início, o soldado alemão Fulda vivencia a participação na guerra como processo de mudança, no sentido de que "a participação na guerra representa para muitos soldados jovens primeiro uma aventura, que lhes permite fazer muitas experiências novas e lhes trará muitas oportunidades de ação" (p. 3), mas com o decorrer do tempo o quadro de experiência da curva de decurso passa a dominar, se transforma em quadro dominante, no qual os eventos (histórico-coletivos) da guerra são inseridos. (No caso do soldado norte-americano, Schütze demonstra que, no fim das contas – a despeito de experiências de curvas de decurso –, o quadro de experiência da *mudança* subsiste como o dominante.)

Ao contrário da curva de decurso *individual*, ao contrário também do seu modo típico da experiência de sofrer os eventos e da heteronomidade, as curvas de decurso *coletivas* não tratam da experiência do fracasso, do colapso do planejamento biográfico (mais precisamente: dos padrões de ação biográficos), mas da experiência da ocupação da ação do indivíduo pela sequência de eventos coletivos.

Típica para o desenvolvimento de curvas de decurso coletivas como quadro de experiência dominante é (como as duas pesquisas podem evidenciar) uma oposição entre "conhecimento de fundo" ou "conhecimento dos bastidores" (p. ex., da liderança do exército ou de políticos influentes do município) e o "conhecimento oficial" (do qual dispõe também o soldado ordinário ou cada membro da sociedade municipal): "Especialmente relevante na já mencionada distribuição de conhecimento socioestrutural da curva de decurso coletiva é a oposição fundamental entre o conhecimento oficial referente aos eventos e o 'curso geral' da curva de decurso de um lado e, de outro, o conhecimento ocultado em todas as situações de comunicação oficial sobre os bastidores do tratamento da curva de decurso" (SCHÜTZE, 1989a, p. 586).

No contexto de narrativas autobiográficas improvisadas, o coletivo pode ser experimentado onde o indivíduo vê sua ação supostamente "autônoma" inserida em decursos de desenvolvimentos, que se revelam como não guiados por suas intenções, antes são *heterônomos* à sua identidade individual. O coletivo visado por Fritz Schütze em sua pesquisa é, portanto, o *heterônomo, exterior* ou *objetivo*, que se torna vivenciável tipicamente onde, em decorrência de crises, uma inserção nas normalidades de padrões de decurso tradicionais (institucionalizados) não é mais possível.

Esses decursos de desenvolvimento heterônomos são localizados no *nível da sociedade geral*, o que se evidencia também no fato de que Fritz Schütze procura identificar diferenças entre os soldados norte-americanos e alemães em relação a essas "características e esses mecanismos processuais do emaranhamento biográfico do indivíduo na guerra e da mudança coletiva na guerra" (SCHÜTZE, 1989a, p. 54). Nisso, ele abstrai analiticamente das formas "singulares", isto é, das formas individualmente específicas do processamento desses decursos de desenvolvimento heterônomos.

Como já mencionamos, podemos distinguir dessas formas individualmente distintas, isto é, dessas formas típicas de processamento de fatos e decursos de desenvolvimento heterônomos as formas de processamento típicas de um ambiente social, de uma geração e de uma faixa etária, ou seja, as formas coletivas do processamento desses decursos de desenvolvimento (localizados no nível do coletivo da sociedade geral).

Portanto, precisamos distinguir *dois tipos ou acepções de coletividade*: aquela dos decursos de desenvolvimento da sociedade geral, que são heterônomos à vivência do indivíduo e objetos dessa vivência (e que correspondem à acepção de Durkheim da coletividade; cf. DURKHEIM, 1961) e aquela outra, que marca essa vivência, o próprio processamento da vivência (de forma típica ao meio social, ao gênero, à geração e ao desenvolvimento). A análise do meio social com base nos grupos de discussão visa a este último tipo de coletividade, isto é, àqueles padrões de vivência e orientação em que o indivíduo está naturalmente inserido. A relação com o coletivo não se dá na forma de uma heteronomia, mas mais na forma de uma *conjunção*, de um sentimento de conexão fundamentado na vivência comum no sentido de um espaço de experiências conjuntivas. Mas – como mostramos nos capítulos 3 e 7.2 – os textos dos grupos de discussão podem sempre evidenciar empiricamente também aqueles fatos e decursos de desenvolvimento heterônomos que (como representações coletivas completamente diferentes) são *objeto* do processamento de vivências coletivas.

Além da análise, o acesso empírico ao processamento da vivência típica do meio social e à construção da realidade também representa uma tarefa central da sociologia; é preciso investigar em que medida o "tipo social" (p. ex., do soldado alemão), que se evidencia empiricamente em uma pesquisa, pode ser generalizado ou precisa ser diferenciado em relação ao meio social, à geração ou à faixa etária.

Fritz Schütze faz *jus* a essa exigência, restringindo o "tipo social de soldados jovens, emaranhados nos eventos coletivos da Segunda Guerra Mundial" (SCHÜTZE, 1989a, p. 14s.) ao ano de nascimento, isto é, à geração (aos "homens jovens nascidos entre 1917 e 1922"), assim como ao seu meio social típico, ao "tipo do homem jovem (proveniente de circunstâncias humildes) relativamente distanciado social e ideologicamente dos centros de poder político". Ele cita também restrições ou diferenciações referentes ao desenvolvimento (referindo-se sempre de novo à fase da adolescência dos dois casos analisados intensivamente). No entanto, ele não fundamenta empiricamente as suposições subjacentes a esse "tipo social"[5]. Isso

---

5 Aqui ele escreve: "Tendo em vista meus conhecimentos sobre numerosas representações autobiográficas de 'participantes da guerra', *acredito* que as duas entrevistas sejam casos típicos da variação teórica" (SCHÜTZE, 1989a, p. 13s. – grifo meu, R.B.).

exigiria uma análise comparativa na base de uma contrastação com "tipos sociais" de outras gerações, meios sociais e fases do desenvolvimento (cf. as exposições no capítulo seguinte sobre a formação de tipos).

Visto que o indivíduo constitui sua formação biográfica geral na passagem pelos espaços de experiência do meio social e geracionais significativos para ele, uma diferenciação empírica de diferentes espaços de experiência coletiva pode ser feita também com base em textos produzidos em entrevistas autobiográficas (por via da análise comparativa). No entanto, estes precisam primeiro ser isolados do quadro de experiência primário de uma tematização individual, isto é, relacionada ao próprio desenvolvimento da personalidade ou à formação biográfica geral, por meio de uma abstração analítica (isso ocorre naquelas pesquisas em que aspectos típicos da geração, isto é, uma figura geracional, são identificados com base em textos de entrevistas autobiográficas, como, por exemplo, com referência à "geração de assistentes do fogo antiaéreo" em Bude 1987 ou à "geração de 68" em Bude 1995 ou à "geração da juventude de Hitler" em Rosenthal 1987 e com referência a uma experiência marcada pela "virada" ["*Wende*"] em VON WENSIERSKI, 1994.)

Nos grupos de discussão, nos quais aqueles que representam reciprocamente os outros significativos, que pertencem ao mesmo meio social ou à mesma geração, são produzidos textos cujo quadro de experiências primárias é de natureza coletiva. Essa coletividade, como demonstrado, não pode ser entendida como experiência do *exterior*, mas como experiência da *conjunção*, do vínculo experiencial no sentido do espaço de experiências conjuntivas.

7.3 Excurso – A análise conversacional do método documentário no contexto de procedimentos sociolinguísticos[6]

O procedimento da análise conversacional desenvolvido com base no método documentário não é relevante apenas para a interpretação dos grupos de discussão. Esse procedimento já vem sendo usado de modo frutífero há algum tempo, também em análises de conversas nas quais os pesquisadores não estavam presentes. A fim de esclarecer esse significado geral do método documentário

---

6 Este capítulo não é de caráter introdutório à temática, antes interessa àqueles que já possuem algum conhecimento na área da análise conversacional; possibilitando, dessa forma, uma categorização mais precisa da análise conversacional do método documentário no contexto de outros procedimentos de análise conversacional. Por isso, esta seção é designada como "excurso".

da análise conversacional, nós o discutiremos a seguir no contexto de outros procedimentos de análise conversacional. O método documentário de análise conversacional teve suas origens – numa versão inicial – na interpretação de conversas oriundas de sessões de orientação (cf. BOHNSACK, 1983, cap. 3). Recentemente, nós nos ocupamos com a análise de conversas à mesa em famílias, que foram gravadas pelos próprios pesquisados (cf. BOHNSACK; GEBHARD; KRAUL & WULF, 2000; cf. tb. GAFFER, 2003). A fim de demonstrar o potencial da análise conversacional documentária também nessa área, a interpretação no apêndice (cap. 13.2) traz um texto exemplar de análise de uma conversa à mesa.

A conversa como um sistema autorregulador

A análise conversacional do método documentário provou ser fértil principalmente porque ela consegue compreender a conversa de modo consequente como um sistema autorregulador ou – como afirmado na linguagem da Teoria dos Sistemas: como um sistema autopoiético ou autorreferencial (cf. LUHMANN, 1988). Este foi também, desde o início, o objetivo da análise da conversação que pretende, como destacou Harvey Sacks (1995b, p. 536), "demonstrar que o próprio sistema disponibiliza fundamentos, motivos ou qualquer outra coisa para fazer algo essencial pelo sistema". No entanto, a análise da conversação, em virtude de sua ligação com estruturas formais, não nos permite acessar conteúdos semânticos mais profundos e, por isso, não somos capazes de transcender o conteúdo de sentido imanente ou literal de modo sistemático. Com a ajuda da análise da conversação só foi possível reconstruir aspectos das estruturas *formais*, da regularidade formal das conversas autorreguladoras.

Na conversa os espaços de experiência conjuntiva são atualizados

Compreender a conversa como sistema autorregulador é, porém, também precondição para alcançar aquelas camadas de sentido que são representadas independentemente das intenções dos indivíduos. Como já mostramos no capítulo 7.1, o centro da análise conversacional é ocupado não por indivíduos, mas por entidades coletivas, como, por exemplo, grupos reais (grupos de colegas, famílias ou equipes de trabalho) ou também "meios sociais". Nós entendemos estes no sentido da sociologia do conhecimento de Karl Mannheim (1980) como "*espaços de experiência conjuntiva*" ou coletiva. Isso se refere a espaços de experiência ou meios sociais específicos à formação, geração, gênero e faixa etária, mas também específicos à migração[7].

Na conversa, esse tipo de experiências coletivas ou "conjuntivas" é atualizado entre aqueles que, devido às condições biográficas ou de socialização, compartilham de experiências específicas. As experiências da "queda do muro", por exemplo, são diferentes para (o *milieu* social dos) "orientais" do que para (o meio social dos) "ocidentais" e diferentes também para uma geração específica de orientais do que para outra geração.

Paralelos entre a análise conversacional documentária e a análise de contextualização

No campo da análise da conversação sociolinguística encontramos paralelos e pontos de acesso que visam a esse tipo de conteúdos semânticos mais profundos e também a orientações coletivas principalmente na tradição das análises de contextualização de John Gumperz e Jenny Cook-Gumperz (cf. GUMPERZ, 1992; GUMPERZ, 1994; AUER, 1986; AUER, 1999). Com o conceito das *dicas de contextualização* ou *marcadores de contextualização* ("*contextualization cues*"), o casal Gumperz procura fazer *jus* à observação de que o conteúdo de sentido literal (referencial) de uma expressão recebe um significado adicional (mais profundo ou implícito) quando a expressão é inserida em um contexto de referências não verbais e não conceituais. Esses marcadores de contextualização abarcam elementos prosódicos como: melodia e entoação, acentuação e tonalidade, mas também: ritmo da fala e volume; velocidade, intervalos e o tipo e o ritmo da alteração entre os interlocutores; a escolha e alteração do código (*code-switching*) como, por exemplo, mudanças de tonalidades do dialeto (de variedades); o tipo do emprego de expressões formais e fórmulas, por exemplo, o cumprimento. (Mas também elementos independentes da verbalização, como gestos, posturas e olhares são considerados marcadores de contextualização; cf. AUER, 1992.)

O uso de dicas de contextualização, que, em vista de sua complexidade, dificilmente são controladas intencionalmente, antes são executadas de forma

---

7 Experiências coletivas não resultam necessariamente de uma continuidade na história de socialização no sentido de estoques de conhecimentos recebidos, mas igualmente da vivência coletiva de descontinuidades biográficas e inseguranças habituais (como, p. ex., no caso da "queda do muro [de Berlim]" – inserção da revisora). Essa última situação representa a base para a *emergência* de novos espaços de experiências conjuntivas.

habitual, tem a função essencial de demarcar e identificar pertenças ao grupo ou, mais especificamente, a entidades coletivas (GUMPERZ & COOK-GUM-PERZ, 1981; ERICKSON & SHULTZ, 1982).

Essa abordagem metódica a orientações coletivas foi exemplificada empiricamente especialmente a exemplo de grupos ou meios sociais étnicos. As pesquisas tentam responder à pergunta como é possível produzir um "ritmo comum" ("*common rhythm*"; GUMPERZ & COOK-GUMPERZ, 1981, p. 436) ou uma "simetria comportamental geral" ("*overall behavior symmetry*"; ERICKSON & SHULTZ, 1982, p. 169). Erickson e Shultz conseguiram demonstrar a exemplo da orientação escolar como, no caso de pertenças étnicas e origem regional semelhantes entre conselheiro e aluno, esse tipo de ritmo comum pode ser produzido na base de congruências no âmbito de marcadores de contextualização. Nós chamamos esse fenômeno também de "*concordância habitual*" (cf. BOHNSACK et al., 1995; BOHNSACK & NOHL, 2001c; NENTWIG-GESEMANN, 2002). Quando podemos observar no decurso da conversa (com base nos marcadores de contextualização) uma concordância habitual, um ritmo comum, uma sintonização ("*atunement*"; GUMPERZ, 1992, p. 42), vemos isso – em concordância com Gumperz e Cook-Gumperz – como indicador de centros de experiências comuns e de vivências compartilhadas, na base dos quais se formam orientações coletivas: "A capacidade de produzir um ritmo comum é, juntamente com outros fatores, uma função de semelhanças no âmbito do contexto étnico" (GUMPERZ & COOK-GUMPERZ, 1981, p. 436). Aqui, no contexto das nossas análises da conversação, nós nos interessamos não só pelo contexto étnico, mas de forma geral também pelo contexto social e o meio social.

Sobre a dramaturgia do discurso na análise conversacional documentária: metáforas de foco

No desenvolvimento dos discursos, aquelas passagens que – em relação ao desenvolvimento restante de um discurso – são caracterizadas de modo especial por um ritmo comum e, portanto, por uma "densidade interativa" (como nós a denominamos), representam os "auges dramatúrgicos" do discurso (cf. tb. cap. 8.1; BOHNSACK, 1989, cap. 4). Normalmente, uma alta densidade interativa no sentido de um ritmo comum pronunciado vem acompanhada de uma alta "densidade metafórica". Ou seja, encontramos em passagens desse tipo também um alto grau de detalhamento e um elevado grau ilustrativo da representação.

Em virtude de sua densidade interativa e metafórica, essas passagens expressam de forma especialmente marcante e/ou elaborada aquelas orientações coletivas que representam o *foco* do grupo ou do meio social. Cunhamos para isso o conceito de *"metáfora de foco"* (cf. cap. 3, 8.1. • BOHNSACK, 1989; BOHN-SACK, 2000b; BOHNSACK, 2003f; cf. tb. *Lexikon der Soziologie*, 1994, p. 207).

A identificação de metáforas de foco com base em indicadores formais (como concordâncias no âmbito de código, prosódia, ritmo, intervalos, alteração entre interlocutores) serve para a rápida e válida reconstrução de centros de vivência coletivos e "padrões de orientação" coletivos na conversa (sobre o conceito de padrões de orientação, cf. BOHNSACK, 1998a; BOHNSACK, 1997c; BOHNSACK, 2003h). A análise conversacional do método documentário visa, portanto, também à reconstrução empírica sistemática e à validação empírica desse tipo de indicadores formais em sua relação com orientações coletivas centrais de um meio social ou espaço de experiência.

Sobre a organização discursiva na análise conversacional documentária
Na tradição de Gumperz e Cook-Gumperz a análise dos indicadores formais, designados por eles como marcadores de contextualização (cf. para a prosódia em geral, SELTING, 1995), tem como foco central o código e a prosódia, ou seja, a melodia da expressão; já na análise conversacional documentária o centro é ocupado pela *"organização discursiva"*. Nas metáforas de foco, ou seja, naquelas passagens em que os participantes do discurso se concentram em centros de vivência comum, documentam-se não só orientações coletivas (que dizem respeito à prática, sobre a qual falam e negociam no discurso), mas o caráter coletivo do discurso também encontra sua expressão na estrutura performativa (na prática do próprio discurso), em *modos específicos da organização discursiva* (cf. BOHNSACK, 1989; BOHNSACK & SCHÄFFER, 2001b; LOOS & SCHÄFFER, 2001; NENTWIG-GESEMANN, 2002; PRZYBORSKI, 2004; BOHNSACK & PRZYBORSKI, 2006). Isso se refere ao modo como as contribuições discursivas se relacionam umas às outras em termos formais. Faz, por exemplo, uma diferença se o desenvolvimento do discurso se organiza segundo o padrão tese-antítese-síntese (organização discursiva antitética) ou se ele se apresenta em "paralelo" nas contribuições discursivas, narrativas e descritivas, nas quais se expressa repetidas vezes e em diferentes variações um padrão de orientação idêntico ou homólogo (organização discursiva "paralelizadora").

Movimentos discursivos e unidades discursivas

Os elementos ou unidades constitutivas para a organização discursiva não são idênticos às contribuições conversacionais ou "turnos" ("*turns*") discursivos e que representam as unidades fundamentais para a análise da conversação. Em um exame crítico da análise da conversação, Goffman (1981) observou que, para uma análise semântica mais profunda, o que representa as unidades básicas da análise da conversação não são os turnos discursivos, mas os "movimentos interativos" ("*interactional moves*"; GOFFMAN, 1981, p. 24), que abarcam pelo menos duas contribuições conversacionais com referência uma à outra. Esses "movimentos de interação" e "unidades de interação" ("*interactional units*", p. 24) são, portanto, não só mais extensos do que expressões individuais, mas também mais extensos do que turnos discursivos individuais. Se procurarmos outros pontos de convergência com a análise da conversação, podemos encontrá-los no conceito dos "*adjacency pairs*", dos "pares sequenciais" de Harvey Sacks (1995b; 1995c). Unidades de interação ou *unidades discursivas*, como nós preferimos denominá-las, apresentam certas convergências com o conceito dos pares sequenciais na análise da conversação. Esse conceito das unidades discursivas nos permite fazer jus ao caráter fundamentalmente dialógico da comunicação humana, que corresponde ao modelo da constituição de sentido em G.H. Mead. Como sabemos, a significância, o teor de sentido de uma expressão, constitui-se fundamentalmente por meio das reações a essa expressão. A significância se produz por meio da relação de, no mínimo, duas expressões relacionadas uma à outra e pode ser reconstruída pelo observador apenas sob consideração dessas relações. À análise sequencial como princípio da reconstrução de conteúdos semânticos mais profundos da interpretação nas ciências sociais subjaz principalmente a ideia segundo a qual os teores de sentido mais profundo de uma expressão se revelam apenas na reconstrução da referência realizada por expressões posteriores (cf. BOHNSACK, 2001a; BOHNSACK & NOHL, 2001b).

Já vimos no contexto da análise conversacional do *método documentário* que precisamos partir do pressuposto de uma *tríade* da organização discursiva (cf. tb. NOHL, 2001b; PRZYBORSKI, 2004: BOHNSACK & PRZYBORSKI, 2006). As *unidades discursivas* se constituem na relação recíproca de pelo menos três *movimentos discursivos*: A partir de um primeiro movimento discursivo de A (que pode ser executado por vários interlocutores de modo interativo ou por meio de uma divisão de trabalho) e cujo conteúdo semântico ou orientação nós denominamos de *proposição* segue uma reação de B (que também pode ser interativa), que, por exemplo, pode assumir a forma de uma *proposição sequencial*, de uma *oposição* ou de uma *antítese*[8]. Porém, o conteúdo semântico mais profundo, como conteúdo de sentido coletivo, só se revela quando incluímos na interpretação a reação de A (que segue à reação de B), que pode, por exemplo, assumir a forma de uma *síntese*.

Os *movimentos* discursivos individuais, cuja tríade (proposição (tese) – antítese – síntese se unem para formar uma *unidade discursiva* (mais precisamente: uma unidade de organização discursiva), que então podemos, por exemplo, denominar de *organização discursiva antitética*, podem ser bem mais complexos do que sentenças ou contribuições discursivas individuais. Podem abarcar "tipos de atividades" completos (para o conceito do "*activity type*", cf. LEVINSON, 1979) ou "gêneros comunicativos" (para o conceito, cf. GÜNTHNER & KNOBLAUCH, 1994) (p. ex., quando A apresenta sua *proposição* na forma de uma piada ou narrativa, à qual B pode, p. ex., reagir com outra narrativa).

Diferenças entre a análise conversacional documentária e a análise da conversação em Goffman

Apesar de estabelecermos uma interface com Goffman quando ele ressalta que as unidades básicas de uma análise da conversação semântica mais profunda não podem ser as contribuições de fala individuais, nosso interesse leva a uma discordância das reflexões de Goffman sobre a análise da conversação em outro sentido. Suas análises permanecem – ao contrário dos trabalhos de Gumperz e Cook-Gumperz – limitadas ao indivíduo. Assim, a análise do quadro conversacional de Goffman (1974a, p. 501) afirma: "Uma função central da conversa é equipar o interlocutor com os meios para a preservação de uma orientação que permite salvar seu próprio eu (*self-saving-alignment*)"[9].

---

8 Uma organização discursiva oposicional se diferencia da antitética pelo fato de que, no caso da *oposição*, nenhum quadro de orientação comum pode ser encontrado. No caso da *antítese*, porém, os envolvidos estabelecem aos poucos um quadro de orientação comum. Essas posições contrárias também podem assumir um caráter de concorrência, no sentido de um querer superar o outro por meio da melhor contribuição discursiva. Caso não exista um quadro de orientação comum – i. e., no caso de uma incongruência no quadro – podemos observar também contribuições discursivas que se ignoram reciprocamente (cf. o exemplo de uma conversa à mesa em 12.2).

9 No caso da autoapresentação, como exposto por Goffman (1974a) em sua análise do quadro conversacional, o interlocutor, em sua função como "animador" ("*animator*") – ao contrário de sua função como "autor" ("principal"), que se refere ao conteúdo do sentido literal –, é forçado a "enquadrar"

A conversa é, portanto, contemplada primordialmente sob o ponto de vista de sua função para a autorrepresentação dos indivíduos envolvidos, não, porém, de sua função para a produção e articulação de aspectos comuns. Se as intenções e motivações dos interlocutores individuais foram a autoencenação e a autoapresentação, a partir das quais Goffman procura acessar a estrutura de sentido de conversas, sempre corremos o perigo de perder de vista o que representa o quadro da nossa própria análise e o que faz parte também do núcleo da análise da conversação: a compreensão da conversa como sistema autorreferencial, que se distingue categorialmente das intenções dos agentes. O acesso metódico à conversa como sistema autorreferencial, isto é, independente das intenções dos agentes individuais no nível dos conteúdos de sentido mais profundos (no nível do sentido documentário) não é relevante apenas para a análise de meios sociais e orientações coletivas (no sentido de espaços de experiência abstratos), mas também para a análise de dinâmicas de grupo.

"Fala coletiva" na análise da conversação sociolinguística e orientações coletivas na análise conversacional documentária

Entre os trabalhos mais recentes no campo da linguística e na tradição da análise da conversação, o trabalho de Schwitalla (1992) é particularmente relevante para a nossa análise da organização discursiva, pois sua análise – principalmente quando trata da "fala coletiva" – se aproxima muito do nosso interesse em vários sentidos. Schwitalla questiona – assim como Goffman – a contribuição individual como unidade básica (semântica) da análise da conversação e leva em conta também a dinâmica própria da conversa e os significados independentes em relação às intenções dos interlocutores. Por outro lado, porém, ele não transcende com a consequência necessária as suposições do senso comum, que vê nos indivíduos envolvidos as unidades básicas sociais da análise, aos quais os conteúdos de sentido das manifestações devem ser atribuídos. Ele mantém a distinção entre emissor (a pessoa que fala) e receptor (aquele que recebe a mensagem) e não esclarece que essa distinção pode fazer sentido no nível da estrutura superficial, mas que ela impede ou obstrui a análise de estruturas (semânticas) mais profundas, visto que aqui estamos tratando da reconstrução

---

a conversa de forma adequada. Também nas reflexões sobre a contextualização, o enquadramento ou a fundamentação social de conversas, publicadas sob o título de *"Footing"*, Goffman se ocupa com a "orientação ou forma ou postura ou o eu projetado do participante" (GOFFMAN, 1981, p. 127).

de conteúdos de sentido que não podem ser expressados por um interlocutor individual (para então apenas serem confirmados pelo outro), mas cuja forma só se revela em uma reconstrução da cooperação entre diversos participantes da conversa em seus movimentos interativos. Parece-nos necessária aqui uma interpretação semântica mais profunda, viabilizada pelo método documentário.

Quando Schwitalla (1992, p. 74) deduz da "fala coletiva" uma "visão de mundo comum, normas comuns e uma visão harmônica de parceiros e do mundo", ele deveria deixar claro também que uma visão de mundo comum, ou seja, orientações coletivas, não se documentam exclusivamente na "fala coletiva", que Schwitalla compreende como interação harmoniosa. Nossas análises mostraram que uma visão de mundo comum – como estrutura mais implícita – também se documenta, por exemplo, na antítese. Isso também só se revela a uma análise semântica mais profunda. Esta depende (como demonstram muitas análises próprias) de uma reconstrução exata de vários *movimentos discursivos* relacionados uns aos outros, que precisam ser observados ao longo de sequências extensas, antes de podermos identificar uma *unidade discursiva* (organizacional); um diálogo antitético, por exemplo, só é encerrado após mais ou menos dez minutos por uma síntese, que evidencia a orientação comum e coletiva (cf. como exemplo interpretativo também Bohnsack e Schäffer 2001a). É apenas nessa base empírica que a organização do discurso se revela em sua formação típica ao meio social, ao espaço de experiências.

"Speech Communities", "Communities of Practice" e espaços de experiência conjuntiva

Os modos de organização discursiva típicas de gênero – aqui: do gênero feminino – foram reconstruídos de modo impressionante por Coates (1996a; 1996b), em sua análise das *"speech communities"*. No entanto, é preciso lembrar que o mero fato de os participantes do discurso, ou seja, os membros de um grupo, serem do gênero feminino ainda não permite deduzir um modo relevante para todos os temas da organização discursiva. Como mostram pesquisas mais detalhadas (cf. PRZYBORSKI, 2003), a organização discursiva não depende de grupos, mas de espaços de experiência. Quando, por exemplo, os grupos de mulheres jovens por nós examinados atualizam temas específicos (p. ex., o tema da formação profissional) de modo que elas destacam as experiências específicas de seu gênero, ocupando-se com o tema no *contexto* do espaço de experiências específico de seu gênero, podemos observar um modo específico da organização discursiva. Esse modo pode mudar quando esse tema (ou um outro) é discutido dentro de outro espaço de experiências.

Além disso, vale observar que o indivíduo ou todo o grupo do discurso, em sua prática comunicativa cotidiana, sempre se encontra na interseção com diferentes espaços de experiências (cf. tb. BOHNSACK, 2001b). Com o conceito de "*communities of practice*", Eckert e McConnell-Ginet (1999) tentam abordar uma análise multidimensional desse tipo. Na "prática linguística", diferentes dimensões se sobrepõem umas às outras, como, por exemplo, gênero e origem étnica. Não existem os estilos ou estruturas da prática comunicativa específicos ao gênero; estes existem sempre já em variações ou contextualizações étnicas ou específicas ao meio social. As análises das "*communities of practice*", porém, continuam dependentes das "*face-to-face-communities*", ou seja, de grupos concretos, pois aos grupos é atribuído um estilo discursivo uniforme, independente do tema e do espaço de experiências que é atualizado. Diante disso, o potencial analítico do nosso conceito de espaço de experiências e da organização discursiva específica ao espaço de experiências se encontra justamente em sua abstração, que atribui os estilos discursivos não a grupos concretos, mas a espaços de experiências (cf. tb. BOHNSACK; LOOS & PRZYBORSKI, 2001: NENTWIG-GESEMANN, 2003). Isso nos permite investigar também grupos não reais, isto é, formados "artificialmente" pelo pesquisador, em relação às dimensões de experiências (mais abstratas) dos participantes e assim reconstruir espaços de experiências específicos a gêneros, gerações e meios sociais. Naturalmente, podemos investigar também os espaços de experiências de grupos concretos ou reais, como, por exemplo, de famílias, em relação ao seu modelo de orientações constitutivas e coletivas e em relação à sua organização discursiva constitutiva (como exemplo, cf. a interpretação textual exemplar no cap. 13.2).

8
Compreender – interpretar – construção de tipos

Se, até agora, falamos predominantemente de "interpretação" e não de "compreensão", isso se deve ao fato de que apenas aqueles exercícios de compreensão que são *explicitados em conceitos*, isto é, formulados linguisticamente, possuem relevância científica. E estas são – segunda a definição de Mannheim (1980, p. 272) – *interpretações* (cf. tb. o cap. 3.2). Evidentemente, lidamos com interpretações não só no contexto científico. Já na comunicação cotidiana podemos diferenciar entre interpretações e "mera compreensão". Mannheim (1980) entende esta última como "percepção mental, pré-reflexiva das formações; a interpretação, porém, como explicação teórico-reflexiva do compreendido que sempre se baseia nessas percepções, mas que jamais as esgota".

Isso significa: esforços de compreensão são mais complexos do que sua explicação conceitual. No entanto, os esforços de compreensão só se tornam empírica e metodologicamente relevantes por via de sua explicação conceitual, como se evidencia também no caso da observação participante: Os esforços de compreensão do observador só se tornam relevantes na forma de protocolos (de observação), ou seja, de *textos*.

Mais especificamente, uma *compreensão* de ações e pronunciamentos, como, por exemplo, a canção anteriormente citada (no final do cap. 3) dos jovens do vilarejo, por meio da qual eles expressam seu vínculo com o contexto de vida da vila, pressupõe que nós conheçamos o contexto ou o espaço de vivência ao qual essa canção pertence, que conheçamos aqueles processos de vivência, cujo produto ou "resultado" essa canção representa; ou seja, o vínculo com a vila expressado na canção.

O caminho mais evidente para "apreender" o contexto vivencial é a participação no cotidiano da vila, ou seja, a *observação participante*. Mas também nesse caso, eu só obtenho acesso ao modo como os jovens vivenciam esse cotidiano e como este consegue ter um efeito orientador pela via da *compreensão comunicativa, da compreensão verbal* com os jovens sobre o seu cotidiano. Isso significa que também o método da observação participante depende de uma interpretação em duas fases: da interpretação dos pronunciamentos daqueles que representam o objeto da pesquisa, como também da interpretação dos textos (dos protocolos) dos observadores.

Mas apenas quando lidamos com textos dos pesquisados registrados de forma eletromagnética e depois transcritos *verbatim* temos diante de nós tipos de protocolos que não foram filtrados de antemão pela escrita do observador e nos quais os meios de interpretação do observador só estão presentes na medida em que a transcrição exige uma seletividade. O essencial aqui é que, em princípio, também é possível obter um controle com base no registro eletromagnético (por meio da audição). Além disso – e isso é decisivo –, garante-se assim uma *separação de "dados" e interpretação* e, com isso, uma verificabilidade intersubjetiva do desempenho interpretativo do observador em uma medida que a observação participante não consegue alcançar. Pois nela estamos realmente "lidando com uma simultaneidade da coleta e da análise dos dados" (GLASER & STRAUSS, 1979, p. 92).

Por outro lado, a reprodutibilidade dos textos originais permite também a superação do problema segundo o qual o intérprete precisa assumir, como precondição de uma interpretação bem-sucedida, duas posturas discrepantes (ou também contrárias): a postura "performativa" ou postura do *participante*, de um lado, e a postura do *observador* (distanciado), de outro.

Compreender significa adotar uma postura "performativa", isto é, a postura de um participante – mesmo que apenas de modo "virtual" – ou seja, na imaginação –, como experimento mental ou de forma imaginária (sobre esse problema da postura *"performativa"*; cf. tb. HABERMAS, 1981, p. 167s.). Isso significa, em última consequência, participar pelo menos virtualmente daqueles processos de vivência cujo resultado é a compreensão de um pronunciamento, ou seja, assumir uma *postura* que nos leva às "causas" ou "razões" daquele pronunciamento, no sentido em que aqueles processos ou interações sociais vivenciados são reconstruídos e nos quais devemos procurar (em termos de vivência) a *gênese* das orientações de vida que nos interessam. Na medida em que procuro compreender os pronunciamentos dos jovens do vilarejo e me envolvo com as representações cênicas e metafóricas (sobre seu cotidiano no vilarejo), eu me transformo em um participante virtual por meio da reconstrução dos processos de vivência representados.

A *explicação teórico-conceitual* do processo genético (da gênese vivencial) é designada por Mannheim como "interpretação sociogenética" (cf., entre outros, 1980, p. 85ss.). Ela exige uma distância da qual aqueles que se encontram na "execução vivencial" dos fenômenos (que, p. ex., estão inseridos no contexto de vivência do vilarejo) não dispõem facilmente. Essa distância exige "pôr entre parênteses o caráter de validade" dos fenômenos, das manifestações (p. 88), isto é, colocar entre parênteses as respectivas pretensões de verdade e daquilo que é correto (cf. tb. o cap. 3.2). Para ilustrar isso com um exemplo: Quando, no discurso do grupo de aprendizes femininas "Haus", é relatado em representações cênicas como o pai, sob o pretexto de ajudar as mulheres na cozinha, passa a se ocupar na cozinha e lá gasta suas energias sem assumir a responsabilidade pelo estado em que a cozinha se encontra depois disso, o conteúdo "imanente" de sentido, isto é, *aquilo* que é relatado, interessa não em relação à pergunta se a representação é factualmente correta, em que medida ela corresponde aos fatos ou à "verdade", mas àquilo que se expressa nas representações de vivência das jovens mulheres: algo se "documenta" sobre suas orientações de papéis de gêneros (cf. as exposições no cap. 5), sobre a separação entre esferas masculina e feminina, que é constitutiva para essas orientações. Tampouco interessa a princípio refletir (criticamente) essas orientações – por exemplo, a de "se preocupar" – no quadro de referências do intérprete; trata-se antes de interpretá-las no quadro de referências (do contexto de vida) das jovens mulheres. Desse modo descobrimos algo sobre a *gênese* dessa orientação, que deve ser procurada na relação de papéis de gênero da família de origem (e na identificação com o destino da mãe).

A *interpretação sociogenética* está, portanto, vinculada a uma "postura que é completamente diferente daquela que o sujeito, que vivencia o fenômeno cultural de dentro, realiza" (MANNHEIM, 1980, p. 88). Para uma discussão mais aprofundada sobre o problema do "pôr entre parênteses o caráter de validade", vinculado à postura genética, cf. cap. 3.2. e 11.

Por um lado, o intérprete precisa ser capaz de reproduzir vivencialmente os processos de vivência daqueles que são objeto da pesquisa, por outro, precisa também, ao mesmo tempo, *objetivá-*los, tomá-los como objeto da explicação teórico-conceitual e chegar a uma "postura" específica, diferente da dos participantes ("pôr entre parênteses o caráter de validade")[1]. O caminho mais fácil é quando eu posso – na forma de *textos originais* – presenciar sempre de novo os processos de comunicação em sua forma original, mas isolados de suas *referências situacionais* e da *coerção à ação*, à qual os participantes da interação e também o observador estão expostos, para assim (diante do horizonte oposto de diferentes grupos de comparação) abordar o texto com diferentes leituras e discuti-lo com um grupo de pesquisadores. A reprodutibilidade da comunicação a ser analisada na forma condensada do texto é, entre outras coisas, precondição de interpretações válidas também naqueles casos em que em um mesmo texto são apontadas diferentes dimensões de significado, como deve acontecer também na construção de tipos (cf. exemplos nos cap. 3, 8.1), quando, em uma mesma passagem de um texto (dependendo da escolha dos grupos de comparação), se documentam ao mesmo tempo aspectos típicos do meio social, de gênero e geração.

A *observação participante* apresenta, portanto, no sentido da confiabilidade e da validade de um método (cf. tb. o cap. 11) vantagens em relação a um procedimento de pesquisa que se apoia exclusivamente em *interpretações textuais* de entrevistas e discursos registrados eletromagneticamente quando os dois procedimentos de pesquisa são empregados de forma complementar. A observação participante permite então, de um lado, a seleção da situação favorável à gravação eletromagnética (quando, p. ex., o grupo de pares ou a família completa está reunida) e, de outro, a consideração de *dimensões de ação não verbal*, das quais mencionamos aqui, além dos elementos de estilo como "emblemas" (cf. SOEFFNER, 1986) – p. ex., roupa, cabelo, adesivos –, principalmente a organização espaço-corporal da ação cotidiana ou acionismos físicos (como, p. ex., a dança), cuja observação muitas vezes evidencia de forma mais imediata ou menos complicada os padrões de orientação centrais ou os problemas de um grupo, de um meio social ou de um indivíduo do que a interpretação de manifestações verbais. Como exemplo, remetemos aqui à

---

1 Para uma discussão sobre a relação entre entendimento com base na vivência e objetivação distanciada nas pesquisas sobre mulheres, cf. Wohlrab-Sahr, 1993a.

observação participante de Hildenbrand (1983) em uma família na qual cresceu um jovem diagnosticado como esquizofrênico: Aqui, a observação da organização espaço-corporal evidenciou rapidamente que, dentro da família, no cotidiano da família, o jovem "desaparece", o que pôde ser validado por meio da interpretação da comunicação verbal. Outros exemplos podem ser encontrados em nosso estudo sobre *hooligans*, bandas de *rock* e outros grupos da parte oriental da cidade de Berlim (BOHNSACK et al., 1995). A observação de *shows* de *rock*, por exemplo, permite reconhecer modelos de orientação centrais dos jovens (aqui: a "procura de concordância habitual") na interação com texto, música e acionismos físicos (dança). O acesso obtido na base da observação participante a elementos de ação e representação não verbais consegue fornecer primeiros indícios de modelos de orientação fundamentais (no sentido de geração de hipóteses), que depois podem ser validados e diferenciados por meio da interpretação textual.

A terceira função da observação participante é a do acesso empírico a práticas cotidianas nada espetaculares, já que, normalmente, estas não são representadas detalhadamente nem nos grupos de discussão nem nas entrevistas. Em nossa pesquisa sobre *hooligans*, bandas de *rock* e outros grupos de um subúrbio na parte oriental de Berlim, a observação participante foi importante em todas as três funções mencionadas – no contexto de uma *triangulação de métodos*[2], isto é, de uma abordagem com métodos múltiplos, que incluíam também entrevistas biográficas e grupos de discussão.

No entanto, não podemos partir do pressuposto segundo o qual as dimensões da ação e representação não verbais e fundamentalmente não textuais de um caso, apuradas com base na observação participante, evidenciarão elementos estruturais novos ou diferentes (em comparação com a interpretação textual), se nos lembrarmos da premissa subjacente a todas as vertentes dos procedimentos reconstrutivos aqui discutidos segundo a qual a estrutura fundamental de um caso, de um grupo, de um indivíduo ou de uma "visão de mundo" é

---

2 A aplicação dos três métodos inter-relacionados dos grupos de discussão, da entrevista narrativa e da observação participante nessa análise dos *hooligans* e bandas de *rock* é discutida extensamente no último capítulo do livro mencionado (BOHNSACK et al. 1995, cap. 7 – sobre a triangulação de métodos, cf. FLICK, 1995; FLICK, 2003; MAROTZKI, 1996; MAROTZKI, 1998). Como procuramos deixar claro neste volume, a integração de métodos diferentes no sentido de uma triangulação só é bem-sucedida quando eles estiverem vinculados por meio de fundamentos metodológicos e metateóricos comuns a todos.

reproduzida em *todas* as dimensões e âmbitos de atividade desse caso e, por isso, também pode ser observada ali.

Uma observação participante deveria, no interesse da confiabilidade e validade, sempre ser completada pela interpretação textual de sequências comunicativas de discursos e narrativas (biográficas) registradas eletromagneticamente. Recentemente, os defensores da observação participante como "método-base" da pesquisa qualitativa têm tratado das ressalvas aqui apresentadas em relação à confiabilidade e as refutaram apontando os limites dos "procedimentos analíticos documentários" ou textuais (cf. AMANN & HIRSCHAUER, 1997, esp. p. 29ss.).

A observação participante também depende, como já mencionamos, de modo central da interpretação textual, no sentido da interpretação dos protocolos de observação, dos textos dos observadores. Alguns dos princípios fundamentais da análise, discutidos abaixo, podem ser aplicados também à análise de protocolos de observação[3], sobretudo os princípios fundamentais da análise comparativa, da formação de grupos para a comparação, da diferenciação entre "interpretação formulada" e "interpretação refletida" e da construção de tipos (cf. VOGD, 2004; VOGD, 2006a, VOGD, 2006b).

Neste livro, não tratei separadamente do método da observação participante, visto que isso teria exigido adentrar naquelas disciplinas – principalmente a etnologia e a antropologia cultural – que são intimamente vinculadas à *etnografia* e nas quais recentemente – pelo menos em alguns de seus autores – podemos observar a preocupação com a pergunta "como textos etnográficos são construídos" (GEERTZ, 1990, p. 11). Para a discussão metodológica mais recente no campo da etnologia e da antropologia cultural, remeto o leitor à antologia de Berg Fuchs, 1995; Schiffauer, 1997. Para a discussão sociológica e científico-pedagógica sobre a etnografia e a observação participante, a Amann

---

3 Hildenbrand (1994, unidade 3) diferencia diferentes tipos de textos dentro de um protocolo de observação. A fim de sistematizar o protocolo, o observador deve manter separados explicitamente esses três tipos de textos durante a redação e formar três "rubricas": as "anotações de observação", que apresentam, "narram" de modo cronológico os eventos; as "anotações teóricas", nas quais o observador documenta primeiras hipóteses geradas; e as "anotações metódicas", nas quais o observador registra autoobservações e reflexões sobre sua conduta, seu "papel" no campo.
Se compararmos os passos sugeridos por Hildenbrand com o nosso procedimento, as anotações de observação ocupam a posição de uma "interpretação formulada" como fundamento para as "interpretações refletidas" – principalmente na forma dos "lembretes" –, e para a "construção de tipos". As "anotações teóricas" representam primeiras tentativas, já documentadas de forma não sistemática durante a redação do relatório de observação, de uma interpretação refletida e construção de tipos.

e Hirschauer, 1997; Honer, 1993; Lüders, 1995; Lüders, 2000b; Atkinson e Hammersley, 1994; Zinnecker, 1995; Friebertshäuser, 1997; Marotzki, 1998; Knoblauch, 2001; Atkinson e Coffey, 2001. Como leitura introdutória à prática da observação participante, recomendo Hildenbrand, 1994, que fala também sobre a relação entre interpretação textual e observação participante, assim como Lofland, 1971, cap. 5; Girtler, 1984. Como estudos exemplares que trabalharam com a observação participante com base no método documentário, indico Vogd, 2004; Vogd, 2006a; Vogd, 2006b, para uma reflexão metodológica.

8.1 Os passos da interpretação textual

Os procedimentos de interpretação apresentados abaixo, que devem ser compreendidos no sentido da *interpretação sociogenética* ou, em termos mais gerais, *documentária*, são realizados em diferentes passos subsequentes. Estes foram desenvolvidos com base na reconstrução de procedimentos aplicados e testados na prática de pesquisa. Se eu me reportar na sequência à análise dos grupos de discussão – principalmente no que diz respeito aos exemplos –, isso não significa que textos da "comunicação cotidiana", isto é, conversas em que os pesquisadores não estiveram presentes, não possam ser avaliados por meio desse procedimento (cf. o exemplo de interpretação no cap. 12.2; cf. tb. cap. 7.3). Em uma versão modificada, o procedimento é aplicado também na interpretação de entrevistas abertas e narrativas, na interpretação de textos especializados, de textos históricos e relatórios de observação (cf. tb. as obs. no cap. 3.2), bem como na interpretação de imagens (cf. cap. 9, 13.4).

A diferenciação entre interpretação "formulada" ou "reflexiva" por um lado e interpretação "refletida", por outro, foi feita com base na diferenciação entre "reflexividade" e "reflexão", como justifiquei em outro lugar (BOHNSACK, 1983), bem como do ponto de vista das teorias da ação. Como já mencionei, a transição da interpretação formulada (imanente) para a interpretação refletida (documentária) corresponde à transição da cibernética de primeira para a cibernética de segunda ordem no sentido de Luhmann (1990, p. 68ss.) (mais informações no cap. 11). Uma justificativa metodológica do passo denominado *construção de tipos* será apresentada em seções posteriores (cap. 8.2, 3 e 4).

Uma ilustração exemplar dos dois primeiros passos ("interpretação formulada" e "interpretação refletida") pode ser encontrada no cap. 13.2. Para uma exemplificação dos passos "descrição do discurso" e "construção de tipos", que, por motivos de espaço, não serão citados aqui, cf. Bohnsack 1989, Schäffer 1995, Loos 1996 e Nentwig-Gesemann 1999 e a lista bibliográfica sob o link www.dokumentarischemethode.de

Interpretação formulada

Ela permanece ainda no âmbito do conteúdo de sentido "imanente" – sem, porém, se posicionar em relação às suas pretensões de validade (referentes ao teor de verdade e realidade). Podemos dizer também que o intérprete permanece dentro do *quadro* (de orientação) do grupo, ele ainda não faz deste um objeto da explicação teórico-conceitual, antes se limita aos *temas* mencionados, procurando para estes "formulações" que resumam (cf. as *"formulating practices"* dos etnometodólogos GARFINKEL & SACHS, 1970) no sentido de conceitos gerais, títulos ou temas e adquirindo assim uma visão geral do texto. Trata-se de uma "interpretação", pois aqui algo é explicado de modo teórico-conceitual que permanece "implícito" no texto.

Visto que a referência a um tema é a base de toda comunicação – também da mais controversa –, o estabelecimento de uma estrutura temática é um dos passos fundamentais de toda interpretação e, portanto, precondição para quaisquer passos subsequentes.

O passo da *interpretação formulada* se divide em etapas individuais:

• Primeiro, tentamos, por meio da reprodução auditiva das gravações, adquirir uma impressão geral da *evolução temática da discussão como um todo*, segmentando-a em temas e subtemas e observando se esse tema foi iniciado pelo próprio grupo ou pelos moderadores da discussão. Os títulos de cada tema podem ser complementados por um sumário sucinto da passagem temática.

• Num *segundo passo*, selecionamos aquelas passagens que deverão se tornar objeto da interpretação refletida, orientando-nos, por um lado, pela relevância temática dessa passagem para a nossa pergunta inicial (p. ex., "futuro profissional") e, por outro, pela comparabilidade temática com passagens de outras discussões, com aquelas que serão incluídas na comparação, na "análise comparativa", subjacente tanto à interpretação refletida quanto à formação posterior da tipologia.

• Selecionamos aqui também aquela passagem que, independentemente de seu tema e segundo nossa primeira impressão (que mais tarde será verificada), se destaca por meio de uma densidade interativa e metafórica especial (mais detalhes sobre isso na apresentação da "interpretação refletida").

• A passagem selecionada em virtude de sua relevância temática e aquela que se destaca por meio de uma densidade interativa e engajamento especial serão submetidas a uma *interpretação formulada mais detalhada*, com a intenção de desenvolver uma segmentação temática mais afinada (cf., para detalhes, o exemplo citado no cap. 13.2).

Interpretação refletida

Enquanto a interpretação formulada deve ser compreendida como reconstrução do *tema* do discurso com suas subsegmentações, ou seja, como reconstrução da organização temática, a interpretação refletida visa à reconstrução e explicação do *quadro* dentro do qual o tema é tratado, ao modo *como*, isto é, com referência a qual padrão de orientação[4], a quais quadros de orientação o tema é tratado. Quando, em representações (que teorizam, descrevem ou narram), esses padrões de orientação ou quadros de orientação são expressados, eu me refiro a eles como "proposições"[5]. A princípio, o quadro pode ser identificado por meio dos *horizontes opostos* dentro dos quais o tema é tratado. Os padrões de orientação, expostos nos discursos ou desdobrados metaforicamente na forma de descrições ou narrativas, adquirem seus contornos quando são remetidos a esses horizontes opostos. No grupo "Band", por exemplo, temos, de um lado, a imagem do professor-residente, que é caracterizado por meio de uma máscara e por sua adaptação medrosa. Essa imagem, essa metáfora, demarca o auge (dramatúrgico) dessa passagem e se condensa em outras imagens de adultos esboçadas no decurso anterior da passagem em uma visão inanimada e até sombria de uma existência de adulto como horizonte oposto *negativo*.

---

4 Para os conceitos padrão de orientação (*Orientierungsmuster*), quadro de orientação (*Orientierungsrahmen*) e esquema de orientação (*Orientierungsschema*), cf. Bohnsack, 1997c; Bohnsack, 1998a.

5 O conceito de "proposição" remete a Harold Garfinkel. Ele usou esse conceito ("*proposition*") pela primeira vez em uma palestra no IV Congresso Mundial de Sociologia (1959). A palestra foi publicada em 1961 (cf. GARFINKEL, 1961) e traduzida para o alemão em 1973 por mim, Joachim Matthes e Fritz Schütze (1973). Na época, traduzimos "*proposition*" como "*Feststellung*" [constatação]. No sentido de Garfinkel, representações ou descrições ("*descriptions*") cotidianas são compostas de proposições.

O horizonte oposto *positivo* permanece difuso, pois os ginasiastas masculinos não parecem querer se desprender de um vínculo à segurança de planejamento ligada a uma orientação por modelos de decurso biográfico (padronizados) (cf. cap. 3). Por causa dessa insegurança, a "melhor parte da vida" já passou aos "25 anos" – ao contrário das ginasiastas, que mantêm uma postura aberta em relação a um processo de desenvolvimento vitalício.

No grupo "Bänkla", no vilarejo, os dois horizontes opostos são claramente determinados. São demarcados por *representações cênicas* (não pela representação de modelos de decurso cronologicamente sequenciados, como no caso dos ginasiastas). O foco são as representações cênicas da vida na vila como horizonte inequívoco e *positivo* – mesmo que não sem problemas –, desdobrado diante do horizonte *negativo* da vida urbana. Já que o horizonte oposto positivo se apoia diretamente na experiência cotidiana do vilarejo, as *enações* (i. e., os processos da execução das orientações na ação cotidiana) não apresentam qualquer problema.

Horizontes opostos positivos e *negativos* e seus *potenciais de enação* são componentes essenciais do espaço de experiência de um grupo. Eles constituem o *quadro* desse espaço de experiência. A figura de orientação sustentada por esse espaço de experiência se estende, de certa forma, entre esses componentes, isto é, dentro desse quadro.

A figura de orientação é inserida em representações de vivências, na representação de processos de vivência – principalmente decursos de interação –, apresentando-se como seu "resultado", quando as representações de vivências do grupo que se referem a diferentes situações e âmbitos da vida reproduzem sempre de novo um modelo (de orientação) comparável, homólogo (cf. cap. 8.2).

No discurso, nós nos deparamos com diferentes espaços de experiência sobrepostos (específicos principalmente ao meio social, à geração, ao gênero e ao desenvolvimento; cf. tb. cap. 7 e 8.5). Por isso, lidamos também com diferentes figuras de orientação inseridas uma na outra, uma das quais, porém, se encontra no foco (da vivência comum) do grupo e assim representa o *quadro* (de orientação) *abrangente*. Aquela figura de orientação ou os horizontes opostos constituintes que se encontram no foco do discurso e assim constituem o quadro se expressam mais nitidamente naquelas passagens que se destacam com uma densidade interativa e metafórica especial, as chamadas *metáforas de foco*.

Os componentes do quadro aqui expostos são os pontos de referência essenciais da interpretação refletida e, portanto, também os pontos de referência da comparação com outros grupos, da análise comparativa. Se eu quiser compreender o enquadramento do grupo por meio da interpretação, isto é, se eu quiser explicá-lo de modo teórico-conceitual, como intérprete, eu preciso de um ponto de referência ou um ponto de vista sistemático, de um horizonte exterior ao quadro do grupo como precondição da distância necessária para a reflexão: Quando falo de um vínculo a um planejamento seguro, essa explicação depende de possibilidades comparativas com orientações menos voltadas para um planejamento e perfeição, ou seja, vinculadas a *horizontes opostos do intérprete*. As representações ou esboços do intérprete que formam o horizonte oposto podem assumir tanto a forma de *experimentos mentais*, como podem se apoiar em representações hipotéticas, que então dependem da respectiva base experiencial, do respectivo pano de fundo experiencial do intérprete que pode abarcar igualmente experiências cotidianas e experiências teóricas (sociológicas). O método documentário depende, portanto, da posição *do intérprete* (cf. tb. as exposições no cap. 11). Ele se torna metodicamente mais controlável quanto mais os *horizontes de comparação do intérprete* puderem ser fundamentados empiricamente e verificados intersubjetivamente. Essa é uma das razões pelas quais a análise *comparativa* é de uma importância central para os procedimentos reconstrutivos.

Portanto, a ampliação da validade da análise de um caso não depende apenas da fundamentação empírica crescente do caso em si, mas também da *fundamentação empírica* crescente dos horizontes de comparação, onde os horizontes de comparação com base em experimentos mentais são substituídos por outras análises de casos empíricos.

A análise comparativa adquire importância já no nível das análises de casos, nos quais procuramos representar o caso individual em sua particularidade, isto é, dentro do quadro abrangente que estrutura esse caso, esse grupo.

Nesse passo da interpretação refletida, a *particularidade ou a figura geral do caso* permanece o ponto de referência mais importante da análise e da representação. A particularidade do caso, sob a inclusão da reconstrução do *desenvolvimento do discurso* (a ser exposto abaixo), é então representada na forma da *descrição do caso*. Na descrição do caso, o *quadro* que o abarca e constitui é reconstruído na forma como ele se desdobra *processualmente* no discurso. Aqui já podemos começar a atribuir aos diferentes estratos de significado ou níveis de sentido, identificados nas passagens, primeiras tipologias (tipologias de geração, meio social, gênero e desenvolvimento). No entanto, precisamos distinguir isso do próximo passo no qual a tipologia se transforma em ponto de referência mais importante da análise e da representação. Sobre isso detalharei mais adiante.

Na interpretação refletida nós nos apoiamos não só na *comparação de casos*, mas também na *comparação interna ao caso*, isto é, sobretudo na comparação de passagens tematicamente diferentes da mesma discussão. O método documentário de interpretação procura identificar os aspectos característicos de um indivíduo ou de um coletivo por meio de seus pronunciamentos tematicamente diferentes e em níveis diferentes.

Visto que os modelos de orientação e quadros que a interpretação refletida pretende identificar se desenvolveram de modo *processual* no desenvolvimento do discurso, o caminho da explicação do quadro passa pela *reconstrução do desenvolvimento do discurso*.

Como mostra a análise, esse processo apresenta escalações em relação à densidade da comunicação, nas referências interativas e em relação à "densidade metafórica", isto é, em relação ao caráter pictórico e à plasticidade das manifestações verbais. Por isso, falamos de uma *dramaturgia* e de um *auge dramatúrgico* tanto da passagem isolada (específica a um tema) quanto da discussão como um todo. Os auges dramatúrgicos exercem, como já afirmamos, uma função-chave na análise do quadro, pois aqui o quadro se expressa em seus componentes centrais em uma densidade especial. Nós fazemos jus a isso selecionando de todo o desenvolvimento do discurso não só – e tampouco em primeira linha – a passagem *tematicamente* relevante para a finalidade da interpretação, mas aquela passagem que, segundo nossa primeira impressão – a ser verificada posteriormente –, representa o auge no sentido da *densidade interativa e metafórica*. Por vezes, essa passagem coincide com a passagem que consideramos tematicamente relevante. Isso acontece quando os temas selecionados pelo intérprete para o coletivo, para o grupo, são de importância existencial para eles, ou seja, quando um *centro de vivência*, isto é, o foco do grupo é processado de modo discursivo. Como já afirmado, nos referimos a *metáforas de foco* quando se expressam nessas passagens a figura de orientação abrangente, o quadro condensado interativo e *metaforicamente*.

Até agora tratamos apenas de um lado do desenvolvimento do discurso como um processo: a dramaturgia. Precisamos analisar o processo discursivo, isto é, o decurso da passagem a ser interpretada, também sob o ponto de vista da *organização ou formação* do discurso. Refiro-me ao modo como, no processo do referenciamento interativo e interpretativo, as afirmações individuais são atribuídas sequencialmente umas às outras. Isso é especialmente importante para a análise de *orientação coletiva*, para a análise do quadro coletivo, pois aqui os elementos do discurso não são manifestações individuais, contribuições de fala individuais. Os elementos do discurso são aqui interações, comunicações que se constituem no referenciamento das manifestações individuais umas às outras.

A *reconstrução da organização discursiva* nos fornece informações sobre as formas da socialidade. Na nossa análise, porém, ela exerce principalmente funções em um processo de trabalho que visa à análise (do conteúdo) do quadro (coletivo). A explicação da estrutura formal permite em primeiro lugar um acesso ao teor de sentido de textos que, como estranhos à cultura ou ao grupo, não permitem um acesso de compreensão *imediata*. Isso significa que para o acesso sistemático e controlável (intersubjetivamente) a teores de sentido estranhos é necessária a explicação da estrutura formal.

Para os fins da nossa intenção analítica específica, voltada para o coletivo, junta-se a isso, em segundo lugar, o fato de que o destaque de contribuições discursivas individuais, alcançado por meio da explicação da estrutura formal, em relação ao seu emaranhamento (organização discursiva) e em relação aos decursos processuais, que abrangem as manifestações individuais (dramaturgia), serve à superação de uma interpretação individual e intencionalista, na qual as contribuições de fala individuais são compreendidas como documento das características específicas das personalidades individuais dos interlocutores, mas não como documento do caráter do coletivo, do grupo, sendo que este é o que nos interessa. A explicação da estrutura formal do referenciamento interativo, ou seja, a explicação da organização discursiva, é, de certo modo, o "andaime" dessa *postura voltada para o coletivo* (cf. tb. cap. 7).

Onde, em uma culminação *dramatúrgica*, o referenciamento interativo alcança sua maior intensidade e densidade (onde os envolvidos se "encorajam mutuamente de modo psíquico-espiritual"; MANNHEIM, 1964d, p. 547), as contribuições individuais se fundem de forma mais nítida umas com as outras, e os indivíduos, os caracteres das personalidades individuais dos interlocutores passam para o segundo plano, destacando a *vivência comum*, que aqui encontra o seu foco. Os padrões interpretativos do auge dramatúrgico com suas metáforas de foco facilitam, portanto, também a postura voltada para o coletivo.

Visto que os padrões de orientação se desdobram, se confirmam (validam), são refinados (elaborados) e resumidos (conclusão) de modo processual no referenciamento interativo, precisamos nos apoiar, na interpretação refletida, na reconstrução da *organização discursiva formal* e identificar nisso também o desenvolvimento dramatúrgico do discurso com seu clímax dramatúrgico e sua "conclusão".

Como isso pode ser feito na prática é explicado no apêndice (cap. 13.2) com a ajuda de um exemplo textual. Confira também Bohnsack, 1989; Bohnsack et al., 1995; Bohnsack, Nentwig-Gesemann e Nohl, 2013 e a respectiva bibliografia em www.dokumentarischemethode.de

Descrição do caso

Na descrição do caso, a figura geral do caso é caracterizada de modo resumido. A tarefa primária da descrição do caso é a representação mediadora, o resumo e a condensação dos resultados em virtude de sua publicação. Quando se trata da análise de grupos de discussão, nos referimos neste volume e também em outros estudos às "descrições de discurso" (cf. BOHNSACK, 1989).

No caso da descrição de discurso, não se trata apenas da representação das orientações centrais ou dos componentes do quadro, mas também da descrição do *desenvolvimento dramatúrgico* das passagens interpretadas e, pelo menos a princípio, da descrição da forma do discurso, isto é, da *organização discursiva*. A descrição do discurso acompanha, via de regra, o desenvolvimento dramatúrgico, a começar pela iniciação do tema (pelos próprios envolvidos ou pelo moderador da discussão), passando pelas intensificações dramatúrgicas dentro da passagem até o fim do tema, que, na maioria das vezes, é demarcado por uma *conclusão*, por um resumo objetivo ou, quando o resumo objetivo não é alcançado, também por um desfecho ritual (conclusão objetiva e ritual).

A descrição do discurso inclui também citações de sequências de texto selecionadas. Essa seleção corresponde às diferentes tarefas da descrição do discurso. Em primeiro lugar, as orientações que se encontram no foco do grupo e outros componentes importantes do quadro (horizontes opostos negativos e positivos) devem ser comprovados por meio daquelas sequências textuais em que eles se manifestam com a maior nitidez. Já que, normalmente, os componentes importantes do quadro se expressam de modo mais nítido em passagens de maior exposição dramatúrgica (auge dramatúrgico, conclusão), as passagens selecionadas como provas para *conteúdos* podem servir ao mesmo tempo para ilustrar a dramaturgia e também a organização discursiva. Normalmente o auge dramatúrgico é caracterizado por uma densidade interativa, documentando, dessa forma, também o auge da organização discursiva.

Uma descrição do discurso se torna mais completa e densa quanto mais conseguirmos fundir a descrição dos modelos de orientação e os componentes do quadro ("conteúdo") com a descrição da dramaturgia e da organização discursiva ("forma") em uma caracterização geral do caso, por exemplo, mostrando como o grupo desenvolve, passa a passo, a articulação daquilo que ele considera sua preocupação ou seu problema em relação a um tema, avançando apenas aos poucos até o foco, intensificando seu discurso cada vez mais em termos dramatúrgicos (densidade interativa e metafórica), manifestando justamente nesse processamento processual os diferentes estratos do quadro.

No decurso do processamento de elementos da experiência cotidiana no discurso, este reproduz mais uma vez os diferentes estratos daqueles processos do processamento coletivo de vivência, que permitem compreender as orientações. Isso só pode ser reconstruído de forma adequada se a descrição do decurso acompanhar o desenvolvimento do discurso. Às vezes, porém, pode ser útil citar a *conclusão* de uma passagem ou da discussão como um todo (p. ex., a canção do grupo "Bänkla") já no início da descrição do discurso, para assim mostrar como a dramaturgia da discussão se aproximou aos poucos desse resultado. A reconstrução do desenvolvimento dramatúrgico de todo o desenvolvimento do discurso, dentro da qual as passagens não selecionadas para a análise em profundidade são apenas esboçadas sob o aspecto temático, inicia com a pergunta (o "estímulo fundamental") apresentada pelo moderador da discussão. A pergunta inicial deveria, assim como também a exposição do interesse de conhecimento, ser formulada para todas as discussões de forma igual ou comparável (cf. tb. o cap. 13.1).

Até agora não mencionamos ainda uma função importante da representação do processo discursivo em uma descrição de discurso. Como eu já expliquei nas exposições sobre a "interpretação refletida", cabe ao intérprete, a partir das contribuições de fala individuais, de sua incentivação e intensificação mútua, a função de transcender a interpretação individual e intencionalista das afirmações individuais, para assim chegar a uma *postura voltada para o coletivo*, a uma postura voltada para aquele processo interativo que resulta na característica geral do caso com seu quadro de orientação coletivo (cf. as exposições no cap. 3).

Nas descrições de discursos e, em termos mais gerais, descrições de caso, a relação tensional entre o nível linguístico dos pesquisados, dos participantes do discurso, e o nível linguístico do intérprete, ou seja, a *relação de estranheza*, deve permanecer visível e, possivelmente, ser apresentada com destaque. A seleção de trechos da transcrição serve, portanto, não só como comprovação e ilustração das interpretações, mas também à comunicação dessa tensão, que transmite informações não só sobre a posição e o espaço de experiência dos intérpretes, mas também sobre os dos pesquisados (cf. tb. o cap. 11).

A descrição de caso reconstrói, portanto, o quadro (de orientação) e seus componentes, que constituem o caso (o grupo), do modo como ele se desdobra processualmente no discurso (ou em uma narrativa, em uma comunicação cotidiana). Nesse processo, a característica geral do caso, a "visão de mundo" (individual ou coletiva), que abrange os diversos estratos de vivência ou es-paços de experiência em sua "totalidade" (do tipo específico ao meio social, ao gênero e à geração) permanecem o ponto de referência central da inter-pretação e representação (exemplos de descrições de casos se encontram em BOHNSACK, 1989; BOHNSACK et al., 1995; SCHÄFFER, 1996; LOOS, 1999; NENTWIG-GESEMANN, 1999).

Em decorrência de uma maior orientação para a análise comparativa e por resultados que podem ser generalizados (cf. BOHNSACK, 2001b; BOHN-SACK & NENTWIG-GESEMANN, 2003), a descrição de casos (com sua forte dependência do caso individual) passou para o segundo plano em prol da construção de tipos nas pesquisas mais recentes realizadas com base no método documentário.

Construção de tipos
Na construção de tipos, de geração de um tipo, são identificadas, por um lado, as relações entre orientações específicas e, por outro, o segundo plano da vivência ou o contexto existencial, no qual se encontra a gênese das orientações.

Quando eu faço, por exemplo, afirmações sobre o tipo relacionado ao meio social, procuro identificar, por um lado, relações entre uma *problemática de orientação específica* (p. ex., a da focalização da solução de uma problemática, da problematização da solução a partir da família de origem diante da qual o conflito com adultos anônimos enquanto uma confrontação geracional passa para o segundo plano), e, por outro, o contexto de vivência no espaço social comum (p. ex., a inclusão no sistema da vizinhança no vilarejo, no qual o indivíduo é identificado por meio de seus pais e avós e assim adquire a certeza de sua identidade). Aqui se evidencia ao mesmo tempo que aquele contexto existencial (do meio social do vilarejo) só pode ser compreendido adequadamente em sua tipicidade como *processo de interação* (nesse caso: entre os jovens de um lado e os pais e avós de outro, e, por fim, os vizinhos e conhecidos), ou seja, precisa ser compreendido como estrutura processual (cf. cap. 8.2).

Como outro exemplo de construção de tipos, foram identificadas, por um lado, relações entre mudanças nas diferentes fases no âmbito da orientação e identificação biográfico-profissional em comparação com grupos mais jovens e mais velhos, e, por outro, mudanças no contexto de vivências que puderam ser observadas com a entrada no mundo do trabalho e em decorrência de primeiras experiências profissionais. Dessa forma, foi possível estabelecer um tipo relacionado às fases de desenvolvimento.

No contexto das descrições de vivências das aprendizes sobre a relação de papéis de pai e mãe na família de origem (cf. exemplo no cap. 5), pudemos identificar orientações específicas (p. ex., a postura da "preservação dos limites de esferas" em relação ao parceiro, a postura do "preocupar-se", o vínculo a um ciclo de vida tradicional) como *típicas ao gênero* (i. e., como típicas para as aprendizes). As descrições de vivências são – como já afirmamos – precondição para *compreender* os atos do pesquisado e identificar suas orientações, ou seja, para conceituá-las, e isso significa: para poder interpretá-las.

A *construção de tipos* só é alcançada quando eu busco não só interpretar as próprias orientações, isto é, explicitá-las de modo teórico-conceitual, mas quando eu busco – de outro lado – identificar o contexto de vivências, o *espaço de experiências específico* nos quais se encontra – fundamentada em processos de interação específicos – a gênese dessas orientações específicas.

Isso exige que eu tenha diferenciado no caso, representado pelos textos (de discussão), diferentes dimensões e, mais especificamente: *diferentes espaços de experiência*. As dimensões do caso para as quais eu volto meu olhar – ou seja, a direção da observação – dependem da perspectiva, e isso significa, do lugar que eu assumo. Controle metódico do lugar significa, porém – como já vimos, e isso vale também nesse sentido –, controle metódico dos horizontes de comparação (do intérprete), que são intersubjetivamente verificáveis quanto mais forem empiricamente fundamentados.

O fato de que a construção de tipos depende, desde o início – e não só em vista de seu controle metódico – dos horizontes de comparação pode ser ilustrado com o seguinte exemplo: No início, não ficou bem claro que a autoidentificação ou, como denominei, o autoposicionamento "individual-existencial" do grupo "Insel" (incomum para aprendizes de cidades pequenas), precisa ser visto em relação à "perda de raízes" socioespaciais desse grupo. A não existência de um vínculo ao meio social (com uma vizinhança homogênea) só pôde se manifestar no texto pela sua ausência. No entanto, isso só pôde ser reconhecido através do *contraste* com o horizonte de comparação dos grupos homogêneos da vizinhança de trabalhadores ("Wies'n" e "Mauer") e dos grupos do vilarejo, fazendo com que as similaridades com o grupo "Prairie", também desarraigado, ganhassem ainda mais destaque, de forma que a peculiaridade da autoidentificação individual-existencial devido a fase *típica do desenvolvimento* (fase de negação) na qual se encontra o grupo "Prairie" e na qual ele entra em crise, emerge em processos de crises acentuadas (cf. exemplo no cap. 3.1).

Nosso exemplo mostra também que a *geração* de um tipo de forma válida só é possível quando elaborada ao mesmo tempo com outros tipos, também possíveis – isto é, identificáveis na totalidade do caso em suas diferentes dimensões ou espaços de experiência –, de modo que diversos tipos se sobrepõem uns aos outros: Em termos do *tipo de desenvolvimento*, o grupo "Prairie" se encontra na fase de negação, sendo que essa negação biográfico-profissional é trabalhada como manifestação *típica do meio social*, bem diferente do grupo "Bänkla", que também se encontra na fase de negação, mas provém do meio social do *vilarejo*. E – como já mostramos no capítulo 3.1 – as *diferenças* típicas do meio social se tornam visíveis em seus contornos quando as observamos diante do contexto dos *aspectos comuns*: Quando os dois grupos são confrontados com um problema (típico ao desenvolvimento), os *contrastes* típicos ao meio social entre os dois grupos se destacam nitidamente nos modos diferentes de lidar com o problema.

Por outro lado, as similaridades em relação ao meio social compartilhados pelos grupos "Prairie" e "Insel" também podem formar o pano de fundo, que permite uma determinação mais precisa do contraste, da diferença entre uma fase de desenvolvimento (ou seja, aquela da "decepção") e a fase subsequente (a da negação).

Como um outro exemplo, aspectos comuns à geração também podem representar o pano de fundo para destacar aspectos típicos ao meio social (da formação), como, por exemplo, quando a orientação pela autenticidade se evidencia nos ginasiastas na expressão do autodesdobramento individual no contexto de decursos de desenvolvimento da carreira, nos aprendizes, porém, no contexto de *representações cênicas de situações sociais*.

O *contraste na similaridade* é um princípio fundamental na geração de cada tipo e é, ao mesmo tempo, o clipe que mantém conectado toda uma tipologia.

A clareza de um tipo depende do quanto ele consegue se "delimitar" e se distinguir de outros tipos. Quanto mais tipos puderem ser identificados com clareza em um mesmo caso e quanto mais abrangente for a inserção do caso dentro de uma *tipologia* como um todo, maior será a validade da construção de tipos. Em outras palavras: A precondição para uma construção de tipos válida é a identificação dos diferentes espaços de experiência que constituem o caso, a partir dos quais os diferentes tipos são gerados, tanto em relação às diferenças entre eles quanto em relação às suas referências uns aos outros[6].

(Como exemplos da prática de pesquisa para a construção de tipos dentro de uma tipologia, cf. BOHNSACK, 1989; SCHÄFFER, 1996; BEHNKE, 1997; MEUSER, 1998; LOOS, 1999; NENTWIG-GESEMANN, 1999; NOHL, 2001a; BOHNSACK & NOHL, 2001b; SCHÄFFER, 2003. Para a construção de tipos no contexto da interpretação documentária de entrevistas narrativas, remeto o leitor a SPARSCHUH, 2001; RUDLOFF, 2002; FRITZSCHE, 2003; NOHL, 2003. Para o estado atual da metodologia e da justificativa metodológica da construção de tipos, cf. BOHNSACK, 2001b; NENTWIG-GESEMANN, 2001; NOHL, 2001b; BOHNSACK & NENTWIG-GESEMANN, 2003.)

8.2 Construção de tipos como análise processual

Para Max Weber, a compreensão típico-ideal e a formação típico-ideal de conceitos ocupavam o centro se suas reflexões metodológicas, uma vez que elas designavam o princípio metódico que permite a demarcação da sociologia compreensiva em relação às ciências históricas, que operam exclusivamente de modo idiográfico (i. e., voltadas para as descrições de casos individuais), e em relação às ciências naturais, que buscam afirmações nomotéticas (i. e., leis de validade geral).

---

6 Para uma comparação entre a construção de tipos no sentido do método documentário e a construção de tipos no sentido da hermenêutica objetiva, cf. Wohlrab-Sahr, 1994.

A compreensão típico-ideal é uma das expressões da "compreensão explicativa", que Weber (1976, p. 4) define da seguinte forma: "'Explicar' significa, portanto, para uma ciência que se ocupa com o sentido da ação, algo como: Apreensão do *contexto de sentido* em que se insere uma ação atualmente compreensível segundo seu sentido subjetivamente pretendido".

Aquele "contexto de sentido", que Weber denomina também de "motivo" e em cujo contexto uma ação observada ("atualmente compreensível") se torna explicável, pode ser construído de duas formas: posso explicar a ação observada no contexto de um caso individual com sua história individual e sua singularidade específica ao caso (contemplação idiográfica) ou no contexto de valores medianos (procedimento estatístico) ou, também, por meio de uma *construção típico-ideal* [7].

Ao se ocupar com os tipos ideais de Weber, Alfred Schütz observou que – como já expomos aqui – lidamos com formações de tipos e construções típico-ideais já no cotidiano. Schütz conseguiu demonstrar também, partindo da concepção weberiana da compreensão explicativa ou motivacional que aquele contexto de sentido ou motivo construído de modo *típico-ideal*, dentro do qual uma ação observada pode ser explicada, abarca dois tipos de motivos que podem ser fundamentalmente distintos: "Weber usa o termo 'motivo', como mostram os exemplos citados por ele, para designar o 'para' da ação, ou seja, a orientação da ação em um evento futuro, mas também para demonstrar o 'porquê' da ação, ou seja, a referência da ação a uma vivência no passado" (SCHÜTZ, 1974, p. 116).

A observação de uma ação (como "cortar lenha", para citar um exemplo usado também por Weber) pode ser explicada em duas "direções": "Corto lenha *para* receber um salário": *motivo "para"*. Mas: *"Corto lenha porque me foi ordenado": motivo "porque"*. Mas Schütz observou que cada ação (ao contrário de um "comportar-se" sem sentido) se orienta por um *esboço*, que antecipa essa ação de modo típico. Isso significa: Até mesmo a ação de cortar lenha se orienta por um esboço aprendido e, nesse caso, rotineiro – no sentido de uma antecipação dos passos a serem realizados na execução do ato de cortar lenha (a começar pela procura de um machado). Deste modo, a unidade da ação é determinada pela extensão do esboço. Cada ação com sentido é, portanto, sempre já um esboço e, por isso, orientado por um *motivo "para"* (por esboços escalonados ou por motivos "para" de diferentes abrangências).

---

7 Sobre a metodologia da formação de tipos ideais em Max Weber, cf. nota de rodapé no cap. 11.

O *motivo "porque"*, por sua vez, informa sobre aquelas vivências que antecederam a constituição do esboço e que o constituíram (motivo "porque"): "Enquanto o motivo 'para' explica, a partir do esboço, a constituição da ação, o verdadeiro motivo 'porque' explica, a partir de vivências anteriores, a constituição do próprio esboço" (p. 123).

Essa diferenciação altamente esclarecedora identificada por Alfred Schütz com base na Teoria da Ação de Weber e da compreensão típico-ideal apresenta uma volta ao não incluir de modo sistemático os motivos "porque" na formação típico-ideal de modelos, como mostra a seguinte citação: "Esse modelo típico, que abarca todo o decurso consciente desde o motivo (o esboço) até a ação executada, é então aplicado a um decurso de ação no mundo social que nos foi apresentado para a interpretação" (p. 322). A formação típico-ideal de modelos parte apenas do esboço do motivo "para". Isso se evidencia também quando Schütz discorre mais detalhadamente sobre a construção de "tipos personais" (cf. 1971, p. 28ss.)[8]. Schütz consegue mostrar que o agente, que se volta para seus motivos "porque", executa uma *mudança de postura*: "Mas então o agente não age mais; ele se transforma em observador de si mesmo" (p. 25). Precisaríamos então identificar a diferença entre aquela formação de tipos que o agente realiza como agente ao se orientar pelo esboço (típico) do motivo "para" e aquele outro tipo de formação de tipos que inclui também a compreensão típico-ideal no sentido de Max Weber, onde o agente volta sua atenção para ambos os motivos e assim se transforma em observador (cf. BOHNSACK, 1997c; BOHNSACK, 1998a).

Essa última forma de construção de tipos corresponde também à interpretação documentária ou genética no sentido de Mannheim. Não se trata, portanto, de compreender a ação no contexto de motivos "para" (p. ex., de esboços biográficos) como princípio intencional da ação, mas de compreender os motivos "para" no contexto de suas condições de constituição, isto é, naqueles contextos de vivência nos quais eles se formaram, ou seja, no contexto dos motivos "porque": "A interpretação intencional da expressão de nossas

---

8 Quando Schütz expõe em sua caracterização da "idealização da reciprocidade dos motivos" que "os motivos para do agente se transformam em motivos porque de meu parceiro e vice--versa" (SCHÜTZ, 1971, p. 26), ele passa a impressão de que os motivos porque seriam incluídos sistematicamente na construção de tipos. Porém, o mesmo fato poderia ser igualmente – e talvez de forma mais adequada –, compreendido no sentido da reciprocidade de perspectivas, quando um parceiro *assume* os motivos que o outro lhe atribui.

próprias objetivações não representa nenhum problema para nós. [...] O que, porém, significa uma de nossas ações no sentido documentário, isso pode se transformar em um problema como se, em nossas objetivações, estivéssemos lidando com um estranho" (MANNHEIM, 1964a, p. 109).

Para ilustrar isso com um exemplo de pesquisa já conhecido: Quando os jovens do vilarejo nos fornecem informações sobre as suas orientações centrais no sentido de esboços biográficos (motivos "para"), ou seja, sobre aquele vínculo específico com o contexto de vida no vilarejo, vinculado aos problemas do desprendimento da família de origem, eles nos informam ao mesmo tempo, isto é, por meio de suas representações (cênicas), sobre seus motivos "porque", sobre as condições de constituição daquelas orientações específicas na forma de descrições de vivências no cotidiano da vila. Registram-se aqui os processos da *gênese* de suas orientações de vida em representações metafóricas. As orientações de vida centrais não precisam ser aceitas como algo dado, mas podem ser compreendidas e explicadas como modelo de orientação que se desenvolve dentro do contexto de vida do vilarejo.

Nessa *interpretação sociogenética*, a "estrutura" do contexto de vida do vilarejo não pode ser compreendida plenamente apenas por meio da reconstrução de esboços biográficos, pois a estrutura que nos interessa é a *estrutura processual*, que abarca ao mesmo tempo as condições da constituição, reprodução e mudança de esboços biográficos como *processos interativos*. Isso pode ser demonstrado com a ajuda do exemplo da problemática de desprendimento representada no item 3.2: Quando os jovens são identificados pela sociedade do vilarejo de modo tão extremo com seus pais, como demonstrado no caso do grupo "Bänkla", os próprios jovens enfrentam grandes problemas com a libertação, tão importante para o desprendimento, da identificação com os pais. Ao mesmo tempo, porém, a identificação íntima tem um efeito também sobre os pais: Quando a família de origem e os pais são tão intimamente identificados com os desvios dos filhos, aumenta a pressão de adaptação que os pais exercem sobre os filhos. Isso restringe cada vez mais os espaços de liberdade necessários para o desprendimento.

Não é só durante a geração de um tipo relativo ao meio social que a estrutura processual ou "dinâmica estrutural" no sentido de processos de interação se tornam alvo da análise. Também aspectos típicos à geração devem ser compreendidos como estrutura processual, como demonstraremos no exemplo do grupo de adultos "Zwischendrin" (cf. BOHNSACK, 1989, p. 183ss. e 336ss.). Nas representações desses representantes da geração dos pais se desdobra um modelo de relacionamento, da relação interativa entre três gerações: Em virtude da obediência moral exigida por seus pais (pela geração dos avós dos nossos jovens), eles têm dificuldades de desenvolver um "senso de autoestima" e uma "sinceridade" em relação a si mesmos e em relação às suas necessidades. Por causa dessa problemática de seus pais e de seu distanciamento deles, as crianças aprenderam a desdobrar esse senso de autoestima. Porém, justamente por causa da falta de autoestima por parte dos pais, isso se transforma em um problema e ponto de conflito (sobre a compreensão do problema geracional como um problema de *relação geracional*, da relação interativa entre gerações, cf. MATTHES, 1985a).

O interesse por esse tipo de conhecimento analítico-processual – levando em conta as diferenças expostas no cap. 7.2 entre a análise dos meios sociais e a análise de biografias individuais – também é encontrado na análise de narrativas autobiográficas de Fritz Schütze. Como revelado no conceito de "estruturas processuais do decurso de vida", cunhado por ele, esse interesse ocupa o centro dos fundamentos teórico-biográficos da entrevista narrativa. Identifica-se aqui aquele potencial de desenvolvimento formado por constelações interativas específicas em situações da biografia (primeiramente na família de origem), que é constitutivo para os esboços biográficos, mas que também se distanciam e se inserem em uma relação tensional com estes, de modo que conseguem miná-los, envolvendo o portador da biografia em "cadeias de eventos condicionais", que iniciam um "desenvolvimento de curvas de decurso" (cf. o Caso Bruckner na pesquisa de RIEMANN, 1987, apud cap. 5.2, com o potencial de desenvolvimento, que pode ser descrito como tentativa constante de obter segurança e autoconfirmação por meio de desempenhos extremos).

Já nos trabalhos da Escola de Chicago, sobretudo nos trabalhos da segunda geração, da "era dourada" (na década de 1920 até o início da década de 1930), foram identificados esses tipos de estruturas processuais (cf., mais detalhadamente, BOHNSACK, 2005b).

No que diz respeito à análise de meios sociais ("social worlds"), o estudo de Paul G. Cressey (1932) – como exemplo clássico – identifica a situação de vida, principalmente com base na observação participante, de mulheres jovens que, em salões de dança ("taxi-dance-halls"), agiam às margens da prostituição. Cressey desenvolve uma espécie de *tipo de desenvolvimento* ("*natural history*"), cujo objeto da análise são não só as fases de desenvolvimento (o ingresso na "taxi-dance-hall" e a queda no comércio dos bares noturnos e da prostituição), mas também as leis de movimento, a estrutura processual desse decurso de vida que, na forma de uma espiral, resulta na queda social (*"retrogressive life-cycle"* – cf. BOHNSACK, 2005b).

Também outros estudos (realizados durante a segunda grande onda de imigração) da *"golden age"* da Escola de Chicago – sobre "gangues" juvenis (THRASHER, 1927), sobre os "hobos", os trabalhadores itinerantes e os *tramps* (ANDERSON, 1923), sobre o gueto judaico (WIRTH, 1928) e as favelas de Chicago (ZORBAUGH, 1929) – desenvolveram tipos de desenvolvimento, ou seja, potenciais de desenvolvimento de grupos e meios sociais – mesmo que nem sempre com a nitidez da construção de tipos. Anselm Strauss, que se identifica pessoalmente com a Escola de Chicago, sempre destacou sua ênfase no caráter processual, no sentido como nos referimos aqui (cf. FISHER & STRAUSS, 1978; STRAUSS, 1987; STRAUSS, 1991). Para uma visão geral dos procedimentos empíricos nos importantes estudos da Escola de Chicago, confira: Schütze, 1987b; Lindner, 1990; Bulmer, 1984; Glaser e Strauss, 1969, cap. VI.

Uma marca distintiva dos trabalhos da Escola de Chicago, que dominou a sociologia norte-americana antes da Segunda Guerra Mundial (cf. JOAS, 1984; JOAS, 1988) foi – em concordância com o nosso procedimento fundamentado sobretudo na sociologia do conhecimento – o olhar que se voltou, ao mesmo tempo, para as precondições objetivas ou estruturais da ação e para seu processamento subjetivo e coletivo – com base na experiência, da vivência daqueles que são objeto da análise[9].

A fundamentação empírica e teórico-metodológica do Departamento de Sociologia da Escola de Chicago foi realizada por W.I. Thomas, que compreendia a ação individual e coletiva como "definição da situação", como superação processual da relação tensional entre "condições objetivas" e "posturas já existentes do indivíduo ou do grupo" (cf. THOMAS, 1965, p. 84). Ele desenvolveu (juntamente com ZANIECKI, 1958) esse quadro de referências teórico-metodológicas fundamentando-se principalmente no estudo empírico sobre a problemática de imigrantes poloneses (com base em textos de cartas destes), estudo este que inaugurou o Departamento de Sociologia da Escola de Chicago.

---

9 Para os pontos comuns entre a Escola de Chicago e a Sociologia do Conhecimento de Mannheim, cf. o prefácio de Louis Wirth na edição em inglês da obra *Ideologia e utopia*, de Karl Mannheim (1952a).

Uma análise com base em narrativas autobiográficas da "era dourada" da Escola de Chicago é o estudo de Clifford R. Shaw (1930) sobre a carreira criminosa de um jovem, que identifica estruturas processuais da biografia – no sentido de constelações interativas recorrentes em sua estrutura fundamental que impulsionam o desenvolvimento biográfico, denominadas por Howard S. Becker como *"crucial interactive episodes"* na introdução de uma reimpressão posterior desse estudo (1966).

Como estudo exemplar de uma geração posterior (da quarta geração) da Escola de Chicago, que analisaram decursos típicos do desenvolvimento em sua dinâmica interativa, devem ser mencionados os trabalhos de Howard S. Becker (1971; primeira edição: 1963) sobre a carreira (*"career"*) de consumidores de maconha e outros grupos de desvio, assim como de Goffman (1972; primeira edição, 1961) sobre o caminho de pacientes psiquiátricos à clínica (que se apresenta como *"betrayel funnel"*, como "funil de traição crescente") e sobre o emaranhamento crescente do paciente em processos de degradação e de perda de identidade *dentro* da clínica (ao modo de um ciclo vicioso). Também devemos mencionar aqui os trabalhos de Anselm Strauss e seus funcionários sobre as curvas de decurso (*"trajectories"*) de moribundos (GLASER & STRAUSS, 1974; STRAUSS & GLASER, 1970) e pacientes (STRAUSS et al., 1985).

Contudo, nessa geração posterior da Escola de Chicago, já se evidenciava uma tendência – que sob a influência da sociologia fenomenológica, principalmente da etnometodologia, se intensificou ainda mais –, a voltar a atenção cada vez mais para aqueles aspectos de decursos, carreiras e estruturas processuais típicos ao desenvolvimento em que estes são iniciados e processados pelo controle social formal, por processos da imposição de normas codificadas ou vistas como de obrigação geral e por decursos de processos de instituições.

Esse desenvolvimento está ligado à definição de "etiquetamento social" ou *"labeling-approach"*, que deve ser visto como aplicação da *interpretação genética* extremamente consequente e importante para a sociologia, que – *colocando entre parênteses o caráter de validade do que* é "criminalidade" ou "doença mental" – identifica *como* o "criminoso" e a "criminalidade" são produzidos como fatos sociais.

Becker, com seu livro "Outsiders" acima mencionado, é considerado (juntamente com Lemert e Kitsuse) o verdadeiro fundador do labeling-approach. Ele delimitou na formulação das teses fundamentais dessa nova abordagem não só a análise dos processos de imposição de regras e normas, mas as inseriu em uma análise da "cultura" de grupos que desviam da norma, ou seja, em uma interpretação genética mais abrangente, com a qual ele esboçou aqueles espaços de experiência dentro dos quais surgiram as condutas criminalizadas.

Concentrando-se, ao longo do desenvolvimento do labeling-approach – sob a influência da etnometodologia (esp. Cicourel, 1968 e Garfinkel, 1976 – primeira edição, 1967) – cada vez mais nos processos formais da transformação de identidade, de degradação e estigmatização resultante da prática de intervenção das instâncias de controle, os meios sociais, ou seja, os espaços de experiência típicos da personalidade foram abstraídos, que são em si o objeto da rotulação formal. Isso significa: as condições (de vivência) da criminalização e patologização não foram incluídas no *quadro de referências paradigmático* da interpretação genética.

Isso vale também para o desenvolvimento da recepção do *"labeling-approach"* iniciado e continuado principalmente por Fritz Sack (primeira edição, 1968) na Alemanha. Apesar de postular *teoricamente* a inclusão de processos de criminalização em processos mais abrangentes (da sociedade como um todo), essa abordagem não os submeteu a uma reconstrução *empírica* correspondente à interpretação genética – isto é, que leva em conta a existência como um todo dos rotulados (cf. BRUSTEN & HURRELMANN, 1973; PETERS 1973). Quando o mundo de vivência ou o espaço de experiência dos criminalizados é excluído da reconstrução empírica fundamentada, os aspectos sobre os quais a criminalização exerce seu efeito e quais são esses efeitos reais permanecem incertos (em relação a essa crítica, cf. tb. BOHNSACK, 1987; BOHNSACK, 1996a; BOHNSACK et al., 1995; BOHNSACK & NOHL, 1998).

Isso foi contemplado apenas em trabalhos posteriores, primeiramente no âmbito da conduta patologizada e na psiquiatria. Assim, o estudo de Riemann (1987), apresentado no capítulo 5.2, afirma já no início em uma "crítica às investigações sobre pacientes psiquiátricos que empregam – no âmbito da abordagem de definição (referindo-se ao *labeling-approach*; R.B.) – o conceito central de carreira": "Quando os indivíduos afetados se tornam interessantes para a sociologia apenas sob o aspecto de seu desvio e a partir do momento em que se inicia sua 'carreira', eles se apresentam como [...] extraídos de seus decursos e contextos biográficos" (RIEMANN, 1987, p. 18).

Um procedimento que visa à gênese *específica do meio social* e que leva em consideração a existência total dos envolvidos é representado pelo estudo de

Hildenbrand (1983), que por meio da observação participante (e recorrendo também a gravações de conversas familiares), analisa constelações interativas que se reproduzem constantemente em um ambiente familiar por meio das quais o filho da família se vê diante de um dilema comportamental, quando é diagnosticado como esquizofrênico e processado repetidas vezes durante estadias na psiquiatria.

No âmbito da criminologia, as investigações de Haferkamp (1974) sob o título "Carreiras criminosas" foram as primeiras a apresentar tentativas de superar a exclusão de processos de desenvolvimento e aprendizado subculturais ou do mundo de vivências. Esse estudo, realizado essencialmente com base na observação participante e, por isso, metodicamente interessante, foi praticamente ignorado. Outro estudo sociológico na área da criminologia que devemos mencionar aqui é o de Bielefeld et al. (1983), que, com base em entrevistas narrativas e observação participante de jovens estrangeiros em uma metrópole, conseguiu demonstrar como esses jovens, que não se sentem em casa nem na cultura de origem dos pais nem na cultura dominante e, em parte, também são excluídos do mercado de trabalho, encontram possibilidades na chamada "economia paralela", cuja dinâmica de interação dilui as transições entre oportunidades de trabalho legal, semilegal e ilegal.

Em nossos próprios estudos mais recentes, tentamos superar a separação (que se deve a fatores político-profissionais) entre os discursos da criminologia ou da sociologia da criminalidade e os discursos das teorias da juventude, das pesquisas sobre juventude. A busca acionística, intencionalmente não racional, por orientação de vida na fase da adolescência, está vinculada a riscos de criminalização (cf. BOHNSACK et al., 1995; BOHNSACK, 1997a; BOHNSACK, 1997e). No sentido da análise comparativa, diferentes meios sociais (entre outros: *hooligans* e bandas de *rock*) foram analisados sob o aspecto de contrastes e similaridades. Em um estudo mais recente, a análise comparativa incluiu jovens de origem turca com suas experiências específicas da migração e etnização (cf. BOHNSACK & NOHL, 1998; BOHNSACK et al., 2001; BOHNSACK, 2001b; BOHNSACK & NOHL, 2001a; BOHNSACK & NOHL, 2001b). Para um resumo da importância de estudos reconstrutivos no âmbito da criminologia, confira Bohnsack, 2000a.

8.3 Construção de tipos sociogenéticos, de sentido genético e de sentido genético-causal

Tanto Karl Mannheim (1964a, p. 115) como também Pierre Bourdieu (1974, p. 29ss.) apontaram uma discrepância entre as exposições de Weber sobre o tipo ideal em sua "Wissenschaftslehre" (WEBER, 1968) e a compreensão do tipo ideal que se documenta na prática de pesquisa de Weber, isto é, na "lógica de pesquisa" subjacente a essa prática (BOURDIEU, 1974, p. 30). Segundo Mannheim (1964a, p. 151), "é preciso ressaltar que nem sempre as reflexões teóricas de Max Weber coincidem com seus procedimentos históricos. Nas primeiras, ele não renuncia às explicações causais, mas em seu trabalho histórico, muitas vezes, ele procede de modo documentário". Com o conceito "documentário", Mannheim se refere ao "método documentário" por ele desenvolvido no ensaio mencionado.

Mannheim e Bourdieu se distanciam das reflexões teóricas de Weber *sobre* sua prática de pesquisa, mas se identificam em grande medida com sua lógica de pesquisa subjacente à prática de pesquisa. No que diz respeito à reconstrução e fundamentação metodológica de seu próprio modo de procedimento, Bourdieu parte do emprego do conceito do *habitus* do historiador da arte Panofsky (1964, originalmente 1932). Com seu método iconológico, este autor seguiu o método documentário de Mannheim (1964a), ao qual ele se refere explicitamente (Panofsky 1964, p. 93 – cf. tb. o cap. 9). Além das muitas concordâncias metodológicas entre Bourdieu e Mannheim, podemos identificar também algumas diferenças decisivas entre as duas metodologias.

No sentido de Panofsky e em sua continuidade também no sentido de Bourdieu (cf. 1974, p. 127ss.), aquele "sentido documental", que corresponde ao "estrato de sentido secundário" em Mannheim, se torna visível quando o "estrato de sentido primário" das formas da prática, ao qual pertence também o "sentido expressivo" (o princípio intencional da ação), é transcendido. Isso ocorre por via da reconstrução da prática generativa, do princípio gerador das formas da prática, ou seja, do *habitus*.

O *habitus* que está por trás das formas da prática e que as gera é, ao mesmo tempo, "*princípio gerador* de formas objetivamente classificáveis da prática e *sistema classificador* (*principium divisionis*) dessas formas" (BOURDIEU, 1982, p. 277), isto é, ele estrutura tanto a ação quanto a percepção e avaliação das ações próprias e de terceiros e, em ambos os níveis, "é acessível à consciência apenas de forma altamente fragmentada" (p. 283).

Todas as formas da prática de um agente ou de uma classe apresentam uma *homologia*. Essa homologia ou "*afinidade estilística* das formas da prática de um agente ou de todos os agentes de uma classe, que transforma cada prática individual em metáfora para qualquer outra, se deve ao fato de que todas elas resultam de transferências dos mesmos esquemas de ação para os diferentes campos" (p. 283).

Um exemplo: "Na moral de trabalho do velho marceneiro, para o qual um trabalho escrupuloso e perfeito, a ordem, o esmero e a delicadeza representam a essência de tudo, tanto quanto em sua estética do trabalho como fim em si mesmo, que lhe permite avaliar a beleza em termos de cuidado e paciência investidos, tudo está contido: sua imagem de mundo assim como seu modos de lidar com suas finanças, seu tempo e seu corpo, seu emprego da língua e suas preferências em termos de moda" (BOURDIEU, 1982, p. 282s.).

O *habitus* no sentido de Bourdieu (p. 279) não é, porém, "apenas a estrutura que organiza a prática e sua percepção, mas também estrutura estruturante". Aquela "estrutura", porém, que estrutura o *habitus*, se encontra em *outro* nível do que a acima mencionada e exposta até agora: O *habitus* é estruturado pelas "condições de vida objetivamente classificáveis", sendo que o emprego do conceito "objetivamente" já indica a mudança de nível. O *habitus* específico à classe é estruturado pelas "configurações de capital" que configuram as classes, isto é, configurações que são determinadas pela participação no capital econômico, cultural e social (cf. resumo em MÜLLER, 1986; HRADIL, 1989), sendo que essas diferentes participações com base em dados "objetivos" (principalmente a posição profissional e a renda) são medidas como indicadores.

Enquanto as formas da prática são geradas pelo *habitus* ("espaço dos estilos de vida"), a gênese do próprio *habitus* se encontra no "espaço das posições sociais objetivamente opostas" (1982, p. 286), nas "coerções e liberdades" ali arraigadas. Portanto, "seria necessário identificar para cada classe e fração de classe, isto é, para cada configuração de capital, a *fórmula geradora* do *habitus*, que traduz as coerções e liberdades características da respectiva classe de condições de vida (relativamente homogêneas) para um *estilo de vida* específico" (p. 332). Assim, a classe de trabalhadores se caracteriza pelo equipamento com capital econômico e cultural por meio do "gosto nascido da necessidade" (p. 289). No entanto, isso não deve ser entendido no sentido de que o gosto seria uma "simples função de posse" (p. 289), mas no sentido do *habitus*, que transforma a "necessidade em virtude" e se fundamenta na "transformação da necessidade em estratégias, das coerções em preferências" (p. 285). Bourdieu consegue demonstrar as preferências estilísticas (por alimentos, modos de preparo, tipos de esportes, estilos de arte etc.) em sua distribuição de frequência em diferentes classes. No entanto, ele não esboça essa transformação de coerções (ou liberdades) em preferências na *base da vivência* dos membros de uma classe, reconstruindo a percepção de coerções e liberdades e seu processamento de tal modo como ela se realiza nos diferentes espaços de experiência dos membros de diferentes classes. Tampouco o faz com referência àquele componente – central para a sua teoria – segundo o qual as diferentes formas de *habitus* das classes superiores (de forma geral: da burguesia de posse, burguesia intelectual e pequena burguesia) adquirem sua forma e seus contornos por meio das possibilidades ou "meios de poder" diferentes, distanciando-se "das coerções elementares da necessidade" (p. 298), que, segundo Bourdieu, caracteriza o modo de vida da classe dos trabalhadores, adquirindo assim uma "distinção". Isso também não é fundamentado empiricamente em uma reconstrução da experiência e do processamento de vivência dos membros de diferentes classes.

Tratei com mais detalhes da análise de Bourdieu, porque – a despeito dos muitos aspectos compartilhados com a análise da sociologia do conhecimento de Mannheim – torna-se visível a tendência em direção a um tipo específico da interpretação genética: a interpretação *genético-causal*, pois ele "procura reconstruir a gênese das *vivências* necessárias para a criação de uma obra, substituindo as diferentes figurações intelectuais imanentes [...] por certos complexos relativamente estranhos ao sentido e universalmente identificáveis (ou seja, as configurações de capital; R.B.) e explicando-as a partir delas" (MANNHEIM, 1980, p. 87).

A interpretação *sociogenética*, por sua vez, que parte da reconstrução dos espaços de experiência daqueles que são objeto da pesquisa, se vê obrigada a trabalhar com base na análise de casos. Ela estuda o caso não só em *um* estrato ou dimensão de significado, e isso significa com referência a *um* tipo, mas simultaneamente em várias dimensões ou espaços de experiências do caso, de modo que se tornam visíveis diferentes tipos em suas superposições, emaranhamentos e em suas modificações recíprocas. Apesar de destacar a importância de "classes" de gêneros e gerações, Bourdieu não consegue explicar pela via de sua análise empírica como o *habitus* específico à classe por ele identificado sofre sobreposições e modificações de gênero e de gerações (uma crítica apresentada frequentemente a partir de outro quadro de referências, do quadro das teorias da desigualdade social; cf., p. ex., a crítica de Hradil (1989, p. 125s.) à premissa de uma "homogeneidade do mundo de experiência" em Bourdieu).

Os trabalhos do Center for Contemporary Cultural Studies se inserem entre a interpretação genético-causal e a interpretação sociogenética (cf. esp. WILLIS, 1977; WILLIS, 1981; CLARKE, 1979). Quando os pesquisadores do "CCCS" afirmam que as subculturas juvenis são "duplamente articuladas", eles estão dizendo o seguinte: que diferentes estratos ou dimensões de significado do caso precisam ser considerados (fundamentais para eles: as dimensões específicas à classe e geração). No entanto, a gênese dos diferentes estilos juvenis é traçada apenas em parte com base na vivência dos jovens (em maior medida por WILLIS, 1977).

Bourdieu (1976, p. 151) se distancia em seu modo de procedimento da fenomenologia (e também da etnometodologia) ao criticar que "a fenomenologia falha ao não levantar a pergunta em relação às precondições – consequentemente dos limites da validade – daquela experiência que ela explicita". Podemos concordar com isso na medida em que a sociologia fenomenológica e a etnometodologia – ao contrário da sociologia do conhecimento – não conseguem incluir a pergunta referente à "determinação existencial" (*Seinsgebundenheit*) do conhecimento e da experiência, sua dependência da situação social, em sua análise teórica e empírica.

A sociologia fenomenológica com sua orientação pelo modelo do "sentido intencional subjetivo" não corresponde, porém, à *interpretação de sentido genético*, como Mannheim (1980, p. 85ss.) a distinguiu da interpretação sociogenética. A diferenciação entre o método documentário e a sociologia do conhecimento praxiológica em relação à sociologia fenomenológica e a sociologia do conhecimento hermenêutica foi discutida em outro lugar (BOHNSACK, 2006b; BOHNSACK, 2005a; BOHNSACK, 2003i).

A *interpretação sociogenética*, ou "compreensão da funcionalidade", pode ser demarcada em dois sentidos e apreendida mais nitidamente por meio desta demarcação: "Entre a explicação genético-causal e a pura gênese de sentido, encontram-se os dois tipos da compreensão da funcionalidade das figurações, a psicológico-individual compreensiva e a psicológica social compreensiva [...]. Ambas as explicações remetem ao sujeito por detrás da obra: a psicológico-individual remete ao indivíduo criativo; a psicológica social, ao contexto de vivências do sujeito grupal. Elas são próximas entre si no sentido de compreenderem o teor do sentido das objetivações culturais [...] sempre em um sentido utilitário como fragmentos de totalidades abrangentes, que são denominadas de 'visão de mundo'. Trata-se, uma vez, da visão de mundo de um indivíduo; outra vez, da visão de mundo de um grupo, de uma era. A totalidade denominada visão de mundo é relacionada como funcionalidade referente aos respectivos contextos de vivência, que não podem ser caracterizados como livres de sentido, mas apenas com referência a um sentido. A psicologia individual denomina esses contextos de vivência relacionados a um sentido como tipos espirituais; a sociologia, por sua vez, procura compreendê-los como tipos de grupos sociais" (MANNHEIM, 1980, p. 87s.).

9
Procedimentos qualitativos da interpretação de imagens e o método documentário

Se estudarmos em maior detalhe o desenvolvimento dos métodos de interpretação de imagens no âmbito da pesquisa qualitativa, chegamos a uma observação aparentemente paradoxal. Descobrimos que o estabelecimento e aperfeiçoamento dos métodos qualitativos ao longo dos últimos 25 anos provocaram, em medida crescente, uma marginalização da imagem. Os métodos qualitativos não se mostraram suficientemente à altura dos desafios apresentados pelo extraordinário aumento da importância das mídias imagéticas. Encontramos as primeiras reações a esses desafios nas ciências da educação (cf. EHRENSPECK & SCHÄFFER, 2003; FRIEBERTSHÄUSE & SCHÄFFER, 2007). O futuro dos métodos qualitativos dependerá também da medida em que eles conseguirão enfrentar esses desafios.

9.1 A marginalização da imagem nos métodos qualitativos

A marginalização da imagem que observamos nas metodologias qualitativas se deve essencialmente ao fato de que ela foi afetada de modo especialmente radical pelo *"linguistic turn"* (primeiro RORTY, 1967), ou seja, pela virada influenciada pelas ciências linguísticas, que marcou as ciências sociais desde a década de 1970. Os progressos dos métodos qualitativos dos últimos 20 anos estavam – como mostra este volume – vinculados principalmente às novas descobertas no campo da interpretação de textos. Apenas em tempos muito recentes, começa a se evidenciar uma descoberta da interpretação de imagens no decurso de um *"pictorial turn"* (MITCHELL, 1994).

As consequências do *linguistic turn* foram tão profundas para os métodos empíricos também porque, em todas as metodologias das ciências sociais, vale aquela premissa que foi apresentada pela primeira vez por Karl Popper (1971) (cf. tb. cap. 2): Caso a realidade queira adquirir relevância científica, ela precisa se apresentar na forma de sentenças de observação ou "sentenças de protocolo" ou, também, "sentenças fundamentais", ou seja, em forma de textos.

A pesquisa social qualitativa ou reconstrutiva não só seguiu essa premissa da metodologia convencional. Ela tirou dessa premissa consequências de alcance ainda maior: Apenas onde a ação linguística, verbal dos pesquisados, apenas onde os textos produzidos por eles mesmos representam os dados de origem, estes não precisam ser transformados mais uma vez pelos pesquisadores ou observadores em textos; ou seja, em sentenças de protocolo ou observação. Porém, no âmbito da interpretação de imagens, essa transformação é algo naturalmente necessário o que a coloca (assim como também ocorre, p. ex., com a observação participante) imediatamente sob a suspeita de carência de validade.

Essa posição marginal da interpretação de imagens foi acentuada mais uma vez quando a "forma textual da realidade social" foi radicalizada pelo "texto como modelo das ciências sociais" (RICOEUR, 1972). A hermenêutica objetiva, por exemplo, afirmou a forma linguística e, portanto, a forma textual não só do discurso científico, mas de toda comunicação, também a do cotidiano. Em decorrência disso encontramos em Müller Doohm (1993, p. 448) a afirmação "da forma textual da imagem, que a torna legível e hermeneuticamente interpretável".

A sociologia do conhecimento hermenêutica tem criticado essa visão no âmbito da pesquisa social reconstrutiva (cf. REICHERTZ, 1992). No entanto, em alguns pontos decisivos, ela continuou afirmando-se na forma linguística e textual da realidade social. Apesar de considerar possível uma compreensão "privada", de certa forma monológica, da imagem para além da língua e do texto, ela nega isso em uma comunicação intersubjetiva[1]. Dessa forma, não fazemos jus à imagem como meio de compreensão cotidiana.

---

1 Reichertz (1992, p. 143) escreve: "Se quisermos nos comunicar com outros sobre a percepção e a impressão da fotografia, precisamos produzir um protocolo do evento privado, traduzi-lo para um código intersubjetivo".

9.2 Compreensão através da imagem *versus* compreensão sobre a imagem

A fim de compreender a importância de imagens como meio de comunicação cotidiana na pesquisa social qualitativa, é preciso diferenciar entre dois tipos muito diferentes da comunicação pictórica. Precisamos distinguir entre a compreensão *através* da imagem e a compreensão *sobre* a imagem. Uma compreensão intersubjetiva através da imagem – ou seja, da imagem em si –, e, portanto, fora do campo da língua e do texto, costuma ser tacitamente excluída das ciências sociais; isto é, excluída da metodologia e também das teorias da ação sem uma justificativa mais aprofundada. Elas costumam voltar seu olhar somente para a compreensão *sobre* a imagem, que se dá por meio da língua e do texto.

Nessa diferenciação entre uma compreensão *através* da imagem e a compreensão *sobre* a imagem já estão contidas pressuposições sobre a nossa compreensão e nossa ação cotidianas, que invadem profundamente os campos das teorias da ação, dos signos, do conhecimento e da epistemologia. O fato de nós nos comunicarmos no cotidiano *através* de imagens significa que o nosso mundo, nossa realidade social não só é representada por imagens, mas também é constituída por elas. De acordo com Mitchell (1994, p. 41), o mundo "não só é representado através de imagens, mas de fato constituído e levado à existência por meio da produção de imagens". A *produção* do mundo através de imagens pode, por sua vez, ser entendida em pelo menos dois sentidos: A primeira compreensão afirma que apenas a *interpretação* do mundo é realizada essencialmente por meio da iconicidade. Uma compreensão mais abrangente de uma constituição de mundo através da imagem abarca também a qualidade das imagens de *orientar ações.*

Nas teorias da ação, da comunicação e das imagens nas ciências sociais e nas ciências da educação, esse último aspecto permanece, salvo algumas exceções, sistematicamente ignorado, isto é, o fato de que as imagens são – em um nível fundamental da comunicação e do aprendizado, da socialização e da formação (não só nos meios de comunicação de massa) – meio de comunicação e de ação cotidianas. Isso vale especialmente no sentido de que situações ou cenários sociais são aprendidos na forma de "imagens internas", que, entre outros, são *lembradas* na imagem produzida e assim se sedimentam na memória de forma essencialmente pictórica. Dispomos, por exemplo, de "imagens interiores" típicas que nos informam o significado de gestos e expressões faciais de um interlocutor. Sempre nos vemos diante da necessidade de interpretar a expressão facial e a postura do corpo do outro de forma adequada para que possamos adquirir segurança na ação. Precondição para isso é, porém, que já tenhamos imagens "internas", esquemas icônicos, por meio dos quais os gestos e a postura física se transformam em signos dotados de sentido para nós. E mais: cada tipo de signo ou de sistemas de significação se baseia em imagens. O significado pertencente a cada significante (p. ex., uma palavra) não é uma coisa, mas uma imagem interna ou "psíquica". Em Roland Barthes, lemos: "O significado da palavra *touro* não é o animal *touro*, mas sua imagem psíquica" (BARTHES, 1983, p. 37). Segundo Alfred Schütz (1971, p. 4), toda formação de símbolos ou, mais precisamente, de tipos se baseia numa "imaginação de representações hipotéticas de sentido". Esse tipo de "imaginário" interno, como o chama Christoph Wulf (1999, p. 333s.), no qual se fundamenta também a qualidade pictórica de orientações sociais, representa não só os fundamentos para a produção de iconicidade, de imagens externas, mas antecede em muitos aspectos também o simbolismo da língua[2]. Em seu simbolismo, principalmente em suas metáforas, o "imaginário", a "qualidade pictórica" sempre está implicada, de modo que – como o formula Gottfried Boehm (1978, p. 447) – "imagem e língua participam de um nível comum da qualidade pictórica".

O nível de compreensão da imagem é, em grande medida, pré-reflexivo. Trata-se de uma compreensão que se realiza em um nível inferior à explicabilidade linguístico-conceitual. A comunicação pictórica está inserida em estoques de conhecimento tácitos ou "ateóricos", como definidos por Karl Mannheim (1980). Esses estoques de conhecimento orientam e estruturam sobretudo a ação habitual, rotineira. A ação nesse nível pré-reflexivo é aprendida essencialmente no modo da interiorização, da apropriação "mimética" (cf. WULF, 1998) de cenários sociais, de gestos e expressões faciais, que são presenciadas e compreendidas no modo da imagem.

9.3 Iconologia e método documentário

Com sua sociologia do conhecimento, Karl Mannheim abriu um acesso metódico a esse nível do conhecimento já na década de 1920. Sabemos – apesar de ser raramente reconhecido – que o método *iconográfico-iconológico* de

---

2 Castoriadis (1984, p. 217) remete, nesse sentido, ao "componente imaginário de todo símbolo", diferenciando (p. 218s.) entre o "imaginário atual" e o "imaginário radical".

Erwin Panofsky (1975[3]) se refere explicitamente a Karl Mannheim e ao seu *método documentário*.

A mudança da postura analítica, constitutiva para a metodologia de Panofsky, da *iconografia para a iconologia*, foi antecipada de modo decisivo por Mannheim com sua mudança do teor de sentido imanente para o teor de sentido documentário (cf. esp. cap. 3). Com essa mudança na postura analítica, Mannheim conseguiu há quase 80 anos apresentar uma justificativa metodológica da postura do observador nas ciências sociais que, ainda hoje, corresponde ao nível da discussão epistemológica; ou melhor, que apenas hoje pode ser reconhecida em seu alcance. Essa mudança da postura analítica pode ser descrita, com base em Heidegger (1986) e Luhmann (1990), mas principalmente com base em Mannheim, como uma mudança do *o que* para o *como* (cf. cap. 12; BOHNSACK, 2001a). Trata-se da mudança da pergunta sobre quais *são* os fenômenos ou fatos culturais ou sociais para a pergunta sobre *como estes são produzidos*. Mannheim o expressa assim: "O que passa a ser de importância dominante não é o 'o que' de um sentido objetivo, mas o 'que' e o 'como'" (1964a, p. 134).

Essa mudança do "o que" para o "como" – que na linguagem de Niklas Luhmann (1990, p. 86ss.) diz respeito à mudança da "observação de primeira ordem" para a "observação de segunda ordem" –, subjaz também à diferenciação que Panofsky estabelece entre a iconologia e a iconografia. Em Panofsky, porém, a pergunta pelo "o que" abarca não só a iconografia, mas também o nível *pré*-iconográfico.

No nível pré-iconográfico, trata-se, em primeiro lugar, de identificar os objetos ou fenômenos visíveis em uma imagem, ou seja, os "motivos artísticos" (PANOFSKY, 1975, p. 39). Com a postura pré-iconográfica, identificamos, por exemplo, "pessoas sentadas à mesa em determinadas poses e em determinada ordem" (p. 39). É apenas no nível iconográfico que "vinculamos motivos artísticos e combinações de motivos artísticos (composições) a temas ou conceitos" (p. 39), isto é, com estoques de conhecimento objetivados e linguisticamente explicáveis. No caso da interpretação nas artes, trata-se de textos narrativos codificados, por exemplo, de textos bíblicos. Aquilo que o intérprete faz quando

---

3 A obra de Panofsky – *Meaning in the Visual Arts* – publicada em 1975 em língua alemã também foi publicada no Brasil pela Editora Perspectiva. Para maior aprofundamento, sugerimos conferir a respectiva tradução para a língua portuguesa [N.Rev.].

identifica esse tipo de narrativas – que lhe servem como modelo para imagens – é chamado de "iconografia" por Panofsky. O intérprete consegue, por exemplo, identificar no nível iconográfico "que pessoas sentadas à mesa em determinadas poses e em determinada ordem representam a Última Ceia" (p. 39).

Em uma análise iconográfica, na qual permanecemos no nível do "o que", ou seja, no nível da observação de primeira ordem, construímos – em termos sociológicos – tipos de ações e tipos de agentes. Atribuímos motivos (aqui, não no sentido da Teoria da Arte, mas da Teoria da Ação), mais precisamente "motivos 'para'" (no sentido de SCHÜTZ, 1971; SCHÜTZ, 1974; cf. tb. cap. 8.2). Isso se torna mais claro quando Panofsky explica os passos interpretativos por ele desenvolvidos não no âmbito da arte, mas na "vida cotidiana" (PANOFSKY, 1975, p. 38) com o exemplo do gesto de um conhecido. Esse gesto, que, no nível pré-iconográfico, deve ser identificado primeiro como "tirar o chapéu", pode ser analisado, no nível iconográfico, como "saudação". Segundo a argumentação de Panofsky, esse passo da interpretação pode ser caracterizado como atribuição de "motivos 'para'": O conhecido tirar o chapéu *para* saudar.

A análise *iconográfica* que pergunta pelo "*O que*" se distingue radicalmente de uma interpretação voltada para o "*como*", para o *modus operandi* da *produção ou criação* do gesto. Segundo Panofsky, revela-se assim "o verdadeiro significado" ou o "teor" de um gesto (1975, p. 40), o "sentido essencial" ou "sentido documentário" (1932, p. 115 e 118). Pela via da interpretação iconológica podemos obter do gesto a "impressão de uma essência específica [...] – a impressão de uma estrutura interna, de cuja construção participaram igualmente espírito, caráter, origem, ambiente e destino da vida e que, no ato de saudação, se 'documenta' igualmente claro e igualmente independente da vontade e do conhecimento daquele que executa o gesto, da mesma forma como se documentaria em qualquer outra manifestação da vida da respectiva pessoa" (p. 115s.).

Objeto central da iconologia como também do método documentário é esse "sentido essencial" ou "*habitus*". O sentido essencial ou *habitus* pode ser do tipo individual (como, p. ex., como expressão de um "ser desajeitado") ou se referir ao caráter coletivo como expressão de um ambiente social: o *habitus* 'proletário', por exemplo, ou 'burguês'. Pode ser expressão de uma fase histórica ou de uma geração; por exemplo, o *habitus* de um membro da geração de 68. Ou então – e este é o interesse principal de Panofsky – ele é expressão de toda uma era: da era gótica ou do Renascimento. O teor de sentido iconológico é compreendido, segundo Panofsky (1975, p. 40), "quando identificamos aqueles princípios fundamentais que revelam a postura fundamental de uma nação, de uma era, de uma classe, de uma convicção religiosa ou filosófica, modificados por uma personalidade e condensados em uma única obra"[4].

9.4 Produtores de imagens representantes e representados

A pergunta pelo teor de sentido iconológico é, portanto, a pergunta pelo *habitus dos produtores de imagens*. Preciso distinguir aqui – em continuação dos trabalhos de Panofsky e Mannheim – duas dimensões ou dois tipos fundamentais de produtores de imagens: De um lado, temos os produtores de imagens representantes, ou seja, os fotógrafos ou artistas e todos aqueles que, como agentes e produtores, encontram-se *por detrás* da câmera e participam da produção da imagem também após a captura da imagem. De outro, temos os produtores de imagens *representados*, ou seja, todas as pessoas, seres ou cenários sociais que fazem parte do motivo da imagem, isto é, que agem *na frente* da câmera. Ambos os tipos de produtores de imagens são, na maioria das vezes, não agentes individuais, mas coletivos ou cooperativos. Os problemas metódicos resultantes dessa complexa relação entre esses dois tipos de produtores de imagens podem facilmente ser superados quando ambos pertencem ao *mesmo* "espaço de experiências"; por exemplo, quando um membro da família produz uma foto da família ou

---

4 O método "iconográfico-iconológico" de Panofsky foi pouco aplicado nas ciências sociais e nas ciências da educação. Exceções são os trabalhos de Pilarczik e Mietzner, 2000; Mietzner e Pilarczik, 2003; Michel, 2001; Michel, 2002, que relacionam a iconologia de Panofsky ao método documentário, trazendo novos desenvolvimentos.

O interesse de Bourdieu (1970) por Panofsky diz respeito não ao método da interpretação de imagens, mas à metodologia em geral desenvolvida por Panofsky (cf. tb. cap. 8.3). O interesse de Mollenhauer por Panofsky se concentra, como já revelam os títulos de seus trabalhos (MOLLENHAUER, 1983), na aplicação do método de Panofsky sob o ponto de vista "teórico-educacional" (remetendo também a Imdahl). Mollenhauer (1983) compreende o "princípio formativo contido na imagem" no sentido da "estrutura iconológica" em Panofsky: "Na forma é que se reconhece a estrutura profunda, o princípio formativo contido na imagem; na terminologia de Panofsky, sua estrutura iconológica". Na interpretação de Mollenhauer, que ele desdobra de forma exemplar a partir de uma obra clássica da história da arte (*La Flagellazione*, de Pierro della Francesca), não se trata, na verdade, de uma interpretação científico-educacional ou científico-social, mas de uma interpretação científico-histórica, cuja relevância científico-educacional e pedagógica é então identificada. É, portanto (como o título do ensaio já deixa claro), uma "Excursão em território estranho", onde Mollenhauer, porém, se movimenta com elegância e perícia, produzindo reflexões teórico-culturais muito produtivas. Também em Wünsche (1991) – ainda que não tão diretamente – encontramos uma orientação pelo método iconográfico-iconológico de Panofsky.

quando – como no caso de pinturas históricas que me informam sobre uma era histórica – o pintor e os modelos ou os cenários representados pertencem à mesma época. Pois a interpretação iconológica ou documentária visa encontrar acesso a um espaço de experiência conjuntivo dos produtores de imagens, cujo elemento central é o *habitus* individual ou coletivo. O problema se torna metodicamente mais complexo quando o *habitus* dos produtores de imagens representados não corresponde tão evidentemente ao *habitus* dos produtores de imagens representantes. Explicarei esse problema com a ajuda do caso da fotografia de uma família de trabalhadores rurais no Brasil, produzida por um fotógrafo profissional com ambições artísticas. Interpretarei essa imagem no cap. 13.4.

9.5 Icônica e método documentário

O avanço especial que devemos a Panofsky consiste, entre outras coisas, no fato de que ele logrou visualizar o *habitus*, o sentido essencial ou documentário de uma época como o Renascimento a partir das analogias ou homologias de mídias *diferentes*, de diferentes gêneros de representação ou de arte (desde a literatura até a pintura, arquitetura e música) dessa época. Mas é justamente esse ponto que serve a Max Imdahl (1994; 1996a) como ponto de partida para a pergunta crítica qual seria o aspecto especial da imagem, da iconicidade nas interpretações de Panofsky se o *habitus*, que interessa a Panofsky, pode ser identificado, por exemplo, na literatura. Panofsky não se interessa primariamente por aqueles teores de sentido que podem ser comunicados *apenas* pela imagem, mas *também* pela imagem. O método de Imdahl, por sua vez, que ele entende como desenvolvimento da iconologia de Panofsky e o denomina de "*icônico*", compreende "a imagem como esse tipo de comunicação de sentido, que não pode ser substituída por nenhuma outra coisa" (IMDAHL, 1994, p. 300).

Nesse contexto, Imdahl critica também a importância reduzida de "formas" e "composições" em Panofsky. Ele estaria reduzindo as formas à função de representar os objetos (naturais) da imagem por meio de traços e cores de modo que possam ser identificados e reconhecidos (cf. IMDAHL, 1996a, p. 89); e as composições, à função da reconhecibilidade das narrativas iconológicas (p. ex., dos textos da Bíblia ou da história da salvação). Independentemente de sua admiração por Panofsky, Imdahl julga (1996a, p. 89): "Para Panofsky, a imagem – seja ela uma obra de arte ou não – nada mais é do que a motivação para o olhar que reconhece e identifica objetos".

A esse "*olhar que reconhece*" (*wiedererkennendes Sehen*) Imdahl contrapõe o "*olhar que olha*" (*sehendes sehen*), por meio do qual as formas e cores adquirem seu significado primariamente não com referência aos objetos representados, mas com referência à composição geral e à totalidade da imagem (cf. tb. abaixo). A contribuição especial da icônica desenvolvida por Imdahl consiste no fato de que o olhar que reconhece, por um lado, e o olhar formal ou o olhar que olha, por outro, estão inter-relacionados.

A crítica de Imdahl a Panofsky pode ser compreendida no sentido de que em Panofsky a pergunta pelo "*como*" da produção ou criação de teores de sentido e dos objetos é levantada tarde demais. Em Panofsky, essa pergunta se torna relevante apenas nos teores já definidos iconograficamente. Ou seja, apenas aquilo que já foi anteriormente compreendido linguística e *textualmente* é interrogado em relação ao *modus operandi* ou à fórmula geradora de sua produção. A interpretação *icônica* de Imdahl, por sua vez e ao contrário da interpretação iconológica de Panofsky, levanta essa pergunta já no nível pré-iconográfico e, sobretudo, na composição formal da imagem. A interpretação icônica pode – segundo Imdahl – incluir grande parte do preconhecimento iconográfico, ou seja, as atribuições de sentido iconográficas. Ela consegue, como lemos em Imdahl, "à exceção da percepção literária ou do conteúdo cênico da imagem, ser bem-sucedida justamente quando o conhecimento sobre o sujeito representado é, por assim dizer, metodicamente suprimido" (1996a, p. 435). Esse procedimento de "colocar entre parênteses" ou de "supressão" do preconhecimento textual e linguístico é precondição para que se possa fazer jus à peculiaridade e particularidade da imagem. Esse "colocar entre parênteses" parece metodicamente necessário se quisermos compreender a imagem – no sentido de Imdahl (1979, p. 190) –, como "um sistema evidente na construção de suas normas imanentes e em sua autonomia", como um sistema "autopoiético" ou "autorreferencial", como diria a Teoria de Sistemas moderna.

9.6 Correspondências entre importantes metodologias de interpretação de imagens

Aqui, reconhecemos paralelos com a semiótica com seus dois proeminentes representantes Umberto Eco e Roland Barthes, que – independentemente das diferenças entre os dois – concordam no ponto de que nós, a fim de avançarmos para a particularidade e peculiaridade da imagem, precisamos partir de um ponto inferior ao nível *conotativo*. O nível conotativo – e Eco ressalta isso explicitamente[5] – pode ser compreendido em alguma medida como análogo ao nível iconográfico de Panofsky. A particularidade e peculiaridade da imagem, ao contrário do texto, isto é, a mensagem especial dos signos icônicos, é decidida no nível denotativo ou pré-iconográfico. Se quisermos avançar até aquela mensagem que só pode ser transmitida pela imagem, nós a encontraremos nesse nível. A fim de decodificar essa mensagem, precisamos primeiro atravessar o nível superior do código iconográfico ou conotativo, que se impõe à nossa percepção. Assim, tendemos sempre a interpretar imagens não abstratas projetando ações e histórias sobre a imagem que poderiam ocorrer dentro dela.

A decodificação daquela mensagem que só pode ser transmitida pela imagem sempre passa pelo código iconográfico ou conotativo, "se livra", porém, como afirma Roland Barthes (1990, p. 37), das conotações (iconográficas) e é assim uma "mensagem restante que consiste daquilo que resta da imagem quando apagamos (mentalmente) os signos da conotação". Vemos aqui também paralelos com a interpretação de imagem de Foucault a exemplo da pintura *Las meninas*, do pintor espanhol Diego Velásquez. Foucault (1971, p. 38) escreve: "Precisamos, então, fazer de conta que não sabemos". Não se trata aqui, segundo Foucault, de excluir o conhecimento *institucionalizado* (i. e., do conhecimento que estamos olhando para as damas, cortesãos e anões no quadro da corte). Antes de tudo, trata-se da necessidade de "apagarmos os nomes próprios", isto é, o conhecimento da *peculiaridade específica ao caso*, daquilo que é representado e de sua história concreta, se "quisermos manter aberta a relação da língua e do visível, se quisermos falar não contra, mas a partir de sua irreconciliabilidade" (FOUCAULT, 1971, p. 38).

9.7 O "pôr entre parênteses" o teor de sentido iconográfico ou conotativo

Surgem então concordâncias entre abordagens e tradições proeminentes da interpretação de imagens no sentido de que teores de sentido específicos são colocados entre parênteses no nível conotativo ou iconográfico, que, de modo

---

5 Umberto Eco (1994, p. 242s.) define o código conotativo em algumas passagens como código iconográfico e explica seu raciocínio com um exemplo emprestado de Panofsky (1932, p. 110): Quando contemplo uma imagem no nível *denotativo* ou *pré-iconográfico*, identifico na imagem "uma mulher seminua com a cabeça de um homem num prato". Apenas no nível *conotativo* ou *iconográfico*, essa imagem se apresenta a mim como a representação de "Salomé".

especial, são marcados por narrações (linguísticas) e nosso (pré)conhecimento textual, para assim manterem "em aberto" a relação (tensional) entre imagem e língua ou texto, como ressalta Foucault (1971, p. 38), a fim de não submeter a imagem, desde o início, à lógica linguístico-textual.

Até agora, os métodos qualitativos não têm feito jus a esse fato. Por isso, parece-nos ainda mais necessário desenvolver um método que permita operar o máximo possível na base da mensagem denotativa, isto é, no nível pré-iconográfico. Para o método documentário, o "pôr entre parênteses" do teor de sentido iconográfico, isto é, o "pôr entre parênteses do caráter de validade" (MANNHEIM, 1980, p. 88) desse nível de sentido, que é denominado por Mannheim de "teor de sentido imanente" (*immanente Sinngehalt*), é constitutivo. Esse tipo de suspensão do preconhecimento, isto é, a suspensão das pretensões de validade à verdade factual e à exatidão normativa vinculadas a esse preconhecimento, está diretamente ligado (em Mannheim) à mudança da postura analítica do *o que* para o *como*, que está voltada para a reconstrução dos processos de produção daquilo que é representado, para o *modus operandi* da representação.

No âmbito da semiótica, Roland Barthes apresentou algumas interpretações exemplares que seguem o princípio do "pôr entre parênteses" acima esboçado, que partem do momento em que "os signos de conotação foram (mentalmente) apagados" (BARTHES, 1990, p. 37). Ele designou esse nível de sentido, que representa o resultado dessas interpretações, como "sentido obtuso" (*"sens obtuse"*). O "sentido obtuso" se distingue de forma essencial do sentido *"óbvio"* (*"sens obvie"*) marcado pelos estoques de conhecimento conotativos ou iconográficos. Barthes (1990) usa fotografias do filme *O encouraçado Potemkin*, de Eisenstein, para mostrar, por exemplo, que o sentido da mímica de uma "mulher idosa aos prantos" não se esgota na simples categorização iconográfica ao modo do "sentido óbvio". Não é, no sentido simples, nem uma mímica "trágica" nem passa a ser "cômica". Na forma linguístico-textual, essa significância só pode ser expressa por meio de opostos.

Imdahl também reconhece a qualidade específica do sentido icônico na transmissão de opostos, numa "complexidade de sentido do contrassobreposto" (1996a, p. 107). Recorrendo ao afresco *A prisão de Cristo*, de Giotto, ele explica (1994, p. 312) que "graças à composição especial, Jesus se apresenta tanto como derrotado quanto como vitorioso". Essa complexidade de sentido dificilmente consegue ser captada pela língua, e sua transmissão linguística, intersubjetivamente compreensível, só é possível com uma referência direta à imagem[6]. Em Imdahl parece existir ainda alguma esperança de verbalizar essa complexidade de sentido da imagem, que transcende o nível iconográfico, ou seja, de descrevê-la, mas Roland Barthes insiste que o sentido obtuso certamente pode ser "situado teoricamente, mas não descrito" (1990, p. 63). "O sentido obtuso não está na língua (nem mesmo na língua dos símbolos)" (p. 58).

Um método de interpretação de imagens capaz de transcender a superfície dos significados iconográficos ou conotativos dificilmente seria possível na base da semiótica de Roland Barthes. A iconologia de Panofsky, por sua vez, convence como método principalmente quando a usamos como fundamento em seu desenvolvimento por Imdahl, que inclui um máximo de "pôr entre parênteses" do teor de sentido iconográfico. Aqui, a icônica de Max Imdahl se encontra com o método documentário, para o qual o "pôr entre parênteses" dos teores de sentido conotativos ou iconográficos sempre foi constitutivo e que consegue atribuir ao método de interpretação de imagens uma relevância sociocientífica.

Esse "pôr entre parênteses" do teor de sentido iconográfico ou conotativo exige, porém, um aperfeiçoamento metódico, principalmente porque, no caso das interpretações sociocientíficas, a iconografia não se apresenta de forma codificada (p. ex., na forma de textos bíblicos) – diferentemente daquilo que acontece na interpretação de obras da história da arte[7].

Foucault ressalta, como já mencionamos, que nem todos os "pré-conceitos", nem todos os nomes, devem ser apagados, mas apenas os "nomes *próprios*". Na interpretação da foto de uma família, isso significa que podemos ou

---

6 Um exemplo para esse tipo de "complexidade de sentido do superoposto" no âmbito da iconologia nas ciências da educação é a interpretação, apresentada por Dieter Lenzen (1993), de duas imagens de recém-nascidos de Otto Dix (sem referência de Lenzen a Imdahl). Lenzen (1993, p. 62ss.) aponta para a "coincidência dos opostos" da representação do recém-nascido entre ser amável e criatura feia e cômica.

7 Quando Panofsky analisa não as obras da história da arte, mas os filmes, ou seja, em sua Teoria dos Filmes (PANOFSKY, 1999), evidencia-se de forma mais clara do que em outros lugares que a interpretação precisa partir primeiramente da expressão *pré-iconográfica* e não da iconografia, que é determinada pelo teor literário e, portanto, linguístico-textual: "Cada tentativa de comunicar ideias e sentimentos exclusivamente por meio da língua produz um sentimento de embaraço ou tédio ou ambos" (PANOFSKY, 1999, p. 27). Segundo Panofsky, "a invenção do filme sonoro em 1928 nada mudou no fato de que um filme (*moving picture*), mesmo que tenha aprendido a falar, permanece uma imagem que se move (*a picture that moves*) e não se transforma em uma obra da literatura que então é apresentada". Nisso, o filme age de forma radical, distinguindo-se também da pintura, "de baixo para cima" (cf. p. 53).

devemos partir, com base em informações confirmadas ou a partir de suposições, que as pessoas retratadas representam uma *família* e que, com isso, podemos atualizar nosso conhecimento sobre a instituição família. Mas se soubermos também que a família retratada é a família *Meier*, deveríamos "pôr entre parênteses" ou suspender na medida do possível aquilo que sabemos sobre a biografia concreta da família. Temos denominado de conhecimento *comunicativo-generalizado* e conhecimento *conjuntivo* esses dois tipos de conhecimento com referência a Mannheim (cf. cap. 3.2; BOHNSACK, 2001a). O conhecimento comunicativo-generalizado representa os estoques de conhecimento institucionalizados, generalizados e estereotipados. Encontramos instituições no sentido de Berger e Luckmann (1969, p. 58) onde "ações habitualizadas são tipificadas reciprocamente por tipos de agentes". O conhecimento diz respeito à constelação de papéis da sociedade e é, em parte, codificado também juridicamente. No âmbito da interpretação textual, esse nível corresponde àquele conhecimento que nós atualizamos quando realizamos a assim chamada *interpretação formulada* (cf. cap. 8.1).

Distingue-se disso o conhecimento *conjuntivo* como conhecimento que se esconde por trás dos "nomes próprios", o conhecimento sobre a família "Meier" em sua peculiaridade individual, *específica ao caso* e em seu caráter *específico ao ambiente*. E também quando dispomos de um preconhecimento biográfico familiar válido em forma linguístico-textual (p. ex., com base em entrevistas ou análise de conversações), deveríamos suspender esse conhecimento (cf. BOHNSACK, 2009, cap. 4.3). Caso contrário, seria-nos barrada ou dificultada a oportunidade de fazermos jus à representação pictórica em sua complexidade de sentido peculiar, que nos abre novos acessos ao espaço de experiência conjuntiva específico ou típico ao ambiente; isto é, ao *habitus* da família.

Para tanto, é necessário tomarmos como base exclusiva os gestos e a mímica retratados e a expressão estilística das pessoas retratadas e sua constelação interativa ou coreográfica, isto é, sua configuração física. Esse nível de sentido pré-iconográfico e sua descrição são, além da (resconstrução da) estrutura formal da imagem um fundamento essencial do método documentário de interpretação de imagens. Encontramos aqui também certas concordâncias com a interpretação fotográfica de Erving Goffman (1979, p. 24). Pois também Goffman parte do nível de sentido pré-iconográfico. Objeto central de sua interpretação de imagens são os gestos, que ele – em um nível inferior à interpretação de *ações* – denomina de *"small behaviors"*[8]. Como bem indica essa criação verbal curiosa de Goffman, um dos problemas centrais da teoria e metodologia da interpretação de imagens fundamentada nas ciências socias é que não dispomos de uma língua (descritiva) para gestos e formas de expressão mímicas em um nível inferior àquilo que podemos designar como "ações"[9]. Inícios de uma língua descritiva desse tipo têm sido elaborados em Bohnsack, 2009, cap. 5.4. Aqui faremos uma distinção entre elementos de gestos, gestos, ações operativas e ações institucionalizadas.

Além (da descrição) do nível de sentido pré-iconográfico, a consideração da composição formal da imagem é uma das precondições decisivas para se obter acesso àquele nível de sentido que não pode ser transmitido por meio do texto e do preconhecimento textual, ou seja, pelo conhecimento iconográfico.

9.8 Sobre a reconstrução da composição formal da imagem

Imdahl (1996a, cap. II) distingue três dimensões da estrutura da composição formal de uma imagem: a "projeção perspectivística", a "coreografia cênica" e a "estrutura planimétrica da totalidade". Em minhas próprias interpretações de imagens tenho me orientado por essas dimensões (cf. tb. cap. 12.4; BOHN-SACK, 2001c; BOHNSACK, 2006d; BOHNSACK, 2007a), integrando-as, por assim dizer, no método documentário.

A projeção perspectivística

A escolha da perspectividade constitui, de modo específico à imagem, a espacialidade e fisicalidade. Assim, introduzem-se à imagem leis que, no sentido literal da palavra, permitem vislumbrar a *perspectiva* do produtor representante da imagem e a sua *visão de mundo*. Panofsky (1964 e 2004)

---

8 Fuhs (1997, p. 272) observa que "uma foto retrata apenas gestos e arranjos de objetos, mas jamais ações. É o observador que projeta estas sobre a imagem". No entanto – se o quisermos formular assim –, também os gestos em seus sentidos estabelecidos "são projetados sobre a imagem". Eles também são o produto de atribuições de sentido. A diferença é que o código com base no qual é possível fazer atribuições de sentido no caso dos "gestos" (ou seja, no nível pré-iconográfico), está arraigado muito mais profundamente do que o código no nível (iconográfico) das "ações".

9 Habermas (1981) diferencia entre *ações* e *movimentos do corpo ou operações*: "Um movimento do corpo é elemento de uma ação, mas não é ação" (p. 146). No entanto, no contexto do modelo de ação, Habermas não atribui uma semântica própria às "operações": Operações "adquirem uma relação com o mundo apenas como infraestrutura de outras ações. *Operações não tocam o mundo*" (p. 147).

identificou assim o modo específico da perspectividade – principalmente a introdução da perspectiva de eixos e, mais tarde, da perspectiva central no início e no auge do Renascimento – como documento *central* para as diferenças entre a visão de mundo medieval e a do Renascimento (para mais detalhes, cf. EDGERTON, 2002).

No âmbito da interpretação da fotografia nas ciências sociais, a reconstrução da perspectividade adquire sua importância principalmente em decorrência da pergunta sobre quais pessoas e cenários sociais são colocados no centro do evento social por meio do produtor representante da imagem, por meio do olho da câmera, da forma das linhas de fuga e da linha do horizonte.

A coreografia cênica da imagem

Em Imdahl (1996a, p. 19) esta é definida como "a constelação cênica das figuras que agem ou se comportam de determinada forma em sua relação umas às outras"; ou seja, sua referência social. Isso diz respeito ao posicionamento espacial dos atores, ou melhor, das figuras, assim como dos gestos e olhares entre si. A importância científica social desse nível da estrutura formal da imagem é evidente. No entanto, a caracterização conceitual do posicionamento físico dos produtores representados na imagem e de seus olhares e gestos em um nível inferior à iconografia e iconologia, ou seja, no nível pré-iconográfico, exige muito da língua descritiva. Os conceitos fundamentais das teorias de ação nas ciências sociais dificilmente conseguem satisfazer essas exigências.

A estrutura planimétrica da totalidade da imagem

Esta se refere às estruturas da imagem no nível ou no plano. Essa dimensão da composição da imagem é importante principalmente para a interpretação icônica, pois estas representam o fundamento decisivo para o "*olhar que olha*", que, como já mostramos, Imdahl diferencia do "*olhar que reconhece*" (i. e., que identifica objetos). As duas outras dimensões, "a projeção perspectivística e a coreografia cênica, exigem um olhar que reconhece, um olhar voltado para o mundo exterior de objetos [...]. A composição planimétrica, porém, contanto que se refira à imagem, não parte do mundo exterior existente, mas do campo da imagem que ela mesmo determina" (IMDAHL, 1996a, p. 26).

Enquanto a projeção perspectivista se refere às corporalidades e às espacialidades do mundo exterior ou do *ambiente* da imagem, extraindo de lá o seu padrão que se fundamenta justamente nesse reconhecimento – que também vale para a coreografia cênica no que diz respeito às relações sociais e às constelações do ambiente –, a composição planimétrica cria suas próprias leis, sua própria estrutura total formal no sentido de uma totalidade. Um exemplo importante para a reconstrução da composição planimétrica em Imdahl é, como já mencionamos, sua interpretação da "Prisão de Cristo", de Giotto. Aqui, ela é representada por uma "inclinação" que domina toda a composição e que determina de modo decisivo a unidade da composição e evidencia a mensagem central da imagem, uma mensagem que, em sua supercomplexidade, só pode ser compreendida em forma linguística e textual como "complexidade de sentido do superoposto" (IMDAHL, 1996a, p. 107), isto é, como transmissão ou síntese de opostos: Jesus se apresenta "tanto como derrotado quanto como vitorioso" (IMDAHL, 1994, p. 312).

É principalmente a reconstrução da composição planimétrica que oferece oportunidades de obter um acesso à imagem como sistema autopoiético ou autorreferencial, ou, nas palavras de Imdahl: um acesso à imagem que permite visualizar isso como "um sistema construído segundo leis imanentes e evidente em sua autodeterminação" (IMDAHL, 1979, p. 190).

9.9 Análise sequencial *versus* variação composicional

O estudo da composição formal da imagem é, portanto, uma precondição decisiva para obter acesso àquele nível de sentido, que não pode ser transmitido pelo texto e nosso preconhecimento textual, ou seja, pelo conhecimento iconográfico[10]. Um conhecimento da forma textual e, portanto, também um acesso à imagem na forma textual são caracterizados sobretudo por sua *sequencialidade*, por uma ordem orientada pela sequência temporal. Essa se expressa também na narratividade de representações linguísticas. Imdahl (1996a, p. 137) critica essa dependência da sequencialidade e narratividade, da sequência (narrativa) nos procedimentos interpretativos tradicionais da história da arte.

---

10 Essa fundamentação da interpretação iconológica na estrutura formal é encontrada também em Parmentier, cujos trabalhos devem ser compreendidos como análises da história da arte com relevância científico-educacional e pedagógica. Parmentier apoia suas interpretações em reconstruções elaboradas da perspectividade (p. ex., da "perspectiva dupla" nas *Brincadeiras infantis* de Brueghel (PARMENTIER, 2001) e da planimetria em sua interação com a perspectividade (p. ex., em *L'enfant au toton*, de Chardin; PARMENTIER, 1993).

Dimensões do sentido e interpretação de imagens

"Pôr entre parênteses" o preconhecimento conjuntivo
Suspenção de pré--suposições sobre motivos concretos de atores concretos
Questão:
Qual é a história que a imagem narra?

Atualização do preconhecimento comunicativo
Conhecimento generalizado sobre papéis e instituições

Interpretação iconográfica (mensagem conotativa)

Questão:
O que está representado na imagem?
Exemplo: A ação de "cumprimentar"

Interpretação documentária
(Interpretação iconológica-icônica)
habitus, sentido da essência, sentido documentário, *modus operandi*
Questão:
Como é produzida a representação?

Composição formal
composição planimétrica projeção perspectivista coreografia cênica

Nível de sentido pré-iconográfico (mensagem denotativa)
Exemplo: o movimento de "tirar o chapéu"

Segundo ele, o elemento constitutivo da imagem é a *"estrutura simultânea"*, "uma concomitância determinada pela composição geradora de sentido", na qual "o todo [...] é dado desde o início em presença total" (IMDAHL, 1996a, p. 23)[11]. Consequentemente, um procedimento de interpretação que queira fazer jus à particularidade da imagem é irreconciliável com um procedimento sequencial, com uma análise sequencial; ele é diametralmente oposto a este (cf. tb. BOHNSACK, 2007b).

Os consideráveis avanços no âmbito dos métodos qualitativos ao longo dos últimos 20 anos foram alcançados no campo da interpretação textual. Portanto, para todos os métodos qualitativos mais recentes, a *análise sequencial* representa um princípio, às vezes *o* princípio, central de sua metodologia[12]. Mas ao se tentar aplicar esse princípio diretamente à imagem – como o tenta a hermenêutica objetiva[13] – perde-se de vista a peculiaridade da imagem.

Parece-nos mais promissor partir de um nível mais fundamental e perguntar em que princípio metódico geral a própria análise sequencial se fundamenta, para então, a partir desse nível mais fundamental, justificar pontos comuns e diferenças entre a interpretação de um texto e a interpretação de uma imagem. Esse princípio mais geral é o da operação com horizontes de comparação: o princípio da *análise comparativa*. A análise sequencial representa apenas uma das possíveis aplicações metódicas de geração de conhecimento por meio da operação com horizontes de comparação (cf. tb. o cap. 12). A importância da análise comparativa para o campo da interpretação textual se revela, por exemplo, no fato de que o acesso àquilo que representa o teor de sentido de um discurso específico torna-se evidente quando o tratamento do mesmo tema (ou um tema semelhante) em outro discurso – se foi tratado de outra forma, se poderia ser tratado, ou melhor, se chegou a tratado –, é colocado como

---

11 Cf. tb. A diferenciação entre formas discursivas e visuais em Susanne Langer (1965, p. 99): Formas visuais "apresentam seus elementos não uns após os outros, mas ao mesmo tempo; razão pela qual as relações que determinam uma estrutura visual são percebidas em um único ato de visão".

12 Isso vale tanto para a análise da conversação quanto para a hermenêutica objetiva e o método documentário de interpretação *textual*. No entanto, encontramos aqui também diferenças notáveis. Para o método documentário de interpretação textual e suas diferenças em relação à hermenêutica objetiva, cf. o cap. 5 deste volume; Bohnsack, 2001a; Bohnsack, 2003i; Bohnsack e Nohl, 2001b.

13 Thomas Loer (1994), p. ex., adepto da metodologia da hermenêutica objetiva, parte da suposição de que o processo de pintura, o processo da produção da imagem, segue uma espécie de "trajeto icônico" com estrutura sequencial. Por outro lado, isso pressupõe também que esse trajeto ou vários trajetos possíveis possam ser reconstruídos pelo intérprete da imagem. Para tentativas semelhantes, cf. Englisch, 1991.

contraponto (cf. BOHNSACK, 2001a; BOHNSACK & NOHL, 2001b). Esses horizontes de comparação, que são contrapostos no decurso da interpretação do discurso, podem ser de natureza imaginária ou fundamentados em casos empíricos de comparação.

Também no contexto da interpretação de imagens o intérprete como observador depende de horizontes de comparação em níveis diferentes e de modos diferentes, que, a princípio, permanecem implícitos. Isso vale também já no nível da reconstrução da composição formal da imagem. Sua percepção já se inicia diante do horizonte de comparação de outras composições contingentes. Em um experimento com a composição específica de uma imagem Imdahl alterou – por exemplo, a miniatura medieval "O capitão de Cafarnaum", demonstrando assim que o sentido de uma cena representada varia diretamente de sua composição formal (cf. IMDAHL, 1994, p. 302ss.). Tenho denominado essa alteração experimental da composição e o recurso a casos empíricos de comparação, que se distinguem em suas variações sistemáticas da composição, de *variação composicional* (cf. BOHNSACK, 2001c)[14].

9.10 Conhecimento ateórico e método documentário

A variação composicional representa uma aplicação específica da análise comparativa, um dos princípios fundamentais do método documentário. O método documentário – espero que isso tenha ficado claro neste capítulo – é particularmente adequado para justificar metodologicamente e sistematizar metodicamente o acesso a uma compreensão *através* da imagem, isto é, na própria produção imagética. Isso se deve, também, ao fato de que o método documentário abre o acesso ao conhecimento *ateórico* ou tácito, ou seja, àqueles estoques de conhecimento aos quais recorremos quando nos comunicamos *através* da imagem – um entendimento que ocorre independentemente de um texto –, ao contrário de uma compreensão *sobre* a imagem (que sempre recorre à língua e ao texto). Uma compreensão no nível de estoques de conhecimento ateóricos ou tácitos precisa ser contemplada independentemente da língua e

---

14 Encontramos os princípios da análise comparativa e da variação composicional também nas interpretações (documentárias) de Panofsky (2001) – mesmo que Panofsky ignore a particularidade da iconicidade de modo sistemático. P. ex., nas análises de Panofsky sobre o surgimento de elementos estilísticos inovadores no *trecento* italiano e na pintura europeia do século XV. Mais informações em Bohnsack, 2003a.

de textos, porque ela subjaz a ambos os meios de comunicação, tanto à linguístico-textual quanto à icônica. O conhecimento ateórico é essencialmente um conhecimento metafórico, no qual cenários e formas de expressão sociais são retratados. No sentido de Gottfried Boehm (1978, p. 454 e 456), o conhecimento ateórico constitui um "fundamento comum de natureza pictórica, da qual participam ambas (imagem e língua; R.B.) – mesmo que cada uma em realizações diferentes desse fundamento". Nesse "fundamento comum de natureza pictórica, a lógica própria da imagem consegue se impor diante da natureza metafórica da língua" (p. 456).

Uma compreensão no nível do conhecimento ateórico e, portanto, no nível da imagem, assim como uma compreensão que se serve da *lógica própria da imagem* constitui um elemento essencial da orientação de nossas ações no cotidiano. Imagens orientam a ação, principalmente na forma da imaginação de cenários sociais ou de tal modo que nós orientamos nossa ação pelos gestos não linguísticos dos outros ou pelo *habitus* inscrito socializatoriamente em sua corporalidade. O método documentário sistematiza "métodos" de compreensão e de entendimento dos quais já dispomos no cotidiano. Enquanto uma metodologia das ciências sociais, ele foi desenvolvido a partir da *reconstrução* de competências práticas (cotidianas) intuitivas.

Nesse aspecto, isto é, nessa compreensão reconstrutiva de método e metodologia (cf. cap. 2, 12), Panofsky seguiu Mannheim. Isso se mostra no fato de que Panofsky inicia um ensaio seu, considerado um marco no desenvolvimento da iconologia (PANOFSKY, 1975), não com uma inserção de sua problemática na tradição da disciplina ou das ciências do espírito, mas com a reconstrução dos diversos níveis de sentido de um ato de saudação cotidiano, para então se referir ao método documentário de Mannheim. O fato de que Panofsky foi capaz de acatar os princípios fundamentais do método documentário de forma tão abrangente se deve também a Mannheim, que havia desenvolvido seu método documentário em diálogo com os principais historiadores da arte de seu tempo (cf. BARBOZA, 2005). O método documentário serviu, portanto, desde sempre como mediador entre as tradições da história da arte e das ciências do espírito de um lado e as tradições das ciências sociais de outro. Portanto, é predestinado a servir como fundamento metodológico para o desenvolvimento de métodos qualitativos de interpretação de imagens, que só pode ser concebida a partir de uma base interdisciplinar. Principalmente em vista da reconstrução da estrutura formal da imagem, uma interpretação científica social da imagem depende do recurso aos extensos trabalhos já realizados no campo da história da arte.

Os princípios basilares de nosso procedimento de interpretação textual desenvolvido com base no método documentário (cf. esp. cap. 3, 8), ou seja, também os princípios metodológicos do "pôr entre parênteses" estoques de conhecimento imanentes (ou iconográficos), da diferenciação entre interpretação formulada e refletida, da análise comparativa e da construção de tipos, têm validade também para a interpretação de imagens – sob as condições identificadas neste capítulo. Eles permitem, portanto, a coordenação dos procedimentos de interpretação de imagens com os da interpretação de textos dentro de um quadro metodológico abrangente. Com base nesses princípios basilares, surgiram nos últimos anos amplas pesquisas sobre a interpretação de imagens. Remeto o leitor aqui a Bohnsack 2009 e à seção correspondente na lista bibliográfica publicada no link: www.dokumentarischemethode.de

10
Interpretação documentária de vídeos e filmes

Em minhas exposições no capítulo 9, tentei demonstrar, com recurso ao estado atual dos métodos qualitativos, mas também com referências à semiótica, filosofia e história da arte, que o desenvolvimento de métodos de interpretação de imagens nas ciências sociais enfrenta um grande desafio. Partindo sobretudo da filosofia e da história da arte, Hans Belting (2001, p. 15) havia exigido "que as imagens não fossem mais explicadas por meio de textos, mas que fossem distinguidas dos textos". No que diz respeito aos métodos nas ciências sociais, isso significa conceder às imagens aquilo que, há muito, concedemos aos textos, ou seja, o *status* de sistemas autorreferenciais (cf. tb. cap. 7.3). Isso significa, entre outras coisas, que devemos interpretar tanto textos quanto imagens primariamente com base no conhecimento que eles mesmos transmitem e apenas secundariamante com base em conhecimento contextual.

As abordagens metódicas tanto no campo da interpretação de imagens quanto nas análises de vídeos e filmes se distinguem de forma essencial na medida em que levamos em conta a autorreferencialidade e a lógica intrínseca do aspecto pictórico ou visual. No campo da interpretação de textos tornou-se, desde a década de 1980, cada vez mais natural interpretar o texto (quer dizer, as passagens de uma conversação ou entrevista) independentemente do pre-conhecimento ou do conhecimento contextual (cf. tb. cap. 7.3). No campo de análise do visual, porém, encontramo-nos ainda no estágio inicial. Também o acesso à lógica intrínseca da imagem ainda depende, como expomos no capítulo

9, sobretudo de uma aplicação metodicamente controlada do preconhecimento e, principalmente, do preconhecimento linguístico-textual e da reconstrução sistemática da estrutura formal da imagem.

Sobretudo a análise de formas de expressão corporais e da corporeidade como um todo só pode ser acessada de modo válido pela via da interpretação de imagens e vídeos, dependendo assim das chances de encontrar um acesso à lógica intrínseca do mundo visual. No âmbito da análise de vídeos e filmes, o acesso aos movimentos, às interações corporais e desempenhos figurativos, às práticas corpóreas dos atores representados, que nos são acessíveis de forma válida apenas por meio da imagem, depende também da medida em que estamos dispostos a conceder-lhes uma autonomia independentemente de suas manifestações verbais. No *mainstream* atual da análise de vídeos nas ciências sociais, isso raramente é o caso. Aqui domina a posição de levar em conta a dimensão visual apenas em sua função complementar à dimensão verbal; ou seja, à análise de conversações. No método documentário, porém, o acesso à lógica intrínseca do pictórico ou visual e das formas de expressão física representam um dos focos da atenção.

Já que a análise documentária de vídeos foi apresentada profundamente em uma outra obra (BOHNSACK, 2009), aqui me limitarei apenas em apresentar uma rápida introdução. Para um estudo mais aprofundado da interpretação documentária de vídeos e filmes, confira a coletânea de Bohnsack, Fritzsche e Wagner-Willi, 2014. Para uma bibliografia abrangente sobre o tema, confira www.dokumentarischemethode.de

10.1 Fundamentos da interpretação de vídeos e filmes

Na pesquisa empírica, podemos distinguir dois tipos de filmes e vídeos: De *um* lado, lidamos com aquele tipo de documentários produzidos nos próprios contextos de vida culturais ou ambientes sociais que representam também o objeto da análise científica social. Isso se aplica ao âmbito *privado* – por exemplo, aos vídeos de família, gravados por membros da família. Estes nos informam sobre a prática de ação e o espaço de experiência, sobre o ambiente ou *habitus* da família.

Algo semelhante vale, porém, também para filmes e imagens do âmbito *público*, ou seja, para o âmbito das *mídias de massa*, por exemplo, para programas de TV ou filmes de propaganda. Estes nos dão acesso a informações sobre os estilos de vida propagados pelas mídias e – dependendo dos horizontes de comparação –, por exemplo, sobre o *habitus* do apresentador de um programa de TV (cf. BOHNSACK, 2009, cap. 6).

De *outro* lado, diferenciam-se daqueles dados fundamentais produzidos pelos próprios *pesquisados* aqueles que foram produzidos para os propósitos de pesquisa. Isso ocorre quando videografias são utilizadas como *instrumento de levantamento* da pesquisa científica (social).

Neste último caso, interessam apenas os desempenhos figurativos dos produtores *representados* na imagem, como eu os denominei (cf. cap. 9). Trata-se daqueles que agem *na frente* da câmera, aqueles que são fixados na gravação. Aquelas videografias e documentos cinematográficos, por sua vez, que foram produzidos pelos próprios pesquisados interessam tanto em relação aos desempenhos figurativos dos produtores *representados* da imagem quanto dos produtores *representantes* da imagem. Trata-se daqueles que agem *por detrás* da câmera e daqueles que participam do processamento do filme e do vídeo também após a gravação (sobre essa diferenciação, cf. cap. 9, 13.4).

Mesmo que os desempenhos figurativos dos produtores *representados* nas imagens gravadas e produzidas para fins de pesquisa não pertençam ao objeto de pesquisa em si, esses deveriam, mesmo assim, ser levados em conta, isto é, ser controlados metodicamente (cf. tb. BOHNSACK & LAMPRECHT, 2013; BALTRUSCHAT, 2012). Isso diz respeito à direção da câmera, à escolha da perspectiva e do recorte como também ao trabalho de edição. No caso de fotografias e vídeos produzidos pelos próprios pesquisados, interessa o acesso à lógica intrínseca da imagem ou do visual no sentido abrangente; no caso de fotos e vídeos como instrumento de levantamento ela é levada em conta apenas para um controle metódico. Aqui, o acesso ao visual se põe a serviço da lógica intrínseca dos desempenhos figurativos no âmbito das práticas corpóreas e das formas de expressão ligadas ao corpo das pessoas representadas.

Uma outra diferenciação exige uma distinção entre a *análise do produto*, ou seja, a análise do filme ou vídeo, e a análise da recepção do produto, ou seja, da *pesquisa de recepção ou da utilização midiática*. No caso da *análise do produto*, o interesse visa ao *habitus* e ao modo da constituição da experiência, isto é, ao espaço de experiência dos *produtores*; e no caso da *análise de recepção*, ao *habitus*, ao modo de constituição da experiência e ao espaço de experiência daqueles que *executam a recepção* bem como às suas possíveis mudanças (cf. BOHNSACK, 2009, cap. 5.2). Também no âmbito da *análise da recepção documentária ou praxiológica* já existem extensos estudos preliminares (entre outros: GEIMER, 2010a; GEIMER, 2010b; MICHEL, 2006a; MICHEL, 2006b; MICHEL, 2007; BOHNSACK, 2009, cap. 5.2).

A análise científica da produção de uma imagem ou de um vídeo se distingue, como já mostramos no capítulo 9, de uma interpretação do senso comum também pela variação metódica de horizontes de comparação empíricos. Dependendo do *horizonte de comparação*, o olhar se volta para diferentes dimensões ou espaços de experiência – que não se excluem mutuamente – da imagem ou do vídeo.

Demonstraremos isso com a ajuda de um exemplo: Quando interpretamos um vídeo sobre o cotidiano da escola produzido por professores diante do horizonte de comparação de um vídeo produzido por alunos, nossa atenção se volta para diferenças típicas aos ambientes sociais na escola. Quando comparamos os mesmos vídeos com vídeos produzidos por professores e alunos de outra escola, nosso foco se volta para outra dimensão: É bem possível que se tornem visíveis aspectos comuns entre os ambientes sociais de professores e alunos que, a princípio, pareciam apenas diferentes, remetendo assim a uma tipologia de cultura escolar abrangente.

Dessa forma, a polissemia do mesmo vídeo se apresenta não primariamente – como em Roland Barthes (1990, p. 34) e nos *cultural studies* (cf. HEPP, 2004) – como obstáculo metodológico e metódico, mas como um desafio decisivo para o desenvolvimento metódico no sentido de uma construção de tipos. O método documentário faz jus a esse desafio com a *multidimensionalidade* da construção de tipos (cf. BOHNSACK, 2001b; BOHNSACK, 2010a).

A análise do produto segundo o método documentário aumenta sua validade já no nível elementar da interpretação por meio da análise comparativa, ou seja, por meio da variação *sistemática* de horizontes de comparação explicitamente introduzidos (cf. tb. HAMPL, 2010). Dessa forma, torna-se possível também a formação multidimensional de tipos em um nível superior (cf. tb. cap. 8.2 e 12). Essencial para o método documentário é, além do controle metódico dos horizontes de comparação e do conhecimento contextual, sobretudo – como expomos no capítulo 9 e como explicaremos detalhadamente mais adiante – a transição da iconografia para a iconologia, da pergunta pelo *"o quê"* para a pergunta pelo "*como*". Tudo isso constitui, no contexto do "pôr entre parênteses o caráter de validade" (cf. cap. 3.2, 10) e da reconstrução da estrutura formal (cf. cap. 9 e a interpretação abaixo), a transição da postura analítica da interpretação do senso comum para a análise científica.

10.2 O acesso ao conhecimento implícito e à lógica intrínseca da dimensão visual

A diferença em relação às teorias e às interpretações de senso comum, do cotidiano, não são justificadas no método documentário com a pretensão de alcançar uma racionalidade "*superior*" da análise científica social, mas com uma mudança da *postura analítica*. Essa postura analítica permite – transcendendo as teorias, o conhecimento explícito dos pesquisados e sua reconstrução – obter acesso ao conhecimento implícito, sobretudo, aos estoques de conhecimento que direcionam as ações.

No âmbito do assim denominado paradigma interpretativo e dos *cultural studies*, que exercem grande influência sobre a análise científica social de vídeos e filmes, não encontramos essa ruptura com o senso comum e tampouco o acesso ao conhecimento implícito de modo sistemático (cf. tb. BOHNSACK, 2009, cap. 5.3). No contexto da imagem e do filme, esse acesso ao conhecimento implícito só se torna possível quando levamos em conta a *lógica intrínseca* desse material visual, principalmente em sua diferença em relação à língua e ao texto.

No âmbito dos métodos qualitativos, a virada linguística (cf. cap. 9) fez com que os fenômenos verbais como as conversas fossem levados em conta por meio da interpretação de sua própria lógica textual desde a década de 1960. Isso significa que, na medida do possível, os textos são interpretados e compreendidos como sistemas autorreferenciais independentemente do preconhecimento, principalmente do conhecimento contextual (cf. tb. cap. 7.3). Desde a década de 1980, isso se tornou algo natural nos procedimentos reconstrutivos (os três mais importantes destes foram apresentados nos cap. 3, 4, 6). Os avanços decisivos no âmbito dos métodos qualitativos ao longo dos últimos 30 anos estavam intimamente vinculados aos procedimentos da interpretação textual com base em uma compreensão dos textos como sistemas autorreferenciais. Um trabalho pioneiro foi realizado pela análise da conversação de Harvey Sacks (1995) e Sacks, Schegloff e Jefferson (1978). Esta influenciou de forma decisiva o desenvolvimento dos procedimentos da interpretação textual. Por isso, surpreende ainda mais o fato de que as análises de vídeo inseridas na tradição da análise da conversação – desenvolvidas fundamentalmente por Charles Goodwin (2001) e Christian Heath (1997) – negam decididamente à dimensão visual esse *status* de sistema autorreferencial. Charles Goodwin (2001, p. 157), por exemplo, um dos nomes conhecidos da análise qualitativa de vídeos, ressalta "que os fenômenos visuais só podem ser pesquisados se forem levados em conta conjuntos múltiplos de recursos semióticos [...]. Muitos destes, como, por exemplo, a estrutura contribuída por conversas contínuas, não são de natureza visual, mas os fenômenos visíveis [...] não podem ser analisados adequadamente sem eles".

Enquanto Goodwin considera impossível analisar fenômenos visíveis sem a inclusão de conversas, de manifestações verbais, a análise da conversação possui uma longa tradição de interpretar conversas, ou seja, fenômenos verbais, sem levar em conta outros recursos semióticos, sobretudo os fenômenos visíveis. A exclusão desses outros recursos chega até a ser elevado ao *status* de um princípio metódico. No entanto, não encontramos nenhuma justificativa metodológica para esse desequilíbrio entre o verbal e o visual na tradição da análise da conversação.

Essa disputa nem precisa ser decidida com base em argumentos metodológicos ou em fundamentos teóricos. O que nos interessa aqui é a evidência empírica de análises exemplares, que mostram que as orientações fundamentais dos agentes em uma análise de vídeo podem ser identificadas também sem manifestações verbais, como já demonstrei por meio de um exemplo de análise de um programa de TV (cf. BOHNSACK, 2009, cap. 6). Mais adiante, citarei exemplos sucintos dessa pesquisa.

A análise de vídeo fundamentada na análise da conversação, que chegou a adquirir grande importância nas ciências sociais, foi, portanto, desenvolvida primariamente em sua *função complementar à análise conversacional*[1]. Aqui, a imagem representa apenas um complemento ao texto. Isso vale, por exemplo, para a "análise de interação de vídeo" de Hubert Knoblauch (2005) e também

---

1 Primeiras tentativas de ir além disso se encontram também em Dinkelaker e Herrle, 2009. E também no âmbito do método documentário encontramos análises que incluem a dimensão da imagem apenas em sua função complementar à análise conversacional. Esses trabalhos, porém, se identificam explicitamente como análises conversacionais; como, p. ex., os procedimentos dos grupos de discussão apoiados por vídeo em Iris Nentwig-Gesemann, 2006.

para a análise já muito desenvolvida de vídeos e filmes de Angela Keppler (2006); ambas se inserem na tradição da análise da conversação. Devemos estar cientes das consequências que essa função meramente complementar da dimensão visual tem para a análise do aspecto corporal, ou seja, para a reconstrução da lógica intrínseca das expressões corporais.

10.3 As práticas corpóreas dos produtores representados na imagem

Fazer jus aos fenômenos visuais em sua lógica intrínseca no sentido de sistemas autorreferenciais é também condição para o acesso válido aos movimentos, às práticas corpóreas, dos produtores de imagens representados em sua lógica intrínseca. Para os clássicos da ciência cinematográfica Siegfried Kracauer (1964) e Bela Balázs (2001), a produção filmográfica conseguiu dar um acesso até então inédito aos níveis elementares da realidade social, ou seja, ao nível dos gestos incorporados e da mímica. Para Siegfried Kracauer (1964, p. 387), trata-se de "se aproximar da realidade quando penetramos suas camadas inferiores".

Erwin Panofsky (1975), considerado um clássico não só da história da arte, mas também da ciência cinematográfica, chamou esse nível ou estrato elementar também de "nível dos significados primários ou naturais" ou, como já demonstramos no capítulo 9, "nível *preiconográfico*", em oposição ao nível iconográfico. Este nível pré-iconográfico ou – na linguagem da semiótica – nível *denotativo* e sua observação e descrição minuciosa, representa o fundamento essencial da interpretação iconológica e da interpretação documentária de imagens e vídeos.

No nível iconográfico, perguntamos, com referência às práticas corpóreas dos produtores de imagem representados, pelo *o que é* essa ação (p. ex., uma "saudação"). Portanto, precisamos supor motivos, mais precisamente motivos "para" (p. ex.: "levanto o braço para dizer algo" ou: "inclino o tronco para me sentar"). Na interpretação documentária ou iconológica, perguntamos pelo *como* da produção desse ato (p. ex.: o ato de levantar o braço é "entediado", "ambicioso", "inseguro"). O acesso ao *como* do ato é viabilizado pela descrição minuciosa no nível pré-iconográfico (cf. tb. o gráfico).

Ray L. Birdwhistell (1968, p. 380), um clássico da análise de movimentos, explica o *como* com o exemplo da continência militar. Esse ato – apesar de altamente padronizado – contém uma variabilidade enorme de significados adicionais por meio do *como* de sua produção: "Por meio da mudança de postura, da expressão facial, da rapidez ou duração do movimento da continência e até mesmo por meio da escolha de contextos inapropriados para o ato, o soldado pode expressar respeito ou desprezo em relação ao recipiente da saudação, pode tentar conquistá-lo, caluniá-lo ou promovê-lo".

As práticas corpóreas no nível pré-iconográfico se dividem em gestos (ou também: gesticulações) e *atos operativos*. Portadores dos *gestos* podem ser as extremidades (p. ex.: "levantar o braço"), o tronco (p. ex., "girar ou inclinar o trono"), a cabeça (p. ex., "baixar a cabeça"), mas também a mímica (p. ex., "sorrir"). Os gestos podem ser divididos em seus *elementos*, que Birdwhistell (1952) denomina de "*Kineme*" (movimentos mínimos). Também as primeiras análises de vídeo fundamentadas no método documentário partem do nível pré-iconográfico, com uma reconstrução minuciosa dos gestos e das ações operativas e, em parte, de seus elementos, com os movimentos mínimos. Isso vale para as análises de Monika Wagner-Willi (2001; 2004; 2005; 2006a) sobre as interações de alunos em sala de aula ou para o trabalho de Amelie Klambeck (2007) sobre pacientes com "distúrbios de movimento psicogênicos" e seu comportamento durante a visita do médico e para a análise das brincadeiras de crianças durante o intervalo na escola (BOHNSACK & LAMPRECHT, 2013).

Ações operativas (p. ex., "sentar-se", "andar", "levantar o braço") abarcam normalmente vários gestos em sua sequencialidade. Característica distintiva em relação aos gestos no sentido elementar é que eles – e por esse motivo eu os designo como ações – já podem conter construções motivacionais intencionais, isto é, construções com motivos "para", mesmo que, possivelmente, num nível ainda muito rudimentar. Isso ocorre, por exemplo, de tal modo que o gesto individual (p. ex.: "levantar o braço") "é apenas meio no contexto de sentido de um esboço", como Alfred Schütz (1974, p. 119) o formulou, por exemplo, do esboço "levantar o braço".

Por meio desse esboço, por meio dessa construção intencional de um motivo "para" ("A levanta o braço para chamar a atenção"), levantar o braço passa a ser uma *ação* (operativa). Aqui podemos construir outras hierarquias de motivos "para", por exemplo: "A levanta o braço para chamar atenção". No entanto, o esboço da ação neste exemplo não pode ser *observado* diretamente no decurso do movimento, mas precisa ser suposto ou atribuído como esboço,

Práticas corpóreas dos produtores de imagem representados

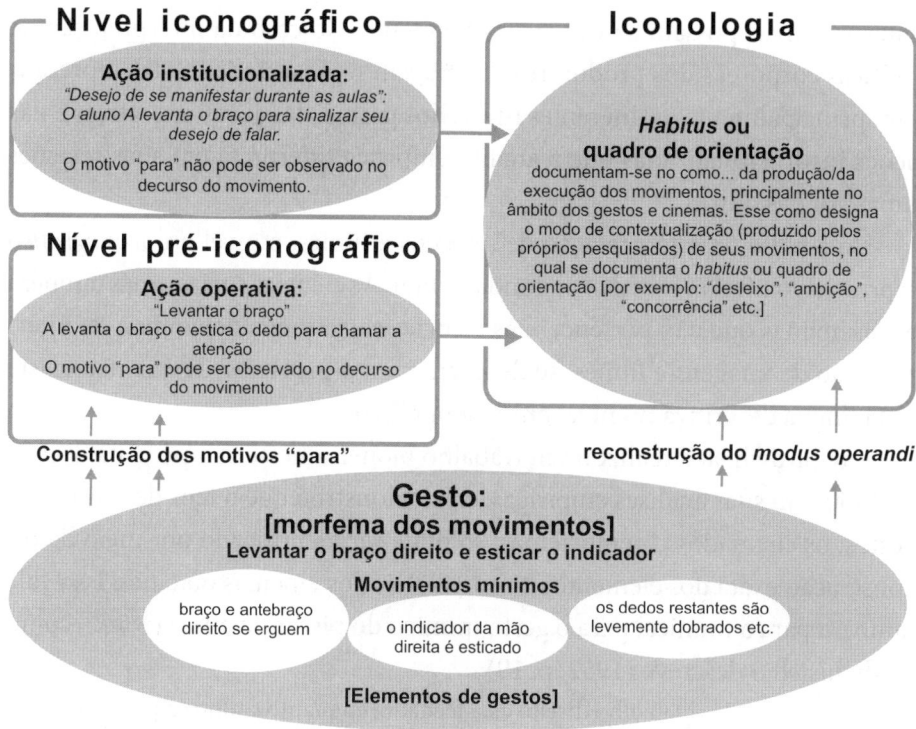

como motivo "para" no contexto de papéis institucionalizados. Nesse caso, já nos encontramos no *nível iconográfico*.

Agora podemos identificar uma característica da interpretação iconológica ou documentária que é de importância elementar (cf. tb. o gráfico): O mesmo movimento (p. ex.: "inclinar o tronco") pode sempre ser interpretado em dois níveis de sentido ao mesmo tempo: por um lado, de modo intencional no contexto da construção de um motivo "para" ("chamar a atenção"), que nos leva a procurar pelo *sentido subjetivamente intencionado*. Por outro lado, e ao mesmo tempo, o gesto (quando perguntamos pelo *como* da produção) pode ser interpretado também como *documento* da *natureza* ou do *habitus* do agente ("desleixo", "ambição"). Decisivo é então *como* alguém se manifesta, ou o fato *de que* ele se manifesta: "Não o 'o que' de um sentido objetivo, mas o 'que' e o 'como' adquirem importância dominante" (MANNHEIM, 1964a, p. 134). Essa postura analítica do método documentário pode ser designada também como postura analítica voltada para o aspecto *performativo* (cf. BOHNSACK, 2006e).

O princípio metodológico e metódico da interpretação documentária é fazer essa pergunta pelo *como*, pelo *modus operandi*, pelo *habitus*, ao mesmo tempo em diferentes dimensões do mesmo caso, de modo que as diferentes dimensões interpretativas possam se validar mutuamente. No caso da interpretação de práticas corpóreas dos produtores de imagem representados, estas representam principalmente os diferentes níveis dos gestos, das ações operativas e das ações institucionalizadas que a análise empírica interpreta em suas relações umas com as outras.

No âmbito da interpretação de imagens e filmes, o nível *pré-iconográfico* representa o nível *primordial* ou fundamental. As ciências sociais, mas também as disciplinas que não pertencem às ciências sociais, que dependem da interpretação de imagens e filmes, se deparam com o problema de que não existe uma língua descritiva no nível *pré*-iconográfico.

Ray Birdwhistell realizou um trabalho pioneiro nesse campo já na década de 1950. Em suas análises empíricas, ele demonstrou que o teor de sentido de gestos, os chamados cinemorfemas, só pode ser identificado por meio da reconstrução exata dos elementos constituintes, dos cinemas ou cines. Isso vale também para a mímica, para o gesto mímico do piscar de olhos (*wink*), como Birdwhistell o descreve (1952, p. 19):

> a) O olho direito está fechado, enquanto o olho esquerdo permanece aberto. b) A posição da boca é "normal". c) A ponta do nariz está achatada (nariz de coelho). d) A periferia do olho esquerdo está inclinada (*squinted*).

Essas práticas corpóreas no nível dos movimentos mínimos precisam ser executadas ao mesmo tempo, de modo sincrônico ou simultâneo, para adquirir seu caráter expressivo, seu significado iconológico. O gesto do "piscar" desdobra sua significância apenas quando seus constituintes, as unidades elementares dos movimentos mínimos se expressam de modo *sincrônico ou simultâneo* (para uma análise empírica correspondente cf. BOHNSACK & LAMPRECHT, 2013). Isso se refere primeiramente à interação simultânea dentro dos âmbitos delimitados do corpo (cf. BIRDWHISTELL, 1952, p. 17). No caso ideal, a reconstrução da interação simultânea abarca todo o corpo, se orienta pela "'*whole body' conception*", como ressalta Ray Birdwhistell (1952, p. 8), e inclui também o *posicionamento espacial e interativo dos corpos referentes uns aos outros*, ou seja, a coreografia cênica ("A vira de costas para B").

Aqui reconhecemos um desafio metódico decisivo para a interpretação de vídeos: A interpretação da semântica de práticas corpóreas exige não só sua reconstrução no decurso *sequencial*, mas também sua *simultaneidade*. Essa, porém, só pode ser reconhecida de forma válida com base em imagens "congeladas", em *stills* ou fotogramas, como também são denominadas. Foi essa importância dos fotogramas para a interpretação de gestos e da mímica que levou o clássico da semiótica Roland Barthes a atribuir-lhes uma importância central para a semiótica do filme. Segundo Barthes (1990, p. 64), "a essência do filme não pode, paradoxalmente, ser capturada no filme 'no lugar correto', 'no movimento', *'in natura'*, mas, até agora, apenas num artefato importante, no fotograma".

10.4 O desempenho figurador dos produtores de imagem representantes: enquadramento e edição

O fotograma em sua *estrutura simultânea* representa não só um fundamento essencial para a reconstrução das práticas corpóreas e do *habitus* dos produtores de imagem representados, mas também dos desempenhos figuradores e do *habitus* dos produtores representantes. No fotograma, documenta-se o modo de ajuste da câmera, isto é, os *parâmetros de enquadramento*: os ajustes de detalhes, dimensão, proximidade, semiproximidade, americano, semitotalidade e os ajustes de longa abrangência ou de panorama.

Parâmetros de enquadramento[2]

1 Detalhe
2 Dimensão
3 Proximidade (retrato)
4 Americano
5 Semitotalidade
6 Total
7 Longa abrangência/ panorama

---

2 Extraído de Kuchenbuch, 2005, p. 44, ilustr. 4.

Além dos parâmetros de enquadramento, o *posicionamento da câmera* também pode ser identificado por meio do fotograma. Na literatura científico-cinematográfica encontramos a diferenciação entre visão normal, superior e inferior (cf. HICKETHIER, 1996, p. 61s.). O conceito do "espaço da imagem" (p. 71) se refere àquilo que nós denominamos de *"perspectividade"* na interpretação documentária de imagens individuais: a reconstrução do centro perspectiva frontal, diagonal ou inclinada e aérea.

Fotograma IB (0:01) Istanbul Total[3]

Na imagem acima, temos um exemplo de enquadramento do programa de TV "Istanbul Total"[4]: O apresentador Stefan Raab no terraço do estúdio do canal Pro7 em Istambul. Trata-se do segundo plano bem no início da versão desse programa para a internet. Ele foi gravado no enquadramento total e em perspectiva aérea. Stefan Raab se encontra aqui no centro perspectivístico, seu rosto se encontra no ponto de fuga do fotograma.

O fotograma dá acesso também às peculiaridades do filme, resultantes da escolha do enquadramento, da *cadrage*, como é denominado na ciência cinematográfica (cf. DELEUZE, 1997). Contudo, a composição planimétrica

---

3 Cena de *Istanbul Total*. Gravação feita pela companhia de produção Brainpool TV GmbH, em DVD (linhas inseridas por R.B.).

4 Cf. justificativa de seleção desse programa em Bohnsack, 2009, cap. 6.1. Segundo as informações do canal Pro7, trata-se de um dos programas de maior sucesso no ano de 2004. A sequência escolhida foi extraída da primeira noite do programa. Sobre o seriado completo cf. Hampl, 2010.

dos fotogramas ou *stills* recebe pouca atenção das ciências cinematográficas. Para o historiador da arte Max Imdahl (1996a), é justamente a composição planimétrica, produzida pela escolha do enquadramento, que representa o fundamento formal essencial para encontrar o caminho para a reconstrução da imagem em sua lógica intrínseca e em sua peculiaridade.

Fotograma IA (0:00) de Istanbul Total[5]

Apresentamos agora como exemplo o primeiro plano da versão para internet do programa "Istanbul Total". A composição planimétrica divide a imagem, de modo que Stefan Raab parece ser um corpo estranho na frente do Rio Bósforo e é nitidamente separado deste por meio do andaime. Isso gera uma "ambivalência" (IMDAHL, 1996a, p. 107) ou ambiguidade: De um lado, temos a abertura para o ambiente do Bósforo e da Turquia, mas esta é imediatamente revertida, de outro lado, pelo andaime predominante. Stefan Raab se insere no mundo de Istambul e da Turquia, ao mesmo tempo, porém se afasta dele e de seu cotidiano.

Somente a reconstrução precisa dos fotogramas individuais em seu enquadramento e em sua planimetria permite a reconstrução exata da *mudança de enquadramento* como elemento essencial do *sequenciamento* dos fotogramas, que é o produto da edição final. A identificação do fotograma, do *still*, em sua estrutura simultânea é, portanto, precondição para a reconstrução da estrutura da sequencialidade, pois é apenas a identificação exata do fotograma

---

5 Cena de *Istanbul Total*. Gravação feita pela companhia de produção Brainpool TV GmbH, em DVD.

em sua estrutura no momento t1 que permite identificar a estrutura alterada do fotograma no momento t2. A mudança estrutural desses dois fotogramas constitui a estrutura da sequencialidade, produzida por meio das mudanças nos movimentos dos produtores de imagem representados e por meio da mudança no enquadramento e perspectividade, ou seja, por meio da edição, dos movimentos dos produtores de imagem representantes.

A análise cinematográfica moderna se ocupa predominantemente com a edição e negligencia a análise dos movimentos dos produtores de imagem representados. Para Dieter Wiedemann (2005, p. 371), por exemplo, a "edição é o elemento determinante da arte cinematográfica", pois aqui o filme não precisaria "recorrer a outras artes" (p. 371), revelando assim toda sua natureza própria.

A sequência produzida pela edição com os dois fotogramas já apresentados (na transcrição do vídeo, a passagem de 0:00 para 0:01) nos fornece a primeira mudança de enquadramento no programa "Istanbul Total".

Transcrição de vídeo: Istanbul Total 0:00 – 0:01[6]

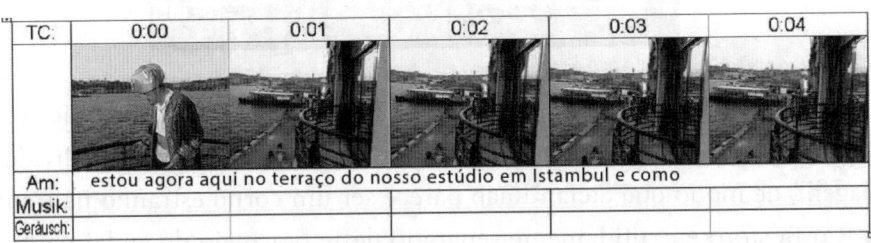

A estrutura e semântica da mudança de enquadramento, ou seja, da edição, na *estrutura sequencial* do vídeo confirma a estrutura interna dos fotogramas, isto é, sua *estrutura simultânea* com sua ambivalência ou ambiguidade de pre-

---

6 Transcrição de vídeo disponível em http://tvtotal.prosieben.de/tvtotal/videos/player/?contentID=14144

sença e ausência em Istambul: Com a transição do primeiro para o segundo enquadramento, ocorre também uma mudança do enquadramento americano para o enquadramento total. A vista do mundo de Istambul se abre ainda mais. Ao mesmo tempo, o andaime também passa a dominar a imagem. Stefan Raab é separado de forma ainda mais nítida do mundo exterior do estúdio (cf. BOHNSACK, 2009, p. 208, 233ss.).

10.5 Relacionação de relações como princípio da interpretação documentária

Do ponto de vista do método documentário, vale dizer que só conseguimos ver o "todo" do filme se conseguirmos identificar *homologias*, isto é, identidades estruturais, entre aquela estrutura que se documenta *dentro* dos enquadramentos, ou seja, nas relações *internas* do *fotograma em sua simultaneidade*, e aquela estrutura que se documenta na relação e *sequencialidade entre* os fotogramas, ou seja, nas mudanças de enquadramento e na edição. O que o método documentário precisa fazer é, portanto, a relacionação das duas relações: a relacionação das relações produzidas simultaneamente no fotograma com as relações produzidas por meio da mudança de enquadramento e edição em seu decurso sequencial.

O próximo passo da análise seria a relacionação das homologias identificadas na dimensão da imagem nas estruturas simultânea e sequencial com a dimensão *textual* da sequência de vídeo, ou seja, com os resultados da análise da conversação. Por motivos de espaço, esse passo da relacionação não será apresentado aqui e o leitor poderá consultá-lo em Bohnsack, 2009, cap. 6.4 e 6.5.

Um outro exemplo desse tipo de relacionação de relações na dimensão da imagem em uma breve sequência de um vídeo foi tomado da tese de doutorado de Astrid Baltruschat (2010a), sobre a qual apresentaremos uma interpretação exemplar. Essa sequência do vídeo de amadores intitulado de "A câmara do terror", que discutimos pela primeira vez em nossas oficinas de pesquisa em Berlim, na qual professores tentam expressar de forma condensada os seus problemas cotidianos, é interessante porque aquilo que se apresenta à primeira vista como produto do diletantismo (p. ex.: a decapitação de algumas das pessoas representadas), acaba se revelando como elemento estilístico dos produtores de imagem representantes, ou seja, dos professores, e, portanto, como documento de seu *habitus*.

A transcrição desse vídeo (como também a do programa de TV) foi elaborada com base do sistema de transcrição MoViQ (cf. tb. cap. 13.5). Selecionei uma sequência de 23 segundos com quatro subsequências (SS): 0:57-1:20.

Transcrição de vídeo: "Câmara do terror" 0:57-1:20

TC:	0:57	E12 0:58	0:59	1:00	1:01	1:02	1:03	1:04
Musik	♫♫♫♫♫							
Geräusch		Schritte	~~~	~~~	~~~	~~~	~~~	~~~
Off:		leise Stimmen	aus	der	Ferne	im	Hinter-	grund
Kamera:	↑	↑	↑	↑	↑	↑	↑	↑

TC:	1:05	E13 1:06	1:07	1:08	1:09	1:10	E14 1:11	1:12
Geräusch	~~~	lautes Stimmen-	gewirr ~~~	~~~	~~~	~~~	Schritte	~~~
Off:	~~~						leise Stimmen	im
Kamera:	↑	↑	↑	↑	↑	↑	↑	↑

TC:	1:13	1:14	E15 1:15	1:16	1:17	1:18	1:19	1:20
Geräusch	~~~	~~~	lautes Stimmen-	gewirr ~~~	~~~	~~~	~~~	~~~
Off:	Hinter-	grund						

Uma *primeira* subsequência com a duração de 8 segundos mostra uma mulher andando (que, com base em nosso preconhecimento iconográfico, podemos identificar como uma professora que acaba de sair da sala de aula). A câmera assume sua direção, perspectiva e visão, voltada para baixo, para os pés e para uma bolsa pesada que entra e sai na imagem. De certo modo, a professora é, ao mesmo tempo, produtora representante e representada na imagem. A direção de seu olhar (a visão da câmera) permanece fixa: não se desvia para cima nem para os lados.

Aqui se documentam dois elementos do quadro de orientação do grupo de professores que produziu o filme: De um lado, a visão da professora está voltada para si mesma. Pois ela é, ao mesmo tempo, aquela que vê e aquela que é vista (i. e., seus pés). Por outro lado, sua visão está voltada para baixo, em parte para o peso que ela carrega e no qual se expressa um "fardo": sua bolsa. Documenta-se aqui uma autorreflexividade, que permanece autorreferencial e monádica.

O cenário na *segunda* subsequência (de 5 segundos; a partir de 1:06) é totalmente diferente. A mudança apresenta muitos contrastes: Vemos pessoas jovens que, reunidas em um grupo, se comunicam vividamente. Com base em nosso preconhecimento iconográfico, podemos identificá-los como estudantes.

Esse contraste à concentração da professora em si mesma, que pudemos identificar na base dos fotogramas da primeira subsequência, e a estrutura dos fotogramas da segunda subsequência, a densidade comunicativa e a referência interativa dos estudantes entre si, destaca ainda mais a concentração da professora em si mesma e a complementa com outros elementos como o do isolamento e da solidão. Assim, documenta-se na relação e no contraste entre a primeira e a segunda subsequências, ou seja, na edição, também algo sobre o relacionamento entre a professora e os estudantes. Esse relacionamento pode ser desvencilhado adicionalmente se voltarmos nossa atenção não só para o cenário – ou seja, para os produtores *representados* na imagem –, mas também para o trabalho dos produtores *representantes* da imagem. Por um lado, isso diz respeito ao enquadramento, à *cadrage*: As cabeças dos estudantes reunidos em grupo estão cortadas. E a posição da câmera foi escolhida de tal forma que os torsos são filmados em um enquadramento americano, de semiproximidade, de baixo para cima. As cabeças cortadas e a representação apenas dos torsos em geral documentam que os estudantes, a partir do ponto de vista adotado aqui pela professora (como produtora representante da imagem) não são percebidos como elementos relevantes à comunicação.

Na relacionação de primeira e segunda subsequências, a mudança de cenário e enquadramento produz um *contraste* entre as duas sequências: entre a concentração da professora em si mesma e as referências interativas dos estudantes.

Por outro lado, a relacionação da primeira e segunda subsequências por meio da mudança de cenário e enquadramento produz também *pontos em comum*, ou seja, homologias, entre as sequências: Pois se levarmos em conta o desempenho da produtora representante da imagem, a concentração da professora em si mesma apresenta na primeira sequência homologias com a curiosa falta de disposição comunicativa na segunda sequência. Assim, documenta-se tanto nos pontos compartilhados quanto no contraste acima esboçado, um teor de sentido semelhante.

O modo especial de edição que vincula essas subsequências e as transforma em uma unidade aprofunda ainda mais essa afirmação: Em ambas as subsequências, a professora avança e atravessa o grupo de estudantes. O único contato entre professores e estudantes representado na forma como o filme foi editado se parece mais como o "não contato".

O espaço sonoro, incomum nesse tipo de edição, condensa isso ainda mais. Com cada corte, o espaço sonoro é abruptamente interrompido. Dessa forma, são produzidos dois espaços isolados um do outro, nos quais a professora e os estudantes agem independentemente uns dos outros. E já que a professora é obrigada a abrir caminho entre os estudantes muito próximos uns dos outros, estes adquirem nitidamente (no contexto da ausência de contatos visuais e referências comunicativas) o caráter de um obstáculo. Os estudantes não são vistos como interlocutores, nem mesmo como pessoas. Antes se parecem mais com um muro e, vistos pela perspectiva de baixo, ao mesmo tempo como poderosos e ameaçadores[7].

Vemos aqui que a interpretação documentária não se interessa fundamentalmente pelos elementos individuais, mas pelas relações entre os elementos individuais (p. ex.: as relações internas dos fotogramas, as relações entre os fotogramas de uma sequência e a relação entre as sequências), tendo em vista assim o todo. O teórico de filmes Gilles Deleuze (1997, p. 24) afirma: "Se tivéssemos que definir o todo, teríamos que fazê-lo por meio da relação".

---

7 Para mais detalhes sobre o exemplo citado, bem como sobre os passos para a análise de filmes segundo o método documentário, cf. o capítulo de Astrid Baltruschat em língua portuguesa no livro *Metodologias da Pesquisa Qualitativa em Educação* organizado por Wivian Weller e Nicolle Pfaff e publicado pela Editora Vozes (3. ed., 2013; 4. Reimpr., 2019, p. 151-181) [N.Rev.].

11
Aspectualidade, condicionamento local e validade da interpretação

A aspectualidade da interpretação, a "estrutura aspectual do conhecimento" ("*Aspektstruktur der Erkenntnis*" – Mannheim 1952b[1]) representa apenas *uma* das consequências das condicionalidades sociais, do condicionamento local ou da "determinação existencial" (*Seinsverbundenheit*) do conhecimento, que sempre precisa ser contemplada a partir de um *outro* lado.

A "Teoria da 'Determinação Existencial' do conhecimento", como Karl Mannheim (p. 227) designa a sociologia do conhecimento (cf. tb. BERGER & LUCKMANN, 1969), se insere no contexto de um debate sobre o conceito de ideologia, compreendido não só como "total" (como em Marx), isto é, com referência à existência como um todo, mas em um sentido mais amplo como "geral" e total, que, ao contrário do particular, tem em vista também o condicionamento local do próprio intérprete: "Ao contrário dessa concepção *particular*, alcançamos uma concepção *geral* do conceito *total* de ideologia se tivermos a coragem de ver não só a posição adversária, mas todas as posições, *também a própria*, como ideológicas" (1952a, p. 70). Vistos sob esse ponto de vista, a *aspectualidade* do conhecimento e do pensamento, os limites do respectivo espaço de experiência ocupam o primeiro plano.

---

1 Na versão em língua portuguesa da obra *Ideologia e utopia*, de Karl Mannheim, citada aqui, "Aspektstruktur" foi traduzido como "perspectiva", mas optamos pela tradução "estrutura aspectual" buscando maior proximidade com o original. Para conferência sugerimos a tradução realizada por Emílio Willems e publicada em 1950 pela Editora Globo (cf. cap. V: "A sociologia do conhecimento", p. 245-289) [N.Rev.].

De outro lado, temos uma visão mais "positiva" da determinação existencial do pensamento, desenvolvida principalmente nos trabalhos de Mannheim, publicados em "Estruturas do pensamento" (*Strukturen des Denkens*, 1980). Nesses escritos sobre sociologia da cultura é trabalhado o conceito de espaço de experiências "conjuntivas", que havia sido somente delineado nos escritos anteriores sobre o conceito de ideologia, quando Mannheim ressalta o "enraizamento do pensamento no espaço social": "Esse enraizamento de forma alguma pode ser considerado uma fonte de equívocos". Mais do que isso, "o vínculo social de uma visão, de um aparato categorial significará justamente por meio desse vínculo vital uma chance maior para a força dessa forma de pensamento em determinadas regiões do ser" (1952a, p. 73) e será – como poderíamos acrescentar – visto como característica constitutiva da ação coletiva, da consciência coletiva e da identidade coletiva – no sentido das "representações coletivas" que se desenvolvem por conta das experiências conjuntivas (cf. tb. cap. 3 e 7).

Apenas a referência recíproca de ambos os lados da determinação existencial do conhecimento, apenas a contemplação dos espaços de experiência a partir de seus limites e da força constitutiva da experiência conjuntiva permite uma compreensão abrangente da aspectualidade do conhecimento e do pensamento e, portanto, o desenvolvimento de fundamentos metódicos no sentido da "postura genética", da interpretação sociogenética.

A "postura genética" deve ser compreendida também como uma justificativa e fundamentação metódica do conceito de ideologia "livre de valores" (p. 72ss.), pois a postura genética pressupõe – como já mencionamos – um "pôr entre parênteses o caráter de validade" (da pretensão de verdade proposicional) de manifestações e ações (cf. cap. 3.2)[2].

Esse "pôr entre parênteses o caráter de validade", constitutivo para a sociologia da cultura ou do conhecimento de Mannheim, é apontado em um contexto um

---

2 A justificativa da postura genética e do "pôr entre parênteses do caráter de validade" desenvolvida por Mannheim em seus escritos sobre a sociologia da cultura (*Strukturen des Denkens*, 1980) pode também conferir um novo sentido específico e metodologicamente fundamentado à postura defendida por Max Weber no contexto do assim denominado "disputa de juízo de valor" (cf. o resumo em VON FERBER, 1959), de que as avaliações não se inserem na análise sociológica, mas mesmo assim devem ser de modo específico – i. e., da compreensão explicativa, ou seja, típico-ideal – *objeto* da pesquisa sociológica: "Por meio da pesquisa empírico-psicológica e histórica de determinado ponto de vista de valor em relação ao seu vínculo individual, social e histórico, sempre chegamos ao ponto de *explicá-lo compreensivelmente*". E mais adiante: "Pois 'entender tudo' não significa 'perdoar tudo', tampouco a mera compreensão do ponto de vista alheio leva à sua aceitação" (WEBER, 1968, p. 503).

pouco diferente também na "suspensão da postura natural" na análise fenomenológica (cf. tb. cap. 5) e na "indiferença" em relação às pretensões de validade imanentes das ações cotidianas, como encontramos na etnometodologia. Em Garfinkel (1967f, p. 272s.) lemos: "Nas atividades de construção de teorias científicas lidamos com uma regra totalmente diferente. Esta prevê que a interpretação seja realizada quando se assume uma postura de 'neutralidade oficial' ('*official neutrality*') em relação àquela que acredita que os objetos do mundo são como eles aparentam ser". Isso faz com que "a realidade objetiva dos fatos sociais se transforme em um fenômeno fundamental da contemplação como execução contínua ('*accomplishment*') das atividades da vida diária [...] para aqueles membros da sociedade que praticam a sociologia" (GARFINKEL, 1967a, p. vii).

Também para a vertente de pesquisa mais recente – a do "construtivismo" –, que se apoia em parte na etnometodologia, uma mudança de postura semelhante é constitutiva, descrita como a transição da pergunta "O quê?" ou "Por quê?" para a pergunta "Como?": "A concepção do objeto de conhecimento como objeto construído ou reproduzido explica por que esse construtivismo passa da pergunta O QUÊ ou POR QUÊ para a pergunta COMO. É preciso responder à pergunta COMO a realidade é construída para então esclarecer O QUÊ a compõe. Mas o deslocamento para a pergunta pelo COMO tem ainda outro significado: Ele representa um abandono das perspectivas que argumentam de modo objetivista" (KNORR-CETINA, 1989, p. 92).

Como demonstrado nos resultados de pesquisa do "*labeling approach*" (cf. cap. 8.2), uma vertente de pesquisa apoiada na etnometodologia e na Escola de Chicago, um *potencial crítico* que questiona a rotina cotidiana e, dessa forma, se torna "prático", só pode ser desdobrado com base na supressão das pretensões de validade vinculadas a um fato social (aqui: "criminalidade") e uma atenção voltada para os *processos sociais da produção* desse fato arraigado na rotina cotidiana (cf. o estado da arte após 20 anos de *labeling approach* em SCHUMANN, 1985; STEINERT, 1985).

O direcionamento para os processos sociais de produção de fatos sociais, ou seja, para a postura genética, pressupõe uma "neutralidade oficial" constitutiva em relação às pretensões de validade desses fatos sociais, que considera que o significado das afirmações e ações só pode ser interpretado se não houver a pretensão de assumir uma posição de validação (de verdade e de certeza normativa).

Habermas trata da problemática da separação das perguntas referente a significado e validade em suas reflexões sobre a "Problemática da compreensão de sentido nas ciências sociais" (no contexto de sua "Teoria da Ação Comunicativa"): "Pode-se, em última instância, separar ou não as perguntas explicativas de significado das perguntas reflexivas de validade?" (HABERMAS, 1981, p. 189). Se entendermos a pesquisa como um processo comunicativo no sentido de que o observador científico não tem outro acesso ao seu campo de objetos senão pela via da comunicação com os pesquisados, então o pesquisador é obrigado – antes de assumir a postura do observador distanciado – a se transformar em participante (no mínimo virtual) do processo comunicativo, de assumir uma postura "performativa" (cf. tb. cap. 8).

Mas se o pesquisador, ao assumir a postura performativa, ou seja, o papel do participante, precisa ao mesmo tempo acatar as pretensões de validade do teor (imanente) de sentido de afirmações, isso ameaça o papel do observador distanciado. Em sua argumentação, Habermas se refere primeiro a Gadamer, que parte da necessidade da pré-compreensão (das condições sob as quais o texto pode ser considerado como verdadeiro, normativamente correto ou sincero): "Apenas o fracasso da tentativa de reconhecer aquilo que foi dito como verdadeiro leva ao esforço de 'compreender' – psicológica ou historicamente – o texto como opinião de um outro. O preconceito da perfeição contém, porém, não só o aspecto formal de que um texto deve expressar sua opinião perfeitamente, mas também que aquilo que ele diz seja a verdade perfeita. Vemos também aqui que compreender significa primariamente: entender-se em um assunto, e apenas secundariamente: destacar a opinião do outro como tal e compreendê-la. A primeira de todas as condições hermenêuticas permanece, portanto, a pré-compreensão, que resulta do ter a ver com o tema" (GADAMER, 1990, p. 299).

Mais adiante, porém, Habermas diferencia sua posição em relação à posição de Gadamer: "Compreender uma manifestação simbólica significa saber sob quais condições sua pretensão de validade poderia ser aceita. Compreender uma manifestação simbólica *não* significa, porém, afirmar sua pretensão de validade sem consideração do contexto. Essa identificação de compreensão e consentimento favoreceu a hermenêutica tradicional de Gadamer" (HABERMAS, 1981, p. 195).

Como pré-compreensão necessária dos intérpretes, dentro do qual pode-se então realizar o "diálogo" com os pesquisados ou os textos, permanece, portanto, o conhecimento próprio das condições sob as quais a pretensão de validade *poderia* ser aceita. A interpretação hermenêutica em si tem seu ponto de partida onde o texto não corresponde a essas condições (cf. tb. cap. 3.2 e 5). Na interpretação hermenêutica, o caso é constituído em sua peculiaridade diante do horizonte oposto, diante da "folha de contraste das 'possibilidades objetivas'", como lemos em Overmann (1988, p. 248): "Esse princípio metodológico segue somente o objeto em si, ou seja, o processo real da constituição e reprodução da especialidade no âmbito do geral".

Não fica evidente em que medida essa formação de tipos *pressuposta* à análise empírica, que se constitui como "folha de contraste de 'possibilidades objetivas'" e se transforma em horizonte oposto da interpretação do caso, pode ser suscetível à validação e à crítica empírica. Como demonstrado na prática de pesquisa da hermenêutica objetiva, é diante do horizonte oposto dessa "folha de contraste" que resulta a seletividade específica da interpretação hermenêutica, como já exposto anteriormente (no cap. 5).

A sociologia do conhecimento, por sua vez, se serve exclusivamente das representações de vivência dos pesquisados como fundamento da análise empírica. Suposições sobre "possibilidades objetivas" da ação, sobre possibilidades de ação, que, no fundo, fariam jus às pretensões de validade das manifestações dos pesquisados, mas que são vistas apenas pelo intérprete sociológico, isto é, não são empiricamente evidenciáveis, não são incluídas na análise sociológica do conhecimento. Os próprios pesquisados fornecem informações não só sobre suas próprias ações e sobre a constituição da experiência subjacente a essas ações, mas também sobre as condições de constituição da própria experiência. Os horizontes opostos necessários tanto para a reflexão distanciada quanto para a construção de tipos não se baseiam na "pré-compreensão" do intérprete, mas em análises de casos empiricamente fundamentados no sentido da análise comparativa.

Agentes em seu cotidiano são, através da "língua" específica do meio social ou do modo de representação, normalmente capazes de fornecer informações sobre as condições existenciais de constituição das experiências e das ações. A análise sociológica pode então esforçar-se apenas a adquirir uma explicação teórico-conceitual cientificamente relevante desses potenciais de vivência e experiência. Ela não pode identificar contextos existenciais ou condições da existência que permanecem ocultos aos agentes e que, *nesse* sentido, lhe são "exteriores", ou seja, localizados fora de sua experiência e vivência – ao contrário dos tipos de condições de existência que, por eles mesmos, são *vivenciados* e *experimentados* como "exteriores", "heterônomos" ou "objetivos" (para uma crítica àquela primeira concepção de exterioridade mencionada aqui, cf. MATTHES, 1985b; MATTHES, 1987).

A análise na sociologia do conhecimento (com sua postura genética) vislumbra os espaços de experiência primeiramente a partir das vivências que os constituem – no sentido do poder constitutivo de experiências conjuntivas (p. ex.: específicas à geração) –, identificando as possibilidades e os horizontes que lhe são imanentes, inclusive as condições *experimentadas como objetivas ou heterônomas* (cf. tb. as exposições e os ex. no cap. 7.1). Na medida em que são identificados de forma típica os horizontes de vivência e os espaços de experiência que os constituem, tornam-se visíveis também os limites dos espaços de experiência (dependentes do meio social, da geração, do gênero e da idade), ou seja, sua *aspectualidade ou estrutura aspectual*.

Quando o acesso empírico do intérprete sociológico ao seu campo de objetos é mediado por meio da vivência daqueles que são objeto da pesquisa, isso tem consequências para os *critérios de validade* de sua análise empírica. Isso diz respeito primeiramente aos critérios de validade que devem ser aplicados às representações dos pesquisados, mas também aos critérios de validade da própria interpretação sociológica: a "validade" da apuração e da interpretação.

Compreender significa – para trazer mais uma vez à memória – apreender esses processos de vivência, isto é, esses processos de interação representados por meio da vivência, no qual surgiu a ação a ser compreendida, isto é, a orientação que lhe é subjacente. *Interpretação* se refere à explicação teórico-conceitual daquilo que assim é compreendido (cf. cap. 8). Ações e afirmações tornam-se mais compreensíveis quando o processamento da vivência ou a constituição da experiência, i. e., a sua representação, é realizado de forma mais evidente. Processos de vivência e suas representações não podem ser avaliados segundo os critérios de verdadeiro ou falso, de certo ou errado, mas segundo os critérios da *evidência*, que se manifestam na consistência, na "autenticidade" das experiências. Ao mesmo tempo, sua validade pode ser avaliada a partir de seu alcance, de seus limites e de sua aspectualidade – em comparação com outros espaços de experiência.

No que diz respeito à evidência de orientações, isto é, de sua representação no sentido da "autenticidade", esta depende do ancoramento vivencial, do vínculo experiencial. O acesso empírico a essa evidência é alcançado pela via da reconstrução do desenvolvimento dos discursos, tendo em vista a *densidade metafórica e interativa*, que alcança seu clímax dramatúrgico quando estamos lidando com *centros de vivência*. As passagens nas quais são alcançados os auges dramatúrgicos da densidade interativa e metafórica, nós as denominamos de *metáforas de foco*, são as passagens-chave para a interpretação (cf. cap. 3 e 8.1).

Nas análises empíricas, enquanto a determinação positiva da evidência e da autenticidade de orientações no sentido de seu ancoramento vivencial se revelou relativamente pouco problemática, a *crítica* aos padrões de orientação com base nesses critérios de validade se mostrou mais complicada, pois esta precisa distinguir entre a *marginalidade*, ou seja, entre a irrelevância relativa de orientações (que também está vinculada a um fraco ancoramento vivencial – mas sem que isso questionasse sua autenticidade) e sua *não autenticidade*.

Também as discrepâncias entre os participantes de um discurso, aquilo que nós denominamos "incongruências referenciais", não devem ser interpretadas no sentido de uma não autenticidade. Estas ocorrem quando o grupo se divide (um ou vários participantes partem para a oposição), porque o contexto de vivência e o quadro de orientações não são compartilhados. (Como no exemplo de uma ginasiasta que foge ao enquadramento do discurso realizado por colegas masculinos. Apenas em seu "grupo verdadeiro" de coestudantes, com o qual ela compartilha também contextos de vivência típicos ao gênero, a dramaturgia e o enquadramento do discurso são completamente apoiados por ela.) Dessa forma, os limites de diferentes espaços de experiência e sua aspectualidade são evidenciados, não, porém, os problemas de sua autenticidade.

No sentido de uma problematização da autenticidade de orientações compartilhadas coletivamente deveria ser evidente que um enquadramento compartilhado coletivamente não é ancorado na vivência concreta (ou o é apenas parcialmente) – até o ponto de uma *estereotipação* de orientações. Encontramos essa tendência no grupo "Wies'n" (do vilarejo de operários; cf. cap. 3), em cujo discurso podemos não só identificar estereotipações na forma de xenofobia e exclusão de outros, mas reconstruir também o *processo de constituição* dessas estereotipações: A experiência sustentada por uma alta densidade de vivência, segundo a qual um número cada vez maior de estrangeiros passa a viver no vilarejo de operários (tão importante para a identificação biográfica dos jovens), que – na opinião dos jovens – afastam os habitantes antigos, é então transferida para o âmbito do trabalho e (na base das descrições de vivências) leva a uma afirmação pouco evidente de uma conspiração por parte dos estrangeiros (o chefe dos recursos humanos também é estrangeiro), de modo que os estrangeiros são expostos a um grande número de suspeitas (p. ex., tráfico de drogas), que já não são mais sustentadas pela vivência concreta. Surgem *discrepâncias* entre as representações do estrangeiro, com o qual eles convivem pessoalmente, como sendo um "cara legal" e as representações *dos* estrangeiros como estereótipo. No final do discurso, resulta uma afirmação estereotipada da própria "normalidade" ("nós somos os trabalhadores normais") diante do horizonte oposto da "desnormalização" dos outros (Eles não querem ser os "punks", "roqueiros", "beberrões", "vagabundos", "traficantes" etc.; cf. BOHN-SACK, 1989, p. 69ss.). A estereotipação se desenvolve de modo processual na discrepância entre uma densidade interativa crescente e um ancoramento da vivência concreta decrescente. A identificação coletiva, a identidade coletiva não se realiza mais com base em uma experiência conjuntiva, mas se desprende cada vez mais desta – como demonstrado na dramaturgia do discurso[3]. A identidade coletiva é produzida e sustentada de modo fundamental pela via de uma exclusão de terceiros (que já não pode mais ser justificada com base na vivência). Isso pode ser explicado de tal modo que esses jovens da vila de operários – como se evidencia em diferentes passagens do discurso – se veem bem abaixo na pirâmide da hierarquia social do vilarejo, o que os obriga a lutar por sua posição social, por sua "normalidade", atribuindo a outros um lugar inferior ao seu próprio. Xenofobia e exclusão de terceiros pela via de sua desnormalização não são justificadas com base na vivência concreta, mas provêm de "ambições heterogêneas": da luta pela própria posição social, não sendo, portanto, autênticas ou "verdadeiras": "[...] uma experiência somente é

---

3 Como pôde ser demonstrado em outra pesquisa – sobre membros e simpatizantes do partido "Die Republikaner" –, realizada com base em grupos de discussão, observação participante e entrevistas biográficas (LOOS, 1998), esse tipo de estereotipação está vinculado ao fato de que a "perspectividade dos pontos de vista" – i. e., o condicionamento local das perspectivas e suas diferenças – não é levada em conta, que o desvio observado de opiniões de terceiros não é remetido a *isso*, mas à coerção externa, que é responsabilizada pelo fato de que nem todos "dizem a verdade", apesar de todos – assim como os republicanos – reconhecerem essa *uma verdade*: "Além disso, os redatores do *BN* (o jornal regional; R.B.) distorcem a realidade em seus relatos não porque eles mesmos lucrariam diretamente com isso ou porque eles mesmos seriam contrários aos republicanos – pelo contrário, eles estão do lado dos republicanos –, mas apenas porque eles precisam se comportar dessa forma se não quiserem perder seu emprego" (p. 30).

verdadeira quando a perspectividade é determinada pela perspectividade do seu ancoramento e que não por ambições heterogêneas, que sempre levam a falsificações" (MANNHEIM, 1980, p. 282).

Esse tipo de crítica à autenticidade da experiência ultrapassa, portanto, aquela crítica que se apoia no fato de que (na análise comparativa) a aspectualidade demonstra os limites dos espaços de experiência.

Para voltar ao problema da *crítica textual* no sentido de uma crítica à falta de autenticidade, à estereotipação de orientações coletivas, tomaremos uma discussão com adultos, com a geração dos pais (grupo: "Zwischendrin"): Encontramos, nesse caso, uma estereotipação desenvolvida inicialmente de forma precária sobre os jovens da geração quando eles foram crianças (em relação ao convívio despreocupado com dinheiro e bem-estar em geral), isto é uma tipificação sem fundamentação na vivência, sendo reconhecida e corrigida por meio de um quadro distinto, altamente densificado em termos de vivência e compreendendo três gerações. Comparado a esse quadro, os jovens (em comparação aos pais) atestam a si próprios uma medida maior de honestidade.

No que diz respeito à metodologia da *entrevista narrativa*, também prevalecem critérios de evidência no sentido de autenticidade, veracidade e consistência ao invés de critérios de verdade e exatidão. Em analogia aos critérios da densidade metafórica e interativa, da representação e do processamento de vivência no procedimento metodológico dos grupos de discussão, o grau de "detalhamento" [na entrevista narrativa[4]] fornece informações sobre a densidade representativa, sendo tomado como critério. Uma queda no nível de detalhamento, isto é, um desvio da "coerção ao detalhamento" (cf. as exposições no cap. 6.1), indica rupturas no processamento da vivência (assim como um abandono da coerção à conclusão da narrativa), é avaliado como um sintoma e visto como uma ruptura entre a vivência e sua representação (cf. SCHÜTZE, 1981). Esse sintoma deveria ser reencontrado em um nível reflexivo superior da formação biográfica geral na forma de inconsistências e discrepâncias, como objeto da denominada "análise do conhecimento", que busca interpretar sistematicamente as teorias do "portador da biografia" sobre si mesmo em relação "às funções de orientação, processamento, interpretação, autodefinição, legitimização, exclusão e recalcamento" (SCHÜTZE, 1983, p. 286s.).

---

4 Inserção da revisora.

No que diz respeito à validade das nossas próprias *interpretações sociogené-ticas*, os critérios não são fundamentalmente diferentes daqueles que aplicamos no âmbito de nossos objetos. E consequentemente podemos abordar a validade das interpretações sociogenéticas a partir dos *dois* lados que já conhecemos: a partir do problema de sua aspectualidade como também da evidência da constituição da experiência. Na medida em que aplicamos os critérios de validade no âmbito de nossos objetos também a nós mesmos, de modo autorreflexivo, seguimos a premissa metodológica da pesquisa social reconstrutiva, segundo a qual a experiência sociológica representa uma experiência de "segundo grau".

No que diz respeito à evidência da constituição da experiência do intérprete sociológico, podemos distinguir – como já mencionamos no capítulo 2 – também no campo dos procedimentos reconstrutivos (e não só padronizados) entre a *confiabilidade* (ou exatidão "formal") – que pergunta pela *reprodutibilidade* (e, portanto, pela verificabilidade intersubjetiva) do *processo de pesquisa e de conhecimento* –, e a *validade* no sentido restrito, que pergunta se um procedimento empírico é *adequado* ao objeto (para a discussão sobre a transferibilidade desses dois critérios da "exatidão" para o campo dos métodos qualitativos, cf. KOHLI, 1978)[5]. Ao contrário dos procedimentos padronizados, a confiabilidade, no âmbito da pesquisa social reconstrutiva, se coloca estritamente a serviço da validade.

Podemos fazer uma contribuição para a elevação da *confiabilidade*, isto é, da reprodutibilidade do processo de pesquisa pela via da *formalização* do procedimento empírico, explicando de forma teórico-conceitual suas etapas de trabalho no sentido de um "método". Desenvolvemos métodos na acepção de um procedimento reconstrutivo quando o pesquisador aplica a *interpretação genética* de modo *autorreflexivo* à sua própria prática de pesquisa, ou seja, pela via da *reconstrução* das etapas de trabalho já executadas no processo de pesquisa (cf. tb. cap. 2, 4.2 e 8.1), isto é, tomando a explicação e sistematização teórico-conceitual como pano de fundo, e, em parte, também a terminologia das constatações *metodológicas* (seja da sociologia do conhecimento, na fenomenologia ou na hermenêutica). Nesse processo, os *métodos* não são "derivados"

---

5 Referente a essas questões da "fundamentação da validade" devemos concordar com Terhart (1997, p. 39), quando ele observa: "Enquanto a pesquisa quantitativa remete essa pergunta ao nível superior do discurso teórico-científico e assim o exporta dos assuntos práticos, os pesquisadores qualitativos se veem continuamente expostos à pergunta crítica pela 'veracidade' de seus resultados [...]".

da metodologia e tampouco as etapas de trabalho do processo de pesquisa podem ser derivadas dos métodos.

Existe, portanto, uma relação *reflexiva* e não uma reflexão dedutiva entre os níveis: metodologia – método – e etapas de trabalho (cf. tb. cap. 2), isto é, estamos lidando com uma oscilação contínua entre o processo de trabalho, sua atualização reconstrutiva nos métodos e sua atualização reconstrutiva no contexto do conhecimento metodológico; e essa oscilação lança uma luz crítica sobre os diferentes níveis.

Mas quando as regras metódicas na reconstrução são extraídas de procedimentos empíricos (já reconhecidos como válidos), a validade (mais precisamente a confiabilidade; cf. cap. 4.2) do procedimento – e aqui concordamos com a hermenêutica objetiva (cf. tb. cap. 4.2) – não pode depender fundamentalmente da explicação dessas regras, isto é, dos métodos, como já apontado também por Mannheim (1980, p. 281): "No entanto, não devemos nos iludir em relação ao fato de que a evidência não é garantida por meio desses métodos formais, mas pela apreensão do aspecto qualitativo e que a apreensibilidade do aspecto qualitativo *não é resultado* da aplicação desses métodos, mas *precondição* para que possam ser aplicados".

Isso, porém, não significa que, pela via de uma reflexão metodológica e metódica um procedimento esclarecido criticamente não possa ser corrigido e assim ter sua confiabilidade aumentada. Nesses casos, dependemos – no que diz respeito aos critérios da confiabilidade – de nossas competências "intuitivas" cotidianas e dos critérios implícitos a elas, que já não mais se distinguem fundamentalmente daqueles que aplicamos ao conhecimento e ao pensamento de nossos objetos de análise – ou seja, com base nos critérios da consistência, da veracidade ou autenticidade, que remetem ao ancoramento da interpretação e à vivência do pesquisador no campo do conhecimento da experiência e da vivência de seus objetos[6].

Visto que, *em última análise*, a confiabilidade não pode ser garantida e demonstrada por meio de uma orientação formal e pela comprovação das etapas do trabalho teórico-conceitual, é necessário que todo o processo de pesquisa –

---

6 Geertz (1990, p. 14) afirma em relação aos antropólogos culturais: "que eles são capazes de nos convencer de que aquilo que eles dizem é um resultado do fato de eles realmente terem penetrado outra forma de vida (ou, se preferirmos, permitiram ser penetrados por ela), de eles realmente 'terem estado' ali de alguma forma ou de outra".

do levantamento à análise dos dados –, seja documentado e demonstrado de modo que o leitor possa acompanhar os processos relativos aos discursos, à comunicação e à narração – inclusive as intervenções por parte do entrevistador e condutor da discussão –, que constituem o caso em sua estrutura peculiar incluindo também os esforços de interpretação e de tipificação por parte dos intérpretes. No sentido de Glaser e Strauss (1969, esp. cap. IX), busca-se, por meio da publicação dos resultados juntamente com a apresentação do processo de pesquisa, transmitir "credibilidade" ("*credibility*"), isto é, a autenticidade e a veracidade do procedimento para aqueles que não participaram do processo de pesquisa. Isso deve ser feito não por meio de paráfrases extensas, mas de forma sucinta e legível. De acordo com experiências próprias de pesquisa, essa é uma das tarefas mais difíceis da pesquisa reconstrutiva, entre outros, pelo fato de que o equilíbrio constitutivo para a interpretação, entre a participação (virtual) e a postura de observador distante, ou seja, entre a compreensão com base na vivência e a contemplação objetivada, precisa encontrar sua expressão não só durante a interpretação, mas também na *apresentação* dos resultados da interpretação[7].

Consequentemente, a "objetividade" do conhecimento, ou seja, a *reprodutibilidade do processo de conhecimento* como fundamento para sua *verificabilidade intersubjetiva*, não pode ser garantida simplesmente por meio da objetivação do processo de conhecimento pela via de sua formalização e padronização, pois isso não permitiria fazer jus à estruturação própria do caso. A reprodutibilidade como precondição para a verificabilidade intersubjetiva é garantida quando o pesquisador cria as condições para que os grupos ou indivíduos possam se desenvolver e reproduzir em sua estruturação típica (i. e., na estrutura processual que é constitutiva para eles).

Se essa apresentação dos resultados é bem-sucedida, a *validade* do procedimento empírico é documentada concomitantemente, evidenciando-se assim que as interpretações do pesquisador – assim como suas intervenções durante a comunicação no decorrer do levantamento dos dados – são *adequadas ao objeto*, isto é, fazem jus à sua estruturação própria. Isso mostra que as perguntas

---

7 Para a prática de pesquisa dos antropólogos culturais, baseada predominantemente na observação participante, Geertz (1990, p. 19) descreve com bastante clareza a tarefa da *representação* textual do ponto de vista do pesquisador, opondo-a ao processamento interpretativo desse ponto de vista: "Encontrar um ponto de vista em um texto que, ao mesmo tempo, deve transmitir uma visão íntima e uma avaliação fria, é um desafio quase tão grande quanto adquirir essa visão e formular a avaliação".

referentes à confiabilidade só podem ser respondidas em relação à validade do procedimento.

Vimos que os procedimentos metódicos apresentados são adequados, ou melhor, predestinados para diferentes objetos: A interpretação documentária dos grupos de discussão se volta primariamente à identidade coletiva, aos "meios sociais" (*milieux*) e às suas condições de constituição; a hermenêutica objetiva, à particularidade específica de um grupo enquanto caso (p. ex., de uma família), mas também de um indivíduo e suas condições de constituição, seu "processo de reprodução" (cf. cap. 3.1). A entrevista narrativa se dedica primariamente às identidades individuais e os desenvolvimentos dos decursos ("formação biográfica como um todo") e, secundariamente, às experiências específicas do coletivo (cf. cap. 7.2). No entanto, é possível indicar critérios de validade gerais, isto é, que se aplicam aos procedimentos reconstrutivos como um todo, para os procedimentos da sociologia do conhecimento, para os procedimentos fenomenológico-interacionistas e – com as restrições mencionadas – para os procedimentos hermenêuticos.

As perguntas referentes à validade giram, principalmente, em torno do problema sobre a forma como a constituição da experiência de "segundo grau" deve se deter aos processos de formação da experiência cotidiana. Nós tratamos intensamente dessa pergunta sobretudo nos últimos capítulos e chegamos aos seguintes resultados: Aqueles que são objeto da pesquisa nos fornecem informações não só sobre sua ação e sobre a constituição de suas experiências, mas também sobre as *condições* de constituição dessas experiências. Estas podem ser identificadas pela via da *análise processual* e da reconstrução do caso em sua totalidade. Isso é realizado com base nos horizontes de comparação empiricamente controlados no sentido da *análise comparativa*.

Análise processual significa em primeiro lugar que os processos discursivos e narrativos ocorridos na *situação de levantamento* [de dados[8]] precisam ser reconstruídos em seu decurso temporal. Partindo dessa base, trata-se principalmente da reconstrução dos processos de vivência e de interação que são *objeto* dos discursos e das narrativas. *Construção de tipos como análise processual* (cap. 8.2) significa que uma orientação deve ser designada, por exemplo, como "típica à vida no vilarejo", quando conseguimos reconstruir não só seu processo de evolução, sua gênese no contexto da vida no vilarejo, mas também as condições interativas da gênese

---

8 Inserção da revisora.

e da reprodução, seu "potencial reprodutivo". Essas condições podem então ser generalizadas, por exemplo, como típicas ao meio social, quando conseguimos demonstrar que aquela dimensão do caso que se refere à construção de tipos, por exemplo, à do ambiente socioespacial, pode ser distinguida de outras dimensões (das dimensões típicas do desenvolvimento, do gênero e da geração) – dentro da totalidade do caso. Como expomos (cf. cap. 8.1, 3.1), isso ocorre na *análise comparativa* empírica e metodologicamente controlada.

A construção de tipos realizada a partir da abstração "conjuntiva" do respectivo caso apresenta necessariamente uma *aspectualidade* que, quando isolada de forma metódica e teoricamente fundamentada de outros aspectos (tipos), tem sido denominada por nós de *dimensão condicional da construção de tipos* (*Dimensionsgebundenheit der Typenbildung*)[9]. Tratamos como "dimensão condicional" porque a totalidade do caso – , isto é, de um grupo,

---

9 Weber explica claramente a *aspectualidade da construção de tipos* no contexto de suas exposições sobre a "estrutura lógica da formação de conceitos típico-ideal". Aqui, ele expressa também os dois tipos diferentes de aspectualidade que expomos em nossas exposições: o *condicionamento dimensional da construção de tipos*, que resulta da multidimensionalidade do caso, e também a aspectualidade da interpretação e construção de tipos, que resulta do *condicionamento local (Standortgebundenheit) e da determinação situacional (Seinsgebundenheit) do intérprete*. Sobre o ponto de vista do *condicionamento dimensional*, lemos em Weber (1968, p. 191) com referência ao tipo ideal: "Ela [a imagem ideal; R.B.] é adquirida por meio de uma intensificação unilateral de um ou alguns aspectos e por meio da reunião de uma plenitude de fenômenos individuais difusos e discretos, que se submetem àqueles aspectos destacados unilateralmente, formando uma figuração de pensamentos homogênea. Em sua pureza conceitual, essa imagem mental não pode ser encontrada em lugar algum na realidade empírica, é uma utopia, e disso resulta a tarefa para o trabalho histórico de identificar em cada caso individual o quão próximo ou o quão distante a realidade se encontra dessa imagem ideal".

Essa "intensificação unilateral" de "aspectos" ou dimensões específicos do caso pode ser mais bem-demonstrada em alguns casos – dependendo da medida em que a dimensão em questão é constitutiva para o caso como um todo. Aqueles casos em que a dimensão em questão (ou seja, aquela à qual visa a formação de conceito típico-ideal) pode ser demonstrada de forma especialmente clara, exercem um papel central nas pesquisas de Weber. Eles servem para a "ilustração provisória" do tipo ideal, que encontramos, p. ex., no início da pesquisa de Weber em *A ética protestante e o espírito do capitalismo*. A formação do conceito típico-ideal "espírito do capitalismo" é "ilustrada provisoriamente" com a ajuda da representação de um caso, de um documento (WEBER, 1920, p. 31). Trata-se de um texto do âmbito das primeiras seitas protestantes, dos puritanos americanos, da filosofia de vida de Benjamin Franklin (redigida por ele mesmo). No início da construção de um conceito típico-ideal, de geração de um tipo, temos, portanto, não a definição conceitual, antes o conceito precisa ser "composto aos poucos a partir de seus elementos individuais extraídos da realidade histórica. A definição conceitual definitiva não pode ocorrer no início, mas no fim da pesquisa" (p. 30).

A ilustração provisória no início da pesquisa se baseia, portanto, na apresentação de um caso que permite isolar a dimensão em questão (o "espírito do capitalismo") com base na "intensificação unilateral de um ou de alguns aspectos".

do discurso através do qual são representados, ou de um indivíduo, de sua narrativa autobiográfica –, é dividida em diferentes dimensões ou espaços de

---

Weber problematiza não só o condicionamento dimensional da construção de tipos, mas também – como apontado em nossas anotações – o outro tipo de aspectualidade, que não pode ser justificado a partir do objeto, i. e., a partir dos múltiplos estratos ou da multidimensionalidade do caso, mas a partir do condicionamento local (histórico) do intérprete, responsável pela "transitoriedade" das construções típico-ideais: "Existem ciências que possuem a juventude eterna, e estas são todas as disciplinas históricas, todas aquelas às quais o fluxo eterno da cultura sempre apresenta novas problemáticas. Nelas, a transitoriedade de todas as construções típico-ideais, mas também a inevitabilidade de construções sempre novas, é essencial à sua tarefa" (WEBER, 1968, p. 206).

A fim de podermos realmente aproveitar os conhecimentos de Weber sobre a construção dos tipos ideais para a prática da pesquisa social empírica e de seus problemas na construção de tipos, precisaríamos reconstruir também as exposições ou referências à construção de tipos inseridas nas análises empíricas de Weber (sobretudo àquela sobre a "ética protestante"). Além dos conhecimentos sobre a aspectualidade da construção de tipos (em suas duas variantes mencionadas), reconhecemos ali também os traços fundamentais de um procedimento que hoje chamamos de *análise comparativa*: a fim de identificarmos aquele "método de conduta de vida", constitutivo para o espírito do capitalismo, precisamos contrapor análises de casos de posturas espirituais pré-capitalistas (p. ex., "Jakob Fugger") (WEBER, 1920, p. 33ss.). O outro caminho da análise comparativa é o da "compilação" de casos comparáveis: "A imagem seguinte é compilada a partir das relações de diferentes ramos individuais em diferentes lugares" (p. 51). Além dos traços fundamentais da análise comparativa, a "reconstrução genética" também é constitutiva para o procedimento de Weber (SEYFARTH, 1979, p. 156; GERHARDT, 1986, p. 36ss.), ou seja, a forma de observação analítico processual, que torna fecundo o procedimento metódico e a prática de construção de tipos. Encontramos a reconstrução genética, p. ex., quando Weber consegue demonstrar como o método da conduta de vida, originalmente motivado pela religião, a racionalização específica da vida cotidiana (como componentes do espírito capitalista) se desprende cada vez mais da motivação originalmente religiosa. "Reconstrução genética" significa, portanto, "que, em um fenômeno de ampla contemplação histórica, identificamos passo a passo quais processos anteriores podem ser reconhecidos de modo compreensível como fases preliminares e como formas de desenvolvimento daquilo que é dado posteriormente (na atualidade)" (GERHARDT, 1986, p. 50).

O fato de que as exposições ou referências à construção de tipos explícita ou implicitamente contidas nas análises empíricas de Weber foram pouco aproveitadas para os procedimentos metódicos empíricos se deve, provavelmente, à compreensão metódica, que, na sociologia do pós-guerra, se solidificou cada vez mais: "A opinião basicamente incontestável de que os tipos ideais representam um princípio metodológico, mas não oferecem um método para a análise de dados na pesquisa social empírica, precisa ser vista no contexto do distanciamento entre procedimentos metódicos e metodologia na sociologia". E, mais adiante: "Para a história da recepção da abordagem weberiana é decisivo que, na obra original, metodologia e método estão estritamente vinculados. Apenas nos desenvolvimentos dos anos posteriores, interrompidos e, ao mesmo tempo, fixados pelo turbilhão da história mundial, metodologia e método se distanciaram cada vez mais, como ocorreu também com os aspectos formais e materiais do pensamento weberiano" (GERHARDT, 1986, p. 34s.).

No entanto, esse tipo de método reconstruído a partir do procedimento prático de Weber não pode ser completamente harmonizado com o procedimento que defendemos aqui e que, metodologicamente, se apoia em Mannheim, como revelam algumas passagens em que Mannheim se ocupa com Weber (cf. MANNHEIM, 1964a; MANNHEIM, 1980).

experiência, que devem ser compreendidos, cada um, como uma totalidade, no sentido de uma "totalidade de visão do mundo" (cf. MANNHEIM, 1921-1922; MANNHEIM, 1964a). Diferentes espaços de experiência se sobrepõem a um mesmo caso, sendo que um deles representa o quadro de experiência abrangente, constitutivo para o grupo ou para o indivíduo (p. ex., no caso das aprendizes da nossa pesquisa sobre jovens na cidade [BOHNSACK, 1989], o quadro de experiência abrangente foi aquele específico aos papéis de gênero, transmitido pela identificação com a mãe).

Por meio do *isolamento* das estruturas processuais e dos potenciais re-produtivos de um espaço de experiência específico, isto é, de uma dimensão específica de outros espaços de experiência encontramos as condições para a sua *generalização*. Generalizações com base na construção de tipos fundamentada dessa forma devem ser diferenciadas de generalizações fundamentadas em teorias dispersas – com referência à representatividade da escolha do caso, mas que têm em vista apenas as orientações e, possivelmente, os processos de seu surgimento, mas não as estruturas processuais, isto é, os potenciais reprodutivos.

A possibilidade de *generalização* como um outro "critério de qualidade" da análise empírica, das afirmações empíricas, depende na pesquisa social reconstrutiva da *validade da construção de tipos*. Esta, por sua vez, depende da possibilidade de controlar metodicamente a *aspectualidade* da construção de tipos no sentido da *dependência dimensional* (cf. BOHNSACK, 2001b; BOHNSACK & NENTWIG-GESEMANN, 2003).

Na pesquisa empírica também é preciso levar em conta *outro tipo da aspectualidade*, que do ponto de vista metódico e teórico não pode ser fundamentada e levada em conta em sua seletividade, pelo menos não em princípio. Em outras palavras: que não pode ser fundamentada a partir do próprio objeto, mas – se é que isso é possível – apenas de tal modo que o intérprete leve em conta o condicionamento local e a determinação situacional da própria análise, sem deduzir disso conclusões teórico-metódicas diretas; isto é, voltadas para o próprio objeto. Trata-se daquele "resto rescindível de conhecimento volitivo, que subsiste mesmo quando eliminamos todas as avaliações e posicionamentos conscientes e explícitos" (MANNHEIM, 1952b, p. 254).

A conscientização autorreflexiva do condicionamento local ou da determinação situacional do pesquisador abre a possibilidade de se trabalhar, no contexto da pesquisa empírica fundamentada na sociologia do conhecimento, justamente a determinação situacional da constituição da experiência do pesquisador, e através de uma forma que se insere na *prática* da ação e da vivência cotidiana.

Um exemplo: Nós, os pesquisadores dos dois projetos já esboçados (BOHN-SACK, 1989; BOHNSACK et al., 1995), nos conscientizamos repetidas vezes, durante a interpretação dos textos dos jovens, de nossa própria orientação, característica de nossa estrutura aspectual marcada por padrões de *decurso* biográficos *cronologicamente sequenciados* em seu condicionamento local, diante do horizonte oposto da autoidentificação socioespacial e situacional dos aprendizes em concordância com as nossas orientações biográficas e em comparação com as dos ginasiastas. Isso exige, porém, que o grupo de pesquisadores se inclua na análise comparativa. E isso acontece quando, na análise empírica, os casos são interpretados não só diante do horizonte oposto do *próprio* conhecimento, mas quando os textos dos outros também se transformam em horizontes opostos, nos quais também nós mesmos nos processamos e nos objetivamos. Esse processamento das próprias interpretações preconceituosas nos textos é um princípio fundamental do método documentário de interpretação apresentado neste livro. De caso em caso, alcançamos assim também conhecimentos sobre as condições da determinação social existencial do *próprio* conhecimento e da *própria* interpretação.

A autorreflexão sobre o condicionamento local e a aspectualidade da própria abordagem interpretativa precisa, portanto, ser realizada não só teoricamente, mas também continuamente na prática de pesquisa, no processamento dos textos. O fato de que o preconhecimento do intérprete não pode ser visto somente a partir de sua determinação social e de sua aspectualidade, isto é, a partir de suas "falhas", mas também como precondição para a criatividade da interpretação, se tornará mais evidente no próximo capítulo.

12
Metodologia praxiológica

Esbocei a posição metodológica de uma pesquisa social reconstrutiva no capítulo 2 deste livro, e nos capítulos seguintes discuti suas diferentes expressões, principalmente a partir do método documentário. Neste último capítulo, a metodologia reconstrutiva será apresentada e clarificada mais uma vez de forma resumida com base em aspectos específicos. O que interessa aqui particularmente é o ancoramento abrangente de métodos na *prática social* e sua justificativa metodológica pela via da *reconstrução* dessa *prática* – compreendida tanto no sentido científico quanto no sentido extracientífico. Trata-se da fundamentação *praxiológica* de métodos, como prefiro denominá-la[1]. Não é só a metodologia da pesquisa social reconstrutiva que possui um fundamento essencialmente praxiológico. Esboços e recepções desse tipo de metodologia praxiológica podem ser encontrados não só na sociologia do conhecimento, na tradição da Escola de Chicago e na hermenêutica, mas igualmente em argumentações construtivistas e da Teoria de Sistemas, bem como nas ciências naturais. Isso fez com que uma posição metodológica recebesse um amplo

---

1 O conceito de "metodologia reflexiva", empregado, p. ex., por Knoblauch (2000, p. 629s.), apresenta alguns paralelos com o conceito de metodologia praxiológica, mas se distingue deste, assim como (na tradição de Alfred Schütz e também Berger e Luckmann) a sociologia do conhecimento *hermenêutica* se distingue da sociologia do conhecimento *praxiológica* (segundo a tradição de Mannheim). As "construções de segundo grau", que representam o caráter reflexivo da metodologia (no sentido de Alfred Schütz), são – no sentido da sociologia do conhecimento praxiológica – ainda (para usar o conceito de Luhmann) "observações de primeira ordem", visto que elas não transcendem o teor de sentido imanente (no sentido de Mannheim), e assim não conseguem alcançar o nível de sentido documentário e o *"modus operandi"*, que subjaz à prática da teoria e à "prática da prática" (cf. BOHNSACK, 2001a, cap. 1; BOHNSACK, 2003g).

reconhecimento e fizesse avanços notáveis, cujas raízes foram desenvolvidas há 30 ou até mesmo 60 anos atrás.

Primeiro fornecerei algumas informações sobre a história da metodologia praxiológica e sobre definições e discussões em alguns representantes famosos do âmbito das ciências naturais. Depois, tratarei detalhadamente as justificativas dessas posições: do envolvimento dos pesquisadores em uma prática de ação científica e extracientífica resulta um conhecimento da experiência (*Erfahrungs-wissen)* que só pode ser explicado em parte, que, portanto, permanece essencialmente *implícito* ou taciturno. Esse conhecimento da experiência é precondição imprescindível para a percepção e para a criatividade na construção de teorias. O controle metódico desse modo específico do "preconhecimento" só se apresenta como promissor onde ele se torna prático, no processo da interpretação onde ele é atualizado. Como demonstrarei, a tentativa de um controle *anterior* à prática de pesquisa em si, isto é, por meio de hipóteses explicitamente formuladas *ex ante*, apresenta-se na perspectiva da sociologia do conhecimento como um abreviamento e uma minimilização racionalista da estruturação do conhecimento da ação e da interpretação. Mais promissor para um controle metódico é aqui o modelo vinculado à pesquisa social reconstrutiva da interpretação textual com seu princípio da análise sequencial; isto é, da sequência controlável dos passos interpretativos. Aqui se abrem possibilidades prático-científicas de controle do preconhecimento paralelamente à geração sistemática de conhecimento, cujos caminhos distintos, os da "abdução" e da "indução qualitativa", serão esboçados. Sob o ponto de vista da geração de teorias e tipos e, ao mesmo tempo, do controle sistemático, a metodologia da comparação, especialmente a *análise comparativa*, adquire uma importância central.

12.1 O ancoramento abrangente do conhecimento científico na prática social

No contexto de uma discussão mais abrangente sobre os fundamentos epistemológicos da análise científico-social, Niklas Luhmann (1990, p. 509; 1987, p. 10) defende o ponto de vista de um "pragmatismo metodológico", fundamentado em uma "epistemologia naturalista". O conceito de um "naturalismo na epistemologia" foi introduzido na discussão epistemológica principalmente por Laudan et al. (1986, p. 147). Laudan deve ser atribuído à chamada Escola

Histórica dentro da "*philosophy of sciences*", ou seja, da Teoria das Ciências ou do Conhecimento, que surgiu na década de 1960 e cujos representantes mais famosos são Kuhn (1973) e Feyerabend (1976). A Escola Histórica estabelecida essencialmente pelas ciências naturais[2] parte do pressuposto de que "nenhuma epistemologia, que não teve que se expor a um exame empírico com base na prática científica, pode ser considerada confiável" (LAUDAN et al., 1986, p. 147). Epistemologia e metodologia devem ser justificadas não de forma puramente lógica – como exigido, por exemplo, por Popper (1971; cf. cap. 2) – mas a partir da reconstrução da prática de pesquisa[3].

Do início da década de 1970 até o início da década de 1980, Norbert Elias, ocupando-se com os trabalhos de Karl Popper, ao referir-se à sua obra "Lógica da pesquisa", objetou à compreensão da metodologia científico-social como algo que pudesse ser deduzido das suposições sobre uma lógica da razão humana: "Quando conhecemos essa lógica, não precisamos, aparentemente, mais nos preocupar com a pergunta sobre como os representantes das diferentes ciências procedem em suas pesquisas. A lógica se apresenta como instância última" (ELIAS, 1985b, p. 269). Karl Mannheim, a cuja cátedra Elias pertencia como assistente na década de 1930, já havia chamado a atenção para esse tipo de mudança na relação entre epistemologia, metodologia e prática de pesquisa, opondo-se à noção de que "a epistemologia deveria tornar-se autóctone em relação às 'ciências individuais'" (MANNHEIM, 1952b, p. 246).

Esse tipo de posição metodológica sugere a concepção ou imputação de uma "hierarquia do saber melhor" (LUHMANN, 1990, p. 510) na relação entre epistemologia, metodologia e prática de pesquisa, que não pode ser sustentada, como demonstrado, além de Mannheim, também pela Escola Histórica e pelo próprio Luhmann[4]. Na compreensão de um "pragmatismo metodológico",

---

2 Para um resumo da posição da Escola Histórica, que (naturalmente) precisa ser diferenciada, cf. Kelle, 1994, cap. 10.

3 Esser recusou a recepção desse conhecimento fundamentado extensamente já nas décadas de 1960 e de 1970, como evidencia seu trabalho em torno de Norbert Elias: "Em suma: a Teoria das Ciências é uma disciplina *analítica*, cujos resultados – como também Elias o sabe – independem completamente de fatos empíricos" (ESSER, 1985, p. 262). Paradoxalmente, é Esser quem acusa Elias de "ignorar ou representar erroneamente certos desenvolvimentos da metodologia e teoria sociológica" (p. 257).

4 Kaplan (1964, p. 3) o formulou da seguinte forma: "As distintas ciências, vistas como um todo, não são colônias sob o domínio da Lógica, da Metodologia, da Filosofia das Ciências ou qualquer outra disciplina".

também as epistemologias "não podem reclamar para si mesmas, no âmbito dos objetos científicos, um estado de exceção, mas (precisam) permitir uma incisão das pesquisas empíricas e uma limitação da extensão das opções abertas ao conhecimento" (p. 13). Isso quer dizer: métodos e metodologia só podem ser desenvolvidos pela via ou pelo trabalho detalhado de *reconstrução* da prática de pesquisa empírica. A "pesquisa social reconstrutiva" também se refere a isso (cf. cap. 2).

Assim como a metodologia não pode ser deduzida da lógica, a prática de pesquisa também não pode ser deduzida da metodologia. Para a prática de pesquisa, isso significa que a apropriação de métodos se realiza primariamente não pela via da mediação de princípios metódicos, mas pela via da inserção na prática de pesquisa, da apropriação de um *modus operandi*, de um *habitus*. A apropriação de um *habitus* se diferencia fundamentalmente da apropriação de princípios ou sistemas de regras formais. Referindo-se à mediação da experiência de pesquisa própria aos seus doutorandos, Bourdieu (1996, p. 256) o formulou da seguinte maneira: "Visto que aquilo que pretendemos mediar é essencialmente um *modus operandi*, um modo de produção científica [...] não existe outra forma de adquiri-lo senão vê-lo ou observá-lo em ação como este *habitus* científico [...] *reage* sem necessariamente ser explicado na forma de regras formais". Esse tipo de apropriação de um método na prática de pesquisa[5] e pela via da reflexão reconstrutiva dessa prática exige uma integração entre pesquisa e ensino, a exemplo das oficinas de pesquisa. Isso também é uma das características da metodologia praxiológica.

Poucos sabem que, na década de 1930, Karl Mannheim, juntamente com Norbert Elias, operou esse tipo de oficina de pesquisa sobre métodos qualitativos em seu círculo de doutorandos[6]. Mais ou menos ao mesmo tempo, ou seja, no final da década de 1920, no início da década de 1930, o desenvolvimento

---

5 Knorr-Cetina (1988) demonstrou na análise empírica do trabalho no laboratório científico natural que essas disposições habituais, necessárias para o processamento da prática de pesquisa, abarcam também práticas incorporadas, onde o corpo do pesquisador pode se transformar em "instrumento", em "instrumento de medição".

6 Claudia Honnegger, em um artigo na *Frankfurter Rundschau* intitulado "O *pathos* do concreto – As primeiras sociólogas de Frankfurt na República de Weimar" (de 14 de abril de 1990), descreveu o ambiente dessa oficina de pesquisa. Ela cita ali, entre outros, também Margarete Freudenthal, uma das participantes mais velhas: "O fato de que a sociologia, tal como representada pelo Professor Mannheim, ser conduzida como uma pesquisa da vida, e não vice-versa, tornou-a muito atraente para mim" (S. ZB 2).

de métodos de pesquisa pragmáticos ou naturalistas em Chicago, ocorreu preferencialmente no contexto de oficinas de pesquisa[7], tradição esta que foi continuada por Anselm Strauss até a sua morte no ano de 1997.

É apenas diante desse pano de fundo de um ancoramento abrangente, isto é, histórico e prático do processo epistemológico científico na *prática* social que podemos adquirir uma compreensão metodológica da pesquisa qualitativa mais recente e também mais antiga. Sobre a fundamentação praxiológica da metodologia qualitativa no sentido prático lemos em Ulrich Oevermann (1991, p. 270), com referência à hermenêutica objetiva essencialmente desenvolvida por ele, que esta teria chegado à sua metodologia "não por meio da reflexão teórica, mas na solução de problemas na prática de pesquisa, onde a própria realidade a ser investigada obrigou os pesquisadores a isso".

O ancoramento abrangente do processo científico-epistemológico na prática social foi desenvolvido em tempos recentes principalmente pelos construtivistas. Criticava-se na sociologia científica e na filosofia da ciência tradicionais que o ancoramento do conhecimento na prática social só é levado em consideração quando esse conhecimento deve ser "denunciado como 'falso'". Karin Knorr-Cetina (1988, p. 85) acrescenta: "Insinua-se que as influências sociais 'contaminam' os procedimentos científicos de tal modo que isso resulta em resultados incorretos". Portanto, a pergunta do condicionamento social do pensamento científico deve ser dirigida também ao pensamento científico considerado "verdadeiro" e "correto". Com essa exigência, ela se refere explicitamente a Karl Mannheim. Essa crítica à noção de uma contaminação do conhecimento por meio do social pode ser compreendida de forma mais fundamental se a inserirmos no contexto da discussão sobre a "determinação existencial do pensamento" no sentido de Karl Mannheim. Lá, ele fala (como expomos no cap. 10) sobre o "arraigamento do pensamento no espaço social", que deve ser visto não só e não primariamente como "fonte de erros", mas, ao mesmo tempo, como "chance maior para a força desse modo de pensamento em determinadas regiões do ser" (MANNHEIM, 1952a, p. 73). O ser social, no sentido de Karl Mannheim, não é algo alheio ao sentido, algo que deva ser localizado em algum lugar fora do conhecimento, da vivência. O ser social e a posição social do ser são compreendidos de tal modo, que eles se constituem

---

7 Sobre o princípio da oficina de pesquisa na tradição da Escola de Chicago e sobre as experiências com o ensino desse tipo de pesquisa, cf. Reim e Riemann, 1997.

por meio da vivência biográfica, por meio de uma inserção comunal em uma história de socialização. O ser resulta do vínculo vivencial em uma prática de ação coletiva.

12.2 Conhecimento implícito e a dependência paradigmática do conhecimento

Esse conhecimento experienciado que resulta do envolvimento em uma prática de ação não é um conhecimento teórico, mas "ateórico", como definido por Mannheim (cf. tb. cap. 3.2, 8 e 10). O físico e teórico da ciência Michael Polanyi (1985 e 1978) fala aqui de "*tacit knowledge*", de um conhecimento "tácito" ou "implícito". O conhecimento tácito subjaz àquele tipo de conhecimento que Polanyi (1978) designa como "conhecimento não explícito". Já toda forma de destreza prática, como, por exemplo, a de manter o equilíbrio na bicicleta, pressupõe capacidades de um conhecimento não explícito. O ciclista domina a destreza de se manter na bicicleta, sem que possa expressar em uma fórmula matemática a regra que subjaz a essa destreza. Mas não é só no âmbito das habilidades práticas, mas também no âmbito das competências cognitivas e linguísticas que Polanyi desdobra suas categorias do conhecimento implícito e não explícito. E ele consegue demonstrar (e aqui se encontra a verdadeira importância de seus trabalhos) que o conhecimento ou pensamento implícito representa um elemento essencial da prática da pesquisa científica – principalmente quando se trata da geração de conhecimento. Disso resulta a consequência que, tanto na prática extracientífica quanto na prática científica, "a transmissão do conhecimento de uma geração para a próxima ocorre predominantemente de modo implícito" (POLANYI, 1985, p. 58). Segundo Polanyi, descobertas científicas se devem também à explicação de estoques de conhecimento e estruturas de pensamento implícitos, transmitidos na história coletiva da disciplina implicitamente ao longo das gerações: "Descobertas são feitas quando exploramos possibilidades oferecidas pelo conhecimento existente. Esse modelo vale também para descobertas radicalmente novas". Polanyi (1985, p. 63s.) explica isso com o exemplo da teoria quântica. Nesse sentido, Norbert Elias (1985a, p. 107) exige "uma Teoria da Ciência [...] que procura esclarecer as ciências como processos, em cujo decurso muitas gerações trabalham juntas, de modo que cada indivíduo que faz uma descoberta se ergue sobre os ombros de outros". Isso é incompatível com o modelo tradicional da geração de conhecimento no sentido da epistemologia clássica, com o modelo do individualismo epistemológico, do "solipsismo", que (desde Kant) procura pelas condições da possibilidade de conhecimento no indivíduo[8].

Aqueles estoques de conhecimento tácito e seu efeito socializatório tácito, identificados por Polanyi são também de importância central para a compreensão do conceito de "paradigma" científico em Thomas S. Kuhn[9]. Kuhn (1973, p. 68ss.) diferencia entre o *paradigma* de uma tradição de pesquisa e suas *regras*. Estas representam apenas o lado explícito, teórico-conceitual de um contexto de conhecimento muito mais abrangente e predominantemente implícito, essencial a essa tradição de pesquisa; isto é, ao paradigma. Assim, esse conceito corresponde também àquele da "visão de mundo", desdobrado originalmente por Dilthey. Paradigmas representam, de certa forma, uma classe específica de visões do mundo relacionadas a tradições científicas. Visões de mundo no sentido de Dilthey (1911) e Mannheim (1964a) não devem ser confundidas com "imagens de mundo". Como conhecimento ateórico, as visões de mundo não podem ser explicadas (em sua forma geral) por seus próprios portadores. Para Dilthey (1911, p. 15), "visões de mundo não são produtos do pensamento". O conceito de paradigma se refere essencialmente a especificidades, ou melhor, a diferenciações específicas no meio social da "*scientific community*"[10].

---

8 Em Mannheim (1952a, p. 30) lemos: "Enquanto a nossa epistemologia não reconhecer de antemão o caráter social do pensamento e contemplar o pensamento individualizado apenas como exceção, não conseguiremos alcançar uma psicologia do pensamento e uma Teoria do Conhecimento adequadas". Nesse contexto, Mannheim (p. 29) ressalta a "força do inconsciente coletivo".

9 Nesse sentido, o próprio Kuhn se reporta a Polanyi (cf. 1973, p. 70, anotação 1, e, mais detalhadamente, no *Postscript*, p. 191ss. na segunda edição de língua inglesa, 1970).

10 A reflexão (autor) sobre a dependência paradigmática do conhecimento (próprio), i. e., sobre a relação (histórica) de premissas metodológicas e categorias metateóricas (cf. abaixo) como princípio fundamental do controle metódico é, muitas vezes, descartada ingenuamente em versões populares de posições metodológicas que costumam autodenominar-se "pós-modernas" ou "pós-estruturalistas". P. ex., em Denzin e Lincoln (1994), que publicaram o *Handbook of Qualitative Research* (cf. LÜDERS, 1996). Eles postulam que o "pesquisador como teórico *bricoleur*" ("*researcher as bricoleur theorist*") trabalha entre e dentro de perspectivas e paradigmas que concorrem entre si e que se superpõem uns aos outros (1994, p. 2s.). Para uma crítica a essa ingenuidade, que pode ser observada principalmente em países anglo-saxões, cf. tb. Bourdieu, 1996. Aqui se evidenciam diferenças consideráveis entre a discussão norte-americana e a discussão alemã (ou europeia) sobre os métodos qualitativos (cf. WOHLRAB-SAHR, 2000).

12.3 Conhecimento implícito como fonte de erros e como precondição imprescindível para o conhecimento

A essa dependência paradigmática do conhecimento junta-se agora – pelo menos no âmbito das ciências sociais – outra dependência. A prática cotidiana da pesquisa sociocientífica depende do conhecimento implítico ou ateórico na comunicação com os pesquisados no processo de levantamento e análise. Os etnometodólogos foram os primeiros a documentar isso empiricamente. A análise etnometodológica partia da descoberta da importância imprescindível, mas mesmo assim metodologicamente ignorada do conhecimento ateórico, dos estoques de conhecimento "indexicais", como o formularam os etnometodólogos. Por exemplo, na codificação de questionários ou na interpretação de declarações dos entrevistados. A inquestionabilidade específica daquilo que se sabe não permite que este seja identificado como conhecimento, que foi adquirido de modo específico na socialização cotidiana no meio social. Com bastante sucesso os etnometodólogos criticaram os procedimentos práticos implícitos nos processos de tomada de decisão e de interpretação, não só no âmbito da ciência, mas também em outras organizações, logrando aplicar esses resultados de modo autorreflexivo também à crítica às práticas científico-sociais (cf. tb. cap. 3.2). Mas nessa crítica também a etnometodologia percebeu e criticou inicialmente o preconhecimento tácito na prática de pesquisa empírica, isto é, seu ancoramento na "visão de mundo", na afiliação dos pesquisadores ao respectivo meio social, primariamente sob o ponto de vista de sua tendência aos erros[11]. Ou seja, foi dado pouco destaque à determinação existencial das interpretações científicas em sua importância como uma "força de ascensão" e mais destaque ao seu condicionamento local. Por isso, a etnometodologia permaneceu, em grande parte, crítica – mesmo que crítica metódica *bem-sucedida*.

Com a concepção do conhecimento ateórico ou tácito, inserido na prática de ação, a terminologia moderna faz referência àquele problema que, tradicio-

---

11 Também na literatura recente que trata desse problema de modo refletido os autores muitas vezes demonstram dificuldade na caracterização da forma como lidam com os preconceitos e com o preconhecimento nos procedimentos qualitativos ou reconstrutivos. Em Reichertz e Schroer (1994, p. 62) lemos: "Os dados precisam possuir as qualidades de uma aguçadeira, e o intérprete precisa ser obrigado a afiar ou lixar seus preconceitos de modo abdutivo". Isso é correto, mas é apenas a meia-verdade. Esse tipo de formulação sugere que o preconhecimento é visto também aqui apenas em sua qualidade como fonte de erros. Esse preconhecimento, como horizonte oposto, também é ao mesmo tempo precondição para a criatividade da interpretação.

nalmente, era designado pela expressão um tanto objetivista da determinação situacional e existencial. O uso linguístico mais recente sugere, porém, ao mesmo tempo que o ancoramento do conhecimento (do conhecimento tácito) na prática da ação deve ser contemplado não só a partir de seus efeitos distorcedores ou contaminadores, mas também a partir de seus potenciais para a criatividade.

Não só o vínculo aos estoques de conhecimento transmitidos pela socialização científica, ou seja, a dependência paradigmática do conhecimento, mas também aquele conhecimento implícito – que os pesquisadores precisam atualizar na comunicação com os pesquisados na prática cotidiana –, representa uma fonte não só de contaminação e de erros, mas também uma precondição imprescindível para os desempenhos de compreensão e, por fim, uma fonte de criatividade. Onde os pesquisadores e os pesquisados dispõem de estoques de conhecimento tácitos, habitualizados ou incorporados comuns, ocorre uma *compreensão* imediata (cf. cap. 3.2, 7). Esta está vinculada a uma existência comum na prática de ação e nas concordâncias resultantes dessas vivências e da história de socialização. Dessa forma, existe um vínculo, por exemplo, entre aqueles que pertencem à mesma geração ou ao mesmo meio social, que – pelo menos em esferas específicas – dispõem de aspectos comuns na "visão de mundo". Essa possibilidade de compreensão imediata é, porém, problemática quando o cientista social recorre a ela de modo abrangente em sua análise. Diante das condições desse tipo de vínculo existencial, falta-lhe a distância analítica. Aquele, por exemplo, que pertence à mesma geração, não consegue explicar sua forma, i. e., o conhecimento constitutivo daquela geração. Essa explicação é o resultado da *postura analítica genética*, da interpretação sociogenética (cf. cap. 3.2, 8.3). A postura analítica genética visa à pergunta pelo "como" da produção interativa ou vivencial da realidade social. Esse processo de ação está documentado em narrativas, descrições e discursos. Sua fixação e objetivação na forma de textos é precondição para uma análise (sócio)genética desse tipo, para a interpretação documentária, que consegue se desprender do teor de sentido literal ou "imanente".

12.4 O modelo da interpretação textual, a geração de conhecimento e o controle do preconhecimento

A análise empiricamente fundamentada da produção vivencial e interativa da realidade cristalizada em forma de texto precisa ser distinguida da "introspecção", pela qual precisamos nos deixar levar quando buscamos desvendar o significado de uma afirmação por meio de pressuposições sobre a intenção do interlocutor. Esse tipo de atribuição de intenções depende da introspecção, que permanece incerta empiricamente, visto que ela não pode ser deduzida diretamente dos textos e dos dados. Nós as encontramos em textos apenas quando os próprios pesquisados fornecem informações *sobre* as suas intenções, ou seja, no nível da teoria *sobre* a própria ação. Estas precisam ser diferenciadas categoricamente do nível da prática de ação, da realidade do *modus operandi*, do *habitus*, que subjaz ao processo da produção dessa realidade como conhecimento implícito e que se documenta nesse processo de produção. A identificação do conhecimento implícito ou ateórico subjacente a essa prática é precondição para que ele possa ser distinguido do conhecimento explicativo, de cunho racional e explicitamente teórico. Os procedimentos mais recentes da interpretação textual viabilizaram esse tipo de diferenciação de modo empiricamente válido.

O modelo da interpretação textual permite, portanto, *em primeiro lugar*, pela via da análise genética, uma abordagem direta, isto é, não mediada pela introspecção, ao significado de uma afirmação. *Em segundo lugar*, ele permite a diferenciação entre esse conhecimento ateórico inserido na prática e sua refiguração teórica. *Em terceiro lugar*, o modelo da interpretação textual oferece a possibilidade de solucionar um problema que foi reconhecido, mas não solucionado pela pesquisa social empírica convencional: A base elementar de dados relevantes para a ciência social é formada pelas sentenças ou textos de protocolo (cf. cap. 2). Assim, também a observação (participante) depende de textos protocolares e, na análise, da interpretação textual. Mas é apenas no caso dos textos gravados eletromagneticamente e depois transcritos literalmente dos pesquisados que estamos lidando com aquele tipo de protocolos que não foram filtrados de antemão pela língua do observador e que contém interpretações do observador apenas na medida em que a seletividade no ato da transcrição o exige. O essencial aqui é que, também nesse sentido, um controle sempre será possível com base nas gravações eletromagnéticas. Esse "protocolamento" com base nas transcrições literais e a possibilidade de controle de sua seletividade já é *uma* contribuição essencial para o controle das interpretações, ou seja, do preconhecimento do observador ou do pesquisador.

Mais importante, porém, é – e isso nos leva à *quarta* característica do paradigma da interpretação textual – outro desempenho do controle metódico: Na análise científico-social de práticas da vida, os pesquisadores se veem obrigados a atualizar não só o seu conhecimento *teórico*, mas também o seu próprio *conhecimento prático de ação*, isto é, seu preconhecimento inserido na prática de ação. A explicação teórico-conceitual de práticas da vida investigadas, ou seja, sua interpretação – do ponto de vista epistemológico – exige horizontes de comparação[12] ou diferenças no sentido de práticas alternativas. A interpretação ocorre fundamentalmente diante do horizonte de comparação da imaginação de uma prática hipotética e alternativa. Aqui, o intérprete é obrigado primeiramente a recorrer a seu próprio conhecimento prático intuitivo. É aqui que – em um sentido muito mais fundamental do que no conhecimento teórico – se encontra o ancoramento do condicionamento local e a determinação social da interpretação. Esse conhecimento prático intuitivo precisa agora ser inserido de modo sistemático e metodicamente controlado ao processo de pesquisa e interpretação.

Nos procedimentos qualitativos ou reconstrutivos mais recentes da interpretação textual, o princípio da análise sequencial faz jus a isso. Alguns esboçam para cada sequência de ação ou interação, por exemplo, dentro de um discurso ou de uma biografia narrada, prognósticos hipotéticos para o decurso futuro, para então contrastá-los com o decurso real. Outros procedimentos interpretam passagens tematicamente diferenciadas, por exemplo, de uma biografia ou de um discurso, diante do horizonte de comparação de decursos alternativos. Em todos os casos, porém, a explicação do conhecimento ateórico do indivíduo ou do coletivo, ou seja, sua interpretação, ocorre diante do horizonte de comparação do conhecimento prático da ação do próprio intérprete, isto é, em diferença a este. Até o momento da interpretação, esse conhecimento

---

12 Isso foi esboçado de modo fundamental na fenomenologia de Edmund Husserl e Alfred Schütz e acatado sob aspectos relevantes por Luhmann (1979) no contexto do conceito da equivalência funcional (cf. BOHNSACK, 1983, p. 26ss.). Mais tarde (1990), Luhmann tratou desse problema de forma mais profunda na formalização cibernética (cf. as exposições mais adiante neste capítulo). Sobre a relação entre equivalência funcional em Luhmann e a análise sequencial na hermenêutica objetiva, cf. tb. Schneider, 1995.

permaneceu necessariamente implícito como conhecimento habitualizado e sedimentado, pré-predicativo ou ateórico. Trata-se de "um conhecimento que não nos é *disponível*, no sentido de que não podemos nos conscientizar ou questioná-lo a nosso bel-prazer" (MATTHIESEN, 1985, p. 86). Visto que esse conhecimento só pode ser atualizado no processo de pesquisa diante do horizonte de comparação de uma prática a ser interpretada, cuja estrutura era desconhecida até então, uma explicação do preconhecimento *ex ante*, ou seja, antes da prática de pesquisa, parece inútil.

Ao mesmo tempo, torna-se evidente que o conhecimento prévio do intérprete não deve ser considerado uma fonte de erros ameaçadora do processo de geração de conhecimento, mas em primeira linha sua precondição imprescindível para a emergência e a criatividade. Esse conhecimento ateórico é, portanto, ao mesmo tempo condição para a força apropriadora do conhecimento e para sua aspectualidade e condicionamento local. Ambos, porém, se apresentam apenas agora com clareza, que, até então, só foi ofuscada pela tentativa de uma explicação de hipóteses *ex ante*. A tentativa de um controle metódico do preconhecimento por essa via impede não só tentativas espontâneas do conhecimento implícito, que pressupõe a confiança nos estoques de conhecimento e competências intuitivos próprios. Dessa forma, o alcance desse preconhecimento é domesticado e minimalizado de forma racionalista, impedindo assim o reconhecimento da necessidade de um controle mais complexo. A problemática de uma retórica do controle metódico pela via de uma explicação de hipóteses (*ex ante*), adotada principalmente pelos iniciantes nos estudos da pesquisa social, consiste no fato de que essa retórica, que, na maioria das vezes, nem é justificada epistemologicamente, impede reflexões e problemáticas adicionais referentes ao condicionamento local do conhecimento. Isso vale também para a retórica de uma "observação orientada pela teoria" ou de uma "carga teórica de toda percepção" (cf. MEINEFELD, 1997, p. 30), que, por sua vez, pressupõe o modelo racionalista de uma induzibilidade do conhecimento orientador da ação a partir da teoria e, assim, consegue eliminar descobertas inquietantes sobre a complexidade do conhecimento tácito já no nível terminológico. A outra consequência dessa retórica pautada em procedimentos hipotético-dedutivos é que as chances do conhecimento e da sensibilidade metodológica, que sempre resultam de uma observação minuciosa da prática de pesquisa e de sua reconstrução, não são aproveitadas. O desenvolvimento mais recente dos métodos qualitativos mostra como essa observação da (própria) prática de pesquisa pode ser frutífera.

O paradigma da interpretação textual, desenvolvido principalmente nas metodologias da análise da conversação, da hermenêutica objetiva, da entrevista narrativa, da hermenêutica sociológica do conhecimento e do método documentário, conseguem inicialmente – e isso vale igualmente para todas as metodologias mencionadas – garantir o controle metódico do preconhecimento de forma mais aguda e intensa, por meio da separação dos "dados" (textos originais) das interpretações do pesquisador. Ao mesmo tempo, elas conseguem determinar de forma mais precisa o tipo e a função desse preconhecimento por meio de uma reconstrução rigorosa da prática de interpretação e de suas etapas de trabalho.

Os limites do paradigma da interpretação textual se evidenciam, porém, quando nos conscientizamos das possibilidades, das qualidades especiais e das particularidades oferecidas pelas produções imagéticas, como foi exposto no capítulo 9.

12.5 Dois caminhos de geração de conhecimento: "abdução" e "indução qualitativa"

Além das características metodológicas generalizadoras do paradigma da interpretação textual esboçadas até aqui, podemos distinguir *dentro* desse paradigma dois caminhos de acesso e de relação com o preconhecimento e sua função no processo de geração de conhecimento.

Um dos caminhos – representado pela hermenêutica objetiva – parte do pressuposto de que o intérprete, com base em seu conhecimento prático-cotidiano e implícito, dispõe não só de estoques de conhecimento específicos – vinculados ao contexto complexo de sua filiação a um meio social, a uma geração e a um gênero –, mas também de um conhecimento cultural generalizador, de um "conhecimento geral", e diante desse horizonte de comparação o caso se apresenta como representante do específico, isto é, em "sua particularidade específica ao caso" (cf. tb. cap. 3.2 e 5; OEVERMANN, 1988). O caso é entendido não como representante de uma regularidade diferente, indisponível ao intérprete, mas como especificação de uma regularidade implícita ou intuitivamente já conhecida.

Ulrich Oevermann reivindicou para a hermenêutica objetiva que o caminho da geração de conhecimento corresponde nesse método à conclusão lógica da "abdução" de Charles S. Peirce (cf. OEVERMANN, 1987; OEVERMANN, 1991). Segundo Peirce[13], a abdução tem seu ponto de partida onde o intérprete não consegue plausibilizar uma observação surpreendente por meio do sistema de regras disponível em seu preconhecimento, isto é, não consegue interpretar o "caso" (na linguagem de Peirce). Assim, ele gera pela via da abdução uma regra (nova), que consegue plausibilizar a estrutura do caso. Como podemos demonstrar na prática de pesquisa da hermenêutica objetiva e, em parte, também na fundamentação metodológica de Oevermann, a hermenêutica objetiva, porém, não volta sua atenção para a *geração* de uma regra *geral*, antes já pressupõe o conhecimento dessa regra. Esse procedimento – que pode ser observado pelo menos na hermenêutica objetiva *posterior* – não corresponde à abdução no sentido de Charles S. Peirce: "Essa forma da hermenêutica objetiva faz deduções sobre o caso a partir do *conhecimento* de regras *e* do resultado. A operação lógica fundamental desse procedimento não corresponde à abdução, mas à indução qualitativa" (REICHERTZ, 1994, p. 147)[14].

Precisamos distinguir do estilo de pesquisa da hermenêutica objetiva o modelo de interpretação na tradição da sociologia do conhecimento e na tradição da Escola de Chicago, que encontramos na metodologia da entrevista narrativa, na hermenêutica sociológica do conhecimento, na teoria fundamentada (*grounded theory*) e no método documentário. Aqui os pesquisadores não partem de antemão do pressuposto de que eles compartilham estoques de conhecimento com os pesquisados, mas consideram isso uma questão empírica. Com base no conhecimento implícito dos próprios pesquisados, isto é, com base em suas descrições, narrativas e discursos, os pesquisadores reconstroem as regras ou padrões de orientação gerais dos quais os pesquisados dispõem em seu conhecimento, mas que não conseguem explicar quanto mais estiverem ancorados em suas ações práticas habitualizadas e rotineiras. Em correspondência ao postulado metódico do estranhamento (cf. cap. 3.2), a pretensão de conhecimento da sociologia do conhecimento, da Escola de Chicago e das vertentes que seguem essas tradições consiste, em concordância com a concepção da abdução em Peirce, na reconstrução desses sistemas de regras. No sentido dessas tradições, o processo de construção de tipos, de geração de tipos,

---

13 Eu me apoio aqui sobretudo em Peirce, 1967; Reichertz, 1991; Reichertz, 1993; assim como em Kelle, 1994.

14 Kelle (1994, p. 172s.) chega à mesma conclusão em relação à hermenêutica objetiva.

representa um esforço de abdução. Ou seja, a partir da estrutura reconstruída do caso (ou de suas dimensões) resulta a geração da estrutura de um tipo. Mas ao contrário das abordagens objetivistas, que localizam esses tipos e sistemas de regras fora do conhecimento dos pesquisados – representadas aqui pela hermenêutica objetiva –, o que é explicitado na análise da sociologia do conhecimento (de modo teórico-conceitual) se baseia essencialmente em conhecimento – implícito ou ateórico – já existente por parte do pesquisado. Aqui os pesquisadores não partem do pressuposto de que eles sabem mais do que os pesquisados, mas acreditam que os próprios pesquisados não sabem tudo o que sabem.

12.6 Estilos de pesquisa geradores de conhecimento e a análise comparativa

Se – como expomos – nenhuma metodologia e nenhuma prática de pesquisa pode ser deduzida da lógica da pesquisa, a forma lógica da abdução desdobrada por Peirce também não é adequada para ser aplicada a receitas ou programas de procedimento metódicos, para ser transformada em um decurso processual de deduções de pesquisa. A abdução não pode, portanto, ser usada como método (cf. REICHERTZ, 1991, p. 49; REICHERTZ, 1993, p. 273ss.; KELLE, 1994, p. 161s.). No entanto, é possível desenvolver estilos de pesquisa que favoreçam abduções. Significativa para a diferenciação entre *estilos* de pesquisa e *lógica* de pesquisa é a diferenciação feita há tempos por Kaplan (1964) entre *"logic in use"*, a "lógica prática", e *"reconstructed logic"*, a "lógica reconstruída". No sentido de Kaplan (1964, p. 7), a "lógica prática" representa um "estilo cognitivo, que é mais ou menos lógico". Esse estilo implícito ou intuitivo pode – pelo menos em princípio – ser explicado de modo reconstrutivo (não na forma de uma descrição, mas na forma de uma idealização da prática de pesquisa) no sentido de uma lógica reconstruída. Isso significa, porém, que – como formulado por Bourdieu (1997, p. 780) –, no caso da pesquisa científica, estamos lidando com a "execução de uma prática que pode ser refletida e metódica sem a aplicação de um método ou a realização prática de uma reflexão teórica". Trata-se de uma "reflexividade reflexiva que se apoia na 'profissão' sociológica, no 'olho' sociológico". Aqui Bourdieu se aproxima da terminologia da Escola de Chicago, quando recorre ao conceito de *"sociological eye"* de Everett C. Hughes[15].

---

15 Sobre os vínculos entre a escola de Pierre Bourdieu e a tradição de Chicago, cf. Neckel, 1997.

Na tradição da Escola de Chicago e em analogia a Bourdieu, Anselm Strauss e Juliet Corbin não se cansaram de apontar para o fato de que "a teoria fundamentada não é um método ou uma técnica específica. Ela deve ser compreendida como um estilo" (STRAUSS, 1991, p. 30). E em analogia a Bourdieu, Strauss (1991, p. 32) também observa que pesquisa é "trabalho", para o qual não é possível fornecer regras exatas. Enquanto Goffman se distancia de tentativas de uma metodização de sua prática de pesquisa, de uma reconstrução de seu estilo de pesquisa, chegando até mesmo a se deleitar sobre essas tentativas[16], Anselm Strauss realizou, sobretudo em sua monografia escrita em conjunto com Barney Glaser (GLASER & STRAUSS, 1963), uma reconstrução do estilo de pesquisa, da "*logic in use*" da teoria fundamentada (cf. tb. cap. 2). Ancorada no que pode ser visto ainda hoje como implícito, isto é, como um tesouro de experiências ímpares da tradição de Chicago, essa reconstrução busca algo parecido em sua unidade. Mesmo assim (pelo menos do ponto de vista da discussão atual), as limitações desse esboço não podem ser ignoradas. Elas se evidenciam, entre outros aspectos, no fato de que a reconstrução metódica permanece no nível da prática de pesquisa, abstendo-se de qualquer construção metodológica, de modo que (possíveis) pontos de contato com discussões metodológicas e teórico-científicas dificilmente podem ser identificados.

Um dos elementos centrais do estilo de pesquisa da teoria fundamentada, bastante negligenciado em sua recepção, é a análise comparativa – como "*constant comparative method*" (GLASER & STRAUSS, 1969, p. 101ss.; STRAUSS & CORBIN, 1994, p. 273), ou seja, de uma formação de grupos de comparação que opera em todas as fases e em todos os níveis do processo de pesquisa. Essa compreensão da análise comparativa demarca um caminho de pesquisa qualitativa que, desde o início, opera "acima" dos casos individuais com suas particularidades específicas, isto é, no nível do *sampling*, e assim, desde o início, se submete à primazia da geração de teorias, ou seja, de tipos[17]. Isso precisa ser

---

16 Erving Goffman (1974b, p. 17s.) caracteriza seu próprio procedimento metódico como "observação naturalista e não sistemática" e define tentativas de uma metodificação pela via da dedução de regras como "magia congenial", "à qual subjaz a convicção de que, quando executamos ações atribuídas à ciência, o resultado precisa ser científico".

17 Glaser e Strauss (1969, p. 58) diferenciam nesse contexto também entre análise geradora de teorias e "etnografia": "Primeiro, ele (o pesquisador sociológico; R.B.) precisa se lembrar de que ele é um colecionador ativo de dados relevantes para uma teoria, não um etnógrafo, que procura obter os dados mais abrangentes sobre um grupo".

ressaltado de forma especial porque um dos problemas centrais da pesquisa social qualitativa atual é que o nível da construção de tipos não é alcançado e os potenciais de generalização praticamente não são desenvolvidos; as análises se "afundam" nas particularidades específicas dos casos. Não fica empiricamente evidente se aquilo que foi identificado como "estrutura do caso" seria algo típico ao meio social, à geração, ao gênero ou também específico à personalidade (cf. cap. 8). Muitas vezes, a construção de tipos empiricamente fundamentada é substituída por postulados teóricos (aleatórios).

A importância da análise comparativa deve ser vista sobretudo no fato de que ela viabiliza a geração de conhecimentos no sentido de uma construção de tipos, isto é, uma geração e especificação de tipos (gerais) e, ao mesmo tempo, o controle metódico do preconhecimento. Já tratei neste volume (cf. cap. 8) com mais detalhes a importância da análise comparativa para a geração de teorias e de tipos[18]. Outra função central da análise comparativa – a do controle metódico do preconhecimento do intérprete – também já foi elaborada em seus princípios (cf. cap. 8.1, 11). Quero aqui – levando em consideração os dois aspectos mencionados – esclarecer mais uma vez que a análise comparativa como elemento central da pesquisa social reconstrutiva e da metodologia praxiológica representa, no nível metódico e da prática de pesquisa, a alternativa para o procedimento examinador de hipóteses[19]. A análise comparativa é compreendida aqui como uma interpretação com base em horizontes de comparação gerados *implícita e empiricamente* (a partir do conhecimento implícito do pesquisado) no sentido

---

18 No que diz respeito ao método documentário, Arnd-Michael Nohl (2001a) expôs de modo sistemático em sua tese de doutorado como a análise comparativa opera nos diferentes níveis e estágios no processo da pesquisa. Cf. tb., em relação à análise comparativa no sentido aqui adotado: Schäffer, 1996, cap. 9.1; Nohl, 2001b; Bohnsack, 2001b.

19 A análise comparativa deve, portanto, ao lado da "postura genética" (cf. cap. 3.2, 10), ser considerada uma "precondição" central para a geração de conhecimento no sentido da "abdução". Em relação a esse tipo de precondições ou "provisões", Jo Reichertz chega a conclusões bem diferentes. Ele (após expor que a abdução não pode ser transformada em método) pergunta (1993, p. 273): "Existem provisões, posturas ou condutas que 'atraem' ou favorecem processos abdutivos?" No entanto, ele responde à pergunta tendo em vista não o processo social, "estilos" sociais que podem ser transmitidos na prática científica, mas o indivíduo, i. e., de modo solipsista e psicológico, remetendo a provisões que fazem com que "a razão que *trabalha* de modo consciente e familiarizada com regras lógicas seja manobrada". Com isso, ele transfere a fundamentação das precondições da geração de conhecimento dos procedimentos metódicos para a psicologia (do conhecimento). Sobre as precondições interativas para o "trabalho da geração abdutiva de teorias", vinculado ao princípio do laboratório de pesquisa, cf. Schütze, 1987b, p. 543.

de práticas alternativas. Este é o caminho do método documentário. Este deve ser distinguido dos dois outros caminhos da interpretação ou reflexão: aquele que ocorre com base em horizontes de comparação *implícitos* e aquele que se realiza com base em horizontes de conhecimento *explícitos*, mas que estão fundamentados nos horizontes de comparação (nas práticas alternativas) do conhecimento (experimentalmente atualizado) do próprio intérprete. Este é o caminho da hermenêutica objetiva.

Para aprofundar um pouco a justificativa metodológica da análise comparativa (no contexto do método documentário), é necessário fazer uma digressão, na qual buscamos uma linha explicativa na teoria ciberneticamente formalizada da "observação" em Niklas Luhmann (1990). Como já expomos repetidas vezes, a interpretação na sociologia do conhecimento visa à reconstrução do conhecimento implícito dos pesquisados. Os pesquisadores não se satisfazem com a reconstrução das explicações (teórico-)conceituais dos pesquisados, mas reconstroem ao mesmo tempo os horizontes de comparação dos pesquisados que subjazem a essas construções conceituais (que são essenciais para a constituição do quadro de orientação; cf. cap. 8.1; BOHNSACK, 1989, cap. 1). Aqueles horizontes de comparação implícitos ou também virtuais são explicitados de modo teórico-conceitual na "interpretação refletida".

Essa interpretação da sociologia do conhecimento é uma interpretação documentária ou genética. Se estabelecermos aqui analogias com a Teoria dos Sistemas de Luhmann, a interpretação documentária deve ser localizada no nível da "observação de observações" (LUHMANN, 1990, p. 86). As analogias se revelam sobretudo no fato de que a transição da observação (de primeira ordem) para a observação de observações, para a "cibernética de segunda ordem" – no sentido de Luhmann – e a transição da interpretação imanente (formulada) para a interpretação documentária (refletida) – no sentido do método documentário – demarca a transição das perguntas *o que* para as perguntas *como*?[20] "No nível da cibernética de segunda ordem, no nível da obser-

---

20 Essa postura analítica que é constitutiva para a etnometodologia (cf. cap. 3.2), para o construtivismo (cf. cap. 11), para a Teoria dos Sistemas de Luhmann e para a sociologia do conhecimento *praxiologicamente fundamentada* (cf. cap. 3.2), já foi determinada por Heidegger (1986, p. 27) como "método fenomenológico" no contexto da "pergunta orientadora pelo sentido do ser": "A expressão 'fenomenologia' significa primariamente um *conceito metódico*. Ela caracteriza não o *"o que"* objetivo dos objetos da pesquisa filosófica, mas o *Como* deles". Isso, porém, não influi na sociologia fenomenológica de Alfred Schütz. Apesar de destacar o caráter das construções científicas

vação de observações, precisamos, portanto, observar *como* o observador observado observa. As perguntas pelo 'O quê' se transformam em perguntas pelo 'como'" (p. 95). No uso linguístico de Luhmann, a constituição do teor de sentido imanente se apresenta como um desempenho da "observação" (de primeira ordem). Às "designações" utilizadas neste nível (p. 84ss.), ou seja, às explicações conceituais do teor de sentido imanente, subjaz uma "diferenciação" que funciona inconscientemente como "ponto cego". Em outras palavras: a "designação", a explicação conceitual, pressupõe um horizonte de comparação, que permanece implícito: "Tudo o que é observado é utilizado em uma diferenciação para a designação de um lado (e não do outro). A diferenciação em si funciona de forma não observada; [...]. Cada observação é latente a si mesma em sua dependência de diferenciação" (p. 91).

Nessa terminologia, a interpretação documentária pode ser compreendida como uma observação da observação, que visa à reconstrução do conhecimento implícito que funciona como horizonte de comparação da diferenciação, i. e., como aquele "outro" lado não explicado, pressuposto à "designação". Na execução dessa reconstrução, dessa observação da observação, permanece necessariamente implícita a diferenciação subjacente a ela, ou seja, o "outro" lado da "designação", o horizonte de comparação do intérprete (da sociologia do conhecimento). No caso da interpretação ou análise da sociologia do conhecimento, não faria, porém, sentido tentar solucionar esse problema por meio da introdução de outro nível de observação, do nível da observação da observação de observações. Isso leva a uma análise da sociologia da ciência, uma vez que também aqui (como já no nível da observação de observações) a atenção não recai para o teor de sentido imanente, mas para o documentário, ou seja, não para o "O quê", mas para o "Como", ou seja, para o processo da *produção* interativa e vivencial do objeto. No sentido de um controle metódico objetivo do processo de pesquisa e de interpretação, a "diferenciação", isto é, o horizonte de comparação do intérprete, precisaria ser de alguma forma exposto e explicado de modo que ele remeta ao objeto de pesquisa original e à geração de conhecimento original. Parece, portanto, sensato recrutar hori-

---

como sendo de segundo grau, sua *diferença metodológica* em relação ao primeiro grau, ou seja, as particularidades do método do observador de segundo grau, permanece imprecisa (cf. SCHÜTZ, 1971, p. 30s.).

zontes de comparação empíricos no âmbito dos objetos, a partir do próprio campo de pesquisa.

No entanto, esse modo não garante uma libertação do condicionamento local e da aspectualidade do intérprete que está atrelado à autorreferencialidade, ao círculo. Mesmo assim, o controle dos horizontes de comparação pode ser metodificado em certa medida, no sentido de que os horizontes de comparação fundamentados no conhecimento do intérprete são substituídos por horizontes de comparação fundamentados no conhecimento (ateórico e orientador das ações) do pesquisado. Este é o produto da análise comparativa, da comparação sistemática de casos no sentido do método documentário.

Uma redução aos horizontes de comparação, fundamentados exclusivamente no conhecimento do intérprete, pode representar uma base válida para interpretações onde o interesse pelo conhecimento se volta para elementos estruturais ou regras universais, como, por exemplo, na análise da conversação. Seu fundador, Harvey Sacks, apontou nesse sentido para a diferença entre a "Sociologia de Chicago" e seu próprio trabalho, a análise da conversação: "A diferença entre o trabalho deles e aquilo que eu procuro fazer, é que eu empreendo a tentativa de desenvolver uma sociologia na qual o leitor dispõe das mesmas informações que eu e assim consegue reproduzir a análise" (SACKS, 1995a, p. 27). Essa pretensão de disponibilizar ao leitor a mesma informação, ou seja, o mesmo conhecimento contextual que o autor possui é – no âmbito do conhecimento e do objeto que interessa à análise da conversação (i. e., a análise de sistemas de regras universais que estão disponíveis a todos) – justificada e até mesmo um princípio constitutivo da análise. Para que o leitor possa reproduzir a análise, uma explicação empiricamente verificável dos horizontes de comparação constitutivos para a análise não se faz necessária, já que o leitor é capaz de atualizar os horizontes de comparação com base em suas próprias competências e estoques de conhecimento intuitivos. Já a análise no âmbito da sociologia do conhecimento, da Escola de Chicago, da etnografia e da hermenêutica objetiva[21] não podem partir dessa premissa, visto que elas se

---

21 Na hermenêutica objetiva, essa pretensão segundo a qual o autor e o leitor dispõem de competências e estoques de conhecimento intuitivos universais é mesmo assim levantada. A postura analítica, representada por Ulrich Oevermann, busca manter a pretensão de disposição sobre o "geral" por parte dos pesquisadores, entre outros, quando eles diferenciam precisamente entre as competências *formais* universais e os estoques de conhecimento específicos à personalidade, à cultura e ao meio social, reivindicando, para *todos* os diferentes gêneros de regras, que o intérprete dispõe deles de modo intuitivo

voltam para regras e padrões de orientação típicos do meio social, da cultura e específicos à personalidade.

Como já demonstrado na digressão sobre a Teoria dos Sistemas de Luhmann, a metodologia da comparação (em um sentido mais geral) é um componente central de uma das construções teóricas mais significativas da atualidade. A operação com diferenciações ou diferenças como elemento fundamental da Teoria de Sistemas e ao mesmo tempo da Teoria do Conhecimento se ancora no método da equivalência funcional, esboçado já no início da década de 1960 em diferenciação explícita ao modelo lógico-causal e dedutivo-hipotético[22]. Outra construção teórica de destaque na sociologia, que tem Norbert Elias como seu arquiteto (1985b, p. 276s.), também proclama a metodologia da comparação, distanciando-se do modelo hipotético-dedutivo: "Comparações sistemáticas entre unidades sociais com estruturas e funções iguais ou semelhantes ou também entre diversas fases de desenvolvimento da mesma unidade social são um dos métodos de pesquisa específicos da sociologia. Esse tipo de comparações permite um controle das formações de modelos que nada devem em termos de certeza aos modelos alcançados por meio de experimentos". Pierre Bourdieu (1996, p. 267s.) compreende o "método comparativo" por ele favorecido no trabalho da prática de pesquisa como aquela terceira via entre "grandes construções teóricas vazias" e "ideografia empiricista", que tende a desaparecer na "particularidade do caso investigado". A base do "método comparativo" é, no sentido de Bourdieu, "o pensamento analógico, que se apoia na intuição das homologias apoiada pela razão". Karl Mannheim havia identificado o pensamento em homologias como uma das características fundamentais do método documentário: "Essa orientação pelo documentário, essa apreensão de homologias nos diferentes contextos de sentido é algo peculiar, que não deve ser confundido nem com a adição nem com a síntese, tampouco com a mera abstração de características comuns" (MANNHEIM, 1964a, p. 121).

Uma metodologia da comparação que se apoia no pensamento analógico, no pensamento em homologias, como, por exemplo, a análise comparativa no

---

(cf. OEVERMANN, 1986, p. 22ss.). Para esforços (em vão) mais recentes de "curar" essa premissa da hermenêutica objetiva, cf. Sutter, 1997, e a análise dessas tentativas em Wohlrab-Sahr, 2000.

22 Luhmann (1970b, p. 27) escreve: "Não é por meio do estabelecimento e da verificação de hipóteses sobre leis sociais que a ciência social consegue solucionar o problema da estabilidade na vida social, mas apenas se ela transformar o problema em ponto de vista de referência central de suas análises e, a partir daí, investigar as diferentes possibilidades funcionais e equivalentes da estabilização da expectativa de comportamento".

contexto do método documentário, deve ser diferenciada de outra metodologia comparativa que Joachim Matthes (1992, p. 81) identifica também em Émile Durkheim e descreve como "método de 'correlacionamento' orientado pelo princípio da causalidade". Uma característica decisiva da metodologia da comparação no sentido do método documentário é o modo como o *"tertium comparationis"*, isto é, o terceiro elemento comum que estrutura a comparação, é adquirido. Também em um método que se entende explicitamente como comparativo, lidamos com o problema do "ponto cego", justamente no momento em que precisamos definir o *tertium comparationis*. Sua "designação", sua explicação conceitual pressupõe um horizonte de comparação que permanece implícito. Aquilo que precisa ser pressuposto como aspecto comum ou igual aos casos comparados para que uma comparação possa ser feita depende, por sua vez, de um horizonte de comparação implícito do intérprete. Assim, toda análise comparativa apresenta dois níveis de comparação: um nível explícito e outro implícito. Matthes (p. 83) ressalta que, "antes de iniciarmos a 'comparação' ou *uno actu* com ela, precisamos *identificar* aqueles fenômenos sociais observados em outros lugares como 'iguais' por meio dessas variáveis, que influem na operação da comparação". Com a determinação do *tertium comparationis*, um processo de comparação já antecede à análise comparativa em si, caracterizado pelo fato de que é preciso realizar uma identificação daquilo que é comum aos casos comparados. Matthes explica isso a exemplo da comparação cultural asiático-europeia, na qual os padrões anglo-europeus de processos de modernização são projetados sobre as culturas asiáticas e assim funcionam como um *tertium comparationis* tácito (cf. p. 81ss.). Já no sentido aqui pressuposto, a análise comparativa requer um *tertium comparationis* suficientemente abstrato, que não seja adequado somente a um dos casos.

É na definição precisa, na explicação conceitual do *tertium comparationis* em um nível abstrato que encontramos a importância de conceitos fundamentais (sociológicos ou próprios à respectiva ciência social) no sentido de categorias metateóricas, que devem ser diferenciadas das categorias *relacionadas ao objeto*. Essa diferenciação é de importância metodológica fundamental. No sentido aqui empreendido, podemos definir como metateóricos aqueles conceitos fundamentais que se mostram capazes de "traduzir" as "construções de primeiro grau" encontradas em diferentes campos de objeto de tal modo que elas (no sentido de uma análise comparativa), se tornam comparáveis (cf. MATTHES, 1992, p. 96). É apenas nessa base que conseguimos, no decorrer da análise comparativa, gerar teorias relacionadas ao objeto. Em uma análise comparativa de histórias de vida, por exemplo, que se pretende adequada para gerar teorias relacionadas ao objeto, precisamos de uma definição abstrata daquilo que pretendemos designar com o termo "formação biográfica geral" (cf. cap. 6.2). Em uma análise comparativa de grupos de discussão, por exemplo, precisamos de uma definição precisa de conceitos como "grupo" e "meio social" (cf. cap. 7.1; BOHNSACK, 1997a). Os procedimentos qualitativos ou reconstrutivos mais recentes adquiriram sua precisão metodológica quando conseguiram definir esses conceitos fundamentais em um nível formal ou metateórico. Nesse sentido, ou seja, no sentido da estruturação da comparação, a pesquisa social reconstrutiva precisa de conceitos teóricos *ex ante*, ou seja, conceitos fundamentais definidos com precisão capazes de orientar a pesquisa[23].

Na perspectiva da sociologia do conhecimento, a análise comparativa significa, ao mesmo tempo, a criação de um "espaço de pensamento" (cf. MATTHES, 1992, p. 96), no qual diferentes espaços de experiência podem não só ser comparados, mas também – enquanto condição para isso – traduzidos uns para os outros. Isso não é apenas uma precondição metodológica para uma ciência social que opera de modo intercultural, mas igualmente para uma ciência social que, em um grau crescente de heterogeneidade e diferenciação, se vê confrontada com espaços de experiência *intra*culturais – sejam estes do tipo individual ou específico ao meio social, à geração e ao gênero.

---

23 Nesse sentido, o esboço de análise comparativa no contexto de uma metodologia reconstrutiva e praxiológica de Glaser e Strauss apresenta alguns pontos fracos: No fim das contas, permanece em aberto que tipo de preconhecimento teoricamente relevante é precondição para aquela "sensibilidade teórica" do pesquisador invocada por Glaser e Strauss (1969, p. 46). Também permanece confuso o que está subentendido quando eles se referem a alterações de curso fundamentais no levantamento de dados em uma "perspectiva sociológica geral" (p. 45). Udo Kelle também levanta a pergunta referente à relação entre sensibilidade teórica e preconhecimento teoricamente relevante e a responde de forma semelhante a nós, afirmando que a expressão "sensibilidade teórica" se refere a "conceitos com alto grau de generalidade e abstração" (KELLE, 1994, p. 307). No entanto, o conceito "quadro heurístico" que ele usa aqui nos parece pouco adequado, pois não se trata de conceitos de caráter apenas *temporário*.

13
Apêndice

13.1 Princípios reflexivos da iniciação e condução de grupos de discussão

Em um grupo de discussão, lidamos com dois discursos entrelaçados: com o discurso entre pesquisador e pesquisados e com o discurso dos pesquisados entre si. Sobre isso quero apresentar ainda alguns esclarecimentos antes de falar sobre os princípios da condução de discussões em grupo.

Grupo de discussão como entrelaçamento metodicamente controlado de dois discursos

Uma reconstrução precisa do decurso dos grupos de discussão, realizada no contexto da interpretação refletida, tem, entre outras, a tarefa de reconstruir o entrelaçamento dos dois discursos. Se nos orientarmos por um modelo simples do experimento, este se apresentará como defeituoso, como uma fonte de erros, ignorando que o entrelaçamento é uma característica metodológica fundamental – restrita não só à situação do levantamento – do processo de pesquisa como interação entre pesquisadores e pesquisados. O entrelaçamento de dois discursos resultante do caráter dialógico ou discursivo da relação entre pesquisadores e pesquisados costuma ser ignorado por aqueles que – em analogia ao modelo simplificado do experimento – postulam a ausência do pesquisador como critério central da confiabilidade do procedimento. Mas mesmo no caso de gravações secretas, os pesquisadores entram em um discurso com os pesquisados (ou seja, em um discurso com o discurso dos pesquisados entre si), o mais tardar na análise. No entanto, aqui, os pesquisadores nada descobrem sobre as reações dos pesquisados às perguntas dirigidas por eles ao discurso (e às interpretações das respectivas perguntas). Isso ocorre somente onde as intervenções dos pesquisadores e a reação dos pesquisados são gravadas. As intervenções dos pesquisadores recebem, contanto que eles não interrompam o decorrer do discurso dos pesquisados, das reações [dos pesquisados] a sua significância específica ao campo e ao caso. Ao mesmo tempo, os pesquisadores vivenciam (no sentido de G.H. Mead), pela via da interpretação (refletida) minuciosa da relação entre intervenção e reação, o ser (específico ao campo) como fundamento para sua autorreflexão metódica.

A reconstrução precisa do decurso dos grupos de discussão permite, porém, não só a autorreflexão dos pesquisadores, mas também a diferenciação entre aquelas sequências estruturadas (primariamente) pela reação à intervenção dos pesquisadores e aquelas sequências nas quais os pesquisados reagem (primariamente) uns aos outros (decorrer próprio) e se intensificam mutuamente ("auges dramatúrgicos"). Isso permite, portanto, uma diferenciação entre os dois discursos: por um lado, entre pesquisadores e pesquisados, e, por outro, entre os próprios pesquisados, possibilitando também uma análise comparativa desses diferentes modos discursivos. Assim, a peculiaridade do discurso que interessa em primeira linha (o discurso entre os pesquisados) consegue se destacar em sua estrutura formal e em seu teor de sentido. Especialmente informativas são aqui as resistências e as estratégias, a serem reconstruídas com base em uma interpretação textual minuciosa, contra as intervenções dos pesquisadores (p. ex., resistência a um tema iniciado pelos pesquisadores).

Na realização dos grupos de discussão, os pesquisadores se veem diante da tarefa – paradoxal em certo sentido – de iniciar um discurso (entre os pesquisados) sem estruturá-lo de forma decisiva. Ou seja: Os dirigentes do discurso deveriam – pelo menos na fase inicial, na fase principal da discussão – intervir no sistema de regras comunicativas e no sistema de relevância do grupo apenas para iniciar o discurso entre os pesquisados, isto é, iniciar e garantir o *decurso próprio*. É nesse sentido que os seguintes princípios reflexivos da realização de discussões devem ser compreendidos:

A intervenção dos pesquisadores se dirige ao grupo como um todo (1)

As intervenções e as perguntas dos condutores da discussão não se dirigem a pessoas individuais, mas ao grupo como um todo. Assim, pretende-se evitar que os pesquisadores exerçam uma influência direta sobre a distribuição das contribuições de fala.

Sugestão de temas, não imposição de proposições (2)

Com a pergunta inicial e as perguntas durante a discussão feitas pelos condutores da discussão, os temas são apenas iniciados e nenhuma proposição é imposta, isto é, evita-se influenciar o modo e a direção, isto é, o quadro de orientação dentro do qual o tema deve ser processado.

Indeterminação demonstrativa (3)

As perguntas por parte dos condutores da discussão são consciente e "demonstrativamente" vagas. A indeterminação demonstrativa ou demonstrada na formulação das perguntas sinaliza aos participantes da discussão que os pesquisadores não dispõem de um conhecimento exato referente às orientações específicas ao meio social do grupo. Demonstra-se, portanto, estranheza e desconhecimento (específica ao meio social), que correspondem à postura metodológica fundamental da estranheza na sociologia do conhecimento, na sociologia fenomenológica e na etnografia. Trata-se de uma demonstração de respeito em relação ao sistema de relevância, ao mundo de experiência dos pesquisados. Ao mesmo tempo, estes são incentivados a acabar com o desconhecimento dos pesquisadores; isto é, são criadas as precondições para gerar representações minuciosas ou detalhadas (cf. tb. o princípio reflexivo 5). A demonstração de indeterminação e a geração de representações detalhadas pode, por exemplo, ser alcançada por meio de perguntas "vagas" e abertas, mas também por meio de *sequências de perguntas* (p. ex.: "Como é que foi a transição da escola para o trabalho?" "Como vocês se sentiram na época?"). Na prática de pesquisa, usamos sequências de perguntas muitas vezes de modo intuitivo. Sua função corresponde também às observações no contexto da análise da conversação[1].

---

1 Harvey Sacks (1995c, p. 561ss.) demonstrou que perguntas que contêm uma sequência ("*lists*"), i. e. compostas de uma sequência sucessiva, oferecem ao interlocutor a possibilidade ou o incentivam a oferecer mais do que apenas a resposta a uma pergunta. Jörg Bergmann (1981b, p. 133ss.) desenvolveu

Nenhuma intervenção na distribuição das contribuições de fala (4)

No caso ideal, as perguntas durante a discussão ocorrem apenas quando os membros do grupo não aproveitaram a oportunidade de assumir a contribuição de fala, o "turno". No sentido da análise da conversação (cf. SACKS; SCHEGLOFF & JEFFERSON, 1978, p. 25ss.), isso significa que uma pergunta só deve ser feita quando o discurso "se extinguiu" (*"lapse"*) – ao contrário de uma "lacuna" (*"gap"*) ou de uma "pausa" (*"pause"*).

Os pesquisadores, portanto, não reclamam para si os direitos que lhes cabem como participantes do discurso no contexto do *"turn-taking-system"* e *demonstram* que eles não têm a intenção de fazê-lo. Portanto, não se colocam na função de participantes de uma conversação cotidiana, tampouco na função de moderação em conferências. Nesse tipo de "sistemas de troca linguística" (*"speech exchange systems"*; SACKS et al., 1978) a moderação assume a função de atribuição de contribuições de fala.

O comedimento exigido aqui dos condutores da discussão tem o sentido de dar aos participantes da discussão a oportunidade de encerrar um tema e de organizar a distribuição, a alocação das contribuições de fala.

Geração de representações detalhadas (5)

As perguntas devem ser formuladas de tal forma que elas consigam gerar descrições detalhadas ou narrativas, porque representações detalhadas nos dão acesso à (reconstrução da) prática de ação e ao *modus operandi*, ao *habitus* (coletivo) subjacente.

Alcançamos isso perguntando direta e explicitamente por "narrativas" e "descrições" ou pela "vivência" (p. ex.: "Vocês podem contar ou descrever o que

---

a função de sequências de perguntas, de perguntas múltiplas ou de declarações do tipo: "pergunta mais paráfrase de pergunta". Segundo Bergmann, elas têm o caráter de um "convite ao interlocutor para descrever de forma narrativa ou descritiva". Com a paráfrase da primeira pergunta, o pesquisador a apresenta como "algo que precisa ser corrigido": "Ele apresenta ao interlocutor diferentes versões da pergunta e lhe sinaliza assim: 'Conte-me o que você deseja ou pode me contar, sei tão pouco sobre esse assunto que nem consigo fazer uma pergunta precisa sobre o mesmo'" (p. 135).

Esse fenômeno pode ser compreendido também de tal forma que as sequências de perguntas ou as perguntas múltiplas demonstram ao entrevistado a imprecisão de formulações comunicativas-generalizadoras (cf. cap. 3.2) e a 'ignorância' do entrevistador, de modo que o entrevistado se vê incentivado a remediar essa ignorância, i. e., a transformar o teor de significado vago de uma pergunta comunicativa-generalizadora em um teor conjuntivo temático do espaço de experiências individuais ou coletivas e assim explicar o pano de fundo experiencial conjuntivo com base em representações detalhadas.

vocês vivenciaram na época, quando [...]?"). Alcançamos isso também com a ajuda de sequências de perguntas (cf. ponto 3), que nos permitem também transmitir a indeterminação.

Perguntas imanentes (6)
Perguntas imanentes, isto é, sobre um tema já postulado e o quadro de orientações dado, têm prioridade sobre perguntas exmanentes, isto é, voltadas para a iniciação de temas *novos*.

A fase das perguntas exmanentes (7)
Durante a fase da iniciação do decurso próprio, as perguntas exmanentes devem ser a exceção. Mas quando (na avaliação intuitiva do condutor da discussão) o auge dramatúrgico é transposto e os temas centrais (metáforas de foco) ao grupo foram processados, os pesquisadores introduzem de modo exmanente e sistemático os temas relevantes aos pesquisadores. (Para isso, os pesquisadores devem preparar uma lista de temas orientada pelo interesse de pesquisa e pela formação de tipos pretendida.) O princípio reflexivo (6) é suspenso. Todos os outros princípios permanecem válidos.

A fase de direcionamento (8)
Quando se aproxima o fim da discussão, os pesquisadores de campo recorrem àquelas sequências que (segundo sua impressão intuitiva) lhes pareceram contraditórias ou chamaram sua atenção por outros motivos. Recorrendo a essas sequências, essas contradições são tematizadas.

Aqui, os princípios reflexivos (2) e (3) perdem sua validade. Todos os outros permanecem em vigor.

Exemplos da iniciação e condução de grupos de discussão
Referentes aos princípios reflexivos (1) (2) (3) (5)
(Brüder, passagem inicial, 20-26):

20	Y1	Mh. E como foi quando vocês saíram da
21		escola e entraram na profissão, quando entraram no curso
22		profissionalizante, ou no desemprego (.) quando ficaram
23		desempregados, quais foram as experiências que fizeram
24		naquele tempo,

25 |
26 Am: ⌊ Adaptação total. Mudança. Porque, sabe

(Ring, passagem inicial, 1-21):

1 Y1 Bem, mh estamos interessados primeira=mente mh (1) vocês
      estão (.)
2   sim; quando falamos sobre, mh, antes, da transição
3   da da escola e profissão por- (.) e sim como é isso, quais
4   as experiências que vocês têm, que vocês simplesmente (.)
      °assim°
5   contem (2) como é isso,
6 |
7 Af: ⌊ na escola?
8 |
9 Y1:   ⌊ tanto na escola como agora
10   assim com
11 |
12 Af: ⌊ particularmente?
13 |
14 Y1:   ⌊ profissão e (.) hm quais as experi:ências
15   que vocês têm como foi essa transição (.) ou como é
16   isso
17 |
18 Cf: ⌊ ah=sei: você tá falando da transição da (.)
19 |
20 Af: ⌊ vida escolar para
21   a vida profissional

Referente ao princípio reflexivo (4)
(Ring, passagem inicial, 56-72):

56 Cf: então=eu me formei no ensino médio com a nota seis (.)
57 |
58 Y1:   ⌊ mh
59 |
60 Cf: ⌊
61   é média média (.) e eu não tenho nenhuma
62   formação (6)

```
63                      |
64    Y1:               | mh
65                           |
66    Af:                    | Posso falar agora?
67                                             |
68    Y1:                                      | sim claro @(.)@
69                                                  |
70    Af:                                           | ah
71          ok (.) não né e agora é assim com as vagas dos cursos
72          profissionalizantes
```

Referentes aos princípios reflexivos (6) (5) e (3)
(Ring, amor, 1-8):

```
1    Y1    ... vocês antes tocaram assim assim=um pouco
2          no tema hm (.) com os garotos, (.) como
3          vocês se sentem em relação a isso?
4                    |
5    Cw:             | ((risadas))
6                         |
7    Bw:                  | ((risada curta)) ela tem problemas
                          enormes
8          com isso
```

(Idee, Risale-i Nur, 1-6):

```
1    Y1    Sim, vocês acabam de dizer que vocês (.) fazem muita coisa
2          juntos; (.) talvez vocês podem, contar um pouco
3                    |
4    Bm:             | Sim
5
6    Y1:    sobre isso (.) sobre o que vocês costumam fazer juntos,
```

13.2 Interpretação exemplar de uma passagem textual

Apresentamos aqui o procedimento de interpretação do método documentário, com suas etapas de trabalho prático da interpretação formulada e refletida, por meio do exemplo de uma passagem da *conversa à mesa* de uma família. Para uma interpretação exemplar de passagens de *grupos de discussão*, em cujo contexto a análise conversacional documentária foi aplicada predominantemente até agora, confira Nentwig-Gesemann, 1999; Bohnsack, 2001a; Bohnsack e Nohl, 2001b; Bohnsack e Schäffer, 2001a; Loos e Schäffer 2001; Przyborski, 2004. Para a interpretação de *entrevistas biográficas* com base do método documentário, remeto a Bohnsack et al., 1995; Schäffer, 1996; Sparschuh, 2000; Fritzsche, 2003; e esp. a Nohl, 2006a. Literatura adicional sobre a interpretação de conversas e entrevistas pode ser encontrada no link www.dokumentarischemethode.de

A interpretação exemplar de uma passagem de uma conversa à mesa de uma família pretende demonstrar que a análise conversacional do método documentário se presta de modo excelente à análise do tipo de conversas que não ocorrem na presença do pesquisador e que não são iniciadas e orientadas por ele. A passagem interpretada aqui provém de uma conversa à mesa gravada pela própria família, que vive em Brademburgo.

O levantamento de dados ocorreu no contexto de uma investigação patrocinada pela DFG sobre o tema "Educação e tradição. Processos de transmissão em famílias" (BOHNSACK; GEBHARDT; KRAUL & WULF, 2001), no ano de 2002.

Tentamos responder à pergunta pelos processos de transmissão (*Tradierung*), por padrões de orientação intrafamiliares, no contexto de uma triangulação metódica, de uma abordagem multimetódica, que, além da análise de conversas à mesa, envolve também a análise de grupos de discussão (com pais e avós) e a interpretação de fotos de família (sobre a interpretação de imagens, cf. cap. 9, 13.4).

Conversa à mesa durante o jantar
Família Schiller

Conversa à mesa de 11 de março de 2002

Transcrição da passagem: aula de diferenciação
(Sobre as regras de transcrição, cf. cap. 13.3)
Participantes (toda a família Schiller)
M = mãe Juliane (Tina)
P = pai Bernhard
F1f = filha Rebecka (Becky): 12 anos
F2m = filho Tobias: 11 anos
F3m = filho David (Davie): 5 anos

Sobre o início dessa passagem

A pergunta do pai (P) em (01), que dá início ao tema, ocorre em uma situação em que os dois irmãos mais velhos (F1 e F2) iniciaram uma briga que se intensifica, de modo que F1 é xingada por F2 como "fresca". F1 exige então que F2 perca 50 centavos de sua mesada.

1	P:	Tobias, conte-nos de sua aula de diferen- diferenciação.
2		(o que foi que a senhora Terz) contou.
3	F1f:	Conte-nos <u>do quê</u>? Como é que é?
4	P:	Aula de diferenciação, parece legal, né?
5	F1f:	Que que é isso?
6	F2m:	°Aula de diferenciação°.
7	M:	É onde as crianças podem se diferenciar, não?
8	P:	Mh:::m.
9	F1f:	⌊ E o que é diferenciar?
10	P:	Quais são as disciplinas que vocês podem escolher? (.) Cê ainda sabe?
11	M:	⌊ (O que signi-
12		fica diferente?)
13	F2m:	Mh:::m.
14	M:	O que significa diferente?
15	F2m:	Espo::rtes,
16	P:	Exatamente. ((tosse leve)) eram três disciplinas; esportes,
17	F1f:	⌊ ( ) (cê acha?)
18	M:	**O que significa diferente?**
19	F3m:	⌊ (Woppajappa)
20	F1f:	⌊ (sei lá)
21	F2m:	Música (.) e biologia
22	P:	⌊ Isso:: ⌊ Isso::. esportes música ((tosse leve)) ei Tina
23		esportes músic- ⌊
24	F1f:	⌊ Ah, entendi.
25	M:	⌊ (isso significa diferente.) (.) e diferenciar
26	P:	Esportes música e biologia são aulas de diferenciação. podem
27		então eh decidir o que a partir do próximo ano letivo a partir do
28		quinto (.) eles querem fazer como intensivo.
29	F1f:	(Com) certeza vão ter matemática.
30	M:	Então não vão ter biologia, (.) se==vo quer fazer esportes? Ah não.
31	P:	Eles só farão=isso mais <u>intensivo</u>. olha, eu qua- <u>quando</u> exatamente
32		isso aparecerá na grade horária (.) olha isso=não entendi ainda.
33	F2m:	⌊ **Não** isso vai ser uma uma

34		hora. na semana. haverá diferencia- haverá uma aula de matemática
35		(.) compartilhada (.) os bons e os (.) ruins. uma aula de alemão,
36		os bons e os ruins. E uma aula, a	
37	F1f:	⌊		⌊ Que
38		maldade.		
39	P:	⌊ Mhm.	
40	F2m:	⌊ Diferenciação
41		os bons e os ruins. (1)
42	P:	Mh.
43	M:	⌊ É=um currículo, um currículo totalmente novo, né?
44	P:	Mhm.
45	M:	Território-X totalmente novo vai-
46	P:	⌊ *Mhm.* (chama de) percurso individual ( )
47	F2m:	⌊ a senhora
48		Terz lhe disse,
49	?	⌊ ((assoviar))	
50	M:	⌊ Provavelmente a escola, né? to- no @percurso individual
51		(1)@
52	P:	A senhora Terz contou,
53	F2m:	⌊ (E) vocês sabem o que vou escolher?
54	P:	⌊ Que todas as crianças (.) queriam esportes
55		((exclamando))
56	M:	A senhora Terz disse?
57	F2m:	Sim, e é verdade.
58	M:	Como assim, você escolherá esportes?
59	F2m:	(°Vou fazer isso°)
60	P:	⌊ Ninguém escolheu música
61	M:	⌊ Se você escolher esportes,
62		você à tarde, você vai pro atletismo pro judô ou para outro
63		treinamento bem duro eu te garanto. (1)
64	F2m:	⌊ Nã=nã=nã=não (.) não ⌊ Não.
65	M:	e então você não, você vai entrar na turma de esportes
66			no próximo ano.
67	F1f:	⌊ Melhor escolher matemática Tobias,
68	F2m:	Não.
69	M:	Eu pensaria bem.
70	P:	⌊ (Decidir, (.) decidir) ( )
71	F2m:	⌊ @Não@. (1)@( ) (farei música) ( ) (eu vou

72		fazer esportes) @cê acha que vou fazer música com a vo-
73		**ve- veia Wilkie ou biologia com essa veia senhora Ullrich?**
74	F1f:	⌊ Bem então faça matemática ⌋
75	M:	⌊ Cara então faça biologia
76		(.) faça biologia que você vai precisar mais tarde ⌋
77	P:	⌊ A senhora
78		Ullrich é aque- aquela velha gorda?
79	F2m:	Sim ( ) sim::
80	M:	para a escola ( ),
81	F1f:	⌊ Tobias, Tobias, biologia é (.) biologia é importante.
82	F2m:	Ah biologia é importante, ((imitando))
83	F1f:	Cê sabe de uma coisa, lá cê aprende coisas legais (.) (sobre a pessoa)
84	?:	⌊ ( )
85	F1f:	mas precisa escrever trabalhos chatos. uééé.
86	P:	⌊ Pensem bem
87		as outras crianças também precisam assim como o Tobias agora
88		(decidiu) ( ) (expressou)
89	F1f:	Mas essas são algumas são ((imita tosse leve)), melhor escolher
90		matemática Tobias você é bom em matemática.
91	F2m:	**Não, não existe aula de diferenciação em matemática sua**
92		**criatura acéfala.**
93	F1f:	⌊ Ah, então
94	P:	Ei Tobias, por favor,
95	M:	Olha. Obrigada. Cê pode comer agora lá fora.
96	F1f:	⌊ (Agora chega.) ⌋
97	F2m:	⌊ Não.
98	P:	Pode parar agora por favor prá quê tudo isso,
99	M:	⌊ **Isso não é (.) engraçado.**
100	F2m:	°Se ela não me ouve°
101	F1f:	⌊ Agora você vai perder 10 centavos.
102	F3m:	Mhm.
103	M:	⌊ Se alguém aqui for acéfalo, dê uma olhada em volta
104		para ver quem é.
105	F2m:	( )
106	M:	⌊ São as pessoas que escolhem esportes como disciplina principal.
107	F1f:	Exatamente, e se eu, se eu
108	P:	⌊ @(1)@ ⌋
109	F2m:	⌊ Caramba, mas essa não é minha

110		matéria principal; (.)
111	F1f:	Sim isso vai ser por assim dizer sua matéria principal.
112	M:	⌊ Se você recebe incentivo especial nessa matéria,
113		essa é sim sua matéria principal. (1)
114	F1f:	Tobias além disso ( )
115	F2m:	⌊ Isso não é uma matéria de incentivo é (.) uma (.)
116	P:	(você acha que a senhora Ullrich)
117	M:	⌊ uma aula de diferenciação.
118	F2m:	Uma <u>matéria prazerosa</u> que você quer fazer.
119	M:	Tobias, as matérias em que temos muito prazer e com as quais gastamos
120	F2m:	⌊ Não
121	M:	muito tempo, nelas somos incentivados de modo especial. E pelo
122		que me lembro você largou <u>todos</u> os tipos de esporte porque
123		você não aguentou.
124	F3m:	⌊ (Mamãe coloca açúcar)
125	P:	Nisso ela tem razão.
126	M:	⌊ **Isso não faz sentido.**
127	F1f:	(Então faça)
128	F3m:	⌊ (açúcar aqui dentro)
129	M:	⌊ **Se você for para (.) os esportes de rendimento**
130	F1f:	⌊ (Melhor você fazer biologia)
131	P:	⌊ (Já já hey
132		espera aí) ( )
133	M:	⌊ °Então (faça) baixinho° **se você fizer esportes e quiser**
134		**ser atleta ou treinador ou professor de educação física**
135		((bate várias vezes na mesa com a mão)) **então <u>faça</u> isso mas**
136		**então <u>precisa</u> ser consequente e fazer esportes também**
137		**à <u>tarde</u>**
138	P:	Nisso ela tem razão Tobias.
139	M:	**Mas não aqui=agora na escola isso isso (.) Você precisará**
140		**muito de biologia talvez você se arrependerá até a morte porque**
141		**não teve biologia na escola só porque você=já exclui isso no**
142		**quarto ano.**
143	P:	Quinto.
144	M:	No quinto.
145	F2m:	(Mas) eu vou ter biologia.
146	F1f:	**Sim mas só uma vez por semana.** (1)
147	F2m:	Sim tudo bem e os <u>outros</u> vão todos para o esporte né? e eu

148	M:	⌊(Se é que você)

148 M: ⌊(Se é que você)

149 F2m: fico passeando,

150 P: ⌊Ah que besteira (.) outras crianças também

151 M: ⌊Tobias você acredita que

152 F3m: ⌊(por favor) (.) (por

153   favor suco de maçã) ((choramingando))

154 M: os outros pais querem que seus filhos façam esportes

155   nas aulas importantes, |

156 P: | ⌊(Fecha isso aí)

157 F2m: ⌊Sim conheço muitos.

158 P: Eles nem permitem isso os <u>professores</u> Tobias eles também fazem

159   distinções; me passa o prato com as frutas Rebecka; **elas não vão**

160 F2m: ⌊(   )

161 P: **fazer esportes todas as crianças**, os professores também irão

162   motivar (.) convencer e tal.

163 F1f: ⌊Eu não vou comer nada disso, tá legal? (1)

164 P: Tá bem

165 F3m: (   ) ((choramingando))

166 M: ⌊Falando nisso Tobias não tenho nada contra você=praticar

167   esportes mas você precisa ser consequente e fazer esportes três vezes

168   por semana em seu tempo livre, aí=você pode fazer disso sua profissão

169   mais tarde.

170 F2m: Mas não quero ser atleta profissional.

171 F1f: ⌊Você pode ser professor de educação física Tobias

172 M: ⌊Tobias

173   a gente vai prá escola prá=aprender para a vida e para ter uma profissão

174   mais tarde na qual podemos (.) trabalhar bem. é prá isso que voc

175   está indo prá escola. (2)

176 F2m: ((bocejando)): ( )

177 P: ⌊(Me fale) você já teve alguma vez aula com a senhora Ullrich?

178   Você (realmente) a conhece das aulas?

179 F2m: Sim::

180 F1f: ⌊A senhora Ullrich é be- na verdade ela é bem legal (eu nunca tive aula

181 P: ⌊Pois é.

182 F1f: com ela) digo ela é=ela é (.) acho que nunca tive aula com ela mas

183   assim na verdade ela é bem legal.

184 F2m: ⌊Cara a senhora Ullrich é totalmente rígida.

185 M: Além disso Tobias isso é=isso

186	F1f:	⌊ E daí?
187	M:	⌊ Além disso Tobias isso é totalmente irrelevante
188	F2m:	⌊ Se (.)
189		se pelo menos
190	M:	**se você gosta da senhora Ullrich ou não.**
191	F2m:	Se pelo menos eh eh tivesse por exemplo
192		história.
193	F1f:	Nossa história é ainda mais entediante.
194	M:	⌊ Mesmo assim vocês precisam ter
195		história.
196	P:	Então a senhora Terz disse para amenizar um pouco, para amenizar
197		um pouco ⌊
198	F2m:	⌊ Sim °mas não nesse° ( )
199	P:	as coisas aqui a senhora Terz disse que até o <u>início</u>
200		do ano letivo muita coisa pode acontecer. no momento tudo indica
201		que haverá essas variações (.) de aula mas é bem
202		possível que venham **outros**
203	F2m:	⌊ Porque o senhor König vai deixar a escola
204	P:	**professores** e então outros professores têm outras matérias
205		e que então seja possível escolher combinações de matérias
206		completamente diferentes. assim.
207	F1f:	((tosse leve)) (.) mas eu só lhe digo
208	P:	⌊ Mesmo assim a Tina está certa, (.) com os esportes.
209		você desistiu do judô e do atletismo porque não era o que você queria
210		porque era intenso demais e agora de repente você quer estudar
211		esportes; (.) nessa combinação; que besteira.
212	M:	⌊ Sim e as aulas de educação
213		física serão diferentes do que aparentam ser agora no momento. então
214		vão fazer treinamentos de verdade com vocês e não vai ser mais um
215		esporte de brincadeira.
216	F2m:	Mas não brincamos nos esportes; estamos fazendo ginástica.
217	F1f:	( )
218	M:	⌊ Ginástica não é só brin- (.) é não faz parte
219	F1f:	⌊ isso é
220		totalmente exaustivo Tobias
221	M:	(só) para entrar nas aulas de educação física Tobias; a isso se juntará
222		o atletismo e sei lá o que mais e isso será muito mais intenso do que

223		agora na escola.
224	P:	Quem é que dá as aulas de educação física, cê sabe
225	F2m:	°Senhor Lehmann°
226	P:	°Senhor Lehmann°
227	F1f:	O senhor Lehmann é totalmente rígido.
228	F2m:	O quê? Não é verdade, ele é bem legal.
229	F1f:	Sim ele é legal mas é rígido.
230	M:	⌊Além disso não foi você que pouco tempo atrás ainda
231		ficou chorando dizendo que não queria entrar na turma de esportes? (1)
232	F2m:	E não quero. (1)
233	F1f:	Cara isso é como se- ah:: como você é idiota.
234	P:	⌊@(1)@
235	F1f:	**Cara isso é a mesma coisa como se você entrasse na**
236		**turma de esportes.** ⌊
237	M:	⌊Você é totalmente
238		sem lógica ( )
239	F3m:	( ) **(também não para o esporte)**
240	F2m:	⌊ (**o dia inteiro esportes**)
241		**e depois escola ou primeiro escola e depois esportes**
242	P:	É também mais intensivo é verdade mesmo assim isso também é intensivo
243		com essa combinação de matérias
244	F1f:	⌊Sim cê=sabe o que cê precisa fazer aí cê precisa têm
245		duas (.) duas eh barras em alturas diferentes e então cê precisa
246		balançar nelas.
247	P:	São as paralelas assimétricas.
248	M:	Além disso quando
249	F1f:	⌊°( ) (paralelas assimétricas)°
250	M:	⌊se você escolhe algo tão
251		especial você precisa saber o que pode fazer com isso;
252		você vem lá
253	F1f:	⌊Você pode ser professor de educação física
254	M:	⌊Você vem lá
255	F2m:	⌊E o que eu faria com
256		biologia, me diga?
257	F1f:	Você pode ser professor de biologia (.) cientista da natureza,
258	M:	⌊Você pode em primeiro lugar se (.)
259		se você entrar no ginásio como eu espero, como eu
260	F2m:	⌊Sim,

261	M:	espero (.) muito, você poderá participar das aulas de biologia e
262		fazer e não passará como perdedor já no primeiro ano porque você
263		não faz ideia, porque não faz ideia do que estão falando porque lhe
264		faltam os fundamentos. imagine só, você entra no ginásio no sexto
265		ano e você só teve um pouco de biologia, só um pouco
266		tangencialmente e os outros tiveram biologia de verdade e então
267		isso lhe fará falta e aquilo e tudo. e você não entende nem a metade
268		daquilo que o professor diz; então você terá tantas dificuldades
269		já nos primeiros meses numa matéria que você com certeza se
270		é que ainda tiver a escolha excluirá. e então mais tarde como
271		adulto ou jovem você talvez se lembrará que na verdade
272		biologia é totalmente interessante e esses biólogos o trabalho
273		que eles fazem é super legal ou precisamos
274	P:	⌊ Isso prova para hm para resu-
275		⌊
276	F1f:	⌊ (você
277		sabe, no programa do Günter Jauch, ele também tem essas cartas
278		biológicas) ⌊
279	P:	⌊ para resumir a questão, isso prova
280		que no momento as crianças não estão sabendo lidar com a situação (.)
281		nessa idade ter que escolher essas coisas. isso é uma loucura total,
282		é sim (.) como é que o Tobias deve saber o que para ele
283		(para o seu futuro) é bom e importante. ⌊
284	F3m:	⌊ Eu
285		quero fazer tudo na escola. hm (.) quero fazer
286	M:	⌊ @(.)@
287	F1f:	⌊ Na verdade biologia
288		é interessante (só que) ( ) (para os trabalhos) ( )
289	F3m:	esportes, eh
290	P:	⌊ Sério?
291	M:	Você vai excluir esportes né Davie, @(.)@
292	F3m:	Hm, **eu go::sto de esportes**.
293	M:	Você gosta de esportes; maravilha.
294	P:	⌊ (Né. ele escolhe esportes.)
295	F1f:	Mãe,
296	F3m:	⌊ **A gente fica fortão.**
297	F1f:	@(.)@
298	P:	⌊ @(.)@

299	M:	Amanhã a gente volta para a aula de esporte mãe-filho, tá bom?
300	F3m:	⌊ <u>Obrigado</u>.
301	M:	@(.)@
302	F2m:	(Em) biologia precisamos sempre escrever tantos trabalhos isso é
303		chato a senhora Ulrich sempre faz trabalhos danados e chatos.
304	F1f:	⌊ Cara aí você
305		senta numa tarde ou uma semana inteira e ela já te avisa
306	F2m:	⌊ ((suspiro))
307	F1f:	uma semana antes e aí você se senta toda tarde e pratica isso; eu também
308		tirei um oito.
309	M:	Tobias se você é preguiçoso demais para escrever um trabalho ou coisa
310	F2m:	⌊ °( )° ⌊
311	F3m:	⌊ Mamãe eu
312		também quero bi-biologia.
313	F1f:	⌊ Então cê pode (desistir logo da escola)
314	M:	⌊ E então te inscrevo logo também na escola
315		compreensiva; essa aqui logo ao lado.
316	P:	°@(.)@°
317	M:	Sim é assim que funciona o que é que você pensa ( )
318	F2m:	⌊ ( ) (escola compreensiva)
319	M:	Você realmente acredita Tobias que mais tarde você não escreverá
320		trabalhos nas outras disciplinas? Isso é apenas uma pequena
321		preparação daquilo que te espera.
322	P:	Pergunta pra Tanja Tobias que tipo de trabalhos ela escreve?
323	F1f:	⌊ (sabe)
324	F2m:	Ah valeu.
325	F1f:	⌊ Ela tem teste de vocabulário todos os dias.
326	F2m:	°Oh maravilha°
327	F3m:	Mamãe também quero participar (.) de biologia,
328	F1f:	⌊ To::dos os dias Tobias
329	F3m:	Mamãe.
330	M:	Ótimo.
331	F1f:	⌊ Logo você também terá que fazer isso todos os dias.
332	F2m:	E daí,
333	F3m:	⌊ Quero fazer tudo na escola

Interpretação formulada
(Divisão temática)[2]

01-333
Tema geral: *A escolha da disciplina de diferenciação*

Subtemas
01-51 – O que é uma "aula de diferenciação"?
52-70 – A decisão de F2m pelos esportes como matéria de diferenciação e a carga horária relacionada a isso.
71-88 – As vantagens e desvantagens da biologia como matéria de diferenciação.
89-102 – A briga entre F2m e F1f e possíveis sanções contra F2m.
103-118 – A diferença entre "matéria principal", "matéria de incentivo" e "matéria prazerosa".
119-138 – A inconsequência de F2m nos esportes.
139-164 – Para que as crianças não lamentem chances perdidas mais tarde, os pais e professores garantirão que nem todas as crianças escolham esportes como matéria de diferenciação.
166-175 – "A gente vai prá escola [...] para ter uma profissão mais tarde".
176-190 – Simpatias pelos professores não são "decisivas" para a escolha da matéria de diferenciação.
191-207 – As matérias disponíveis ainda não foram definidas, já que elas dependem da composição do corpo docente.
208-249 – F2m (na opinião dos pais) não possui a motivação necessária para os esportes como matéria de diferenciação (224-229: temática inserida: a pessoa do professor de Educação Física).
250-273 – A importância da matéria escolhida para a formação escolar posterior (ginásio) precisa ser levada em consideração.
274-283 – As crianças são jovens demais para fazer essa escolha.
284-301 – Os esportes "me deixam fortão".

---

2 A interpretação formulada abarca a divisão temática e a interpretação formulada detalhada. Aqui apresentaremos apenas o primeiro passo de modo exemplar.

302-326 – Independentemente da escolha da matéria de diferenciação, a dedicação é precondição necessária para que F2m não acabe em uma escola compreensiva.

327-333 – F3m quer escolher "todas" as matérias.

Interpretação refletida

01-02 – Iniciação de um tema ("aula de diferenciação") por P

O filho (F2m) já relatou, ou melhor, "contou" sobre o tema. P e os outros, portanto, já conhecem o assunto. Mesmo assim, o pai não apresenta uma proposição (i. e., ele não expressa uma orientação referente ao tema), mas apenas formula o tema, permitindo assim que os outros articulem suas orientações.

03 – Pergunta por F1f

Ela ainda não foi informada – nem sobre a história concreta de F2m nem sobre o tema em geral. (Possivelmente, ela frequenta outra escola ou não foi afetada pela reorganização das disciplinas. Mais tarde se evidencia que a segunda alternativa se aplica.)

04 – Resposta e proposição por P

O termo "parece legal". Mas o conteúdo que se esconde por trás dele não precisa ser necessariamente bom. Nem com isso o pai oferece uma orientação em relação ao tema, permanece neutro (ele não explica o tema mais detalhadamente).

05 – Pergunta por F1f

06 – Resposta e proposição por F2m

Ao apenas repetir o que todos já sabem, F2m expressa que F1f deveria estar familiarizada com o termo.

07 – Proposição por M no modo de uma pergunta ("tag question"[3])

A proposição possui dois componentes:
• As crianças têm a possibilidade de escolher.
• Em vista do caráter autorreflexivo (de se diferenciar) isso se apresenta como uma sobrecarga.

---

3 Sobre as "*tag questions*", cf. Sacks, Schegloff e Jefferson, 1978.

A proposição da mãe expressa primariamente um distanciamento em relação à aula de diferenciação. Assim – por meio das contribuições de fala de P e M – é produzida certa dramaturgia. A resposta em si permanece em aberto. Ao mesmo tempo, a mãe incentiva os outros por meio de sua pergunta "anexada" ("sim") a fornecerem a resposta. Ela se dirige evidentemente a F2m, que ainda não respondeu ao incentivo do pai de contar a história.

O desenvolvimento do discurso já revela que não se trata em primeira linha de esclarecer um assunto o mais rápido possível, mas de iniciar uma comunicação, que oferece ao filho a oportunidade de fazer uma apresentação própria de um tema complicado no contexto do foro familiar.

Assim, *instala-se*, de certo modo, uma *"situação pedagógica"* com a ajuda de um tema que diz respeito a uma situação de decisão evidentemente importante.

08 – Validação (confirmação da proposição) pelo pai,
de forma tão fraca que chega ao limite de ser uma ratificação (confirmação de que ele entendeu).

09 – Pergunta por F1f
Se não são as crianças que se diferenciam, o que, então é diferenciado?

10-13 – O convite é formulado de forma mais precisa (retomando a linha 01) por P para F2m, seguido de uma ratificação por F2m
Fica evidente que o pai se informou sobre o contexto da disciplina de diferenciação. Trata-se, portanto, de uma verificação do conhecimento do filho. Visto, porém, que o filho já demonstrou ter conhecimento dessas relações (cf. 01-02: Ele já falou sobre isso), evidenciam-se ou confirmam-se os seguintes componentes do discurso familiar:

• O caráter pedagógico da situação é confirmado: A comunicação sobre uma decisão escolar importante é encenada de tal forma que todos podem participar.

• Apesar de ser bem-informado, o pai evita uma avaliação. Surge então a pergunta quem fará a avaliação definitiva.

• Precisamos perguntar também em que medida o "caráter pedagógico" é uma demonstração para os pesquisadores, em que medida sua presença intensifica a dramaturgia[4].

11-12; 14 e 18 – Pergunta por M
Aqui se documenta que a mãe ou está realizando um "teste de vocabulário" ou não está bem-informada (esta segunda interpretação é confirmada ao longo do discurso).

15-16 – Informação por F2m e validação por P
O filho responde à pergunta do pai (não da mãe) e este o confirma com uma voz tranquilizadora ("exatamente" com entonação cadente)[5].

19 – Tentativa de uma participação no discurso por F3m
À pergunta para ele (agora definitivamente) incompreensível (apesar de dirigida explicitamente a todos) pela mãe em (18), o filho mais novo responde com "woppajoppa" – de modo recíproco – com uma resposta igualmente incompreensível.

Até agora, a comunicação (sobre a escola), a situação pedagógica aqui instalada visa (como podemos observar também em outros pontos do discurso) ao sistema de relevância dos irmãos mais velhos.

17 e 20 – Declaração incompreensível de F1f

---

4 Isso levanta um problema metódico fundamental: Não só um grupo de discussão, mas toda conversa cuja gravação para propósitos de pesquisa é de conhecimento dos participantes, representa um *entrelaçamento de dois discursos* (cf. neste tomo o cap. 12.1), já que os interlocutores sempre entram também em um discurso com aqueles para os quais a conversa é gravada. Mesmo que os pais queiram se apresentar aqui como "bons pedagogos", isso não significa uma "distorção" de nossos dados empíricos, visto que, nessa representação, os *esquemas específicos de orientação* dos pais são manifestados. Em que medida esses esquemas de orientação localizados em um nível intencional se diferenciam dos *quadros de orientação* implícitos, que se desdobram sob as condições do 'sistema autorregulador da conversa familiar' precisa ser verificado na análise ao longo do desenvolvimento do discurso (para a diferenciação de padrão de orientação e quadro de orientação, cf. BOHNSACK, 1997c; BOHNSACK, 1998a).

5 O fato da prosódia (melodia da oração e entoação) não ser demonstrada na transcrição, representa um problema de validade, mas que precisa ser levado em conta, tendo em vista o esforço imensamente maior de criação de uma transcrição que fizesse jus à prosódia.

16; 21-22; 26-28 – Informação por F2m e P

F2m completa a sequência iniciada pelo pai das disciplinas de diferenciação.

Esportes, música e biologia são aulas de diferenciação, isto é, aulas entre as quais os alunos podem fazer uma escolha referente à "intensidade" com que serão absolvidas (cf. 28). Essa é uma versão do conceito "diferenciação". Essa explicação (por ser formulada na terceira pessoa do plural) é voltada para os outros membros da família, ou seja, também e principalmente à mãe, já que essa explicação representa, ao mesmo tempo, uma resposta à pergunta da mãe, que o filho ainda não respondeu de forma tão abrangente.

O "exatamente" em voz tranquilizadora (cf. 22) é, além disso também adaptado em sua tonalidade ao "woppajappa" do caçula. Assim, o pai comunica pelo menos prosodicamente com o filho mais novo, que, assim, não é completamente ignorado. Nesse sentido, expressa-se, por meio de elementos da prosódia, uma proposição, isto é, uma orientação do pai (em nível metacomunicativo): O filho mais novo é confirmado em sua função como participante (de direitos iguais) da conversa.

29 – Proposição por F1f

Certamente a matemática será ministrada com intensidade.

30 – Proposição por M (sem relação à proposição de F1f) no modo de uma pergunta

Agora, é a mãe que assume uma posição em relação à sensatez ou insensatez das aulas de diferenciação. Ela o faz antes do esclarecimento dos contextos e das condições dessa nova organização escolar no discurso: Ela se põe decididamente contra o desejo de F2m, que prefere os esportes às aulas de biologia.

Pelo menos em parte, a mãe já sabe das preferências de F2m pelos esportes em relação à "música", ou seja, ela suspeita de algo assim. (Isso revela, porém, que ela antecipa a dramaturgia, o conflito esperado, e assim o provoca de certa forma.)

31-32 – Informações adicionais por P

A diferenciação não é uma questão de seletividade (ou biologia ou esportes), mas da intensidade. O pai "não entendeu" quais seriam as consequências disso para a divisão do plano escolar. Mesmo assim, o pai é mais informado do que a mãe. Ao mesmo tempo, ele evita impor sua avaliação da situação. (Mais uma vez, não oferece uma proposição.)

33-36; 39-42 – Diferenciação da informação por F2m

F2m apresenta outra compreensão da diferenciação: Em matemática e alemão, e alternativamente em esportes, música ou biologia, as aulas são diferenciadas entre alunos "bons" e "ruins".

37-38 – Proposição por F1f

Evidentemente, F1 considera isso injusto.

43-46; 50-51 – Proposição por M em interação com P

Os pais demonstram seu ceticismo em relação ao "currículo totalmente novo". Ao mesmo tempo, evidencia-se (mais uma vez) que a mãe não havia sido informada.

47-49 e 52-60 – Proposição por F2m em interação com P, perguntas por M

F2m expressa aqui com cautela a sua orientação (sua decisão pelos esportes), da qual o pai já tem conhecimento.

Aqui, a mãe ocupa o papel daquela que é informada por P e F2m.

Em concordância com "todas" (54) as crianças, F2m escolheu esportes em primeiro, e música em segundo lugar.

Apesar de não desconhecer as preferências do filho (cf. 30), a mãe expressa (em 58) sua ignorância.

• Evidencia-se aqui novamente que a mãe está desenvolvendo uma dramaturgia: O filho, isto é, seu problema, deve ser apresentado à instância de decisão, à família, de certa forma, a um "tribunal familiar".

61-85 – Discurso oposicional entre M e F1f de um lado e F2m de outro

A mãe desenvolve, a partir das consequências decorrentes da escolha pelos esportes (restrições do tempo livre às tardes; "um treinamento bem duro") um horizonte oposto negativo, e até mesmo um cenário de terror, mesmo não sabendo ainda quais disciplinas atléticas farão parte das aulas ("qualquer outra coisa"; 62-63).

Assim, a mãe não cita razões objetivas ou didáticas contra os esportes, mas apela mais ao (suposto) comodismo de F2m. Parece então que ela está disposta a usar qualquer argumento para mudar a opinião do filho.

De modo correspondente e recíproco (i. e., igualmente "não objetivo"), F2m adota uma postura de negação esquemática de todas as declarações maternas (59; 64; 68) e assim se esquiva não só de seus argumentos, mas de todos os argumentos racionais. F2m justifica a preferência pelos esportes não de modo positivo, mas com a recusa da disciplina "música" e da professora de Biologia.

Após o forte empenho da mãe pela biologia, F1f também muda sua opinião em prol da biologia e apoia a mãe. Em decorrência disso, F2m debocha da mudança de F1f como conversa vazia (82). Por fim, F1f diferencia sua argumentação em relação a conteúdos de aula "legais" *versus* a pressão das provas por meio de trabalhos escritos e assim assume uma posição de mediadora.

A mãe justifica sua preferência pela biologia afirmando que esta representa uma base para a formação futura (75-76 e 80).

• Impressiona aqui a segurança com que a mãe apresenta afirmações sobre as precondições importantes para a formação do filho.

• Existe um consenso tácito na família inteira de que a matéria "música" é irrelevante.

86-88 – Tematização do tema por P

Ao contrário da mãe, P, como já na linha 01, apenas menciona o tema (aqui a necessidade de uma decisão), sem assumir uma posição, isto é, sem apresentar uma proposição nesse nível (apesar de, evidentemente, dispor de mais informações do que a mãe).

• Durante todo o desenvolvimento do discurso até agora, o pai contribui por meio de informações, por meio da iniciação de discursos correspondentes e por meio da objetivação para o processo de decisão referente à formação escolar do filho, sem, porém, tomar uma decisão própria, sem assumir uma posição. Ele permite que a mãe faça isso.

((Assim começa a se evidenciar aqui uma divisão de trabalho, que pode ser interrogada referente a outras sequências e passagens de conversas à mesa e a outras situações reconstruídas com outros métodos (de interpretação de grupos de discussão e fotos de família): reconhecemos homologias tanto na função do pai em situações articuladas no grupo de discussão quanto na prática de sua participação no próprio grupo de discussão e também em relação a sua função em situações das fotos da família.))

89-102 – Disputa intercalada entre F1f e F2m e imposição de limites por M e P

F2m nega a F1f, que até então apoiou não a ele, mas à mãe, em virtude de sua falta de competência ("criatura acéfala") o direito de participar no discurso.

Enquanto a mãe imediatamente o ameaça com uma das sanções negativas mais duras – a exclusão da comunhão à mesa – o pai se limita a pedidos. A filha exige uma diminuição da mesada.

103-106 – Proposição por M

M aproveita a oportunidade para voltar ao tema. Aqui, seus argumentos são igualmente desprovidos de fundamentação objetiva como em 61-85. Isso se manifesta também no fato de que ela manifesta primariamente uma intenção de demarcação, uma distinção em relação ao *habitus* (falta de intelecto) daqueles ("são as pessoas") que escolhem esportes como disciplina principal. Ao mesmo tempo, a mãe assim se coloca do lado da filha.

107-123 e 126 – Discurso oposicional entre F2m e M

Enquanto o conceito de "disciplina principal" sugere uma hierarquia de preferências, justificada racionalmente (i. e., como meio a fim de realizar metas biograficamente relevantes) como aquilo que será necessário mais tarde (como M mencionou em 75-76 e 80), F2m contrapõe a isso outro sistema de preferências: o princípio do prazer, que se expressa na escolha da "disciplina por prazer" (118).

A oposição da mãe apresenta dois elementos. Em ambos, essa diferenciação é minada e ofuscada sistematicamente. Esse tipo de diferenciação entre prazer e razão, na qual o princípio do prazer é reconhecido como equivalente, não é permitido:

Por um lado, "ter prazer" e "gastar tempo" são colocados em equivalência. Por outro, ela sugere uma falta de autenticidade da "orientação pelo prazer", ou seja, que o filho nem sabe exatamente o que lhe dá prazer.

A orientação do filho pelo "princípio do prazer" apresenta dois componentes. Para F2m, a orientação pela simpatia ou rejeição do professor também faz parte disso (cf. 72-73), justificando sua decisão pelas aulas de educação física não pelas aulas em si, mas como rejeição da professora de Biologia (73). Ou seja, ele se orienta (na linguagem da Teoria dos Sistemas de T. Parson) por critérios "particularistas" ou "difusos", não por critérios universalistas. No entanto, a mãe não tematiza isso explicitamente aqui, mas apenas mais adiante (187 e 190) em outro contexto.

Ao todo, a orientação pelo "princípio do prazer" não faz sentido aos olhos da mãe (126). Isso implica (diante do pano de fundo de todo o desenvolvimento do discurso até então) dois componentes centrais de "orientação valorativa":

• Uma formação profissionalizante ou cultural de F2m que faça sentido deve se orientar (exclusivamente) por sua utilidade para o acesso a carreiras profissionais ou formações posteriores. Só faz sentido aquilo que serve à passagem ininterrupta pelas carreiras de formação e profissão institucionalizadas.

• De forma suficientemente segura supõe-se que conteúdos de formação específicos (como, p. ex., biologia) serão importantes para o acesso a uma formação posterior (e, possivelmente, a carreiras profissionais). Estão contidas aqui *concepções de segurança biográfico-profissionais* fortes e até mesmo rígidas e uma *crença em seguranças futuras*.

125 – Validação das proposições de M por P
O pai concorda com a mãe (em relação ao último componente).

Vista de forma superficial, essa confirmação da crítica da mãe se refere à falta de autenticidade na orientação pelo prazer. Ao todo, o pai fortalece assim o princípio da preferência da coisa a se fazer racionalmente (i. e., as supostas seguranças das carreiras de formação) em relação ao prazer. De certa forma, o pai apoia assim a mãe.

129-144 – Proposição conseguinte por M: Incongruência e estranhamento do enquadramento, validação por P em 138 e correção do nível de informação por P em 143
Ao inserir a decisão pelos esportes como uma decisão no contexto de perspectivas profissionais ("técnico ou professor de Educação Física"), M realiza um *enquadramento alheio* das declarações de F2m (para quem essa perspectiva profissional não importa) e elimina assim definitivamente o elemento do prazer, a tendência de F2m, *incorporando-o* ao seu sistema de relevância, ao seu quadro. Isso significa: As diferenças entre os enquadramentos não são articuladas explicitamente, não são expostas e, assim, também não podem ser negociadas abertamente (cf. tb. 185-190).

Ao mesmo tempo, a mãe volta a sugerir que F2m não é capaz de participar das aulas de Educação Física às tardes.

145 – Proposição conseguinte por F2m sob condição de congruência do quadro e de enquadramento alheio

F2m não contesta que ele "precisará muito de biologia" (cf. 140) e, nesse sentido, não assume uma postura de oposição (ele ressalta que adquire conhecimentos básicos em biologia). Mesmo assim, preserva (como mostra o desenvolvimento futuro do discurso) um quadro (de orientação) próprio. Ele se orienta – como já no caso da professora de Biologia (73) – primariamente pela escola como sistema de relacionamentos pessoais e não como etapa no caminho para o sucesso profissional (ele se orienta pela escola como "espaço de experiência conjuntiva", não como organização). Mãe e filho estão falando de coisas distintas.

146 – Proposição conseguinte por F1f dentro do quadro (de orientação) da mãe
Esses conhecimentos básicos não bastam.

147-162 – Discurso oposicional entre F2m, de um lado, e P e M, de outro
Agora, explicando seu quadro incongruente, F2m assume nesse nível uma postura de oposição. Ele argumenta não dentro do quadro de sentido ou insensatez das aulas de biologia ou esportes no contexto de orientações biográficas (como M), mas no quadro decisivo para ele das relações sociais, do grupo de pares: Caso escolhesse biologia, ele correria perigo de se isolar socialmente dentro da cultura de pares (*Peer-Kultur*):

• As exposições de M e P pressupõem que (também no caso dos colegas de F2m) são os pais que tomarão a decisão em relação à aula de diferenciação. Isso revela que a situação de decisão encenada aqui pelos pais (que instala algum tipo de situação pedagógica) não é aberta em relação à decisão, pois deixam claro que, no fim das contas, a decisão será tomada pelos pais. Nesse sentido, trata-se de um tipo de "tribunal de família".

Encontramos ainda em 161-162 a pressuposição de que também os professores "motivarão" ou "convencerão" em prol dessa solução "sensata", ou seja, segundo a vontade dos pais, sendo que aqui o uso sinônimo é especialmente revelador. Isso sugere que nem mesmo os professores estariam interessados em envolver seriamente as crianças no processo de decisão.

166-175 – Proposição por M; oposição por F2m (170)

As pressuposições implícitas em 129-144 são reforçadas e, em parte, explicadas por F1f. Mesmo que agora F2m rejeite explicitamente o quadro da escolha *orientada pela profissão* da aula de diferenciação e o conceito específico relacionado a este, o *sentido biográfico da escola,* M impõe esse sentido conceitual específico dos pais de um modo que não permite qualquer objeção.

177-179 – Pergunta por P que remete a 73 e 77-78 e resposta por F2m

Novamente, o pai não apresenta uma proposição, mas levanta uma pergunta, iniciando assim apenas um tema.

Assim, o pai se aproxima do quadro de relevância do filho e também da filha, para a qual – apesar de defender outra opinião – esse quadro de relevância também é importante.

180-184 e 186 – Discurso oposicional entre F1f e P de um lado e F2m de outro

Enquanto F1f considera a professora de Música "bem legal" (como confirma também P), F2m a acha "rígida".

185 e 187; 190 – Proposição conseguinte por M

A relação pessoal com a professora é "totalmente irrelevante" para M. Com isso, M coloca a apropriação de conhecimento e seu quadro de orientação (aprender algo para a vida) novamente no centro de forma apodíctica – ao contrário do pai, que acatou partes do quadro de orientação do filho.

• Assim, uma negociação sobre os diferentes quadros de relevância não é admitida.

188-189 e 191-195 – Proposição por F2m e interação com F1f e M

Como um tipo de compromisso, F2m introduz agora a possibilidade de escolher história como aula de diferenciação, o que a mãe aceita.

196-197; 199-202; 204-206 – Informação com elementos proposicionais por P

A oferta de aulas de diferenciação depende do corpo docente, cuja composição pode mudar e, portanto, também a oferta de aulas. P fornece aqui (novamente) informações, mas apresenta proposições (que expressam orientações) apenas no sentido de que ele procura "amenizar" (199) o caráter oposicional do discurso (no nível metacomunicativo).

208-211 – Proposição por P após a proposição por M em 122-123 e 136-137
P acata o argumento de M e repete que F2m não se mostrou capaz de frequentar continuamente as aulas de educação física. Isso implica o enquadramento (alheio) de que isso retira qualquer fundamento para uma atividade profissional futura (cf. 166-169).

Como já em 125 e 138, o pai acata (pelo menos em relação a essa temática) o quadro de orientação da mãe.

Isso confirma que a orientação de F2m pela "matéria de prazer" se encontra sob a suspeita de não ser autêntica. Portanto, não demonstram compreensão pela sua orientação pela simpatia ou rejeição da figura do professor, que não resulta de um interesse objetivo.

212-223 – Elaboração da proposição de P por M e oposição de F2m
M contrapõe o "esporte de brincadeira" ao esporte profissional que prepara o aluno para a seriedade da vida e que – pressupõe-se – não trará prazer a F2m. F2m, por sua vez, ressalta que os esportes já seriam praticados seriamente.

No quadro de orientação da mãe, desempenho e prazer se excluem mutuamente.

224-229 – Suspensão do discurso oposicional; excurso por P em interação com F2m e F1f
Novamente, o pai apazigua situações acaloradas, distanciando-se de conflitos de orientação. (Isso corresponde evidentemente à sua função no discurso.) Com isso, ele se aproxima do quadro de orientação de F2m e F1f, para os quais a simpatia pela figura do professor é essencial, mesmo que *dentro* desse quadro eles não estejam em acordo (cf. tb. a pergunta de P em 177-178). O pai age como mediador em um sentido duplo.

De acordo com sua função geral no discurso, as contribuições do pai ocorrem predominantemente no nível do *fundamento de informações* para a elaboração de proposições (orientações) e decisões, que então são apresentadas (primariamente) pela mãe.

230-247 – Continuação do discurso oposicional por M com apoio de F1f contra F2m. Tentativa de mediação por P

A mãe não acata essa digressão (que exerce a função de apaziguar o conflito, redirecionando, ou melhor, suspendendo o tribunal de família), mas continua com a tentativa de anular os fundamentos argumentativos de F2m para sua orientação por esportes na disciplina de diferenciação.

A distinção escolar institucionalizada entre "turma de esportes" e a disciplina de diferenciação esportes é considerada irrelevante por parte da mãe e da filha.

F2m, por sua vez, insiste na diferença e nisso recebe o apoio – mesmo que apenas parcial – do pai, que (novamente) assume uma posição mediadora.

Sobrepõe-se a esse conflito a concorrência (que se estica por todo o discurso) entre os irmãos de idade (quase igual), que se expressa nas acusações recíprocas (cf. 91-92: "criatura acéfala"). Essas sobreposições levam a escalações, expressas em um nível de tonalidade incomum.

248-273 – Proposição por M com apoio por F1f e interação com F2m

A mãe insere (como corresponde à sua função geral no discurso) novamente a *relevância biográfica objetiva* de decisões decorrentes de escolhas no contexto do currículo escolar ("o que se pode fazer com isso").

A resposta, que a mãe oferece aqui – ao ser indagada por F2m (255-256) – se limita a destacar a relevância da formação escolar (em biologia) para a formação escolar futura, como já foi mencionado em 75-76 e em 80. Diante disso, as referências a uma relevância biográfica adicional permanecem vagas ("totalmente interessante") e sem explicações em relação às chances biográficas, como se expressa também na tentativa de F2m (276-277) de apoiar a mãe.

Os argumentos que a mãe cita em prol da escolha de biologia poderiam ser feitos também em prol dos esportes e da música. A racionalidade aqui reivindicada é, portanto, bastante restrita.

• Isso indica que aqui não se trata de decisões racionais, mas de preferências de valor (específicas ao meio social) em relação àquilo que é considerado sensato. Na distinção em relação àqueles que escolhem esportes como "matéria principal" (cf. 103-104 e 106) isso já foi mencionado.

274-275 e 279-283 – Proposição conseguinte por P

As crianças ainda não são capazes desse tipo de raciocínio (supostamente) objetivo e assim adquirir um fundamento racional para sua escolha.

Apesar do pai tentar mediar também aqui, sua argumentação parte (novamente) do pressuposto de que as crianças devem tomar sua decisão no quadro dos pais, ou seja, no quadro do modelo de planejamento biográfico racional, que eles exigem. Outro quadro não é aceito.

284-285 e 289 – Proposição por F3m

F3 procura agora participar também, mostrar que ele tem algo a dizer, que ele tem uma solução para o problema. O melhor seria fazer todas as matérias.

284-301 – Discurso oposicional entre F3m de um lado e F1f e M de outro

Enquanto F1f se solidariza com a mãe, F3m se solidariza com o irmão mais velho – também em oposição direta à mãe: Esporte é algo para os meninos, para os homens, pois isso os deixa fortes (196). A mãe refuta essas ambições masculinas fortes, lembrando-o de que ele ainda é uma criança: A coisa adequada para ele não é o esporte dos homens, mas a aula de esportes para mães e filhos. ((Ao agradecer à mãe por essa dica (300), F3m expressa uma ironia – apesar de, segundo sua idade, ainda não possuir competência para isso.))

302-326 – Discurso oposicional entre F2m de um lado e M e P de outro

A rejeição da biologia como possível disciplina de diferenciação é justificada por F2m de modo que ele realiza uma difusão ou concentração entre a disciplina e a pessoa que administra essa disciplina: aspectos particularistas e universalistas são fundidos, não separados: A aula de biologia é – no que diz respeito à sua avaliação – idêntica à pessoa da senhora Jäckel.

A mãe, que desdobra o cenário de terror de uma decadência escolar, novamente não leva em consideração o sistema de relevância do filho, para o qual isso representa um problema da relação social com a figura da professora. Para F2m, o problema não é escrever trabalhos, como suspeita a mãe (319-320), mas escrever trabalhos para a "Senhora Ullrich". Ao oferecer dicas práticas a F2m para resolver o problema, F1f expressa que ela compreende seu quadro de orientação.

• Fica evidente que entre o filho – e num sentido mais amplo: entre os filhos em geral – de um lado e os pais de outro se abre uma *congruência de quadros*, que é processada apenas superficialmente na forma de uma oposição e assim pode ser reconhecida apenas em parte pelos envolvidos. Em um sentido mais profundo, documenta-se aqui a congruência de quadros no fato de eles falarem sobre coisas diferentes. Trata-se, portanto, de uma *congruência de quadros encoberta*.

327-333 – Proposição por F3m

Ele repete mais uma vez (cf. 284-285 e 289) sua solução para o problema, que consiste em se matricular em todas as disciplinas – voluntariamente ("Eu quero..."; 311 e 333).

Resumo de alguns componentes centrais do quadro da conversa à mesa

• Os pais encenam uma situação pedagógica, isto é, eles a desenvolvem dramaturgicamente. Nessa situação, uma decisão escolar relevante, que os pais, isto é, a mãe, consideram biograficamente relevante, pode ser apresentada para a negociação. A princípio, o filho é incentivado a apresentar o problema com base em suas experiências. Visto, porém – como demonstra o desenvolvimento do discurso –, que a negociação não está aberta, mas que o filho deve ser levado a desistir da orientação "falsa", que os pais já conhecem, a situação se apresenta – principalmente diante das contribuições da mãe – como um tipo de "tribunal".

• No discurso, dois quadros de orientação entram em conflito um com o outro, quadros estes que não podem ser harmonizados, pois são incongruentes. Estamos lidando com uma *incongruência de quadros*:

- De um lado, temos o *quadro dos pais*, que é assumido principalmente pela mãe e é acatado pelo pai. O pai segue a mãe em pontos decisivos, mas assume uma posição mais mediadora entre os diferentes quadros de orientação: A situação de decisão relevante para a escola é contemplada pelos pais sob o aspecto do planejamento biográfico que transmite uma segurança futura em relação à formação futura. A formação escolar é inserida em um quadro objetivo e racional: "a gente vai pra escola prá aprender para a vida e isto é para ter uma profissão mais tarde na qual podemos trabalhar bem" (173-174).

- Por outro, temos o *quadro do filho mais velho*, que – pelo menos em parte – é compartilhado pela filha: A escolha de uma disciplina é uma questão de "prazer". Revela-se, porém, que este não resulta primariamente da preferência por uma disciplina, mas essencialmente da relação pessoal com a figura do professor, que representa a disciplina. Isso significa que as orientações do filho se fundamentam – em um nível particularista – primariamente na simpatia ou rejeição de uma pessoa. Esta é representada principalmente pelos professores, mas também pelos membros do *peergroup*.

• Ainda que a família se caracterize pelo fato de verbalizar diretamente os problemas e, nesse sentido, eles são tematizados de forma aberta, as diferenças não são expostas. No decurso da argumentação, ocorrem "enquadramentos falsos", isto é, a mãe acusa F2m de orientações que correspondem mais ao seu próprio quadro e encobre as diferenças entre os quadros de orientação. Isso pode ser compreendido como forma de um "discurso estruturado pelo poder", cujo êxito depende do fato de que as incongruências dos quadros e os enquadramentos falsos permaneçam ocultos ou latentes[6].

• A relação entre os pais se estrutura de tal forma que o pai não formula proposições, não expressa orientações, mas apenas inicia temas e media informações. Essa função do pai se evidencia também em outras abordagens metódicas (grupo de discussão com pais e avós e interpretações de fotografias) de situações familiares observadas. Isso sugere que relações de gênero intrafamiliares que adquirem uma importância geral são abordadas.

13.3 Diretrizes para a transcrição de textos: TiQ[7]

L	Início de uma sobreposição na mudança de interlocutor
⌐	Fim de uma sobreposição
(.)	Pausa de até um segundo de duração
(2)	Número de segundos da duração de uma pausa
não	destacado (pronunciado de forma enfática)

---

6 Esse enquadramento alheio representa, portanto, um tipo específico de processamento da incongruência de quadros e pode ser analisado como forma ou função específica de uma conversa 'estruturada pelo poder' (Sobre a comunicação estruturada pelo poder e sobre o poder como meio de comunicação, cf. BOHNSACK, 1983, cap. 2; LUHMANN, 1975). Ela só funciona sem sobresaltos quando o enquadramento alheio permanece latente. No contexto de um sistema conversacional (autopoiético) autodirecionado, o enquadramento alheio não depende das intenções de agentes individuais.

7 As transcrições mais antigas nesta obra seguem estas diretrizes apenas em parte. As diretrizes foram revisadas e sistematizadas em 1998 por Aglaja Przyborski.

não	voz alta (em relação ao volume normal do interlocutor)
°não°	muito baixo (em relação ao volume normal do interlocutor)
.	entoação fortemente decrescente
;	entoação fracamente decrescente
?	entoação fortemente crescente
,	entoação fracamente crescente
talv-	interrupção de uma palavra
ah=não	fusão de palavras
nãã::o	extensão, o número de : corresponde à duração da extensão
(sim)	incerteza na transcrição, declarações quase incompreensíveis
( )	declaração incompreensível; a extensão corresponde mais ou menos à duração da declaração incompreensível
((suspira))	comentário ou anotações sobre eventos paralinguísticos, não verbais ou externos à conversa; a extensão corresponde, no caso de comentários à declaração paralinguísticas (por exemplo, suspiros) à duração da declaração
@(não)@	dito com risada
@(.)@	risada curta
@(3)@	risada de 3 segundos

e para entrevistas biográficas, também: //mhm// – Sinal de audição do entrevistador, quando o "mhm" não estiver sobreposto.

Letras maiúsculas e minúsculas

Em cada mudança de interlocutor, no início do "ganchinho", a primeira palavra é escrita com letra maiúscula. Após pontos, continuamos com letra minúscula, para deixar claro que a pontuação indica a entoação e não é usada num sentido gramatical.

Numeração das linhas

Para encontrar e citar passagens da transcrição é necessário empregar uma numeração contínua das linhas.

No início da transcrição, devem ser sempre informados: o codinome do grupo, o nome da passagem, onde a passagem começa na gravação (p. ex.: "1/5" ou: tempo indicado pelo aparelho usado – que pode variar entre os aparelhos usados), duração da passagem (p. ex., 10 minutos), abreviações para as pessoas que elaboraram a transcrição e que corrigiram a transcrição.

Mascaramento

A cada participante de um grupo de discussão é atribuída uma letra. A esta, acrescentamos, segundo seu sexo, um "f" (para feminino) ou "m" (para masculino). Em uma discussão com 2 moças e 3 rapazes, por exemplo, a atribuição de letras será: Af, Bf, Cm, Dm, Em. Essa letra é mantida em todos os levantamentos ou observações participantes adicionais, em que essa pessoa esteja envolvida. Quando uma pessoa participa não só de um grupo de discussão, mas também de uma entrevista biográfica, ela recebe um nome fictício, que começa com a letra atribuída (p. ex.: Bm, Bruno).

Todas as informações referentes ao local (ruas, praças, distritos) são mascaradas.

Nomes mencionados na entrevista também são substituídos por nomes fictícios. Aqui, tentamos usar um nome do círculo cultural correspondente, por exemplo, "Mehmet" poderia se transformar em "Kamil".

13.4 Exemplos de interpretação de imagens

O caminho da interpretação de imagens fundamentado no capítulo 9 com base no método documentário será demonstrado sob o aspecto da prática de pesquisa com a ajuda de duas interpretações de fotografias. (Para exemplos adicionais do método documentário de interpretação de imagens, cf. BOHN-SACK, 2001d; BOHNSACK, 2006d; BOHNSACK, 2007a; e principalmente BOHNSACK, 2009, cap. 4.)

O método documentário de interpretação de imagens se divide nas seguintes etapas de trabalho:

1 Interpretação formulada

1.1 Nível pré-iconográfico

Primeiro plano da imagem

Plano intermediário da imagem

Segundo plano da imagem

1.2 Elementos iconográficos: tipificações comunicativo-generalizadoras

O nível do conhecimento iconográfico deve ser levado em consideração apenas por se tratar de estoques de conhecimento comunicativo-generalizados, ou seja, um conhecimento sobre instituições e funções sociais (p. ex.: O que é uma família?). Os estoques de conhecimento *conjuntivos*, isto é, estoques de conhecimento que dizem respeito à peculiaridade específica ao caso ou meio social (p. ex. a peculiaridade da Família Meier), não são contemplados aqui, isto é, são colocados "entre parênteses (cf. as exposições no cap. 9).

2 Interpretação refletida

2.1 Composição formal

2.1.1 Composição planimétrica

2.1.2 Projeção perspectivística

2.1.3 Coreografia cênica

2.2 Interpretação iconológico-icônica

2.3 Interpretação do título da imagem

A interpretação do título da imagem e de outros textos da imagem só deve ser feita após a realização da interpretação da imagem para não estruturar de antemão a interpretação da imagem por meio do preconhecimento linguístico-textual.

Interpretação de imagem – exemplo I: "Daily Life – East / Vida cotidiana no Leste"

A fotografia, que aqui é objeto da interpretação documentária, foi tomada de um catálogo de fotografias intitulado de "Berlin. A Century of Change. Die Gesichter des Jahrhunderts" (Munique, Londres, Nova York 2000: Prestel Verlag), organizado por Julia Engelhardt e Neal Ascherson. A fotografia, cujo fotógrafo não é informado, compreende uma série de fotografias com oito partes, intitulada de "Daily Life – East / Vida cotidiana no Leste". A fotografia ostenta um comentário – um tipo de "iconografia sucinta": "The propaganda poster in the background shows the SED General Secretary Walter Ulbricht (*right*). Photo 1964. – Mutter mit Kindern vor einer Photowand mit einem Propagandabild der SED (rechts der damalige Generalsekretär Walter Ulbricht) 1964" [O cartaz de propaganda no fundo mostra o secretário-geral da

SED Walter Ulbricht (à direita). Foto 1964. – Mãe com filhos na frente de um mural de fotografias com uma imagem de propaganda da SED (à direita, o secretário-geral da SED à época Walter Ulbricht) 1964].

A fotografia foi escolhida pelos participantes de uma oficina vinculada a um projeto de ensino e pesquisa[8].

Foto 1

8 O projeto de ensino e pesquisa "Jugend und Bildmedien" [Juventude e mídias visuais] foi realizado na faculdade de Ciência da Educação e Psicologia na Freie Universität Berlin entre o semestre de inverno 2001/2002 e o semestre de inverno 2002/2003. Objetos do seminário foram não só interpretações de imagens, mas também interpretações de textos. Realizamos grupos de discussão com membros de diferentes gerações (15-18 anos e 50-55 anos) e solicitamos que interpretassem essas duas imagens (e outras duas). Analisamos os grupos de discussão partindo da pergunta sobre que tipos de "métodos de interpretação" foram empregados durante a discussão.
Agradeço aos participantes e a Bettina Fritzsche, que me ajudou a realizar esse seminário, pelas contribuições e pelo engajamento.

Foto 2

Foto 3

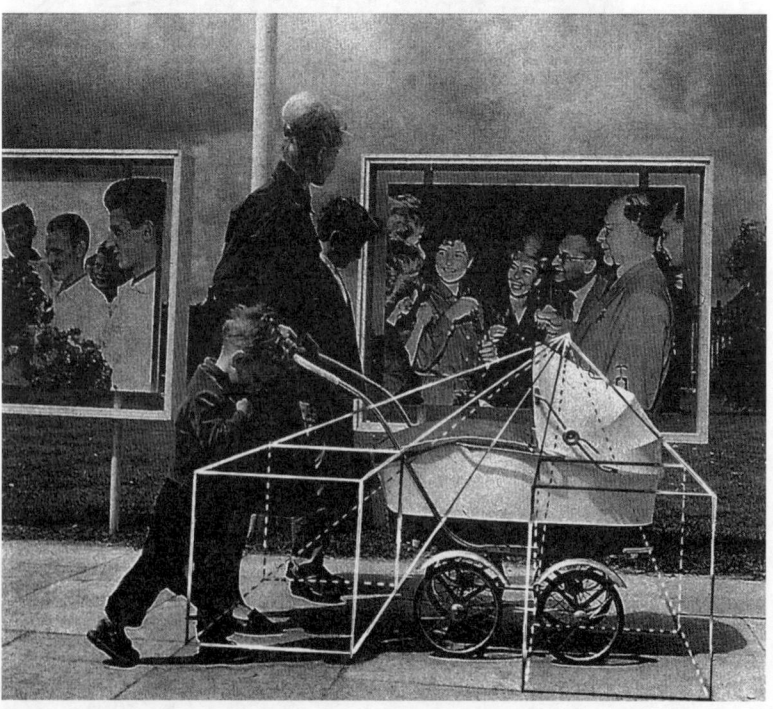

1 Interpretação formulada

1.1 Nível pré-iconográfico

Primeiro plano da imagem

No primeiro plano da imagem, vemos uma mulher entre 25 e 35 anos de idade com duas crianças, que – em passos largos da esquerda para a direita – empurra um carrinho de bebê. O dinamismo de seu movimento se expressa na postura levemente inclinada para a frente de todo seu corpo. O olhar da mulher (visto dela mesma) se volta para a esquerda, ou seja, em direção contrária ao observador e em direção a uma sequência de cartazes no plano intermediário da imagem, de modo que quase não conseguimos ver seu rosto. À sua esquerda e direita, ela é acompanhada por duas crianças, dois meninos. O menor, de mais ou menos 4 anos de idade, à direita da jovem mulher e, portanto, no primeiro plano da imagem, caminha em velocidade idêntica e postura semelhante com passos largos e com um rosto voltado para o chão, segurando-se com a esquerda no carrinho de bebê, sendo que os dedos da mão direita estão próximos da boca. A criança mais velha – de mais ou menos 11 anos – também está com o rosto voltado para o chão. Ela acompanha a mulher com passos menores e uma postura menos inclinada do que a mulher.

A mulher veste uma capa de chuva ou sobretudo escuro e sapatos leves sem salto. Os longos cabelos loiros estão presos. O menino menor de cabelos semilouros veste uma calça longa, um casaco leve e sandálias fechadas na frente. Os cabelos laterais curtos e mais longos no alto estão descabelados (como que pelo vento). Isso vale também para os cabelos do menino mais velho, que veste sapatos, calças longas e um casaco leve, que, na gola, permite reconhecer uma camisa branca. À esquerda, no lado posterior, ele carrega uma bolsa. Pode se tratar de uma sacola de compras ou (mesmo que com probabilidade menor) uma bolsa escolar. O carrinho de bebê apresenta laterais claras, quase brancas e um teto conversível claro com dobras metálicas e um fundo escuro e rodas com capotas. O teto conversível está fechado e o interior é coberto por um pano.

A despeito das nuvens escuras no fundo, brilha o sol que – muito alto, como indicam as sombras – aponta mais ou menos o meio-dia.

Plano intermediário da imagem

O plano intermediário da imagem é ocupado por dois cartazes à direita e esquerda, presos em uma moldura de mais ou menos 2,5m de comprimento e 1,5m de altura. Cartaz e moldura se sustentam sobre dois tubos, de modo que se abre uma lacuna transparente de mais ou menos 8 a 10cm entre cartaz e moldura. Entre as molduras dos cartazes ergue-se um tubo claro de uma bandeira ou lanterna, que, a uma altura de três metros, é cortado pela margem superior da fotografia.

O cartaz à direita mostra um círculo de sete pessoas em roupas festivas – à direita, três homens entre 50 e 65 anos e, à esquerda, quatro mulheres entre 25 e 40 anos, ou seja, mais ou menos com a idade da mulher no primeiro plano. Todos, sorrindo ou rindo, estão voltados para uma mulher e a brindam; pois alguns estão segurando taças. Um dos homens ocupa o primeiro plano e ocupa assim – apesar de não ser o centro desse cenário – muito espaço no cartaz.

O cartaz à esquerda só pode ser visto pela metade (direita). No primeiro plano (da metade direita), vemos dois jovens em jalecos ou camisas brancas, cada um com um grande buquê (de flores), no segundo plano, vemos um homem jovem e dois garotos em postura de observadores.

Segundo plano (pano de fundo)

O pano de fundo é formado por um gramado, que, como sugerem também os recortes de prédios palacianos, pertencem a um tipo de parque. A parte superior do pano de fundo é preenchida por uma montanha espessa de nuvens escuras.

1.2 Nível iconográfico: tipificações de senso comum

A julgar pela composição em termos de idade das três pessoas e levando em consideração o carrinho de bebê, estamos lidando aqui tipicamente com uma mãe e seus dois ou três filhos. Os cenários sociais nos cartazes são, em virtude de seu enquadramento, apresentados como de interesse público. Visto que (nos cartazes) não há qualquer texto, qualquer explicação textual dos cenários, podemos supor que se trata de eventos de conhecimento público e/ou de pessoas de conhecimento público. Portanto, as situações cerimoniais aqui representadas são de relevância pública. A pessoa que ocupa o centro no cartaz à direita pode ser identificada como Walter Ulbricht, o que aponta para o fato de que se trata de festividades no contexto político da República Democrática Alemã. O cenário no cartaz à esquerda representa, provavelmente, em vista dos buquês de flores, de uma celebração de vitória no contexto de um evento (esportivo); o cenário na foto à direita, provavelmente apenas um jubileu.

2 Interpretação refletida

2.1 Composição formal

2.1.1 Composição planimétrica

A composição geral da fotografia é definida pela inclinação dos corpos no primeiro plano: da mãe com seu filho mais novo (e da cabeça do filho mais velho) em um ângulo de 110°. E também a cabeça do filho mais velho corresponde a essa inclinação. Essa inclinação estabelece um contraste com o segundo plano de linhas *verticais* do poste e das duas molduras, diante do qual a postura inclinada da mãe com seus filhos adquire seus contornos. Se enquadrarmos o conjunto da mãe com seus dois filhos e o carrinho de bebê com linhas, obtemos um triângulo isósceles. Estes lados formam um ângulo de 40°: O lado esquerdo é paralelo aos eixos dos corpos das três pessoas no primeiro plano (da mãe e dos dois filhos, ou seja, em um ângulo de 110°, e toca o sapato esquerdo (traseiro) do filho menor e a borda esquerda (traseira) do manto da mãe. O lado inferior (paralelo à margem inferior da imagem) do triângulo toca os dois sapatos do garoto menor e uma das rodas do carrinho de bebê. O lado superior do triângulo (em um ângulo de 45° em relação à margem inferior da fotografia) representa, ao mesmo tempo, a diagonal da moldura do cartaz à direita. A intersecção entre o lado inferior e o lado superior da direita ocorre fora da imagem e forma um ângulo agudo, que, como uma flecha, aponta a direção de movimento da mãe e das crianças para fora da imagem.

As mulheres no lado esquerdo do cartaz estão (com a exceção da cabeça da mulher à extrema-direita) todas incluídas no triângulo que estrutura o primeiro plano. Os homens à direita da imagem são excluídos do triângulo. Assim, as mulheres – de certa forma destacadas do cartaz – à esquerda da fotografia no cartaz formam um conjunto com a mãe, seus filhos e o carrinho de bebê, separado dos homens no lado direito do cartaz.

Como já observamos, a linha de 110° formada pelo lado esquerdo do triângulo contrasta com o poste vertical e as laterais também verticais das molduras dos cartazes. Assim, a planimetria entre primeiro plano e plano intermediário se desfaria se não estivessem conectados pela linha de 40° do lado superior do triângulo, já que este, como mencionamos, representa a diagonal da moldura do cartaz à direita. Essa conexão é fortalecida pelo fato de que a própria imagem do cartaz – ao contrário de sua moldura – é composta por linhas de 110° em sua planimetria. Uma das linhas de 110° centrais da foto no cartaz demarca os contornos físicos de Walter Ulbricht, que resulta quando ligamos seu nariz com os contornos de seu casaco. Já que essa linha corresponde ao ângulo da inclinação do corpo da mãe e de seus filhos, Ulbricht representa, de certa forma, a contraparte, ou melhor: o polo oposto em relação a eles (enquanto que a mãe e seus filhos formam um conjunto com as mulheres no lado esquerdo). Destarte, em virtude da moldura grossa, o cartaz no plano intermediário parece se desvincular da realidade do primeiro plano, ao mesmo tempo, porém – mesmo que apenas parcialmente –, se integra por meio dessa linha de 110°, de modo que primeiro e segundo planos se encontram em uma dissonância, mas sem se desintegrarem completamente.

E é para o cartaz à direita que a mãe olha. Sua cabeça sai um pouco do triângulo que determina a composição do primeiro plano e, assim, parece posicionar-se um pouco demais à direita, o que ressalta a dinâmica. De forma homóloga, encontramos um "erro" formal na relação das margens verticais e também horizontais das molduras dos cartazes em relação às margens da fotografia. Elas não são completamente paralelas em relação às margens da imagem, e a linha do solo também não é perfeitamente paralela à margem inferior da imagem. Assim, a imagem como um todo parece se inclinar para a direita, o que ressalta o dinamismo voltado para a direita do cenário no primeiro plano.

Outra conexão entre primeiro plano e plano intermediário é formada pela pessoa de Walter Ulbricht. Se ignorarmos a integração do tronco e da cabeça na composição de 120°, que o transforma em polo oposto ao corpo da mãe, ele forma um conjunto com o carrinho de bebê, visto que Ulbricht parece se encontrar dentro do carrinho de bebê e, portanto, ser elemento do primeiro plano.

O cartaz à esquerda é representado apenas pela metade e parece ser marginalizado também pela composição planimétrica e, como veremos, pelo modo da perspectividade da imagem como um todo.

Sua função é essencialmente indicar que o cartaz à direita pertence (possivelmente) a uma sequência de vários cartazes.

2.1.2 Projeção perspectivística

A perspectividade pode facilmente ser reconstruída com a ajuda das placas retangulares da calçada sobre a qual a mãe se movimenta com seus filhos. Estamos lidando aqui com a perspectiva paralela, em que todos os objetos representados na imagem se encontram em paralelo ao plano da imagem. O *ponto de fuga* (no caso da perspectiva paralela, temos apenas um ponto de fuga) se encontra na mão direita de Walter Ulbricht, que segura uma taça. Assim, o ponto de fuga se encontra (1°) na diagonal do cartaz à direita e (2°) ao mesmo tempo no lado superior do triângulo que determina a composição do primeiro plano, visto que, como já observamos, esse lado coincide com a diagonal, que, por sua vez, coincide com o lado superior do triângulo que determina o primeiro plano. O ponto de fuga se encontra (3°) mais ou menos na interseção dessa diagonal com a linha em 110° demarcada pelos contornos do corpo de Walter Ulbricht. O ponto de fuga se encontra (4°) próximo à interseção das duas diagonais do cartaz, ou seja, próximo ao centro do cartaz.

Portanto, esse ponto é *focado cinco vezes* e, por isso, representa o centro da imagem como um todo. Como ponto de fuga, ele representa o centro sob o ponto de vista da projeção perspectívica. Além disso, ele representa também o foco quádruplo sob o ponto de vista da composição planimétrica. O ponto de fuga e de vista assim focado do observador não representado, ou seja, do observador da imagem geral, coincide também mais ou menos (provavelmente um pouco mais à esquerda) com o ponto de vista, com a direção do olhar da observadora representada, da observadora do cartaz. A pessoa dominante no primeiro plano se encontra em posição frontal à pessoa de Walter Ulbricht – em virtude da composição formal e também da iconografia da imagem geral. São, de certa forma, antípodas.

2.1.3 Coreografia cênica

Com esse passo estabelecemos o componente central da coreografia cênica, que, ao mesmo tempo, vincula a imagem geral com a imagem representada (central), formando uma metacoreografia – como elemento da metaimagem: A mãe no primeiro plano e Walter Ulbricht no segundo plano representam, de um lado, antípodas, mas, de outro, estão vinculados um ao outro pelo fato de Walter Ulbricht (como um bebê superdimensionado) aparentar ser levado pelo carrinho de bebê. O vínculo entre os dois é estabelecido também pelo fato de que, como mostramos em 2.1.2, o olhar da observadora representada está voltado aproximadamente para o ponto de fuga e de vista da imagem como um todo.

Ao mesmo tempo, a mãe no primeiro plano olha também para aquela mulher no cartaz que estabelece o vínculo entre o grupo de mulheres à esquerda e o grupo de homens à direita e que, pelo menos no que diz respeito ao cabelo, apresenta alguma semelhança com a mãe. De certa forma, ela se apresenta como sua contraparte no cartaz. Isso é destacado pelo fato de que (no que diz respeito à composição planimétrica) ambas as cabeças estão diretamente ligadas pelo lado superior do triângulo que domina a composição.

2.2 Interpretação iconológica, isto é, icônica

Visto que estamos lidando aqui com uma fotografia, cujo tema contém também outras fotografias, ou seja, com uma imagem que contém uma imagem na imagem, a interpretação iconológica ou icônica precisa abarcar essa relação entre imagem e imagem na imagem, que, segundo Mitchell (1994), podemos denominar como nível da *metaimagem*.

Por causa da composição formal da imagem como um todo, o cartaz à esquerda recebe um valor marginalizado, de modo que, no decurso da interpretação refletida, ele é praticamente ignorado – com a exceção de sua importância para a avaliação do outro cartaz, que assim se apresenta como um entre outros.

Os princípios composicionais formais mostram também que a imagem ("em si"), constituída essencialmente pelo primeiro plano, se encontra em uma relação tensional com a imagem do plano intermediário, com a imagem na imagem. Disso resulta no nível da imagem como um todo, ou da metaimagem, uma tensão ou dissonância central. Esta precisa ser analisada minuciosamente com base na reconstrução do sentido documentário. Veremos que o cenário social do primeiro plano e seu enquadramento se encontra em um contraste ou em uma oposição aos cenários sociais do plano intermediário e seu enquadramento.

Voltemos nossa atenção primeiro para o cartaz à direita no *plano intermediário*:

A parte à esquerda da foto no cartaz à direita, separada da parte à direita em termos formais pela diagonal do cartaz (que coincide com o lado superior do triângulo que domina o primeiro plano) poderia também ser vista isoladamente. Estamos olhando para uma celebração, cujo centro é ocupado por uma das duas mulheres na margem esquerda do cartaz, já que a atenção está toda voltada para ela. Isso se documenta nos olhares e nas posturas dos outros participantes. Evidentemente, estão oferecendo um brinde. Portanto, poderia tratar-se da representação de uma celebração, de um jubileu de interesse cotidiano, isto é, não necessariamente político. A pessoa, porém, que se encontra no centro do cenário cerimonial representado, a pessoa à qual os outros brindam, está posicionada na margem extrema à esquerda e no pano de fundo do cenário, chegando a ser encoberta. O foco se volta então para uma pessoa que pertence ao cenário à direita da diagonal da imagem: para a pessoa de Walter Ulbricht. Isso resulta do foco quádruplo e também do tamanho de sua pessoa. Aqui se documenta que a função original da cerimônia (e não importa qual tenha sido sua natureza) é sobreposta por um foco e por uma funcionalização (pelo produtor representante da imagem, ou seja, pelo produtor do cartaz e pelo fotógrafo da imagem como um todo) da cerimônia, que, por causa da pessoa de Walter Ulbricht, assume uma qualidade política. A política se apodera da celebração.

Essa interpretação é apoiada pelas fisionomias muito diversas das jovens mulheres (que, no entanto, só pode ser distinguida em duas delas) em relação às fisionomias dos homens e, sobretudo, à de Walter Ulbricht. A expressão alegre e até mesmo descontraída contrasta com a expressão benevolente dos três homens. Na interação entre expressão facial e postura do corpo, Walter Ulbricht assume uma expressão patriarcal e generosa. Os dois outros homens se mantêm no fundo em uma postura de observadores. Ao inclinar-se interessadamente para a frente (mas não *passa* para a frente, abaixando assim todo o seu corpo), ele sinaliza que sua aproximação corresponde apenas ao seu grande interesse, mas que, de forma alguma, deseja ocupar o centro das atenções, ressaltando assim sua postura não participativa, mas apenas observadora. As mulheres que celebram, o povo, se encontram sob *observação* patriarcal e, de certo modo, sob vigilância dos três homens – e, já que o foco está em Walter Ulbricht – da política. Assim, o cenário *geral* adquire um caráter totalmente novo. Aquilo que (contemplando apenas a parte à esquerda) a princípio se apresenta como celebração ordinária com a descontração típica, adquire, quando incluímos a parte à direita, o caráter de uma encenação política. O enquadramento do cenário à esquerda pelo cenário à direita passa a impressão de algo não autêntico, adquire o caráter da pose e da propaganda – e isso de modo multiplamente escalonado.

Por um lado, 1º) esse efeito é produzido pelo arranjo do próprio cenário: o cenário descontraído à esquerda adquire um caráter diferente com a invasão dos três homens à direita. Por outro lado, 2º) esse efeito é produzido pelo arranjo cênico do fotógrafo da imagem representada, que coloca Walter Ulbricht no centro da imagem. Por fim – e em desenvolvimento contínuo – 3º) esse efeito é produzido pelo enquadramento como cartaz, por meio do qual a fotografia adquire o caráter de uma encenação pública, ou, mais especificamente: por meio do qual ela é confirmada nesse caráter. Esse processo (triplo) de produção intrumentaliza o cenário "original" para fins políticos. Ela se encontra sob observação política e é posta a serviço da pose política.

A impressão do choque entre celebração e encenação política é provocada sobretudo pelo fato de que o cenário cotidiano, isto é, não necessariamente público-político no lado esquerdo do cartaz é integrado naquela composição e enquadramento do triângulo que determina o *cenário cotidiano do primeiro plano*. As mulheres do lado esquerdo do cartaz formam, com a mãe, seus filhos e o carrinho de bebê um conjunto excluído pelo triângulo, que, assim, se contrapõe como um todo aos homens à direita. Existe uma diferença iconográfica homóloga a essa separação formal: À esquerda, temos mulheres jovens e crianças; à direita, os homens velhos (ou mais velhos). Isso implica uma separação *específica ao gênero*: São os homens que fazem a política. Assim, a separação de gêneros e a figura de poder de Walter Ulbricht, que domina em termos formais e composicionais por meio de seu tamanho, atribuem ao todo um caráter patriarcal, que priva as mulheres de suas possibilidades de desenvolvimento. Além disso, temos aqui uma separação *específica à idade*. Os homens *velhos*, que fazem política e que inserem a pose política na imagem, se contrapõem aqui aos homens mais jovens e à geração mais nova, que aqui determina o cotidiano e representa o "povo".

O enquadramento rígido como pose política encontra sua expressão material na localização das vitrines dos cartazes. Elas não apresentam qualquer relação contextual com o espaço, de forma alguma são integradas no contexto da imagem e, também em termos formais, estão completamente desligadas do pano de fundo e, em grande medida, também do primeiro plano. Metaforicamente, isso representa a desconexão desses cenários representados com o contexto cotidiano e suas orientações. As vitrines obstruem a vista para o cenário cotidiano (no fundo). Apenas as mulheres do lado esquerdo do cartaz são integradas (formalmente) no cenário que representa o cotidiano no primeiro plano. Essa integração é fortalecida pela semelhança entre a mulher no centro (planimétrico) do cartaz e a mãe no primeiro plano, de modo que poderíamos nos perguntar se a mãe no primeiro plano se reconhece na fotografia.

Na imagem representada, no cartaz, a celebração se encontra sob a observação da política e é instrumentalizada por meio desta, mas a imagem como um todo inverte isso: O ritual político, a autoencenação política na imagem representada se encontra sob observação do cotidiano no nível da metaimagem. Essa observação, porém, não demonstra grande interesse. O cartaz é contemplado apenas de passagem, o ritmo dos passos não é diminuído: Existem coisas mais importantes que precisam ser feitas. Esse caráter do situacional é destacado pela impressão de que, por meio da inclusão do cartaz à esquerda (que não recebe um significado próprio devido ao fato de ter sido cortado), aqui se trata de uma sequência.

O que também se observa – e este é o segundo componente do quadro – é o *habitus* que resulta da autocelebração e da pose da autoencenação política. O produtor da imagem geral contrapõe a essa pose, que gira em torno de si mesma e em torno de sua própria necessidade de autoencenação, um *habitus* contrário ao da mãe e de seus filhos no cotidiano ou ao do "povo", que diz respeito ao contraste entre primeiro plano e plano intermediário, que é constitutivo para a imagem. Aqui, podemos identificar vários componentes:

1) A mãe que passa pelos cartazes com passos apressados está inserida com determinação em suas obrigações diárias *de cuidar de outros*. De um lado, esse contraste diz respeito à temporalidade: Os cenários representados na imagem dentro da imagem, na imagem representada, não estão voltados para o futuro, mas para o passado, afirmando conquistas e honrando méritos obtidos no passado. O conjunto no primeiro plano, por sua vez, se encontra a caminho do futuro. O futuro pertence a esse pequeno grupo. O futuro é representado pelas três crianças, que também ostentam certa seriedade: O garoto menor no primeiro plano se esforça para acompanhar os passos da mãe adulta e parece tão imerso em seus pensamentos quanto o garoto mais velho, que carrega a bolsa com uma expressão determinada. A seriedade e a determinação das crianças contrasta com a diversão encenada dos adultos na foto representada no sentido de que as relações parecem invertidas: As crianças têm um *habitus* de autenticidade e da

seriedade adulta, enquanto o cenário dos adultos parece ser pouco sério, não porque eles estariam se divertindo, mas porque essa diversão adquire uma impressão falsa por meio da invasão dos três homens no cenário. A isso se contrapõe o *habitus* autêntico e determinado com seu dinamismo voltado para o futuro da mãe e de seus filhos.

2) A orientação para o futuro é simbolizada também pelo carrinho de bebê. Na metáfora do carrinho de bebê, confluem duas coisas: a orientação para o futuro e a orientação pelo preocupar-se com os outros. Em terceiro lugar, o dinamismo do movimento adquire sua ênfase especial por meio do carrinho de bebê que avança para o futuro.

3) A mãe, que avança com passos rápidos, praticamente não se deixa influenciar pelo cartaz, ela não pode – ao contrário das quatro mulheres representadas na fotografia – ser instrumentalizada pela política. Ela tem outros interesses e preocupações, diferentes da propaganda política.

A política procura manter o "povo" e seus interesses sob observação patriarcal e instrumentalizar seu empenho e sua alegria para si mesma. Enquanto a política procura encenar-se a si mesma e está ocupada – presa ao momento – em posar e assim demonstrar proximidade com o povo, ela ignora os interesses do "povo real". O "povo real", representado aqui pela mãe e seus filhos, se destaca com seu dinamismo e determinação da situação estática da autoencenação no cartaz: É o povo que se preocupa verdadeiramente – com determinação e voltando-se para o futuro.

Visto que o olhar da observadora representada, da mãe (como mostrou a interpretação da projeção perspectivística em 2.2.1) está voltado aproximadamente para o ponto de vista ou de fuga da imagem geral, a perspectiva da observadora representada concorda com a perspectiva dos observadores não representados. A construção da metaimagem gera em grande medida possibilidades de identificação com a observadora representada, com a mãe.

O observador da imagem (não representado) assume então – no sentido elementar da palavra – a perspectiva da mãe sobre a encenação política. Praticamente não existe qualquer vínculo entre os dois mundos. No entanto, em última análise, na imagem como um todo, a encenação política se encontra sob a observação do "povo" (na imagem representada, por sua vez, é o povo que se encontra sob observação política). Assim, a imagem como um todo inverte as relações: A pessoa que, em termos de composição formal e da iconografia é multiplamente focada não só na imagem representada, mas também na metaimagem, a pessoa de Walter Ulbricht, é contraposta pela mãe no primeiro plano como representante verdadeira do povo. Identificamos ainda outro vínculo irônico no fato de que a mãe precisa cuidar também de Walter Ulbricht, já que a imagem transmite a impressão de que Walter Ulbricht se encontra dentro do carrinho de bebê.

Se perguntarmos como a dissonância ou oposição constitutiva para a imagem – produzida por meio dos cenários contrastantes entre o primeiro plano e (cartaz à direita) o plano intermediário –, pode ser levada a uma síntese, esse tipo de síntese, esse tipo de "oposição excessiva" pode ser expressada de forma precisa em uma pergunta: Quem é que realmente representa aqui o povo da República Democrática Alemã? Ao adotar uma oposição excessiva, que só pode ser expressada linguisticamente na forma dessa oposição, o teor de sentido iconológico e icônico confirma a caracterização da interpretação icônica (que faz jus à lógica peculiar da imagem) de Imdahl (1996a, p. 107), que reconhece o específico do sentido icônico em uma "complexidade da oposição excessiva" (cf., para mais detalhes, o cap. 9).

2.3 Sobre a interpretação do título da imagem

O título da série de fotografias em oito partes: "Daily Life – East/Alltagsleben im Osten [Vida cotidiana no Leste]" provém, evidentemente, das organizadoras do volume, como também o comentário sobre a imagem, que pode ser descrito como iconografia sucinta. O título da série de imagens contém um conceito que se insere em nossa interpretação, assumindo dentro desta uma posição central, isto é, o conceito da "vida cotidiana". Nesse sentido, a interpretação documentária ou icônico-iconológica revela que estávamos lidando com dois tipos opostos de vida cotidiana no "Leste", isto é, na República Democrática Alemã. Portanto, poderíamos formular a mensagem central da imagem também por meio da pergunta: "Quem representa realmente o cotidiano na República Democrática Alemã?"

Interpretação de imagem – exemplo II: "Família com onze filhos no Sertão do Tauá. Ceará, 1983"

Essa fotografia foi feita por Sebastião Salgado e retirada de seu livro "Terra" (Frankfurt a. M. 1997). Assim como a fotografia da interpretada no exemplo I, esta foi escolhida pelos participantes do projeto de ensino e pesquisa realizado na Freie Universität em Berlim.

Foto 1

Foto 2

Foto 3

1 Interpretação formulada

1.1 Nível pré-iconográfico

Primeiro plano

O primeiro plano da imagem, principalmente o lado direito, é ocupado por uma área de chão de barro batido ou cimento, de modo que os verdadeiros motivos da imagem se encontram no plano intermediário.

Plano intermediário

No lado esquerdo do plano intermediário está representado um grupo de 13 pessoas. Na *fila anterior* do grupo estão sentadas no chão de barro batido ou cimento, que se estende até o primeiro plano da fotografia, sete crianças na idade entre mais ou menos 1 ano até 7 ou 9 anos. Já que o gênero não pode ser identificado claramente em todas as crianças, parece tratar-se de uma menina e seis garotos. Três das crianças da primeira fila (aparentemente as mais velhas) estão com roupa, as outras, não. Apenas três delas olham para a câmera.

Na *fila posterior*, vemos dois adultos sentados: à esquerda (do ponto de vista do observador da imagem) uma mulher, à direita, um homem, ambos entre 30 e 40 anos de idade. À esquerda da mulher vemos um garoto entre

10 e 12 anos de idade, à direita do homem, primeiro uma garota de mais ou menos 13 anos (é possível, também, que se trate de um menino), ao lado dela, um garoto entre 13 e 14 anos e, por fim, uma adolescente de 14 anos. Trata-se, portanto, de 11 crianças.

No que diz respeito à reconstrução pré-iconográfica, a descrição das *expressões faciais* e da *mímica* representa um dos maiores desafios[9]. No grupo das crianças mais novas na primeira fila, os dois garotos mais velhos (7-9 anos) olham para a câmera com uma expressão distanciada. A garota olha para o chão com lábios apertados. As outras crianças da primeira fila apresentam um olhar indiferente, mas tenso e de certa incompreensão (de forma alguma, porém, com interesse ou alegria, mas também sem medo) para algum ponto ao lado e por trás da câmera. A postura das mãos expressa em algumas crianças certo constrangimento.

O olhar de três das crianças mais velhas na segunda fila está voltado para a câmera e pode ser caracterizado como postura entre distância e defesa e também incompreensão. O olhar da garota de 14 anos do lado direito (com a mão esquerda na frente da boca e do nariz) está voltado para o lado e para o chão, o que transmite a impressão de um tipo de recusa diante da situação de ser fotografada.

O olhar da mulher também está voltado para baixo, as mãos estão dobradas, como que para uma oração. Sua expressão como um todo é, portanto, de uma certa submissão à situação e de vergonha. A cabeça do homem também está inclinada, mas seu olhar está voltado para a câmera. Esse olhar é marcado por certa amargura, mas também por uma postura de confrontação. Essa segunda fila se aperta e transmite (sobretudo em virtude da falta de espaço para esticar os ombros) uma impressão de restrição.

Segundo plano

O grupo está sentado em um canto do espaço, diretamente na frente da parede da esquerda, de modo que ele se aperta em menos de dois terços, em pouco mais da metade da imagem. As paredes estão sujas.

---

9 Como eu havia ressaltado no cap. 9, um dos problemas centrais da teoria e da metodologia da interpretação de imagens fundamentada na ciência social é que não temos uma linguagem (de descrição) para os gestos e as formas de expressão facial em um nível inferior àquilo que podemos chamar "ação".

Na parede, atrás do grupo, há utensílios de alumínio ou latão – panelas, pratos, bacias, copos, bules – alguns deles com camada de esmalte. Em um prato maior, vemos o retrato de um homem. À esquerda, na parte inferior da parede, vemos um grande jarro. No canto da sala, à direita e por trás da família, apoiam-se varas e ferramentas na parede.

Na parede à direita, vemos duas cabras, uma maior e branca, outra menor e preta, sobre um espaço coberto de feno ou grama, que assim se identifica como estábulo. Acima delas, do lado esquerdo, está pendurada uma bacia do tamanho de uma roda com uma abertura para trás. Na margem direita da imagem vemos parte de uma janela de madeira fechada. A ela está presa uma trouxa de tecido, possivelmente uma rede enrolada.

Pelas fendas da janela fechada, um feixe de luz clara incide sobre os últimos membros do grupo à direita, de modo que sabemos que do lado de fora o sol está brilhando enquanto o grupo está sentado em um espaço escurecido.

1.2 Elementos iconográficos: tipificações do senso comum

O arranjo geral do grupo sugere que se trata de uma família. Ela se sustenta, pelo menos em parte, com a agricultura. O espaço em que a família está sendo fotografada parece ser, ao mesmo tempo, sala, cozinha e estábulo. O arranjo como um todo passa a impressão de pobreza.

O preconhecimento com base em estereótipos insere essa família no espaço sul-americano ou, talvez, mediterrâneo-europeu.

2 Interpretação refletida

2.1 Composição formal

2.1.1 Composição planimétrica

Em termos de planimetria, a composição é marcada por várias linhas em um ângulo de mais ou menos 15° que se estendem do canto esquerdo inferior para a parte superior à direita. A linha inferior segue os objetos da imagem anteriores (se ignorarmos o feno): desde os pés do menino pequeno até as patas traseiras da cabra preta. Essa linha demarca o limite inferior dos objetos da imagem. Outra linha acima desta, em paralelo à primeira, segue os pés ou joelhos da maioria das crianças representadas na primeira fila até a ponta do focinho da cabra maior. Outra linha liga a ponta superior das cabeças das crianças e termina no centro da trouxa de tecido. Acima desta, outra linha paralela interliga a ponta superior das cabeças dos pais e de um dos filhos mais velhos e segue até a ponta superior da bacia preta.

A direção dessas linhas é determinada essencialmente pela inclinação do chão, que se reproduz nas linhas dos pés e das cabeças da família. Assim, todo o grupo familiar passa a apresentar uma inclinação correspondente, de modo que ela parece "escorregar" para a esquerda. Ao todo, sua posição transmite a impressão de uma instabilidade específica e, portanto, de insegurança.

A composição geral da fotografia é determinada de modo decisivo pelo fato de que o objeto central e encerrado em si mesmo, o grupo da família, não preenche a imagem toda, mas apenas uma parte pequena, destacando-se de um espaço relativamente vazio – com muito espaço para cima, principalmente, porém, para baixo e para a direita. Assim, a família parece se apertar em um canto.

2.1.2 Projeção perspectivística

Estamos lidando aqui com uma perspectiva inclinada, caracterizada pelo fato de que temos aqui dois pontos de fuga, ou seja, dois centros perspectivísticos. Um deles se encontra na margem direita e o outro na margem esquerda da imagem. Assim, o centro perspectivístico não se encontra na área da família. A linha de horizonte (a linha em que se encontram os pontos de fuga) divide o grupo da família, no sentido de que as partes inferior e superior do grupo se apresentam como quase do mesmo tamanho, separando a primeira da segunda fila do grupo. E também os corpos das cabras se encontram parcialmente nessa linha de horizonte. Isso gera uma inquietação na imagem: O olhar oscila constantemente entre os dois pontos de fuga, de modo que os olhos focam alternadamente a família e as duas cabras. Isso intensifica a impressão, produzida já pela composição planimétrica, de que a família se sente perdida no espaço.

A perspectiva inclinada se caracteriza aqui não só pelo fato de que os objetos estão posicionados em uma linha inclinada em relação ao nível da imagem, mas também pela inclinação ascendente do canto inferior esquerdo para a direita, intensificando-se reciprocamente com a composição planimétrica de tal modo que a imagem apresenta uma forte inclinação decrescente para a esquerda.

2.1.3 Coreografia cênica

A coreografia cênica com sua apresentação da família em duas filas, sendo que a fila posterior se eleva acima da anterior, corresponde, de um lado, ao estilo padronizado de fotografias "encenadas" de famílias, que exercem a função da apresentação pública (autoconsciente) da família.

O que contrasta com isso é o aperto do arranjo da família. O aperto é tão grande que a liberdade de movimento, sobretudo da fila posterior (com os pais e os filhos mais velhos) parece estar muito restrita – em contraste, também, com a liberdade das cabras. O que também contrasta com o estilo padronizado de fotos familiares encenadas é o fato de que as duas cabras não só foram integradas na imagem da família, mas também ocupam um espaço relativamente amplo.

2.2 Interpretação iconológica, isto é, icônica

De um lado, essa fotografia apresenta de forma muito clara, isto é, quase na forma de estereótipos, uma abundância de insígnias e atributos da pobreza. O contemplador da imagem é igualmente confrontado – também pelo arranjo apertado da família – com o grande número de filhos. A princípio, é inevitável que o observador estabeleça um vínculo entre o número de filhos e a pobreza. A imagem transmite a impressão de que 11 filhos não são motivo de orgulho e alegria, mas de vergonha. Criar 11 filhos se apresenta como estigma. Esse estereótipo está fixado na composição geral da imagem. A impressão transmitida é uma pobreza causada por culpa própria em virtude do grande número de filhos.

De outro lado, essa avaliação é abalada um pouco pelo fato de que as roupas dos adultos e das crianças (mesmo que as mais novas estejam despidas) não evoca a impressão de negligência. Mais importante, porém, é que as expressões faciais e a mímica descritas já no nível pré-iconográfico causam certa irritação. Enquanto o olhar da mãe (voltado para o chão) e o posicionamento das mãos e do tronco da mãe como que em oração poderia ser interpretado como vergonha, o olhar do marido (a despeito da cabeça levemente inclinada) voltado diretamente para a câmera é marcado por uma postura de confronto – em combinação com certa amargura –, que poderia ser caracterizada como uma postura (mesmo que insuficiente) de "teimosia". Em todo caso, expressa-se aqui certa revolta contra algo. Ao contrário dos olhares e gestos que podemos observar nas crianças mais novas, nos quais se documenta uma incompreensão, vemos nas crianças mais velhas algo semelhante ao que vemos nos adultos, mais especificamente no pai: O olhar de algumas está voltado para a câmera e para o fotógrafo. Este olhar, no contexto das expressões faciais e da mímica, pode ser caracterizado como uma postura bastante inequívoca entre distância e defesa – em combinação com certa refletividade e uma expressão de incompreensão. O olhar da garota à extrema--direita transmite claramente a impressão de certa recusa diante da situação de ser fotografada – essa impressão é intensificada ou ressaltada pelo fato de que ela cobre a parte inferior de seu rosto com sua esquerda.

Essa postura da família, que poderia ser caracterizada num *continuum* entre incompreensão e revolta ou recusa, poderia ser interpretada como reação à situação existencial da pobreza (provocada por culpa própria). Essa seria, de certa forma, uma interpretação *objetivista*, que reconhece aquilo que a fotografia representa – ou seja, essencialmente a pobreza e a relação entre número de filhos e pobreza – como expressão ou reprodução de uma *realidade objetiva*.

Se seguirmos a postura analítica da interpretação documentária e assumirmos uma postura analítica *"construtivista"* (cf. cap. 3.2), transcenderemos a pergunta pelo *O quê?* (O que é representado aqui?) e levantamos a pergunta pelo *Como?*: *Como é produzido* aquilo que é representado em sua representação? (cf. tb. cap. 9).

• Dessa forma, o *habitus* do produtor *representante* da imagem (do fotógrafo e de todos que estão envolvidos no processamento da imagem) entra em foco. A imagem se torna reconhecível como essencialmente *produzida* por meio do produtor *representante* da imagem.

• Por outro lado, entra em foco analítico também a *produção interativa* da imagem na situação da captação da imagem fotográfica, quando voltamos nosso olhar para o *habitus* dos produtores *representados* na imagem como reação ao *habitus* do produtor *representante* da imagem (ou também vice-versa).

Se seguirmos desse modo a postura analítica do método documentário, reconstruímos primeiro o *habitus* ou *modus operandi* do produtor *representante* em sua seletividade específica, para então, a partir dessa base, avaliar em que medida o *habitus* do produtor *representado* na imagem pode ser compreendido como reação ao primeiro.

O *modus operandi* do *produtor representante da imagem* é caracterizado pelos seguintes componentes:

• Esse *modus operandi* se evidencia de modo decisivo na seleção da perspectividade: O fotógrafo não só fez questão de incluir os animais na imagem. Os animais e seu estábulo recebem quase o mesmo espaço como a família. Ao optar pela perspectiva inclinada, caracterizada por dois pontos de fuga, o olhar oscila entre a família e as cabras, isto é, o foco não se concentra unicamente na família, mas se volta igualmente para os animais. Não está claro se os animais estão alojados na residência da família, ou se a família vive no estábulo.

• Ao posicionar a família no canto apertado do lugar – apesar de, evidentemente, existir bastante espaço –, a imagem gera uma impressão de circunstâncias apertadas. Os animais, por sua vez, recebem muito espaço, por isso, os seres humanos e os animais (situados no mesmo ambiente) parecem estar não só no mesmo nível, os seres humanos parecem até desprivilegiados em relação aos animais.

• A interação entre perspectiva inclinada e composição planimétrica gera uma inquietação na imagem, que, como já explicamos, deve ser vista em intensificação recíproca com a instabilidade e insegurança produzida pela composição planimétrica. Essa impressão é provocada pelo fato de que todo o grupo da família apresenta uma inclinação correspondente, de modo que chegamos a temer que a família possa "escorregar" para o canto inferior esquerdo (e para a frente).

• Ao ser posicionada na frente de seus utensílios de preparo e consumo de comida, na frente de panelas e louça de latão, a família é emoldurada como que por troféus, e assim o equipamento pobre da família é apresentado e exposto conscientemente ao contemplador da imagem.

• A luz que invade o espaço pela janela fechada transmite a impressão de que a família está, por assim dizer, se "escondendo" no aposento escuro. A família não tem parte na luz. Por outro lado, isso levanta a pergunta por que o fotógrafo não fotografou a família do lado de fora da casa (p. ex., à sua sombra ou à sombra de uma árvore), ou seja, perante um pano de fundo que não teria exposto a situação de miséria de modo tão seletivo.

Todas essas exposições dizem respeito essencialmente ao *modus operandi* ou ao *habitus do produtor representante da imagem*. De certo modo, o fotógrafo "quis" – se entendermos isso no sentido do "querer artístico" (cf. PANOFSKY, 1964a) e não de uma intenção consciente – representar a pobreza ou a relação entre tamanho da família, número de filhos e pobreza. O olhar do produtor representante da imagem revela ser um olhar estereotipado, que está voltado para o desmascaramento no sentido de que pretende representar não só a pobreza (de modo estereotipado), mas que a insere em uma relação imediata com o "planejamento familiar equivocado".

Nesse contexto, conseguimos entender o *habitus* dos *produtores representados na imagem* como reação ao *habitus* do produtor representante da imagem na situação fotográfica, confirmando assim este último em sua significância, isto é, em sua seletividade. A reação dos produtores representados na imagem se estende, como já mostramos, desde a incompreensão e distância até a revolta e recusa. A postura ou pose dos produtores representados na imagem é, por natureza, contraditória em si, abarca em si uma *oposição* fundamental, já que, ao assumirem a pose organizada pelo fotógrafo (principalmente no que diz respeito à coreografia cênica e ao posicionamento espacial), aceitam o arranjo estruturado pelo *habitus* do produtor representante da imagem, ao mesmo tempo, porém, também se distanciando dele. Nessa oposição se expressa especificamente a discrepância entre os *habitus* da família e do fotógrafo, de modo que, também aqui, estamos lidando com um tipo de "oposição excessiva" no sentido de Imdahl (1996a, p. 107), que (cf. cap. 9) reconhece o específico do sentido icônico (ou seja, daquele teor de sentido que procura fazer jus à lógica imanente da imagem) em uma "complexidade de sentido da oposição excessiva".

A reação ou postura da família diante do "olhar" ou *habitus* do produtor representante da imagem não é necessariamente criada apenas nessa situação do momento da fotografia. Por princípio, o *habitus* do produtor representante da imagem não pode ser deduzido somente do indivíduo fotógrafo e tampouco apenas do grupo concreto dos produtores representados na imagem; o olhar que se documenta na fotografia representa sempre também um ponto de vista social, um meio social. Assim, a relação representada na fotografia entre o *habitus* do produtor representante da imagem como *habitus* específico de um meio social e o *habitus* do produtor representado na imagem – a família – como outro *habitus* específico de um meio social é apenas atualizada e reproduzida de modo específico como uma relação *social*. A relação representada na fotografia pode então ser compreendida como uma relação entre meios sociais estranhos um ao outro. A fotografia reproduz então relações já estruturalmente fixadas de olhares observadores cruzados, nos quais se documentam relações do meio social e de subordinação de relevância social e independentes da situação[10]. (Esse tipo de declarações generalizadoras só adquire sua validade quando – transcendendo a peculiaridade específica ao caso dessa família concreta e desse fotógrafo concreto – compararmos essas declarações com base em uma análise comparativa com fotografias semelhantes.)

2.3 Interpretação do título da imagem

O estigma representado pela relação construída pela fotografia entre tamanho da família, pobreza e número de filhos está fixado também no título, isto é, é construído textualmente. Ao destacar aquilo que o contemplador da imagem percebe de imediato – mesmo antes de se ocupar mais detalhadamente com a fotografia – como "anormalidade" (o grande número de filhos), o título recebe seu efeito estigmatizador[11].

13.5 Princípios da transcrição de vídeos e o sistema MoViQ

Se definirmos a interpretação no sentido de Karl Mannheim (1980, p. 272) como "explicação teórico-conceitual" (cf. tb. cap. 8), podemos distinguir dois tipos de explicação: uma explicação do *O quê*, do teor temático, da estrutura temática (formal), ou seja, a articulação de temas, realizada pela *interpretação formulada*, e a explicação do *Como*, do *modus operandi* ou da estrutura de orientação, realizada pela *interpretação refletida*.

Interpretação, transcrição e protocolo

Segundo a definição de interpretação como execução de uma *explicação*, a reprodução de dados – mesmo que represente a tradução, uma transfor-

---

10 Para uma análise comparativa de uma fotografia semelhante ao exemplo apresentado acima, ou seja, da fotografia de autoria de Sebastião Salgado, cf. o exemplo apresentado no artigo "Imagens: documentos de visões de mundo", de Wivian Weller e Lucélia Bassalo, publicado na *Revista Sociologias*, 2011, vol. 13, n. 28, p. 284-314 [N.Rev.].

11 Estigmatização significa, no sentido de Garfinkel (1976; cf. tb. GOFFMAN, 1967), a construção de uma "identidade total", de modo que um elemento da identificação social, de uma identidade social (aqui, o número de filhos) se transforma em quadro abrangente da identidade social, a partir do qual tudo é explicado e deduzido de modo causal. Assim, uma pessoa que cometeu um ato moralmente condenável, ou seja, o "criminoso", é representado totalmente como moralmente "mau". Sua biografia é então construída de tal modo que o desvio de conduta se apresenta como produto consequente e plausível dessa biografia.

mação em outro sistema de signos (p. ex., dos signos acústicos em signos da escrita) – só pode ser chamada interpretação se ela realizar a explicação de teores de significado implícitos.

Os procedimentos de transcrição, desenvolvidos na pesquisa social qualitativa, sobretudo, pela análise da conversação, assim como o nosso próprio sistema de transcrição que desenvolvemos a partir da análise da conversação (cf. esp. BOHNSACK, 1989, p. 387s.) que, há algum tempo, denominamos de "TiQ" (Talk in Qualitative Social Research) (cf. cap. 12.3), se localizam nesse nível pré-interpretativo. Isso não quer dizer que a transcrição não faça parte da análise. Pois, como também observado por Angela Keppler (2006, p. 107), "a transposição para a escrita de material linguístico e não linguístico deve ser vista como parte da análise e não apenas como ato de transferência".

Visto que uma explicação de teores de significado implícitos já está dada quando o teor semântico de uma imagem é substituído por um texto – como ocorre, por exemplo, nos "transcritos" de Keppler – estamos lidando, nesse caso (e segundo a nossa definição), não com um transcrito, mas já com uma interpretação. Esse tipo de interpretação deveria, no entanto, ser denominado mais adequadamente de "protocolo". Um protocolo se encontra no nível da interpretação formulada (cf. BOHNSACK et al., 1995, cap. 7). Apesar de falar inicialmente de "transcritos" (KEPPLER, 2006, p. 107), ela dá ao capítulo (3.3) o título de "Protocolo de filmes". De acordo com o nosso entendimento, estamos lidando com um *transcrito* quando o nível visual é representado pelo visual e o nível verbal, pelo texto, quando, portanto, permanecemos *dentro* da respectiva produção midiática o máximo possível.

Keppler (2006, p. 106) remete ao sistema de transcrição apresentado por Thomas Kuchenbuch (1978), mas depois se afasta de Kuchenbuch, pois, nele, as imagens e os fotogramas fazem parte do transcrito[12]. Hickethier (1996, p. 37) também não diferencia entre transcrição e protocolização de filmes. Ele compreende ambas como transposição completa para a escrita e "'literalização' do filme" (1996, p. 38), diante da qual ele assume uma posição crítica: "O *emprego e a utilização do vídeo* na análise permite um acesso mais imediato ao filme do que o protocolo, que abstrai de todas as outras concretizações

---

12 Nesse sentido, podemos concordar com Reichertz (2000, p. 48) quando ele se volta contra a "exigência de uma transposição completa para a escrita", afirmando "que a peculiaridade do elemento audiovisual se perde para sempre".

sensuais". Concordamos com isso. No entanto, isso não nos permite acesso ao fotograma e, portanto, não nos permite obter acesso à estrutura de sentido da imagem vinculada à simultaneidade. E também a relação entre sequencialidade de imagem e de texto, isto é, a sincronia de texto (transcrito) e imagem só pode ser reconstruída com precisão quando a sincronia entre transcrito textual e imagem (aqui principalmente: os gestos dos produtores figurados da imagem) é representada em detalhe no transcrito.

O sistema de transcrição MoViQ

O sistema de transcrição MoViQ (Movies and Videos in Qualitative Social Research) desenvolvido por Stefan Hampl e Aglaja Przyborski para a interpretação documentária de filmes e vídeos obtém a representação do filme por meio de sequências de imagens (cf. HAMPL, 2010, p. 55-57; cf. tb. PRZYBORSKI & WOHLRAB-SAHR, 2008, p. 169-172). Aqui, imagem e som são transcritos de modo sincrônico e em um ritmo temporal *constante*, cujos intervalos não deveriam ultrapassar um segundo. (A duração exata dos intervalos depende, porém, da intensidade dos movimentos tanto dos produtores representados quanto dos produtores representantes das imagens.) Isso transmite ao contemplador também uma impressão imediata da relação entre sequencialidade de texto e de imagem em relação à sua sincronia, ou seja, da sincronia entre texto e imagem. Com um protocolo de filme no sentido de Keppler, isso não é possível de modo preciso.

O sistema de transcrição MoViQ foi desenvolvido também para permitir a combinação do sistema de transcrição TiQ com a representação da sequencialidade de imagens. E também o sistema *"storyboard"* de Kuchenbuch (1978) não consegue transmitir uma impressão adequada da sequencialidade das imagens, e desde cedo, é preciso tomar decisões sobre a seleção e as variantes de enquadramento.

A decisão do sistema de transcrição MoViQ de tomar como unidades fundamentais as imagens individuais, os fotogramas, se justifica não somente pelo fato de que o filme é tecnicamente composto destas, mas também pelo fato de que isso dá acesso aos movimentos dos produtores representados e representantes da imagem. No âmbito dos gestos dos produtores representados na imagem, trata-se de elementos parciais desses gestos, das cenas, às quais o fotograma nos dá acesso. No âmbito dos movimentos dos produtores representantes da imagem, são as respectivas *relações* entre os enquadramentos (que se documentam nos fotogramas), "as mudanças dos enquadramentos dentro de uma sequência" (HICKETHIER, 1996, p. 60), que nos dão acesso às estruturas da edição, nas quais se documenta o *modus operandi* dos produtores representantes da imagem.

A fim de interpretarmos em maior detalhe as relações *entre* os enquadramentos, ou seja, o produto da mudança de tamanhos de enquadramento, posicionamentos da câmera e movimento da câmera, precisamos primeira e necessariamente identificar os enquadramentos que se documentam nos fotogramas, de modo que, então, no nível da interpretação refletida, começamos com os fotogramas. Com a ajuda de fotogramas selecionados podemos então realizar uma análise mais profunda dos enquadramentos (individuais) – no sentido de uma reconstrução exata da *composição formal* da imagem. Apenas a reconstrução exata dos enquadramentos nos fotogramas (sequenciais) no momento t1 e no momento t2 permite uma identificação precisa das diferenças entre os dois e, assim, uma reconstrução exata da mudança de enquadramento de t1 para t2.

A transcrição no sentido de MoViQ gera também a possibilidade de reproduzir os fotogramas selecionados em uma frequência inferior a um segundo em ritmo mais ou menos rápido (ou modo de uma apresentação de *slides*) de tal modo que o filme é reproduzido em câmera lenta. Segundo a nossa experiência, isso permite – em combinação com a análise dos próprios fotogramas – uma reconstrução exata das sequências de movimentos dos produtores representantes e representados da imagem.

O *software* MoViScript (www. moviscript.net) oferece apoio técnico para a transcrição segundo o sistema MoViQ.

13.6 Passos da interpretação documentária de vídeos e filmes

Se não quisermos incluir a imagem apenas em sua função adicional ao texto – como acontece amplamente na interpretação de vídeos nas ciências sociais (cf. cap. 10; BOHNSACK, 2009, cap. 5.3.3) –, isso significa que, no caso da interpretação de vídeos e filmes, as dimensões da imagem e do texto são, inicialmente, interpretados de forma independente. É apenas a partir dessa base que, num próximo passo, os resultados são referidos uns aos outros, validados reciprocamente, completados ou diferenciados.

Em minhas exposições no capítulo 9 tentei esclarecer com referências a Imdahl, Foucault e Barthes que, no senso comum, tendemos menos a "explicar" textos com imagens e mais a usar textos para explicar imagens. Precisamos, sobretudo, proteger o sentido e a lógica imanente das imagens das influências do nosso preconhecimento textual. Portanto, parece-nos apropriado dar preferência à interpretação da dimensão da imagem na sequência cronológica das fases de trabalho em relação à interpretação da dimensão do texto.

Isso vale especialmente para a interpretação refletida. Aqui, deveríamos ter o cuidado de não impor à imagem o quadro de orientação já reconstruído com a ajuda do texto e assim prejudicar a imagem em sua lógica imanente. Durante a interpretação da imagem, já recorremos ao conteúdo literal (não, porém, ao conteúdo documentário) do texto, ou seja, à transcrição do texto como tal – mas apenas na medida em que isso se torna inevitável. Após a interpretação (refletida) da imagem, estabeleceremos na interpretação refletida do texto referências à interpretação da imagem e também às homologias aos componentes iconológicos do quadro ali identificados.

Na interpretação do texto utilizamos o procedimento já testado múltiplas vezes especialmente no âmbito da análise conversacional, ou seja, o método documentário (cf. neste tomo os cap. 8, 7.3).

Portanto, interpretamos as dimensões da imagem e do texto, na medida do possível, independentemente uma da outra, dando preferência cronológica à interpretação da imagem. Isso pode ser feito de várias formas, dependendo do tipo e gênero do filme ou vídeo. A interpretação da respectiva sequência textual pode ocorrer após a interpretação da imagem de uma subsequência, de uma sequência principal ou de toda a passagem. Este último caminho foi aplicado na interpretação do programa televisivo "Istanbul total". Enquanto a representação extensa dessa interpretação (cf. BOHNSACK, 2009, cap. 6) segue esse caminho, afastei-me desse caminho na representação abreviada (de sequências individuais) dessa interpretação no capítulo 10. Em virtude da representação sucinta, a interpretação do texto segue imediatamente à interpretação de imagem da respectiva subsequência.

Sobre a seleção das sequências e fotogramas relevantes para a interpretação

As unidades fundamentais de análise da interpretação documentária de vídeos são representadas pelas sequências e (dentro destas) pelos fotogramas. Mas quanto menos quisermos pré-estruturar a análise e suas perguntas por perguntas concretas referentes ao conteúdo, mais a seleção das sequências utilizadas para a interpretação se torna um problema da pesquisa qualitativa em geral e – como explicam Knoblauch, Schnettler e Raab (2006, p. 14) –, da análise de vídeos em especial: "[...] o problema metodológico da escolha da unidade analítica e do equilíbrio entre microanálise (custosa em termos de tempo) e uma visão geral do corpo de dados como um todo permanecem perguntas abertas para debates metodológicos futuros".

No sentido do método documentário, a problemática da seleção em vista de sua validade é, porém, relativizada pelo fato de que a estrutura fundamental do caso – o *modus operandi* ou *habitus* dos produtores de imagens ou filmes – se documenta essencialmente em todas as sequências do filme ou vídeo – no entanto, com uma nitidez maior ou menor, isto é, de modo mais ou menos acessível. Trata-se, portanto, de encontrar um acesso o mais fácil ou direto possível e, neste sentido, econômico. Seguimos aqui – como também já no caso de passagens no âmbito da interpretação textual, isto é, da análise conversacional e de entrevistas – o critério de seleção do *foco* (cf. tb. BOHNSACK, 2009, cap. 6.3.1, 6.3.3, 6.3.6).

No entanto, a fim de identificar essas sequências de foco, é importante recorrer à diferenciação mencionada no capítulo 10. Eu havia diferenciado entre tipos de vídeos e filmes que são produzidos com objetivos de pesquisa, isto é, que são usados como *instrumento de levantamento* da pesquisa científica (social), e tipos de documentos cinematográficos que foram produzidos nos *próprios* contextos culturais ou meios sociais que são objeto da pesquisa científica social. Isto se aplica ao âmbito *privado* – por exemplo, a vídeos de família gravados por membros da família, mas também a filmes do âmbito público, para os produtos das *mídias de massa*. Trata-se ali predominantemente, no que diz respeito tanto aos produtores representantes quanto aos produtores representados da imagem, do desempenho de agentes profissionais.

No primeiro caso, no caso de filmes e vídeos como instrumentos de levantamento, o documento é produzido em interação entre pesquisadores e pesquisados. Estamos lidando – como já no caso dos grupos de discussão (cf. cap. 12.1; BOHNSACK, 2004) – com dois discursos ou desempenhos figuradores entrelaçados: com o discurso entre pesquisadores e pesquisados, de um lado, e com o discurso entre os próprios pesquisados, de outro. A reconstrução exata do decurso das gravações em vídeo permite (além da autorreflexão dos pesquisadores em relação às suas intervenções) uma diferenciação entre aquelas sequências estruturadas primariamente pela reação às intervenções dos pesquisadores e aquelas sequências nas quais os pesquisados (os produtores representados na imagem) reagem primariamente uns aos outros e se incentivam reciprocamente intensificando o discurso, de modo que lidamos aqui com "auges dramatúrgicos". Normalmente, os pesquisados se "desprendem" aqui das intervenções dos pesquisadores e, aos poucos, intensificam o discurso até alcançarem esse tipo de auges dramatúrgicos, cuja densidade especial de composição e condensidade interativa (ou também outras peculiaridades na composição) identificam essas passagens ou sequência como *metáforas de foco*. Elas representam indicadores para focos especiais – e isso significa: indícios de relevância própria – por parte dos pesquisados.

E também no caso dos vídeos produzidos pelos pesquisados (no caso, portanto, em que os pesquisados são os produtores representantes e representados da imagem) a identificação de auges dramatúrgicos é importante. Aqui, porém, encontramos também *outros* indicadores de foco e de determinação de relevância: Já que os pesquisados não precisam primeiro se desprender das intervenções dos pesquisadores na abertura da apresentação visual e a estruturação da apresentação é mais ou menos planejável, é decisivo reconhecer *como* os pesquisados *introduzem* suas contribuições e assim determinam o terreno de sua apresentação visual. Aqui, também as *sequências iniciais* adquirem o caráter de indicadores para as determinações de foco e relevância.

Destarte podemos atribuir, por exemplo, às sequências – e até mesmo no início de toda a série do programa – ao programa televisivo analisado um caráter de foco. Esse tipo de foco se torna ainda mais relevante para a seleção das sequências quando outros critérios para o foco – como, por exemplo, uma densidade interativa especial e outras peculiaridades na composição (cf., p. ex., BOHNSACK, 2009, cap. 6.3.5) – permanecem indistintos.

Já que as sequências focadas – pelo menos no que diz respeito à interpretação dos fotogramas – raramente podem ser avaliadas completamente, escolhemos *dentro* do critério do foco, dentro da sequência focada, uma estratégia adicional para a avaliação dos fotogramas e das subsequências relevantes segundo o critério da *representatividade*, ou seja, segundo a pergunta em que medida eles são adequados para representar as sequências (principais) mais extensas de um filme ou vídeo. Trata-se daqueles fotogramas que são reproduzidos com a maior frequência em sua estrutura fundamental.

Todos os três critérios mencionados podem ser combinados, como expus de modo exemplar na análise empírica do programa televisivo (BOHNSACK, 2009, cap. 6): Aqui, escolhi, como primeiro passo, os primeiros minutos da primeira noite do seriado (que se estendia por várias noites) e (já que o número dos fotogramas que podem ser submetidos a uma interpretação é limitado) aqueles fotogramas dentro dessa sequência inicial que representam as sequências (principais) mais abrangentes e, por outro lado, aqueles que se destacam por peculiaridades em sua composição.

Visão geral dos passos da análise cronológica

A posição que cabe aos passos interpretativos individuais dentro da análise geral e, em parte, também à decisão sobre sua sequência depende do gênero e da complexidade dos dados, de modo que existem várias variantes da interpretação documentária de vídeos em relação às etapas de trabalho.

Relevante é aqui principalmente, *de um lado*, se a videografia ou o filme como um todo – tanto na dimensão dos produtores representados quanto na dos produtores representantes –, representam produtos próprios dos pesquisados ou se estamos lidando com videografias como instrumento de levantamento da pesquisa científica social, onde nos interessam primariamente os desempenhos figurativos dos produtores representados na imagem. *Por outro lado*, interessa aqui a importância que devemos atribuir às formas de expressão verbal em relação às formas de expressão física. Aqui, a análise de vídeo de uma aula se distingue, por exemplo, essencialmente da análise das interações nas brincadeiras de crianças no pátio da escola, onde a comunicação verbal passa para o segundo plano (cf. tb. BOHNSACK & LAMPRECHT, 2013). E também no âmbito da análise de vídeos como instrumento de levantamento encontramos variantes da análise documentária de vídeos (cf. variantes em BOHNSACK; BALTRUSCHAT; FRITZSCHE & WAGNER-WILLI, 2013).

Etapas de trabalho no âmbito de vídeos e filmes como produtos próprios dos pesquisados (ex.: programa de TV, cap. 10; BOHNSACK, 2009, cap. 6).

1 Interpretação na dimensão da imagem

1.1 Seleção das sequências – De um lado, segundo o critério do foco

• Com base na intensificação da densidade da composição, dos gestos e da interação.

• Com base em descontinuidades e outras peculiaridades no cenário, enquadramento e edição.

• No caso de vídeos como documento do cotidiano: com base nos seus posicionamentos no produto como um todo (sequências de abertura) de outro, segundo sua relevância temática.

1.2 Interpretação formulada de sequências, mudanças de enquadramento e edição

• Identificação e designação de sequências principais (SP), subsequências (SS) e sequências intercaladas (SI) com a ajuda de elementos pré-iconográficos e iconográficos dos cenários.

• Descrição da condução da câmera e edição (das imagens).

1.3 Seleção dos fotogramas

• Segundo o critério do foco (cf. 1.1).

• Em termos de sua representatividade para as sequências principais mais extensas e as variantes de enquadramento mais frequentes.

1.4 Interpretação formulada e refletida dos fotogramas

1.5 Interpretação refletida de mudança de enquadramento e edição

2 Interpretação na dimensão de texto e som

2.1 Interpretação formulada do texto: segmentação temática

2.2 Interpretação refletida na dimensão de texto e som

Etapas de trabalho no âmbito de vídeos como instrumento de levantamento
(Ex.: crianças no pátio da escola: LAMPRECHT & BOHNSACK, 2013.)

No modo de procedimento aqui praticado, trata-se de uma interpretação abreviada no sentido de que a interpretação formulada da sequência principal como um todo (em nosso exemplo: 4 minutos e 17 segundos) permanece inicialmente apenas no nível de ações operativas. Descrições detalhadas (no nível de gestos) são elaboradas apenas para aquelas subsequências que (em virtude de sua qualidade de foco ou relevância temática) são submetidas a uma interpretação refletida. A interpretação de língua e texto ocorre diretamente após a interpretação de imagem da respectiva subsequência e é integrada nesta.

1 Interpretação formulada da sequência principal na dimensão visual exclusivamente no nível das *ações operativas* dos produtores representados na imagem.

2 Seleção das subsequências para a interpretação, segundo o princípio do foco ou da relevância temática.

3 Interpretação refletida I das subsequências selecionadas, tendo como base tanto as ações operativas quanto os gestos e cenas dos **produtores representados na imagem.**
• Aqueles elementos da interpretação formulada *detalhada* (no nível dos gestos e cenas), nos quais se baseia a interpretação refletida, são representados aqui.
• A interpretação refletida na dimensão de língua e texto é integrada na representação da interpretação refletida na dimensão visual.

4 Interpretação refletida II dos desempenhos figurativos dos produtores representantes da imagem.
• Plano, enquadramento e perspectividade.

5 Interpretação geral refletida

Referências

ADORNO, T.W. (1969). "Soziologie und empirische Forschung". In: ADORNO, T.W. et al. (orgs.). *Der Positivismusstreit in der deutschen Soziologie*. Frankfurt a. M., p. 81-101.

ADORNO, T.W.; DAHRENDORF, R.; PILOT, H.; ALBERT, H.; HABERMAS, J. & POPPER, K.R. (orgs.) (1969). *Der Positivismusstreit in der deutschen Soziologie*, Frankfurt a. M.

ALBERT, H. (1969). "Der Mythos der totalen Vernunft". In: ADORNO, T.W. et al. (orgs.). *Der Positivismusstreit in der deutschen Soziologie*, Frankfurt a. M., p. 193-233.

ALHEIT, P. & HOERNING, E.M. (1989). "Biographie und Erfahrung – Eine Einleitung". In: HIRSCHAUER, S. & AMMAN, K. (orgs.). *Biographisches Wissen* – Beiträge zu einer Theorie lebensgeschichtlicher Erfahrung, Frankfurt a. M./Nova York, p. 8-23.

AMANN, K. & HIRSCHAUER, S. (1997). "Die Befremdung der eigenen Kultur – Ein Programm". In: AMANN, K. & HIRSCHAUER, S. (orgs.). *Die Befremdung der eigenen Kultur – Zur ethnographischen Herausforderung soziologischer Empirie*. Frankfurt a. M., p. 7-52.

ANDERSON, N. (1923). *The Hobo* – The Sociology of the Homeless Man. Chicago.

ARBEITSGRUPPE BIELEFELDER SOZIOLOGEN (1976). *Kommunikative Sozialforschung*. Munique.

_____ (1973). *Alltagswissen, Interaktion und gesellschaftliche Wirklichkeit*. Reinbek/ Hamburgo [reimpr., 1980. Opladen].

ASBRAND, B. (2009). *Wissen und Handeln in der Weltgesellschaft* – Eine qualitativ-rekonstruktive Studie zum Globalen Lernen in der Schule und in der ausserschulischen Jugendarbeit. Münster/Nova York/Munique/Berlim.

_____ (2006a). *Orientierungen in der Weltgesellschaft* – Eine qualitativ-empirische Untersuchung zur Wirklichkeitskonstruktion von Jugendlichen in schulischen Lernarrangements und ausserschulischer Jugendarbeit. Nuremberg: Universität Erlangen-Nürnberg [Tese de doutorado].

_____ (2006b). "Wissen und Handeln in der Weltgesellschaft – Gruppendiskussionen mit Jugendlichen zum Thema 'Globalisierung'". In: BOHNSACK, R.; PRZYBORSKI, A. & SCHÄFFER, B. *Das Gruppendiskussionsverfahren in der Praxis*. Opladen, p. 75-91.

ATKINSON, P. & COFFEY, A. (orgs.) (2001). *Handbook of Ethnography*. Londres.

AUER, P. (1999). "Kontextualisierung – John Gumperz". In: AUER, P. *Sprachliche Interaktion – Eine Einführung anhand von 22 Klassikern*. Tübingen, p. 148-163.

_____ (1992). "Introduction: John Gumperz' Approach to Contextualization". In: AUER, P. & LUZIO, A. (orgs.). *The Contextualization of Language*. Amsterdã/Filadélfia, p. 1-37.

_____ (1986). "Kontextualisierung". In: *Studium der Linguistik*, 19/20, p. 22-47.

BALÁZS, B. (2001). *Der sichtbare Mensch oder die Kultur des Films*. Frankfurt a. M. [orig. 1924].

_____ (1976). *Der Film* – Werden und Wesen der neuen Kunst. 5. ed. Viena.

BALTRUSCHAT, A. (2012). *Unterricht im Film; Rekonstruktion der Konstruktionen von Unterricht in Forschungsvideos und Lehrerfortbildungsfilmen* – Bewilligter Antrag für ein Forschungsprojekt bei der DFG. Wisburgo.

_____ (2010a). *Die Dekoration der Institution Schule* – Filminterpretationen nach der dokumentarischen Methode, Wiesbaden.

_____ (2010b). "Der Interpretationsprozess nach der dokumentarischen Methode am Beispiel von Kurzfilmen". In: CORSTEN, M.; KRUG, M. & MORITZ, C. (orgs.). *Videographie praktizieren* – Herangehensweisen, Möglichkeiten und Grenzen. Wiesbaden, p. 241-267.

BARBOZA, A. (2005). *Kunst und Wissen* – Die Stilanalyse in der Soziologie Karl Mannheims. Konstanz.

BARTHES, R. (1990). *Der entgegenkommende und der stumpfe Sinn* – Kritische Essays III. Frankfurt a. M. [orig. 1982].

_____ (1985). *Die helle Kammer* – Bemerkung zur Photographie. Frankfurt a. M. [orig. 1980].

_____ (1983). *Elemente der Semiologie*. Frankfurt a. M. [orig. 1964].

BECKER, H.S. (1971). *Aussenseiter*. Frankfurt a. M. [orig. 1963: *Outsiders*. Nova York/Londres].

BEHNKE, C. (1997). *"Frauen sind wie andere Planeten"* – Das Geschlechterverhältnis aus männlicher Sicht. Frankfurt a. M./Nova York.

BEHNKE, C. & MEUSER, M. (1999). *Geschlechterforschung und qualitative Methode.* Opladen [Qualitative Sozialforschung. Vol. 1].

BEHNKEN, I. & SCHULZE, T. (orgs.) (1997). *Tatort: Biographie* – Spuren - Zugänge - Orte - Ereignisse. Opladen.

BEHNKEN, I. & ZINNECKER, J. (1998). "Kindheit und Biographie". In: BOHNSACK, R. & MAROTZKI, W. (orgs.). *Biographieforschung und Kulturanalyse* – Transdisziplinäre Zugänge qualitativer Forschung. Opladen.

BELLER, H. (2005). *Aspekte der Filmmontage* – Eine Art Einführung. Munique.

BELTING, H. (2001). *Bild-Anthropologie* – Entwürfe für eine Bildwissenschaft. Munique.

BERG, E. & FUCHS, M. (1995). *Kultur, soziale Praxis, Text* – Die Krise der ethnographischen Repräsentation. Frankfurt a. M.

BERGER, P. & LUCKMANN, T. (1969). *Die gesellschaftliche Konstruktion der Wirklichkeit* – Eine Theorie der Wissenssoziologie. Frankfurt a. M. [orig. 1966: *The Social Construction of Reality.* Nova York].

BERGMANN, J.R. (1987). *Klatsch* – Zur Sozialform der diskreten Indiskretion. Berlim/ Nova York.

_____ (1981a). "Ethnomethodologische Konversationsanalyse". In: SCHRÖDER, P. & STEGER, H. (orgs.). *Dialogforschung* – Jahrbuch 1980 des Instituts für deutsche Sprache. Düsseldorf, p. 9-51.

_____ (1981a). "Frage und Frageparaphrase: Aspekte der redezuginternen und sequenziellen Organisation eines Äusserungsformats". In: WINKLER, P. (org.). *Methoden der Analyse von Face-to-Face-Situationen.* Stuttgart, p. 128-142.

BIELEFELD, U.; KREISSL, R. & MÜNSTER, T. (1983). *Junge Ausländer im Konflikt* – Lebenssituationen und Überlebensformen. Munique.

BIRDWHISTELL, R.L. (1968). "Kinesics". In: SILLS, D.L. (org.). *International Encyclopedia of Social Sciences.* Vol. 8. Nova York, p. 379.

_____ (1952). *Introduction to Kinesics* – An annotation system for analysis of body motion and gesture. Louisville.

BLUMER, H. (1969). "The Methodological Position of Symbolic Interactionism". In: *Symbolic Interactionism.* Englewood Cliffs [orig. 1937] [em alemão: "Der methodologische Standort des Symbolischen Interaktionismus". In: ARBEITSGRUPPE BIELEFELDER SOZIOLOGEN (1973). *Alltagswissen, Interaktion und gesellschaftliche Wirklichkeit.* Reinbek/Hamburgo, p. 80-146] [reimpr. 1980].

BOEHM, G. (1978). "Zu einer Hermeneutik des Bildes". In: GADAMER, G. & BOEHM, G. (orgs.). *Seminar*: Die Hermeneutik und die Wissenschaften. Frankfurt a. M., p. 444-471.

BOHNSACK, R. (2012). "Orientierungsschemata, Orientierungsrahmen und Habitus – Elementare Kategorien der dokumentarischen Methode mit Beispielen aus der Bildungsmilieuforschung". In: SCHITTENHELM, K. (org.). *Qualitative Bildungs- und Arbeitsmarktforschung* – Theoretische Perspektiven und Methoden. Wiesbaden, p. 119-153.

_____ (2010a). "Die Mehrdimensionalität der Typenbildung und ihre Aspekthaftigkeit". In: ECARIUS, J. & SCHÄFFER, B. (orgs.). *Typenbildung und Theoriegenerierung* – Methoden und Methodologien qualitativer Bildungs- und Biographieforschung, Opladen/ Farmington Hills: Barbara Budrich, p. 47-72.

_____ (2010b). "The Interpretation of Pictures and the Documentary Method". In: BOHNSACK, R.; PFAFF, N. & WELLER, W. (orgs.). *Qualitative Analysis and Documentary Method in International Educational Research*. Opladen/Farmington, p. 267-292 [reimpr. in: KNOBLAUCH, H.; BAER, A.; LAURIER, E.; PETSCHKE, S. & SCHNETTLER, B. (orgs.) (2008). *Visual Methods*. FQS (Forum Qualitative Research), 9, 3].

_____ (2009). *Qualitative Bild-, Video- und Filmanalyse*: die dokumentarische Methode. Opladen & Farmington Hills.

_____ (2007a). "Dokumentarische Bildinterpretation – Am exemplarischen Fall eines Werbefotos". In: BUBER, R. & HOLZMÜLLER, H. (orgs.). *Qualitative Marktforschung* – Konzepte-Methoden-Analysen. Stuttgart, p. 951-978.

_____ (2007b). "Zum Verhältnis von Bild- und Textinterpretation in der qualitativen Sozialforschung". In: FRIEBERTSHÄUSER, B.; FELDEN, H. & SCHÄFFER, B. (orgs.). *Bild und Text* – Methoden und Methodologien visueller Sozialforschung in der Erziehungswissenschaft. Opladen & Farmington Hills, p. 21-45.

_____ (2007c). "Dokumentarische Methode". In: BUBER, R. & HOLZMÜLLER, H. (orgs.). *Qualitative Marktforschung* [inédito].

_____ (2006a). "Qualitative Evaluation und Handlungspraxis – Grundlagen dokumentarischer Evaluationsforschung". In: FLICK, U. (org.). *Qualitative Evaluationsforschung*. Reinbek bei Hamburg, p. 135-155.

_____ (2006b). "Mannheims Wissenssoziologie als Methode". In: TÄNZLER, D.; KNOBLAUCH, H. & SOEFFNER, H.-G. (orgs.). *Neue Perspektiven der Wissenssoziologie*. Konstanz, p. 271-291.

_____ (2006c). "Gruppendiskussion". In: SCHMITZ, S.U. & SCHUBERT, K. (orgs.). *Einführung in die Politische Theorie und Methodenlehre*. Opladen, p. 89-109.

_____ (2006d). "Die dokumentarische Methode der Bildinterpretation in der Forschungspraxis". In: MAROTZKI, W. & NIESYTHO, H. (orgs.). *Bildinterpretation und Bildverstehen* –

Methodische Ansätze aus sozialwissenschaftlicher, kunst- und medienpädagogischer Perspektive. Wiesbaden, p. 45-75.

_____ (2006e). "Performativität, Performanz und dokumentarische Methode". In: WULF, C. & ZIRFAS, J. (orgs.). *Pädagogik des Performativen* – Theorien, Methoden, Perspektiven [inédito].

_____ (2005a). "Standards nicht-standardisierter Forschung in den Erziehungs- und Sozialwissenschaften". In: GOGOLIN, I.; KRÜGER, H.-H.; LENZEN, D. & RAUSCHEN-BACH, T. (orgs.). *Zeitschrift für Erziehungswissenschaft (ZfE)*, 7/3, p. 65-83 [Standards und Standardisierung in der Erziehungswissenschaft].

_____ (2005b). "'Social Worlds' und 'Natural Histories': Zum Forschungsstil der Chicagoer Schule anhand zweier klassischer Studien". In: *Zeitschrift für qualitative Bildungs-, Beratungs- und Sozialforschung (ZBBS)*, 6/1, p. 105-127.

_____ (2005c). "Bildinterpretation und Dokumentarische Methode". In: WULF, C. & ZIRFAS, J. (orgs.). *Ikonologie des Performativen*. Munique, p. 246-262.

_____ (2004). "Gruppendiskussionsverfahren". In: FLICK, U.; KARDORFF, E. & STEIN-KE, I. (orgs.). *Qualitative Forschung* – Ein Handbuch. Reinbek/Hamburgo, p. 369-384.

_____ (2003a). "Qualitative Methoden der Bildinterpretation". In: *Zeitschrift für Erziehungswissenschaft (ZfE)*, 6/2, p. 239-256.

_____ (2003b). "Rituale des Aktionismus bei Jugendlichen – Kommunikative und konjunktive, habitualisierte und experimentelle Rituale". In: WULF, C. & ZIFRAS, J. (orgs.). *Zeitschrift für Erziehungswissenschaft (ZfE)*, 6/2, p. 81-90 [Innovation und Ritual – Jugend, Geschlecht und Schule].

_____ (2003c). "Bildinterpretation". In: BOHNSACK, R.; MAROTZKI, W. & MEUSER, M. (orgs.). *Hauptbegriffe qualitativer Sozialforschung*. Opladen.

_____ (2003d). "Dokumentarische Methode". In: BOHNSACK, R.; MAROTZKI, W. & MEUSER, M. (orgs.). *Hauptbegriffe qualitativer Sozialforschung*. Opladen.

_____ (2003f). "Fokussierungsmetapher". In: BOHNSACK, R.; MAROTZKI, W. & MEU-SER, M. (orgs.). *Hauptbegriffe qualitativer Sozialforschung*. Opladen.

_____ (2003g). "Praxeologische Wissenssoziologie". In: BOHNSACK, R.; MAROTZKI, W. & MEUSER, M. (orgs.). *Hauptbegriffe qualitativer Sozialforschung*. Opladen.

_____ (2003h). "Orientierungsmuster". In: BOHNSACK, R.; MAROTZKI, W. & MEUSER, M. (orgs.). *Hauptbegriffe qualitativer Sozialforschung*. Opladen.

_____ (2003i). "Dokumentarische Methode und sozialwissenschaftliche Hermeneutik". In: *Zeitschrift für Erziehungswissenschaft (ZfE)*, 6/4, p. 480-504.

_____ (2003k). "Differenzerfahrungen der Identität und des Habitus – Eine empirische Untersuchung auf der Basis der dokumentarischen Methode". In: LIEBSCH, B. & STRAUB, J. (2003) (orgs.). *Lebensformen im Widerstreit* – Integrations- und Identitätskonflikte in pluralen Gesellschaften. Frankfurt a. M., p. 136-160.

_____ (2002). "Gruppendiskussionsverfahren und dokumentarische Methode". In: SCHAEFFER, D. & MÜLLER-MUNDT, G. (orgs.). *Qualitative Gesundheits- und Pflegeforschung.* Berna, p. 305-325.

_____ (2001a). "Dokumentarische Methode. Theorie und Praxis wissenssoziologischer Interpretation". In: HUG, T. (org.). *Wie kommt Wissenschaft zu Wissen?* – Einführung in die Methodologie der Sozial- und Kulturwissenschaften. Baltmannsweiler, p. 326-345.

_____ (2001b). "Typenbildung, Generalisierung und komparative Analyse – Grundprinzipien der dokumentarischen Methode". In: BOHNSACK, R.; NENTWIG-GESEMANN, I. & NOHL, A.M. (orgs.). *Die dokumentarische Methode und ihre Forschungspraxis.* Opladen, p. 225-252.

_____ (2001c). "Die dokumentarische Methode in der Bild- und Fotointerpretation". In: BOHNSACK, R.; NENTWIG-GESEMANN, I. & NOHL, A.-M. (orgs.). *Die dokumentarische Methode und ihre Forschungspraxis* – Grundlagen qualitativer Sozialforschung. Opladen, p. 67-89 [reimpr. in: EHRENSPECK, Y. & SCHÄFFER, B. (2003) (orgs.). *Film- und Fotoanalyse in der Erziehungswissenschaft* – Ein Handbuch. Opladen, 2003, p. 87-107].

_____ (2001d). "'Heidi'. Eine exemplarische Bildinterpretation auf der Basis der dokumentarischen Methode". In: BOHNSACK, R.; NENTWIG-GESEMANN, I. & NOHL, A.-M. (orgs.). *Die dokumentarische Methode und ihre Forschungspraxis* – Grundlagen qualitativer Sozialforschung. Opladen, p. 323-337 [reimpr. in: EHRENSPECK, Y. & SCHÄFFER, B. (2003) (orgs.). *Film- und Fotoanalyse in der Erziehungswissenschaft* – Ein Handbuch. Opladen, 2003, p. 109-120].

_____ (2001e). "Der Habitus der 'Ehre des Mannes' – Geschlechtsspezifische Erfahrungsräume bei Jugendlichen türkischer Herkunft". In: DÖGE, P. & MEUSER, M. (orgs.). *Männlichkeit und soziale Ordnung* – Neuere Beiträge zur Geschlechterforschung. Opladen, p. 49-71.

_____ (2000a). "Jugendliche als Täter und Opfer – Das Fehlen der Jugend in der Forschung zur Jugendkriminalität". In: SANDER, U. & VOLLBRECHT, R. (orgs.). *Jugend im 20. Jahrhundert:* Sichtweisen - Orientierungen - Risiken. Neuwied, p. 315-336.

_____ (2000b). "Gruppendiskussion". In: FLICK, U. & KARDORFF, E. & STEINKE, I. (orgs.). *Qualitative Forschung* – Ein Handbuch. Reinbek/Hamburg, p. 369-384.

_____ (2000c). "Events, Efferveszenz und Adoleszenz: 'battle' – 'fight' – 'party'". In: GEBHARDT, W.; HITZLER, R. & PFADENHAUER, M. (orgs.). *Events* – Zur Soziologie des Aussergewöhnlichen. Opladen, p. 77-93.

_____ (1998a). "Rekonstruktive Sozialforschung und der Grundbegriff des Orientierungs-musters". In: SIEFKES, D.; EULENHÖFER, P.; STACH, H. & STÄDTLER, K. (orgs.). *Sozialgeschichte der Informatik* – Kulturelle Praktiken und Orientierungen. Wiesbaden, p. 105-121.

_____ (1998b). "Milieu als konjunktiver Erfahrungsraum – Eine dynamische Konzeption von Milieu in empirischer Analyse". In: MATTHIESEN, U. (org.). *Die Räume des Milieus* – Neue Tendenzen in der sozial- und raumwissenschaftlichen Milieuforschung in der Stadt- und Raumplanung. Berlin, p. 119-131.

_____ (1998c). "'Milieubildung': pädagogisches Prinzip und empirisches Phänomen". In: BÖHNISCH, L. (org.). *Lebensort Jugendarbeit*. Weinheim/Munique, p. 95-112.

_____ (1998d). "Dokumentarische Methode und die Analyse kollektiver Biographien". In: JÜTTEMANN, G. & THOMAE, H. (orgs.). *Biographische Methoden in den Human-wissenschaften*. Munique, p. 213-230.

_____ (1997a). "Adoleszenz, Aktionismus und die Emergenz von Milieus – Eine Ethno-graphie von Hooligan-Gruppen und Rockbands". In: *Zeitschrift für Sozialisationsforschung und Erziehungssoziologie*, 17/1, p. 3-18.

_____ (1997b). "Gruppendiskussionsverfahren und Milieuforschung". In: FRIEBERT-SHÄUSER, B. & PRENGEL, A. (orgs.). *Handbuch qualitativer Forschungsmethoden in der Erziehungswissenschaft*. Weinheim/Munique, p. 492-502.

_____ (1997c). "'Orientierungsmuster': Ein Grundbegriff qualitativer Sozialforschung". In: SCHMIDT, F. (org.). *Methodische Probleme der empirischen Erziehungswissenschaft*. Baltmannsweiler, p. 49-61.

_____ (1997d). "Dokumentarische Methode". In: HITZLER, R. & HONER, A. (orgs.). *Sozialwissenschaftliche Hermeneutik*. Opladen, p. 191-211.

_____ (1997e). "Youth Violence and the 'Episodical Community of Fate' – A Case Analysis of Hooligan Groups in Berlin". In: *Sociologus*, 46/2, p. 160-174.

_____ (1996a). "Auf der Suche nach habitueller Übereinstimmung – Peer-groups: Cliquen, Hooligans und Rockgruppen als Gegenstand rekonstruktiver Sozialforschung". In: KRÜ-GER, H.H. & MAROTZKI, W. (orgs.). *Erziehungswissenschaftliche Biographieforschung*. 2. ed. Opladen, p. 258-275.

_____ (1996b). "Gruppendiskussionen: Neue Wege einer klassischen Methode". In: *Zeits-chrift für Sozialisationsforschung und Erziehungssoziologie*, 16/3, p. 323-326.

_____ (1996c). "Forschungsprozess und Interpretation in wissenssoziologischer Pers-pektive" [palestra no 27º Congresso da Associação Alemã para Sociologia no contexto do grupo *ad hoc* "Formação e avaliação de hipóteses na pesquisa social qualitativa". Dresden] [manuscrito].

_____ (1993). "Dokumentsinn, intendierter Ausdruckssinn und Objektsinn". In: *Ethik und Sozialwissenschaften*, 4/4, p. 518-521.

_____ (1992a). "Dokumentarische Interpretation von Orientierungsmustern: Verstehen – Interpretieren - Typenbildung in wissenssoziologischer Analyse". In: MEUSER, M. & SACKMANN, R. (orgs.). *Analyse sozialer Deutungsmuster.* Pfaffenweiler, p. 139-160.

_____ (1992b). "Interaktion und Kommunikation". In: KORTE, H. & SCHÄFERS, B. (orgs.). *Einführungskurs Soziologie* – Vol. 1: Einführung in Hauptbegriffe der Soziologie. Opladen, p. 35-57 [4. ed. 1998].

_____ (1989). *Generation, Milieu und Geschlecht* – Ergebnisse aus Gruppendiskussionen mit Jugendlichen. Opladen.

_____ (1987). *Kriminalität in soziologischer Perspective*: der "labeling approach" [palestra de habilitação inédita na Faculdade de Filosofia da Universität Erlangen-Nürnberg. Erlangen].

_____ (1983). *Alltagsinterpretation und soziologische Rekonstruktion.* Opladen.

_____ (1973). *Handlungskompetenz und Jugendkriminalität.* Neuwied/Berlim.

BOHNSACK, R.; BETTINA, F. & WAGNER-WILLI, M. (2014) (orgs.). *Dokumentarische Video- und Filmanalyse* – Methodologie und Forschungspraxis. Opladen/Berlim/Toronto.

BOHNSACK, R.; GEBHARDT, W.; KRAUL, M. & WULF, C. (2001). *Erziehung und Tradition; Tradierungsprozesse in Familien* – Antrag für ein Forschungsprojekt bei der Deutschen Forschungsgemeinschaft. Berlim/Koblenz.

BOHNSACK, R. & LAMPRECHT, J. (2013). "Das Unterleben in der Pause: die Aneignung von Territorien und Artefakten – Eine dokumentarische Videointerpretation". In: HIETZGE, M. (org.). *Seen from different perspectives* – Interdisziplinäre Videoanalyse: Rekonstruktionen einer Videosequenz aus unterschiedlichem Blickwinkel. Opladen/Farmington Hills.

BOHNSACK, R.; LOOS, P. & PRZYBORSKI, A. (2001). "'Male Honor' – Towards an Understanding of the Construction of Gender Relations Among Youths of Turkish Origin". In: KOTTHOFF, H. & BARON, B. (orgs.). *Gender in Interaction.* Amsterdã, p. 175-207.

BOHNSACK, R.; LOOS, P.; SCHÄFFER, B.; STÄDTLER, K. & WILD, B. (1995). *Die Suche nach Gemeinsamkeit und die Gewalt der Gruppe* – Hooligans, Musikgruppen und andere Jugendcliquen. Opladen.

BOHNSACK, R. & MAROTZKI, W. (orgs.) (1998). *Biographieforschung und Kulturanalyse Transdisziplinäre Zugänge qualitativer Forschung.* Opladen.

BOHNSACK, R.; MAROTZKI, W. & MEUSER, M. (orgs.) (2003). *Hauptbegriffe Qualitativer Sozialforschung.* Opladen.

BOHNSACK, R. & NENTWIG-GESEMANN, I. (2010) (orgs.). *Dokumentarische Evaluationsforschung* – Theoretische Grundlagen und Beispiele aus der Praxis. Opladen/Farmington Hills.

_____ (2006). "Dokumentarische Evaluationsforschung und Gruppendiskussionsverfahren – Am Beispiel einer Evaluation zu Peer-Mediation an Schulen". In: BOHNSACK, R.; PRZYBORSKI, A. & SCHÄFFER, B. (orgs.). *Das Gruppendiskussionsverfahren in der Forschungspraxis*. Opladen, p. 267-283.

_____ (2003). "Typenbildung". In: BOHNSACK, R.; MAROTZKI, W. & MEUSER, M. (orgs.). *Hauptbegriffe Qualitativer Sozialforschung*. Opladen, p. 162-166.

BOHNSACK, R.; NENTWIG-GESEMANN, I. & NOHL, A.-M. (orgs.) (2001). *Die dokumentarische Methode und ihre Forschungspraxis* – Grundlagen qualitativer Sozialforschung. Opladen.

BOHNSACK, R, & NOHL, A.-M. (2003). "Youth culture as practical innovation: Turkish German youth, 'time out' and the actionisms of breakdance". In: *European Journal of Cultural Studies*, vol. 6, n. 3, ago., p. 366-385.

_____ (2001a). "Ethnisierung und Differenzerfahrung – Fremdheit als alltägliches und als methodologisches Problem". In: *Zeitschrift für qualitatitve Bildungs-, Beratungs- und Sozialforschung (ZBBS)*, 9/3, p. 15-36.

_____ (2001b). "Exemplarische Textinterpretation – Die Sequenzanalyse der dokumentarischen Methode". In: BOHNSACK, R.; NENTWIG-GESEMANN, I. & NOHL, A.-M. (orgs.). *Die dokumentarische Methode und ihre Forschungspraxis* – Grundlagen qualitativer Sozialforschung. Opladen, p. 303-307.

_____ (2001c). "Jugendkulturen und Aktionismus – Eine rekonstruktive empirische Analyse am Beispiel des Breakdance". In: MERKENS, H. & ZINNECKER, J. (orgs.). *Jahrbuch Jugendforschung 1*. Opladen, p. 17-37.

_____ (1998). "Adoleszenz und Migration – Empirische Zugänge einer praxeologisch fundierten Wissenssoziologie". In: BOHNSACK, R. & MAROTZKI, W. (orgs.). *Biographieforschung und Kulturanalyse* – Transdisziplinäre Zugänge qualitativer Forschung. Opladen, p. 260-282.

BOHNSACK, R.; PFAFF, N. & WELLER, W. (2010) (orgs.). *Qualitative Analysis and Documentary Method in International Educational Research*. Opladen/Farmington Hills.

BOHNSACK, R. & PRZYBORSKI, A. (2007). "Gruppendiskussionsverfahren und Focus Groups – Am Beispiel einer Studie zu Kundengruppen der Klassenlotterie". In: BUBER, R. & HOLZMÜLLER, H. (orgs.). *Qualitative Marktforschung* [inédito].

_____ (2006). "Diskursorganisation, Gesprächsanalyse und die Methode der Gruppendiskussion". In: BOHNSACK, R.; PRZYBORSKI, A. & SCHÄFFER, B. (orgs.). *Das Gruppendiskussionsverfahren in der sozialwissenschaftlichen Praxis*. Opladen, p. 233-248.

BOHNSACK, R.; PRZYBORSKI, A. & SCHÄFFER, B. (orgs.) (2006). *Das Gruppendiskussionsverfahren in der Forschungspraxis*. Opladen.

BOHNSACK, R. & SCHÄFFER, B. (2002). "Generation als konjunktiver Erfahrungsraum – Eine empirische Analyse generationsspezifischer Medienpraxiskulturen". In: BURKHART, G. & WOLF, J. (orgs.). *Lebenszeiten* – Erkundungen zur Soziologie der Generationen (Martin Kohli zum 60. Geburtstag). Opladen, p. 249-273.

_____ (2001a). "Exemplarische Textinterpretation: Diskursorganisation und dokumentarische Methode". In: BOHNSACK, R.; NENTWIG-GESEMANN, I. & NOHL, A.-M. (orgs.). *Die dokumentarische Methode und ihre Forschungspraxis* – Grundlagen qualitativer Sozialforschung. Opladen, p. 309-321.

_____ (2001b). "Gruppendiskussionsverfahren". In: HUG, T. (org.). *Wie kommt Wissenschaft zu Wissen?* – Vol. 2: Einführung in die Forschungsmethodik und Forschungspraxis. Baltmannsweiler, p. 324-341.

BOHNSACK, R. & WILD, B. (1997). "Cliquen, Banden und Vereine: Die Suche nach Milieuzugehörigkeit". In: BEHNKEN, I. & SCHULZE, T. (orgs.). *Tatort*: Biographie. Opladen, p. 161-180.

BONSS, W. (1982). *Die Einübung des Tatsachenblicks* – Zur Struktur und Veränderung empirischer Sozialforschung. Frankfurt a. M.

BONSS, W. & HARTMANN, H. (1985). "Konstituierte Gesellschaft, rationale Deutung – Zum Wirklichkeitscharakter soziologischer Diskurse". In: BONSS, W. & HARTMANN, H. (orgs.). *Entzauberte Wissenschaft, Soziale Welt*. Sonderband, p. 9-46.

BORDWELL, D. (1985). *Narration in the Fiction Film*. Londres.

BOURDIEU, P. (1997). "Verstehen". In: BOURDIEU, P. et al. *Das Elend der Welt* – Zeugnisse und Diagnosen alltäglichen Leidens an der Gesellschaft. Konstanz, p. 779-802 [orig.: "Comprendre". In: BOURDIEU, P. et al. (1993). *La misère du monde*. Paris, p. 903-925].

_____ (1996). "Die Praxis der reflexiven Anthropologie". In: BOURDIEU, P. & WACQUANT, L.J.D. *Reflexive Anthropologie*. Frankfurt a. M., p. 251-294.

_____ (1992). *Rede und Antwort*. Frankfurt a. M.

_____ (1982). *Die feinen Unterschiede* – Kritik der gesellschaftlichen Urteilskraft. Frankfurt a. M.

_____ (1976). *Entwurf einer Theorie der Praxis*. Frankfurt a. M.

_____ (1970). *Zur Soziologie der symbolischen Formen.* Frankfurt a. M.

BRAUN, A. (1998). "Typisierung von Handlungsformen in der Informatik". In: SIEFKES, D.; EULENHÖFER, P.; STACH, H. & STÄDTLER, K. (orgs.). *Sozialgeschichte der Informatik* – Kulturelle Praktiken und Orientierungen. Wiesbaden, p. 275-286.

BREITENBACH, E. (2000). *Mädchenfreundschaften in der Adoleszenz* – Eine fallrekonstruktive Untersuchung von Gleichaltrigengruppen. Opladen.

_____ (1999). *Mädchenfreundschaften in der Adoleszenz* – Eine empirische Studie [Tese de habilitação na disciplina Ciência de Pedagogia e Cultura da Universität Osnabrück].

BREITENBACH, E. & KAUSTRÄTER, S. (1998). "'Ich finde, man braucht irgendwie eine Freundin' – Beziehungen zu Gleichaltrigen in der weiblichen Adoleszenz". In: *Zeitschrift für Sozialisationsforschung und Erziehungssoziologie*, 3, p. 389-402.

BRUSTEN, M. & HURRELMANN, K. (1973). *Abweichendes Verhalten in der Schule.* Munique.

BUDE, H. (1995). *Das Altern einer Generation* – Die Jahrgänge 1938 bis 1948. Frankfurt a. M.

_____ (1994). "Das Latente und das Manifeste – Aporien einer 'Hermeneutik des Verdachts'". In: GARZ, D. (org.). *Die Welt als Text.* Frankfurt a. M., p. 114-124.

_____ (1987). *Deutsche Karrieren* – Lebenskonstruktionen sozialer Aufsteiger aus der Flakhelfer-Generation. Frankfurt a. M.

_____ (1985). "Der Sozialforscher als Narrationsanimateur – Kritische Anmerkungen zu einer erzähltheoretischen Fundierung der interpretativen Sozialforschung". In: *Kölner Zeitschrift für Soziologie und Sozialpsychologie*, 37, p. 327-336.

BULMER, M. (1984). *The Chicago School of Sociology.* Chicago/Londres.

CASTORIADIS, C. (1984). *Gesellschaft als imaginäre Institution* – Entwurf einer politischen Philosophie. Frankfurt a. M.

CICOUREL, A.V. (1973). "Basisregeln und normative Regeln im Prozess des Aushandelns von Status und Rolle". In: ARBEITSGRUPPE BIELEFELDER SOZIOLOGEN (org.). *Alltagswissen, Interaktion und gesellschaftliche Wirklichkeit.* Reinbek/Hamburgo, p. 147-188 [orig.: "Basic and Normative Rules in the Negotiation of Status and Role". In: DREITZEL, H.-P. (org.). *Recent Sociology*, n. 2: Patterns of Communicative Behavior. Nova York, p. 4-45].

_____ (1970). *Methode und Messung in der Soziologie.* Frankfurt a. M. [orig. 1964: *Method and Measurement in Sociology.* Glencoe].

_____ (1968). *The Social Organization of Juvenile Justice.* Londres/Nova York/Sidney.

CLARKE, J. et al. (orgs.) (1979). *Jugendkultur als Widerstand.* Frankfurt a. M.

COATES, J. (1996a). *Women Talk.* Oxford.

_____ (1996b). "Gesprächsduette unter Frauen". In: TRÖMEL-PLÖTZ, S. (org.). *Frauengespräche* – Sprache der Verständigung. Frankfurt a. M.

CRESSEY, P.G. (1932). *The Taxi-Dance Hall*. Chicago [Montclair, NJ, 1969].

DELEUZE, G. (1997). *Das Bewegungs-Bild* – Kino 1. Frankfurt a. M.

DENZIN, N.K. & LINCOLN, Y.S. (1994). "Introduction: Entering the Field of Qualitative Research". In: DENZIN, N.K. & LINCOLN, Y.S. (orgs.). *Handbook of Qualitative Research*. Thousand Oaks/Londres/Nova Deli, p. 1-17.

DENZIN, N.K. & LINCOLN, Y.S. (orgs.) (1994). *Handbook of Qualitative Research*. Londres/Nova Deli.

DILTHEY, W. (1911). "Die Typen der Weltanschauung und ihre Ausbildung im metaphysischen System". In: FRISCHEISEN-KÖHLER, M. (org.). *Weltanschauung*. Berlim, p. 3-51.

DINKELAKER, J. & HERRLE, M. (2009). *Erziehungswissenschaftliche Videographie* – Eine Einführung. Wiesbaden.

DÖBERT, R.; HABERMAS, J. & NUNNER-WINKLER, G. (1977). "Zur Einführung". In: *Entwicklung des Ichs*. Colônia, p. 9-30.

DÖRNER, O. (2007). "Comics als Gegenstand qualitativer Forschung. Zu analytischen Möglichkeiten der dokumentarischen Methode am Beispiel der 'Abrafaxe'". In: FRIEBERTSHÄUSER, B.; FELDEN, H. & SCHÄFFER, B. (orgs.). *Bild und Text* – Methoden und Methodologien visueller Sozialforschung in der Erziehungswissenschaft. Opladen & Farmington Hills, p. 179-196.

DOUGLAS, J.D. (1971). "Understanding Everyday Life". In: DOUGLAS, J.D. (org.). *Understanding Everyday Life*, Londres, p. 3-44.

_____ (1970). "Deviance and Respectability: The Social Construction of Moral Meanings". In: DOUGLAS, J.D. (org.). *Deviance and Respectability*: The Social Construction of Moral Meanings. Nova York/Londres, p. 3-30.

DRÖGE, K.; NECKEL, S. & SOMM, I. (2006). "Das Leistungsprinzip als Deutungsressource – Zur Rekonstruktion von gesellschaftlichem Bewertungswissen". In: BOHNSACK, R.; PRZYBORSKI, A. & SCHÄFFER, B. *Das Gruppendiskussionsverfahren in der Praxis*. Opladen, p. 203-215.

DURKHEIM, É. (1961). *Regeln der soziologischen Methode*. Neuwied/Berlin.

EBERLE, T. (1977). "Ethnomethodologische Konversationsanalyse". In: HITZLER, R. & HONER, A. (orgs.). *Sozialwissenschaftliche Hermeneutik* – Eine Einführung. Opladen, p. 245-279.

ECKERT, P. & McCONNELL-GINET, S. (1999). "New generalizations and explanations in language and gender research". In: *Language in Society*, 28, p. 185-201.

ECO, U. (1994). *Einführung in die Semiotik*. 8. ed. Munique.

EDGERTON, S.Y. (2002). *Die Entdeckung der Perspektive*. Munique.

EHRENSPECK, Y. & SCHÄFFER, B. (orgs.) (2003). *Film- und Fotoanalyse in der Erziehungswissenschaft* – Ein Handbuch. Opladen.

ELIAS, N. (1985a). "Das Credo eines Metaphysikers – Kommentare zu Poppers 'Logik der Forschung'". In: *Zeitschrift für Soziologie*, 14/2, p. 93-114.

_____ (1985b). "Wissenschaft oder Wissenschaften? – Beitrag zu einer Diskussion mit wirklichkeitsblinden Philosophen". In: *Zeitschrift für Soziologie*, 14/4, p. 268-281.

EMERSON, R.M. (1969). *Judging Delinquents*. Chicago.

EMMERL, D. (2007). *Kooperation zwischen Tageseinrichtungen und Grundschulen im Wandel* – Qualitative Evaluationsstudie eines Bildungsprogramms für Elementar- und Primärpädagogen [Dissertação na Freie Universität Berlin. Berlim].

ENGLISCH, F. (1991). "Bildanalyse in strukturhermeneutischer Absicht – Methodische Überlegungen und Analysebeispiele". In: GARZ, D. & KRAIMER, K. (orgs.). *Qualitativ-Empirische Sozialforschung*: Konzepte - Methoden - Analysen. Opladen, p. 133-176.

ERICKSON, F. & JEFFREY, S. (1981). *The Counselor as Gatekeeper*: Social Interaction in Interviews. Nova York.

ERNST, F. (2006). "Freiwilliges Engagement als Gegenstand von Gruppendiskussionen". In: BOHNSACK, R.; PRZYBORSKI, A. & SCHÄFFER, B. *Das Gruppendiskussionsverfahren in der Praxis*. Opladen, p. 169-187.

ESSER, H. (1985). "Logik oder Metaphysik der Forschung? –Bemerkungen zur Popper-Interpretation von Elias in der ZfS 2, 1985". In: *Zeitschrift für Soziologie (ZfS)*, 14/4, p. 257-264.

FAULSTICH, W. (2002). *Grundkurs Filmanalyse*. Munique.

FERBER, C. (1959). "Der Werturteilsstreit 1909/1959 – Versuch einer wissenschaftlichen Interpretation". In: *Kölner Zeitschrift für Soziologie und Sozialpsychologie*, 11, p. 21-37 [reimpr. in: TOPITSCH, E. (org.) (1982). *Kritik der Sozialwissenschaften*. Colônia].

FETZNER, D. & SELKE, S. (2005) (orgs.). *Selling politics*; *Bildinhalt und Bildwirkung* – Ergebnisse des Forschungsprojekts selling politics zu Plakatmotiven der agenda 2010. Furtwangen.

FEYERABEND, P. (1976). *Wider den Methodenzwang* – Skizze einer anarchistischen Erkenntnistheorie. Frankfurt a. M.

FISCHER, W. & KOHLI, M. (1987). "Biographieforschung". In: VOGES, W. (org.). *Methoden der Biographie- und Lebenslaufforschung*. Opladen, p. 25-50.

FISCHER-ROSENTHAL, W. & ROSENTHAL, G. (1997). "Narrationsanalyse biographischer Selbstrepräsentation". In: HITZLER, R. & HONER, A. (orgs.). *Sozialwissenschaftliche Hermeneutik* – Eine Einführung. Opladen, p. 133-164.

FISHER, B.M. & STRAUSS, A. (1978). "Interactionism". In: BOTTOMORE, T. & NISBET, R. (orgs.) (1978). *A History of Sociological Analysis*. Nova York, p. 457-498.

FLICK, U. (2003). "Triangulation". In: BOHNSACK, R.; MAROTZKI, W. & HEUSER, M. (orgs.). *Hauptbegriffe qualitativer Sozialforschung*. Opladen.

_____ (1995). *Qualitative Forschung* – Theorie, Methoden, Anwendung in Psychologie und Sozialwissenschaften. Reinbek/Hamburgo.

_____ (1992). "Entzauberung der Intuition – Systematische Perspektiventriangulation als Strategie der Geltungsbegründung qualitativer Daten und Interpretationen". In: HOFFMEYER-ZLOTNIK, J. (org.). *Analyse verbaler Daten* – Über den Umgang mit qualitativen Daten. Opladen, p. 11-55.

FOUCAULT, M. (1971). *Die Ordnung der Dinge* – Eine Archäologie der Humanwissenschaften. Frankfurt a. M. [orig. 1966].

FRIEBERTSHÄUSER, B. (1997). "Feldforschung und teilnehmende Beobachtung". In: FRIEBERTSHÄUSER, B. & PRENGEL, A. (orgs.). *Handbuch qualitative Methoden in der Erziehungswissenschaft*. Weinheim/Munique, p. 503-534.

FRIEBERTSHÄUSER, B.; VON FELDEN, H. & SCHÄFFER, B. (orgs.) (2007). *Bild und Text* – Methoden und Methodologien visueller Sozialforschung in der Erziehungswissenschaft. Opladen [inédito].

FRITZSCHE, B. (2005). "Existenzgründung als berufsbiographische Wende und Chance zur Qualifizierung – Die Evaluation des Projektes 'Enterprise Mecklenburg-Vorpommern'". In: DEUTSCHE KINDER- UND JUGENDSTIFTUNG (org.). *Jung: Talentiert; Chancenreich? –* Beschäftigungsfähigkeit von Jugendlichen fördern. Opladen, p. 243-272.

_____ (2003). *Pop-Fans* – Studie einer MädchenKultur. Opladen.

FUCHS, W. (1984). *Biographische Forschung* – Eine Einführung in Praxis und Methoden. Opladen.

FUCHS-HEINRITZ, W. (1993). "Methoden und Ergebnisse der qualitativ orientierten Jugendforschung". In: KRÜGER, H.-H. (org.). *Handbuch der Jugendforschung*. Opladen, p. 249-275.

FUHS, B. (1997). "Fotografie und qualitative Forschung. Zur Verwendung fotografischer Quellen in den Erziehungswissenschaften". In: FRIEBERTSHÄUSER, B. & PRENGEL, A.

(orgs.). *Handbuch Qualitative Forschungsmethoden in der Erziehungswissenschaft*. Weinheim, p. 265-285.

GABRIEL, K. & TREBER, M. (1996). "Deutungsmuster christlicher Dritte-Welt-Gruppen". In: GABRIEL, K. (org.). Religiöse Individualisierung oder Säkularisierung – Biographie und Gruppe als Bezugspunkte moderner Religiosität. Gütersloh, p. 173-197.

GADAMER, H.-G. (1990). *Wahrheit und Methode* – Grundzüge einer philosophischen Hermeneutik. Tübingen.

GAFFER, Y. (2000). *Aktionismus in der Adoleszenz* – Theoretische und empirische Analysen am Beispiel von Breakdance-Gruppen. Berlim.

GARFINKEL, H. (1986). *Ethnomethodological Studies of Work*. Londres/Nova York.

_____ (1976). "Bedingungen für den Erfolg von Degradierungszeremonien". In: LÜDERSSEN, K. & SACK, F. (orgs.). *Seminar Abweichendes Verhalten III* – Zur gesellschaftlichen Reaktion auf Kriminalität, Frankfurt a. M, p. 31-40 [publicado também (1974) in: *Gruppendynamik*, 2, p. 77-83] [orig. 1967: "Conditions of Successful Degradation Ceremonies". In: MANIS, J.G. & MELTZER, B.N. *Symbolic Interaction*. Boston, p. 205-212].

_____ (1973). "Das Alltagswissen über soziale und innerhalb sozialer Strukturen". In: ARBEITSGRUPPE BIELEFELDER SOZIOLOGEN (org.). *Alltagswissen, Interaktion und gesellschaftliche Wirklichkeit*. Reinbek/Hamburgo, p. 189-260 [orig. 1961: "Aspects of Common Sense Knowledge of Social Structures". In: *Transactions of the Fourth World Congress of Sociology*, vol. IV, p. 51-65].

_____ (1967a). *Studies in Ethnomethodology*. Englewood Cliffs/Nova Jersey, com "Preface", p. VII-XIV.

_____ (1967b). "What is Ethnomethodology?", p. 1-34.

_____ (1967c). "Some Rules of Correct Decisions that Jurors respect", p. 104-115.

_____ (1967d). "Passing and the Managed Achievement of Sex Status in an Intersexed Person", p. 116-185.

_____ (1967e). "Good organizational reasons for 'bad' clinic records", p. 186-207.

_____ (1967f). "The Rational Properties of Scientific and Common Sense Activities", p. 262-283.

_____ (1967g). *Studies in Ethnomethodology*. Englewood Cliffs/New Jersey.

_____ (1962). "Common Sense Knowledge of Social Structures – The Documentary Method of Interpretation in Lay and Professional Fact Finding". In: SCHEER, J.M. (org.). *Theories of the Mind*. Nova York, p. 689-712.

_____ (1961). "Aspects of Common-Sense Knowledge of Social Structures". In: *Transactions of the Fourth World Congress of Sociology*, vol. IV, p. 51-65.

GARFINKEL, H. & SACKS, H. (orgs.) (1976). "Über formale Strukturen praktischer Handlungen". In: SACK, F. & SCHENKEIN, J. (orgs.). *Ethnomethodologie* – Beiträge zu einer Soziologie des Alltagshandelns. Frankfurt a. M., p. 130-176 [orig. 1970: "On formal structures of practical actions". In: McKINNEY, J.C. & TYRIAKIAN, E.A. (orgs.). *Theoretical Sociology*. Nova York, p. 337-366].

GARZ, D. & KRAIMER, K. (1994). *Die Welt als Text* – Theorie, Kritik und Praxis der objektiven Hermeneutik. Frankfurt a. M.

GARZ, D. & KRAIMER, K. (orgs.) (1983). *Brauchen wir andere Forschungsmethoden?* – Beiträge zur Diskussion interpretativer Verfahren. Frankfurt a. M.

GEBAUER, G. & WULF, C. (1998). *Spiel, Ritual, Geste*: Mimetische Grundlagen sozialen Handelns. Reinbek/Hamburgo.

_____ (1992). *Mimesis*: Kultur - Kunst - Gesellschaft. Reinbek/Hamburgo.

GEIMER, A. (2010a). *Filmrezeption und Filmaneignung* – Eine qualitativ-rekonstruktive Studie über Praktiken der Rezeption bei Jugendlichen. Wiesbaden.

_____ (2010b). "Cultural Practices of the Reception and Appropriation of Films from the Standpoint of a Praxeological Sociology of Knowledge". In: BOHNSACK, R.; PFAFF, N. & WELLER, W. (orgs.). *Qualitative Analysis and Documentary Method in International Educational Science*. Opladen & Farmington Hills, p. 293-309.

GEERTZ, C. (1990). *Die künstlichen Wilden* – Anthropologen als Schriftsteller. Munique [orig. 1988: *Works and Lives* – The Anthropologist as Author. Stanford].

GERHARDT, U. (1998). "Die Verwendung von Idealtypen bei der fallvergleichenden biographischen Forschung". In: JÜTTEMANN, J. & THOMAE, H. (orgs.). *Biographische Methoden in den Humanwissenschaften*. Munique, p. 193-230.

_____ (1986). "Verstehende Strukturanalyse: Die Konstruktion von Idealtypen als Analyseschritt bei der Auswertung qualitativer Forschungsmaterialien". In: SOEFFNER, H.-G. (org.). *Sozialstruktur und soziale Typik*. Nova York, p. 31-83.

_____ (1985). "Erzähldaten und Hypothesenkonstruktion – Überlegungen zum Gültigkeitsproblem in der biographischen Sozialforschung". In: *Kölner Zeitschrift für Soziologie und Sozialpsychologie*, 37, p. 230-256.

_____ (1984). "Typenkonstruktion bei Patientenkarrieren". In: KOHLI, M. & ROBERT, G. (orgs.). *Biographie und soziale Wirklichkeit*. Stuttgart, p. 53-77.

GIDDENS, A. (1984). *Interpretative Soziologie*. Frankfurt a. M./Nova York.

GILDEMEISTER, R. & ROBERT, G. (1997). "'Ich geh da von einem bestimmten Fall aus' – Professionalisierung und Fallbezug in der Sozialen Arbeit". In: JAKOB, G. & WENSIERSKI, H.-J. (orgs.). *Rekonstruktive Sozialpädagogik*. Weinheim/Munique, p. 23-38.

GIRTLER, R. (1984). *Methoden der qualitativen Sozialforschung* – Anleitung zur Feldarbeit. Viena.

GLASER, B.G. & STRAUSS, A. (1998). *Grounded Theory* – Strategien qualitativer Forschung. Berna [orig. 1967].

_____ (1979). "Die Entdeckung gegenstandsbezogener Theorie: eine Grundstrategie qualitativer Sozialforschung". In: HOPF, C. & WEINGARTEN, E. (orgs.). *Qualitative Sozialforschung*. Stuttgart [orig. 1965 in: *The American Behavioral Scientist*, vol. 8, p. 5-12].

_____ (1974). *Interaktion mit Sterbenden*, Göttingen [orig. 1965: *Awareness of Dying*, Chicago].

_____ (1967). *The Discovery of Grounded Theory* – Strategies for Qualitative Research. Chicago.

GOFFMAN, E. (1981). *Forms of Talk*. Filadélfia.

_____ (1979). *Gender Advertisements*. Nova York [em alemão, 1981].

_____ (1974a). *Frame Analysis* – An Essay on the Organization of Experience. Harmondsworth [em alemão: *Rahmen-Analyse* – Ein Versuch über die Organisation von Alltagserfahrungen. Frankfurt a. M., 1977].

_____ (1974b). *Das Individuum in öffentlichem Austausch* – Mikrostudien zur öffentlichen Ordnung. Frankfurt a. M. [orig. 1971: *Relations in Public* – Microstudies of the Public Order. Harmondsworth].

_____ (1973). *Interaktion*: Spass am Spiel, Rollendistanz. Munique [orig. 1961: *Encounters* – Two Studies in the Sociology of Interaction. Indianápolis].

_____ (1967). *Stigma* – Über Techniken der Bewältigung beschädigter Identität. Frankfurt a. M. [orig. 1963: *Stigma*. Englewood Cliffs, NJ].

GOODWIN, C. (2001). "Practices of Seeing Visual Analysis: an Ethnomethodological Approach". In: LEEUWEN, T. & JEWITT, C. (orgs.). *Handbook of Visual Analysis*. Los Angeles, p. 157-182.

GRATHOFF, R. (1989). *Milieu und Lebenswelt*. Frankfurt a. M.

_____ (1979). "Über Typik und Normalität im alltäglichen Milieu". In: SPRONDEL, W.M. & GRATHOFF, R. (orgs.). *Alfred Schütz und die Idee des Alltags in den Sozialwissenschaften*. Stuttgart, p. 89-107.

GUMPERZ, J.J. (1994). "Contextualization and Understanding". In: DUVANTI, A. & GOODWIN, C. (orgs.). *Rethinking Context*: Language as an Interaction Phenomenon. Cambridge, p. 229-252.

_____ (1992). "Contextualization Revisited". In: AUER, P. & DILUZIO, A. (orgs.). *The Contextualization of Language*. Amsterdã/Filadélfia, p. 39-53.

_____ (1982a). *Discourse Strategies* – Studies in Interactional Sociolinguistics. Cambridge/Londres/Nova York.

_____ (1982b). *Language and Social Identity*. Cambridge.

GUMPERZ, J.J. & COOK-GUMPERZ, J. (1981). "Ethnic Differences in Communicative Style". In: FERGUSAN, C.A. & HEATH, S.H. (orgs.). *Language in the USA*. Cambridge, p. 430-445.

GÜNTHNER, S. & KNOBLAUCH, H. (1994). "'Forms are the Food of Faith' – Gattungen als Muster kommunikativen Handelns". In: *Kölner Zeitschrift für Soziologie und Sozialpsychologie*, 46/4, p. 693-723.

GURWITSCH, A. (1976). *Die mitmenschlichen Begegnungen in der Milieuwelt*. Berlim/Nova York.

HABERMAS, J. (1981). *Theorie des kommunikativen Handelns*. Vol. 1. Frankfurt a. M.

_____ (1973). "Der Universalitätsanspruch der Hermeneutik". In: *Kultur und Kritik* – Verstreute Aufsätze. Frankfurt a. M., p. 264-301 [orig. 1970 in: BUBNER, R.; CRAMER, K. & WIEHL, R. (orgs.). *Hermeneutik und Dialektik*. Vol. 1. Frankfurt a. M., p. 120-159].

_____ (1971). "Vorbereitende Bemerkungen zu einer Theorie der Kommunikativen Kompetenz". In: GURWITSCH, A. & LUHMANN, N. *Theorie der Gesellschaft oder Sozialtechnologie*. Frankfurt a. M., p. 101-141.

_____ (1970). *Zur Logik der Sozialwissenschaften* – Materialien. Frankfurt a. M.

_____ (1969). "Analytische Wissenschaftstheorie und Dialektik". In: ADORNO, T.W. et al. (orgs.). *Der Positivismusstreit in der deutschen Soziologie*. Neuwied/Berlim, p. 155-191.

HAFERKAMP, H. (1974). *Kriminelle Karrieren* – Handlungstheorie, Teilnehmende Beobachtung und Soziologie krimineller Prozesse. Reinbek/Hamburgo.

HAHN, A. (1986). "Soziologische Relevanzen des Stilbegriffs". In: GUMBRECHT, H.U. & PFEIFFER, K.L. (orgs.). *Stil* – Geschichten und Funktionen eines kulturwissenschaftlichen Diskurselements. Frankfurt a. M., p. 603-611.

HAMPL, S. (2010). "Videos interpretieren und darstellen – Die dokumentarische Methode". In: CORSTEN, M.; KRUG, M. & MORITZ, C. (orgs.). *Videographie praktizieren* – Herangehensweisen, Möglichkeiten und Grenzen. Wiesbaden, p. 53-88.

HEIDEGGER, M. (1986). *Sein und Zeit*. Tübingen [orig. 1927].

HELSPER, W.; BÖHME, J.; KRAMER, R.T. & LINGKOST, A. (2001). *Schulkultur und Schulmythos* – Rekonstruktionen zur Schulkultur I. Opladen.

HEPP, A. (2004). *Cultural Studies und Medienanalyse* – Eine Einführung. 2. ed. Wiesbaden.

HERRMANNS, H. (1991). "Narratives Interview". In: FLICK, U. et al. (orgs.). *Handbuch qualitative Sozialforschung*. Munique, p. 182-185.

_____ (1981). *Das narrative Interview in berufsbiographisch orientierten Untersuchungen* – Arbeitspapiere des Wissenschaftlichen Zentrums für Berufs- und Hochschulforschung an der Gesamthochschule Kasse, n. 9.

HEUER, W. (1999). *"Ich kann nicht anders, ich muss reden"* – Eine Untersuchung über den Habitus couragierter Menschen. Berlim [Tese de habilitação].

HICKETHIER, K. (1996). *Film- und Fernsehanalyse*. 2. ed. Stuttgart/Weimar [orig. 1993].

HILDENBRAND, B. (1999). *Fallrekonstruktive Familienforschung* – Anleitung für die Praxis. Opladen [Qualitative Sozialforschung, vol. 6].

_____ (1998). "Biographieanalysen im Kontext von Familiengeschichten – Die Perspektive einer klinischen Soziologie". In: BOHNSACK, R. & MAROTZKI, W. (orgs.). *Biographieforschung und Kulturanalyse – Transdisziplinäre Zugänge qualitativer Forschung*. Opladen, p. 205-224.

_____ (1994). *Methodik der Einzelfallstudie* – Theoretische Grundlagen, Erhebungen und Analyseverfahren, vorgeführt an Fallbeispielen. Studienbrief der Fernuniversität Hagen [2. ed. rev.].

_____ (1988a). "Bäuerliche Esskultur und die widersprüchliche Einheit von Tradition und Moderne im bürgerlichen Familienbetrieb". In: SOEFFNER, H.-G. (org.). *Kultur und Alltag, Soziale Welt* – Sonderband, 6, p. 313-323.

_____ (1988b). "Modernisierungsprozesse in der Landwirtschaft und ihre Bewältigung – Vergleich einer 'schizophrenen' mit einer 'normalen' Familie". In: LÜSCHER, K.; SCHULTHEIS, F. & WEHRSPAUN, M. (orgs.). *Die "postmoderne" Familie*. Konstanz, p. 297-311.

_____ (1987). "Wer soll bemerken, dass Bernhard krank wird? – Familiale Wirklichkeitskonstruktionsprozesse bei der Erstmanifestation einer schizophrenen Psychose". In: BERGOLD, J.B. & FLICK, U. (orgs.). *Ein-Sichten* – Zugänge zur Sicht des Subjektes mittels qualitativer Forschung. Tübingen, p. 151-162.

_____ (1983). *Alltag und Krankheit*: Ethnographie einer Familie. Stuttgart, p. 17-24.

HILDENBRAND, B. & JAHN, W. (1988). "'Gemeinsames Erzählen' und Prozesse der Wirklichkeitsrekonstruktion in familiengeschichtlichen Gesprächen". In: *Zeitschrift für Soziologie*, 17/3, 1988, p. 203-217.

HILGER, G. & ROTHGANGEL, M. (2000). "Wahrnehmungsschulung für 'Gottesbilder' von Kindern". In: FISCHER, D. & SCHÖLL, A. (orgs.). *Religiöse Vorstellungen bilden*. Münster.

_____ (1997). "Wahrnehmungskompetenz für die Religiosität von Schülerinnen". In: *Katholische Blätter*, 122, p. 276-282.

HIRSCHAUER, S. & AMANN, K. (orgs.). *Die Befremdung der eigenen Kultur* – Zur ethnographischen Herausforderung soziologischer Empirie. Frankfurt a. M.

HITZLER, R. (1986). "Die Attitüde der künstlichen Dummheit". In: *Sozialwissenschaftliche Informationen (Sowi)*, 15/2, p. 230-254.

HITZLER, R. & HONER, A. (2003). "Kleine soziale Lebenswelten". In: BOHNSACK, R.; MAROTZKI, W. & MEUSER, M. (orgs.). *Hauptbegriffe qualitativer Sozialforschung*. Opladen, p. 99-100.

_____ (1988). "Der lebensweltliche Forschungsansatz". In: *Neue Praxis*, 6, p. 496-501.

_____ (1984). "Lebenswelt - Milieu - Situation – Terminologische Vorschläge zur theoretischen Verständigung". In: *Kölner Zeitschrift für Soziologie und Sozialpsychologie*, 36, p. 56-74.

HITZLER, R. & HONER, A. (orgs.) (1997). *Sozialwissenschaftliche Hermeneutik* – Eine Einführung. Opladen.

HITZLER, R. & PFADENHAUER, M. (1998). "'Let your body take control!' – Zur ethnographischen Kulturanalyse der Techno-Szene". In: BOHNSACK, R. & MAROTZKI, W. (orgs.). *Biographieforschung und Kulturanalyse* – Transdisziplinäre Zugänge qualitativer Forschung. Opladen, p. 75-92.

HITZLER, R.; REICHERTZ, J. & SCHROER, N. (orgs.) (1999). *Hermeneutische Wissenssoziologie* – Standpunkte zur Theorie der Interpretation. Konstanz.

HOFFMANN-RIEM, C. (1984). *Das adoptierte Kind* – Familienleben in doppelter Elternschaft. Munique.

_____ (1980). "Die Sozialforschung einer interpretativen Soziologie – Der Datengewinn". In: *Kölner Zeitschrift für Soziologie und Sozialpsychologie*, 32, p. 339-372.

HONER, A. (1994). *Lebensweltliche Ethnographie* – Ein explorativ-interpretativer Ansatz am Beispiel von Heimwerker-Wissen. Wiesbaden.

HONNETH, A. & NECKEL, S. (2002). *"Leistung" in der Marktgesellschaft: Erosion eines Deutungsmusters?* – Antrag für ein Forschungsprojekt bei der Deutschen Forschungsgemeinschaft (bewilligt). Frankfurt a. M.

HOPF, C. (1985). "Nicht-standardisierte Erhebungsverfahren in der Sozialforschung – Überlegungen zum Forschungsstand". In: KAASE, M. & KÜCHLER, M. (orgs.). *Herausforderungen der Empirischen Sozialforschung*. Mannheim, p. 86-108.

HOPF, C. & WEINGARTEN, E. (1979). *Qualitative Sozialforschung*. Stuttgart.

HRADIL, S. (1998). "Sozialisationsmilieus – Ein Beitrag zur Weiterentwicklung der soziologischen Erforschung familialer Sozialisation" [manuscrito; originalmente previsto para a publicação in: VASKOVICS, L.A. (org.). *Familiale Lebenslagen und Sozialisation*].

_____ (1989). "System und Akteur – Eine empirische Kritik der soziologischen Kulturtheorie Pierre Bourdieus". In: EDER, K. (org.) (1989). *Klassenlage, Lebensstil und kulturelle Praxis*. Frankfurt a. M., p. 111-141.

HUGHES, E.C. (1971). *The Sociological Eye* – Selected Papers. Chicago.

HUSSERL, E. (1968). *Logische Untersuchungen*. Vol. II, Tübingen.

IMDAHL, M. (1996a). *Giotto – Arenafresken*: Ikonographie - Ikonologie - Ikonik. Munique.

_____ (1996b). "Wandel durch Nachahmung – Rembrandts Zeichnung nach Lastmanns 'Susanna im Bade'". In: *Zur Kunst der Tradition* – Gesammelte Schriften. Vol. 2. Frankfurt a. M., p. 431-456.

_____ (1994). "Ikonik – Bilder und ihre Anschauung". In: BOEHM, G. (org.). *Was ist ein Bild?* Munique, p. 300-324.

_____ (1979). "Überlegungen zur Identität des Bildes". In: MARQUARD, O. & STIERLE, K. (orgs.). *Identität*. Munique, p. 187-211 [Poetik und Hermeneutik].

JAKOB, G. & VON WENSIERSKI, H.-J. (orgs.) (1997). *Rekonstruktive Sozialpädagogik*. Weinheim/Munique.

JOAS, H. (1988). "Symbolischer Interaktionismus – Von der Philosophie des Pragmatismus zu einer soziologischen Forschungstradition". In: *Kölner Zeitschrift für Soziologie und Sozialpsychologie*, 40, p. 417-446.

_____ (1984). "Symbolischer Interaktionismus (Chicagoer Schule)". In: KERBER, H. & SCHMIEDER, A. (orgs.). *Handbuch der Soziologie*. Reinbek/Hamburgo, p. 595-598.

KALLMEYER, W. & SCHÜTZE, F. (1977). "Zur Konstitution von Kommunikationsschmemata der Sachverhaltsdarstellung – Dargestellt am Beispiel von Erzählungen und Beschreibungen". In: WEGNER, D. (org.). *Gesprächsanalyse*. Hamburgo, p. 159-274.

_____ (1976). "Konversationsanalyse". In: *Studium der Linguistik*, 1, p. 1-28.

KAPLAN, A. (1964). *The Conduct of Inquiry* – Methodology for Behavioral Science. São Francisco.

KÄSLER, D. (1984). *Die frühe deutsche Soziologie und ihre Entstehungsmilieus*. Opladen.

KAUSTRÄTER, S. (2003). *Jugendfreundschaften* – Zur Konstruktion von Männlichkeit in der Adoleszenz. Universität Osnabrück [Dissertação de mestrado].

KELLE, U. (1994). *Empirische begründete Theoriebildung* – Zur Logik und Methodologie interpretativer Sozialforschung. Weinheim.

KELLE, U. & KLUGE, S. (1999). *Vom Einzelfall zum Typus*: Fallvergleich und Fallkontrastierung in der qualitativen Sozialforschung. Opladen.

KEPPLER, A. (2006). *Mediale Gegenwart* – Eine Theorie des Fernsehens am Beispiel der Darstellung von Gewalt. Frankfurt a. M.

_____ (1994). *Tischgespräche* – Über Formen kommunikativer Vergemeinschaftung am Beispiel der Konversation in Familien. Frankfurt a. M.

_____ (1989). "Schritt für Schritt – Das Verfahren alltäglicher Belehrungen". In: *Soziale Welt*, 40, p. 536-556.

KLAMBECK, A. (2006). *"Das hysterische Theater unter der Lupe"; Klinische Zeichen psychogener Gangstörungen* – Wege der dokumentarischen Rekonstruktion von als theatral wahrgenommenen Körperbewegungen; eine videoanalytische Untersuchung. Berlim: Humboldt-Universität [Tese de doutorado].

KLUGE, S. (1999). *Empirisch begründete Typenbildung* – Zur Konstruktion von Typen und Typologien in der qualitativen Sozialforschung. Opladen.

KNOBLAUCH, H. (2005). "Video-Interaktions-Analyse". In: WULF, C. & ZIRFAS, J. (orgs.). *Ikonologie des Performativen*. Munique, p. 263-275.

_____ (2001). "Fokussierte Ethnographie". In: *Sozialer Sinn* 1, p. 123-141.

_____ (2000). "Zukunft und Perspektiven der qualitativen Forschung". In: FLICK, U.; KARDORFF, E. & STEINKE, I. (orgs.). *Qualitative Forschung* – Ein Handbuch. Reinbek/ Hamburgo, p. 623-632.

_____ (1996). "Einleitung. Kommunikative Lebenswelten und die Ethnographie einer 'geschwätzigen Gesellschaft'". In: KNOBLAUCH, H. (org.). *Kommunikative Lebenswelten*. Konstanz, p. 7-27.

KNOBLAUCH, H. (org.) (1996). *Kommunikative Lebenswelten* – Zur Ethnographie einer geschwätzigen Gesellschaft. Konstanz.

KNOBLAUCH, H.; SCHNETTLER, B. & RAAB, J. (2006). "Video-Analysis. Methodological Aspects of Interpretive Audiovisual Analysis in Social Research". In: KNOBLAUCH, H.; SCHNETTLER, B.; RAAB, J. & SOEFFNER, H.-G. (orgs.). *Video Analysis: Methodology and Methods* – Qualitative Audiovisual Data Analysis in Sociology. Frankfurt a. M., p. 9-26.

KNORR, K.D. (1985). "Zur Produktion und Reproduktion von Wissen: Ein deskriptiver oder ein konstruktiver Vorgang? – Überlegungen zu einem Modell wissenschaftlicher Ergebniserzeugung". In: BONSS, W. & HARTMANN, H. (orgs.). *Entzauberte Wissenschaft*, *Soziale Welt*. Sonderband 3, p. 151-177.

KNORR-CETINA, K. (1989). "Spielarten des Konstruktivismus – Einige Notizen und Anmerkungen". In: *Soziale Welt* – Über Soziologie, 40/1-2, p. 87-96.

_____ (1988). "Das naturwissenschaftliche Labor als Ort der 'Verdichtung' von Gesellschaft". In: AMANN, K.; HIRSCHAUER, S. & SCHMIDT, K.H. (colabs.). *Zeitschrift für Soziologie*, 17/2, p. 85-101

KOHLI, M. (1988). "Normalbiographie und Individualität: Zur institutionellen Dynamik des gegenwärtigen Lebenslaufregimes". In: BROSE, H.-G. & HILDENBRAND, B. (orgs.). *Vom Ende des Individuums zur Individualität ohne Ende*. Opladen, p. 33-54.

_____ (1986). "Gesellschaft und Lebenszeit: Der Lebenslauf im Strukturwandel der Moderne". In: BERGER, J. (org.). *Die Moderne; Kontinuitäten und Zäsuren* – Soziale Welt. Sonderband 4, p. 183-208.

_____ (1985). "Die Institutionalisierung des Lebenslauf – Historische Befunde und theoretische Argumente". In: *Kölner Zeitschrift für Soziologie und Sozialpsychologie*, 37/2, p. 1-29.

_____ (1978). "'Offenes' und 'geschlossenes' Interview: neue Argumente zu einer alten Kontroverse". In: *Soziale Welt*, 29/1, p. 1-25.

KÖNIG, R. (1984). "Über das vermeintliche Ende der deutschen Soziologie vor der Machtergreifung des Nationalsozialismus". In: *Kölner Zeitschrift für Soziologie und Sozialpsychologie*, 36/1, p. 1-42.

KRACAUER, S. (1964). *Theorie des Films* – Die Errettung der äusseren Wirklichkeit. Frankfurt a. M. [orig. 1960].

KRAUL, M. & MAROTZKI, W. (orgs.) (2002). *Biographische Arbeit* – Perspektiven erziehungswissenschaftlicher Biographieforschung. Opladen.

KROMREY, H. (1998). *Empirische Sozialforschung* – Modelle und Methoden der Datenerhebung und Datenauswertung. Opladen [1. ed., 1980].

KRÜGER, H. (1983). "Gruppendiskussionen – Überlegungen zur Rekonstruktion sozialer Wirklichkeiten aus der Sicht der Betroffenen". In: *Soziale Welt*, 35/1, p. 90-109.

KRÜGER, H.-H. (1997). "Erziehungswissenschaftliche Biographieforschung". In: FRIEBERTSHÄUSER, B. & PRENGEL, A. (orgs.). *Handbuch Qualitative Forschungsmethoden in der Erziehungswissenschaft*. Weinheim/Munique, p. 43-55.

KRÜGER, H.-H. & MAROTZKI, W. (orgs.) (1999). *Handbuch der erziehungswissenschaftlichen Biographieforschung*. Opladen.

KRÜGER, H.-H. & PFAFF, N. (2006). "Zum Umgang mit rechten und ethnozentrischen Orientierungen an Schulen in Sachsen-Anhalt – Triangulation von Gruppendiskussionsverfahren und einem quantitativem Jugendsurvey". In: BOHNSACK, R.; PRZYBORSKI, A. & SCHÄFFER, B. *Das Gruppendiskussionsverfahren in der Praxis*. Opladen, p. 55-73.

KRÜGGELER, M.; BÜKER, M.; DUBACH, A.; EIGEL, W.; ENGELBERGER, T.; FRIEMEL, S. & VOLL, P. (2002). *Solidarität und Religion* – Was bewegt Menschen in Solidaritätsgruppen? Zurique.

KUBISCH, S. (2007). *Habituelle Konstruktion sozialer Differenz* – Eine rekonstruktive Studie am Beispiel von Organisationen der Wohlfahrtspflege. Freie Universität Berlin [Dissertação de mestrado].

KUCHENBUCH, T. (2005). *Filmanalyse*: Theorien - Methoden - Kritik. 2. ed. Viena/ Colônia/Weimar.

_____ (1978). *Filmanalyse*: Theorien - Methoden - Kritik. Colônia.

KÜCHLER, M. (1983). "'Qualitative' Sozialforschung – ein neuer Königsweg?" In: GARZ, D. & KRAIMER, K. (orgs.). *Brauchen wir andere Forschungsmethoden*? Frankfurt a. M., p. 9-31.

KUHN, T.S. (1973). *Die Struktur wissenschaftlicher Revolutionen*. Frankfurt a. M.

_____ (1970). "The Structure of Scientific Revolutions". In: *International Encyclopedia of Confied Science*, vol. 2, n. 2. Chicago.

KUTSCHER, N. (2006). "Die Rekonstruktion moralischer Orientierungen von Professionellen auf der Basis von Gruppendiskussionen". In: BOHNSACK, R.; PRZYBORSKI, A. & SCHÄFFER, B. *Das Gruppendiskussionsverfahren in der Praxis*. Opladen, p. 189-201.

LÄHNEMANN, C. (2006). *Freiarbeit als Erziehung zur Selbsttätigkeit*. Universität Halle [Dissertação de mestrado].

LAKOFF, G. & JOHNSON, M. (1980). *Metaphors We Live By*. Chicago.

LAMNEK, S. (1998). *Gruppendiskussion* – Theorie und Praxis. Weinheim.

_____ (1995). *Qualitative Sozialforschung* – Vol. 1: Methodologien; vol. 2: Methoden und Techniken. Weinheim [1. ed., 1988].

LANGER, S. I. (1984). *Philosophie auf neuem Wege* – Das Symbol im Deuten, im Ritus und in der Kunst. Frankfurt a. M.

LAUDAN, L.; DONOVAN, A.; LAUDAN, R.; BARKER, P.; BROWN, H.; LEPLIN, J.; THAGARD, P. & WYKSTRA, S. (1986). "Scientific Change – Philosophical Models and Historical Research". In: *Synthese* 69, p. 141-223.

LENZEN, D. (1993). "Heiliges Bild oder Kreatur? – Anmerkungen zum Kinderbild bei Otto Dix". In: HERRLITZ, H.-G. & RITTELMEYER, C. (orgs.). *Exakte Phantasie* – Pädagogische Erkundungen bildender Wirkungen in Kunst und Kultur. Weinheim, p. 55-67.

LEVINSON, S.C. (1979). "Activity Types and Language". In: *Linguistics*, 17, p. 356-399.

Lexikon zur Soziologie (1994). Org. de W. Fuchs-Heinritz, R. Lautmann, O. Rammstedt e H. Wienold. Opladen.

LIEBIG, B. (2003). *Orangisationskultur und Geschlechtergleichheit* – Eine vergleichende Studie wirtschaftlicher Unternehmen in der Schweiz. Universität Zürich [Projeto de habilitação].

_____ (2001). "'Tacit Knowledge' und Management: Ein wissenssoziologischer Beitrag zur qualitativen Organisationskulturforschung". In: BOHNSACK, R.; NENTWIG-GESEMANN, I. & NOHL, A.-M. (orgs.). *Die dokumentarische Methode und ihre Forschungspraxis* – Grundlagen qualitativer Sozialforschung. Opladen, p. 143-161.

_____ (2000). "Organisationskultur und Geschlechtergleichstellung – Eine Typologie betrieblicher Geschlechterkulturen". In: *Zeitschrift für Frauenforschung & Geschlechterstudien*, 18/3, p. 47-66.

LIEBIG, B. & NENTWIG-GESEMANN, I. (2002). "Gruppendiskussion". In: KÜHL, S. & STRODTHOLZ, P. (orgs.). *Methoden der Organisationsforschung* – Ein Handbuch. Reinbek/Hamburgo, p. 141-174.

LINDNER, R. (1990). *Die Entdeckung der Stadtkultur* – Soziologie aus der Erfahrung der Reportage. Frankfurt a. M.

LOER, T. (1994). "Werkgestalt und Erfahrungskonstitution – Exemplarische Analyse von Paul Cézannes 'Montaigne Sainte-Victoire' (1904/1906) unter Anwendung der Methode der objektiven Hermeneutik und Ausblick auf eine soziologische Theorie der Aesthetik im Hinblick auf eine Theorie der Erfahrung". In: GARZ, D. & KRAIMER, K. (orgs.). *Die Welt als Text* – Theorie, Kritik und Praxis der objektiven Hermeneutik. Frankfurt a. M., p. 341-382.

LOFLAND, J. (1971). *Analyzing Social Settings*. Belmont.

LOOS, P. (1999). *Zwischen pragmatischer und moralischer Ordnung* – Der männliche Blick auf das Geschlechterverhältnis im Milieuvergleich. Opladen.

_____ (1998). *Mitglieder und Sympathisanten rechtsextremer Parteien* – Das Selbstverständnis von Anhängern der Partei "Die Republikaner". Wiesbaden.

LOOS, P. & SCHÄFFER, B. (2001). *Das Gruppendiskussionsverfahren* – Theoretische Grundlagen und empirische Anwendung. Opladen [Qualitative Sozialforschung, vol. 5].

LORENZER, A. (1970). *Sprachzerstörung und Rekonstruktion* – Vorarbeiten zu einer Metatheorie der Psychoanalyse. Frankfurt a. M.

LÜDERS, C. (2003). "Gütekriterien". In: BOHNSACK, R.; MAROTZKI, W. & MEUSER, M. (orgs.). *Hauptbegriffe qualitativer Sozialforschung*. Opladen.

_____ (2000a). "Herausforderungen qualitativer Forschung". In: FLICK, U.; KARDORFF, E. & STEINKE, I. (orgs.). *Qualitative Forschung* – Ein Handbuch. Reinbek/Hamburgo, p. 632-642.

_____ (2000b). "Beobachten im Feld und Ethnographie". In: FLICK, U.; KARDORFF, E. & STEINKE, I. (orgs.). *Qualitative Forschung* – Ein Handbuch. Reinbek/Hamburgo, p. 384-401.

_____ (1996). "Between stories – Neue Horizonte der qualitativen Sozialforschung?" In: *Sozialwissenschaftliche Literatur-Rundschau*, 19/31-32, p. 19-29.

_____ (1995). "Von der teilnehmenden Beobachtung zur ethnographischen Beschreibung". In: KÖNIG, E. & ZEDLER, P. (orgs.). *Bilanz qualitativer Forschung II*: Methoden. Wiesbaden.

LÜDERS, C. & REICHERTZ, J. (1986). "Wissenschaftliche Praxis ist, wenn alle funktioniert und keiner weiss warum – Bemerkungen zur Entwicklung qualitativer Sozialforschung". *Sozialwissenschaftliche Literatur-Rundschau*, 12, p. 90-102.

LUHMANN, N. (1990). *Die Wissenschaft der Gesellschaft*. Frankfurt a. M.

_____ (1988). "Selbstreferentielle Systeme". In: SIMON, F.B. (org.). *Lebende Systeme*. Berlim, p. 47-53.

_____ (1987). *Soziale Systeme* – Grundriss einer allgemeinen Theorie. Frankfurt a. M.

_____ (1979). "Schematismen der Interaktion". In: *Kölner Zeitschrift für Soziologie und Sozialpsychologie*, 31, p. 199-236.

_____ (1975). *Macht*, Stuttgart.

_____ (1973). *Zweckbegriff und Systemrationalität*. Frankfurt a. M.

_____ (1970a). "Reflexive Mechanismen". In: *Soziologische Aufklärung*. Colônia/Opladen, p. 92-112.

_____ (1970b). "Funktion und Kausalität". In: *Soziologische Aufklärung*. Colônia/Opladen, p. 9-30 [orig. 1962 in: *Kölner Zeitschrift für Soziologie und Sozialpsychologie* 14, p. 617-644].

LYNCH, M.; LIVINGSTON, E. & GARFINKEL, H. (1985). "Zeitliche Ordnung in der Arbeit des Labors". In: BONSS, W. & HARTMANN, H. (orgs.). *Entzauberte Wissenschaft*, *Soziale Welt* – Sonderband 3, p. 179-206.

MANGOLD, W. (1988). "Gruppendiskussionen als Instrument der Untersuchung von kollektiven Orientierungen in Gruppen von Jugendlichen". In: MANGOLD, W. & BOHNSACK, R. (1988). *Kollektive Orientierungen in Gruppen von Jugendlichen* – Forschungsbericht für die deutsche Forschungsgemeinschaft. Erlangen, p. 8-63.

_____ (1973). "Gruppendiskussionen". In: *Handbuch der empirischen Sozialforschung*. Vol. 2. 3. ed. Frankfurt a. M., p. 228-259.

_____ (1960). *Gegenstand und Methode des Gruppendiskussionsverfahrens*. Frankfurt a. M.

MANGOLD, W. & BOHNSACK, R. (1988). *Kollektive Orientierungen in Gruppen Jugendlicher* – Bericht für die Deutsche Forschungsgemeinschaft. Erlangen.

_____ (1983). *Kollektive Orientierungen in Gruppen Jugendlicher – Antrag für ein Forschungsprojekt*. Erlangen.

MANNHEIM, K. (1984). *Konservatismus* – Ein Beitrag zur Soziologie des Wissens. Frankfurt a. M. [versão publicada da tese de habilitação de 1925].

_____ (1980). *Strukturen des Denkens*. Frankfurt a. M. [orig. 1922-1925; inédito].

_____ (1964a). "Beiträge zur Theorie der Weltanschauungsinterpretation". In: *Wissenssoziologie*. Neuwied, p. 91-154 [orig. 1921-1922 in: *Jahrbuch für Kunstgeschichte* XV, 4].

_____ (1964b). "Das Problem der Generationen". In: *Wissenssoziologie*. Neuwied, p. 509-565 [orig. 1928 in: *Kölner Vierteljahreshefte für Soziologie*, 7/2, p. 157-185; 3, p. 309-330].

_____ (1964c). "Ideologische und soziologische Interpretation der geistigen Gebilde". In: *Wissenssoziologie*. Neuwied, p. 388-407 [orig. 1926 in: *Jahrbuch für Soziologie*, 2].

_____ (1952a). *Ideologie und Utopie*. Frankfurt a. M. [orig. 1929. Bonn].

_____ (1952b). "Wissenssoziologie". In: *Ideologie und Utopie*. Frankfurt a. M., p. 227-267 [orig. 1931 in: VIERKANDT, A. (org.). *Handwörterbuch der Soziologie*. Stuttgart, p. 659-680].

MAROTZKI, W. (1999). "Forschungsmethoden und- methodologie der Erziehungswissenschaftlichen Biographieforschung". In: KRÜGER, H-H. & MAROTZKI, W. (orgs.) (1999). *Handbuch der erziehungswissenschaftlichen Biographieforschung*. Opladen, p. 109-133.

_____ (1998). "Ethnographische Verfahren in der erziehungswissenschaftlichen Biographieforschung". In: JÜTTEMANN, G. & THOMAE, H. (orgs.). *Biographische Methoden in den Humanwissenschaften*. Weinheim, p. 44-59.

_____ (1996). "Forschungsmethoden der erziehungswissenschaftlichen Biographieforschung". In: KRÜGER, H.-H. & MAROTZKI, W. (orgs.). *Erziehungswissenschaftliche Biographieforschung*. 2. ed. Opladen, p. 55-89.

_____ (1990). *Entwurf einer strukturalen Bildungstheorie* – Biographietheoretische Auslegung von Bildungsprozessen in hochkomplexen Gesellschaften. Weinheim.

MASCHKE, S. & SCHITTENHELM, K. (2005). "Integratives qualitatives Forschungshandeln: Kombinierte Anwendungsformen der dokumentarischen Methode in den Sozial- und Erziehungswissenschaften". In: *Zeitschrift für Sozialisationsforschung und Erziehungssoziologie*, 25/3, p. 325-335.

MATTHES, J. (1992). "The Operation called 'Vergleichen'" In: MATTHES, J. (org.). *Soziale Welt* – Sonderband 8: Zwischen den Kulturen? Die Sozialwissenschaften vor dem Problem des Kulturvergleichs, p. 75-99.

_____ (1987). "Erfahrung durch Konstrukte – Empirische Sozialforschung als Kommunikationsproblem". In: RÜHL, M. (org.). *Kommunikation und Erfahrung*. Nuremberg.

_____ (1985a). "Karl Mannheims 'Das Problem der Generationen' neu gelesen". In: *Zeitschrift für Soziologie*, 14/5, p. 363-372.

_____ (1985b). "Zur transkulturellen Relativität erzählanalytischer Verfahren in der empirischen Sozialforschung". In: *Kölner Zeitschrift für Soziologie und Sozialpsychologie*, 37, p. 310-326.

_____ (1985c). "Die Soziologen und ihre Wirklichkeit". In: BONSS, W. & HARTMANN, H. (orgs.). *Entzauberte Wissenschaft, Soziale Welt*. Sonderband 3, p. 49-64.

_____ (1983). "Religion als Thema komparativer Sozialforschung". In: *Soziale Welt*, 34/1, p. 3-21.

_____ (1967). *Hat die Wissenssoziologie eine Zukunft?* [palestra de posse na Westfälische Wilhelm-Universität].

MATTHES-NAGEL, U. (1986). "Modelle und Methoden Rekonstruktiver Theoriebildung". In: EBERT, G.; HESTER, W. & RICHTER, K. (orgs.). *Subjektorientiertes Lernen und Arbeiten* – Ausdeutung einer Gruppeninteraktion. Bonn, p. 29-55.

_____ (1982). *Latente Sinnstrukturen und objektive Hermeneutik* – Zur Begründung einer Theorie der Bildungsprozesse. Munique.

MATTHIESEN, U. (1998). "Milieus in Transformationen – Positionen und Anschlüsse". In: MATTHIESEN, U. (org.). *Die Räume der Milieus*. Berlim, p. 17-79.

_____ (1995). "Deutungsmuster und Lebensstile im 'problematischen' Konstitutionsprozess regionaler Identitäten". In: INSTITUT FÜR REGIONALENTWICKLUNG UND STRUKTURPLANUNG (org.). *Lebensstile und Raumerleben* – Zur Analyse und Empirie von Strukturveränderungen in der sozialen Raumerfahrung. Berlim, p. 33ss.

McHUGH, P. (1971). "On the Failure of Positivism". In: DOUGLAS, J.D. (org.). *Understanding Everyday Life*. Londres, p. 320-335.

_____ (1970). "A Common Sense Conception of Deviance". In: DOUGLAS, J.D. (org.). *Deviance and Respectability*. Nova York/Londres, p. 61-88.

MEAD, G.H. (1968). *Geist, Identität und Gesellschaft*. Frankfurt a. M. [orig. 1934: *Mind, Self and Society*. Chicago].

MEHAN, H. & WOOD, H. (1970). *The Reality of Ethnomethodology*. Nova York.

MEINEFELD, W. (1997). "Ex-ante-Hypothesen in der Qualitativen Sozialforschung: zwischen 'fehl am Platz' und 'unverzichtbar'". In: *Zeitschrift für Soziologie*, 26/1, p. 22-34.

MEJA, V. & STEHR, N. (1982). *Der Streit um die Wissenssoziologie*. 2 vols. Frankfurt a. M.

MENSCHING, A. (2008). *Gelebte Hierarchie* – Mikropolitische Arrangements und organisationskulturelle Praktiken am Beispiel der Polizei. Wiesbaden.

_____ (2006). "'Goldfasan' versus 'Kollege vom höheren Dienst'. Zur Rekonstruktion gelebter Hierarchiebeziehungen in der Polizei". In: BOHNSACK, R.; PRZYBORSKI, A. & SCHÄFFER, B. *Das Gruppendiskussionsverfahren in der Praxis*. Opladen, p. 153-167.

MERTON, R.K. (1987). "The Focused Interview and Focus Groups – Continuities and Discontinuities". In: *Public Opinion Quarterly*, 51, p. 550-556.

MERTON, R.K.; FISKE, M. & KENDALL, P.L. (1956). *The Focused Interview*. Glencoe.

MEUSER, M. (2001). "Repräsentation sozialer Strukturen im Wissen – Dokumentarische Methode und Habitusrekonstruktion". In: BOHNSACK, R.; NENTWIG-GESEMANN, I. & NOHL, A.-M. (orgs.). *Die dokumentarische Methode und ihre Forschungspraxis* – Grundlagen qualitativer Sozialforschung. Opladen, p. 207-221.

_____ (1999). "Subjektive Perspektiven, habituelle Dispositionen und konjunktive Erfahrungen – Wissenssoziologie zwischen Schütz, Bourdieu und Mannheim". In: HITZLER, R.; REICHERTZ, J. & SCHROER, N. (orgs.). *Hermeneutische Wissenssoziologie* – Standpunkte zur Theorie der Interpretation. Konstanz, p. 121-146.

_____ (1998). *Geschlecht und Männlichkeit* – Soziologische Theorie und kulturelle Deutungsmuster. Opladen.

MEUSER, M. & NAGEL, U. (1991). "Expert Inneninterviews – Vielfach erprobt, wenig bedacht: Ein Beitrag zur qualitativen Methodendiskussion". In: GARZ, D. & KRAIMER, K. (orgs.). *Qualitativ-empirische Sozialforschung*. Opladen, p. 441-471.

MICHEL, B. (2006a). "Das Gruppendiskussionsverfahren in der (Bild-) Rezeptionsforschung". In: BOHNSACK, R.; PRZYBORSKI, A. & SCHÄFFER, B. *Das Gruppendiskussionsverfahren in der Praxis*. Opladen, p. 219-231.

_____ (2006b). *Bild und Habitus* – Sinnbildungsprozesse bei der Rezeption von Fotografien. Wiesbaden.

_____ (2005). "Kommunikation vs. Konjunktion – Zwei Modi der Medienrezeption". In: GEHRAU, V.; BILANDZIC, H. & WOELKE, J. (orgs.). *Rezeptionsstrategien und Rezeptionsmodalitäten* – Reihe Rezeptionsforschung. Vol. 7. Munique, p. 107-126.

_____ (2004). "Bildrezeption als Praxis – Dokumentarische Analyse von Sinnbildungsprozessen bei der Rezeption von Fotografien". In: *Zeitschrift für qualitative Bildungs-, Beratungs- und Sozialforschung* – Themenheft "Methoden der Bildinterpretation" (ZBBS), 1, p. 67-86.

_____ (2003). "Dimensionen der Offenheit – Kollektive Sinnbildungsprozesse bei der Rezeption von Fotografien". In: EHRENSPECK, Y. & SCHÄFFER, B. (orgs.). *Film- und Photoanalyse in der Erziehungswissenschaft* – Ein Handbuch. Opladen, p. 227-249.

_____ (2001). "Fotografien und ihre Lesarten – Dokumentarische Interpretation von Bildrezeptionsprozessen". In: BOHNSACK, R.; NENTWIG-GESEMANN, I. & NOHL, A.M. (orgs.). *Die dokumentarische Methode und ihre Forschungspraxis* – Grundlagen qualitativer Sozialforschung. Opladen, p. 91-120.

MIETZNER, U. & PILARCZYK, U. (2003). "Methoden der Fotografieanalyse". In: EHRENS-PECK, Y. & SCHÄFFER, B. (orgs.). *Film- und Fotoanalyse in der Erziehungswissenschaft* – Ein Handbuch. Opladen, p. 19-36.

MIKOS, L. (2003). *Film- und Fernsehanalyse*. Konstanz.

MITCHELL, W.J.T. (1997). "Der Pictorial Turn". In: KRAVAGNA, C. (org.). *Privileg Blick* – Kritik der visuellen Kultur. Berlin, p. 15-40.

_____ (1994). *Picture Theory* – Essays on Verbal and Visual Representation. Chicago/Londres.

MOLLENHAUER, K. (1983). "Streifzug durch fremdes Terrain – Interpretation eines Bildes aus dem Quattrocento in bildungstheoretischer Absicht". In: *Zeitschrift für Pädagogik*, 30/2, p. 173-194.

MORGAN, D.L. (1988). *Focus Groups as Qualitative Research*. Newberry Park/Londres/Nova Deli.

MÜLLER, H.-P. (1986). "Kultur, Geschmack und Distinktion – Grundzüge der Kultursoziologie Pierre Bourdieus". In: *Kölner Zeitschrift für Soziologie und Sozialpsychologie* – Sonderheft 27: Kultur und Gesellschaft, p. 163-190.

MÜLLER-DOOHM, S. (1993). "Visuelles Verstehen – Konzepte kultursoziologischer Bildhermeneutik". In: JUNG, T. & MÜLLER-DOOHM, S. (orgs.). *"Wirklichkeit" im Deutungsprozess* – Verstehen und Methoden in den Kultur-und Sozialwissenschaften. Frankfurt a. M., p. 434-475.

NAGEL, U. (1997). *Engagierte Rollendistanz* – Professionalität in biographischer Perspektive. Opladen.

NECKEL, S. (1997). "Zwischen Robert E. Park und Pierre Bourdieu: Eine dritte 'Chicago School'?" In: *Soziale Welt*, 1, p. 71-84.

NENTWIG GESEMANN, I. (2007). "Der Familienurlaub: Rituale, Praxis, Differenzbearbeitung und Lernprozesse". In: WULF, C. et al. *Lernkulturen im Umbruch* – Rituelle Praktiken in Schule, Familie, Medien und Jugend. Wiesbaden, p. 220-252.

_____ (2006). "Regelgeleitete, habituelle und aktionistische Spielpraxis – Die Analyse von Kinderspielkultur mit Hilfe videogestützter Gruppendiskussionen". In: BOHNSACK, R.; PRZYBORSKI, A. & SCHÄFFER, B. *Das Gruppendiskussionsverfahren in der Praxis*. Opladen, p. 25-44.

_____ (2002). "Gruppendiskussionen mit Kindern – Die dokumentarische Interpretation von Spielpraxis und Diskursorganisation". In: *Zeitschrift für qualitative Bildungs-, Beratungs- und Sozialforschung (ZBBS)*, 1, p. 41-63.

_____ (2001). "Die Typenbildung der dokumentarischen Methode". In: BOHNSACK, R.; NENTWIG-GESEMANN, I. & NOHL, A-M. (orgs.). *Die dokumentarische Methode und ihre Forschungspraxis* – Grundlagen qualitativer Forschung. Opladen, p. 275-300.

_____ (1999). *Krippenerziehung in der DDR*: Alltagspraxis und Orientierungen von Erzieherinnen im Wandel. Opladen.

NENTWIG-GESEMANN, I. & BOHNSACK, R. (2005). "Peer-Mediation in der Schule – Eine qualitative Evaluationsstudie zu einem Mediationsprojekt am Beispiel einer Berliner Oberschule". In: DEUTSCHE KINDER- UND JUGENDSTIFTUNG (org.). *Jung: Talentiert; Chancenreich?* – Beschäftigungsfähigkeit von Jugendlichen fördern. Opladen, p. 143-175.

NENTWIG-GESEMANN, I. & KLAR, I. (2002). "Aktionismus, Regelmässigkeiten und Regeln im Spiel. Kinderspielkultur am Beispiel Pokémon". In: *Psychologie und Gesellschaftskritik*, 26, 102/103 (II/III), p. 127-158.

NESTLER, E. (1998). *Pneuma*: ausseralltägliche religiöse Erfahrungen und ihre biographischen Kontexte. Konstanz.

NIESSEN, M. (1977). *Gruppendiskussion*: Interpretative - Methodologie - Methodenbegründung – Anwendung. Munique.

NOHL, A.-M. (2006a). *Interview und documentarische Methode* – Anleitungen für die Forschungspraxis. Wiesbaden.

_____ (2006b). *Bildung und Spontaneität: Phasen von Wandlungsprozessen in drei Lebensaltern* – Empirische Rekonstruktionen und pragmatische Reflexionen. Opladen.

_____ (2006c). "Interkulturelle Kommunikation in Gruppendiskussionen – Propositionalität und Performanz in dokumentarischer Interpretation". In: BOHNSACK, R.; PRZYBORSKY, A. & SCHÄFFER, B. *Das Gruppendiskussionsverfahren in der Praxis*. Opladen, p. 249-265.

_____ (2005). "Dokumentarische Interpretation narrativer Interviews". In: *Bildungsforschung*, 2/2 [Disponível em http://www.bildungsforschung.org/Archiv/2005-02/interview].

_____ (2002). "Personale und soziotechnische Bildungsprozesse im Internet". In: *Zeitschrift für qualitative Bildungs-, Beratungs- und Sozialforschung (ZBBS)*, 2, p. 415-430.

_____ (2001a). *Migration und Differenzerfahrung* – Junge Einheimische und Migranten im rekonstruktiven Milieuvergleich. Opladen.

_____ (2001b). "Komparative Analyse: Forschungspraxis und Methodologie dokumentarischer Interpretation". In: BOHNSACK, R.; NENTWIG-GESEMANN, I. & NOHL, A.-M.

(orgs.). *Die dokumentarische Methode und ihre Forschungspraxis* – Grundlagen qualitativer Forschung. Opladen, p. 253-273.

_____ (1999). *Migrationslagerung und Differenzerfahrung* – Vergleichende Milieurekonstruktionen zu männlichen Jugendlichen aus einheimischen und zugewanderten Familien in Berlin und Ankara. Freie Universität Berlin [Dissertação de mestrado].

_____ (1996). *Jugend in der Migration* – Türkische Banden und Cliquen in empirischer Analyse. Baltmannsweiler.

NOHL, A.-M.; FRITZSCHE, B. & SCHONDELMAYER, A. (2006). *Biographische Chancen im Entrepreneurship*. Berlim.

NOHL, A.-M.; SCHITTENHELM, K.; SCHMIDTKE, O. & WEISS, A. (2006). "Kulturelles Kapital in der Migration – ein Mehrebenenansatz zur empirisch-rekonstruktiven Analyse der Arbeitsmarktintegration hochqualifizierter Migrant Innen". In: *Forum Qualitative Sozialforschung*, vol. 7, n. 3, art. 14.

NUSCHELER, F.; GABRIEL, K.; KELLER, S. & TREBER, M. (1995). *Christliche Dritte Welt-Gruppen*: Praxis und Selbstverständnis. Mainz.

OEVERMANN, U. (2001a). "Zur Analyse der Struktur von sozialen Deutungsmustern". In: *Sozialer Sinn*, 2, p. 3-33.

_____ (2001b). "Die Struktur sozialer Deutungsmuster – Versuch einer Aktualisierung". In: *Sozialer Sinn*, 2, p. 35-81.

_____ (1991). "Genetischer Strukturalismus und das sozialwissenschaftliche Problem der Erklärung der Entstehung des Neuen". In: MÜLLER-DOOHM, S. (org.). *Jenseits der Utopie* – Theoriekritik der Gegenwart. Frankfurt a. M., p. 267-336.

_____ (1988). "Eine exemplarische Studie zum Typus der versozialwissenschaftlichten Identitätsformation". In: BROSE, H.-G. & HILDENBRAND, B. (orgs.) (1988). *Vom Ende des Individuums zur Individualität ohne Ende*. Opladen, p. 243-286.

_____ (1987). *Über Abduktion* [palestra no congresso internacional da Deutsche Gesellschaft für Semiotik, 04/10/1987; manuscrito; transcrição de gravação da palestra: 24 p.]. Essen.

_____ (1986). "Kontroversen über sinnverstehende Soziologie – Einige wiederkehrende Probleme und Missverständnisse in der Rezeption der 'objektiven Hermeneutik'". In: AUFENANGER, S. & LENSSEN, M. (orgs.). *Handlung und Sinnstruktur*. Munique, p. 19-83.

_____ (1983). "Zur Sache – Die Bedeutung von Adornos methodologischem Selbstverständnis für die Begründung einer materialen soziologischen Strukturanalyse". In: FRIEDEBURG, L. & HABERMAS, J. (orgs.). *Adornokonferenz 1983*. Frankfurt a. M., p. 234-289.

_____ (1979). "Sozialisationstheorie – Ansätze zu einer soziologischen Sozialisationstheorie und ihre Konsequenzen für die allgemeinsoziologische Analyse". In: *Kölner Zeitschrift für Soziologie und Sozialpsychologie* – Sonderheft 21: Deutsche Soziologie seit 1945, p. 143-168.

OEVERMANN, U.; ALLERT, T.; GRIPP, H.; KONAU, E.; KRAMBECK, J.; SCHRÖDER-CESAR, E. & SCHÜTZE, Y. (1976). "Beobachtungen zur Struktur der sozialisatorischen Interaktion – Theoretische und methodische Fragen der Sozialisationsforschung". In: AUWÄRTER, M.; KIRSCH, E. & SCHRÖTER, K. (orgs.). *Seminar: Kommunikation, Interaktion, Identität.* Frankfurt a. M., p. 371-402 [orig. 1976 in: LEPSIUS, R. (org.). *Zwischenbilanz der Soziologie* – Verhandlungen des 17. Deutschen Soziologentages. Stuttgart].

OEVERMANN, U.; ALLERT, T. & KONAU, E. (1980). "Zur Logik der Interpretation von Interviewtexten. Fallanalyse anhand eines Interviews mit einer Fernstudentin". In: HEINZ, T.; KLUSEMANN, H.W. & SOEFFNER, H.-G. (orgs.). *Interpretationen einer Bildungsgeschichte* – Überlegungen zur Sozialwissenschaftlichen Hermeneutik. Bensheim, p. 15-69.

OEVERMANN, U.; ALLERT, T.; KONAU, E. & KRAMBECK, J. (1979). "Die Methodologie einer 'objektiven Hermeneutik' und ihre allgemeine forschungslogische Bedeutung in den Sozialwissenschaften". In: SOEFFNER, H.-G. (org.). *Interpretative Verfahren in den Sozial- und Textwissenschaften.* Stuttgart, p. 352-433.

PANOFSKY, E. (2001). *Die altniederländische Malerei* – Ihr Ursprung und Wesen. Colônia [orig. 1953: *Early Netherlandish Painting.* Cambridge, Mass.].

_____ (1999). "Stil und Medium im Film". In: PANOFSKY, E. *Stil und Medium im Film & Die ideologischen Vorläufer des Rolls-Royce-Kühlers.* Frankfurt a. M., p. 19-57.

_____ (1989). *Gotische Architektur und Scholastik* – Zur Analogie von Kunst, Philosophie und Theologie im Mittelalter. Colônia [orig. 1951: *Gothic architecture and scholasticism.* Pensilvânia].

_____ (1975). "Ikonographie und Ikonologie – Eine Einführung in die Kunst der Renaissance". In: Sinn und Deutung in der bildenden Kunst. Colônia, p. 36-67 [orig. 1955: *Meaning in the Visual Arts.* Nova York].

_____ (1964). "Die Perspektive als symbolische Form". In: PANOFSKY, E. (org.). *Aufsätze zu Fragen der Kunstwissenschaft.* Berlim, p. 99-167.

_____ (1964a). "Der Begriff des Kunstwollens". In: PANOFSKY, E. (org.). *Aufsätze zu Fragen der Kunstwissenschaft.* Berlim, p. 99-167.

_____ (1932). "Zum Problem der Beschreibung und Inhaltsdeutung von Werken der Bildenden Kunst". In: *Logos* XXI, p. 103-119 [reimpr. Em PANOFSKY, E. (org.). *Aufsätze zu Grundfragen der Kunstwissenschaft.* Berlim, p. 85-97].

PARK, R. & BURGESS, E.W. (1921). *Introduction to the Science of Sociology.* Chicago.

PARMENTIER, M. (2001). "Jenseits von Idylle und Allegorie: Die Konstruktion des ästhetischen Subjektes in Bruegels 'Kinderspielen'". In: RITTELMEYER, C. & PARMENTIER, M. (orgs.). *Einführung in die pädagogische Hermeneutik*. Darmstadt, p. 89-104.

_____ (1993). "Sehen sehen – Ein bildungstheoretischer Versuch über Chardins 'L'enfant au toton'". In: HERLITZ, H.-G. & RITTELMEYER, C. (orgs.). *Exakte Phantasie* – Pädagogische Erkundungen bildender Wirkungen in Kunst und Kultur. Weinheim, p. 105-121.

PEIRCE, C.S. (1967). *Schriften zum Pragmatismus und Pragmatizismus*. Org. de K.-O. Apel. Frankfurt a. M.

PETERS, D. (1973). *Richter im Dienst der Macht*. Stuttgart.

PFAFF, N. (2006). *Jugendkultur und Politisierung* – Eine multimethodische Studie zur Entwicklung politischer Orientierungen im Jugendalter. Wiesbaden.

PILARCZYK, U. & MIETZNER, U. (2000). "Bildungswissenschaftliche Methoden in der erziehungs- und sozialwissenschaftlichen Forschung". In: *Zeitschrift für qualitative Bildungs-, Beratungs- und Sozialforschung (ZBBS)*, 2, p. 343-364.

POLANYI, M. (1985). *Implizites Wissen*. Frankfurt a. M. [orig. 1966: *The Tacit Dimension*. Garden City, NY].

_____ (1978). "Sinngebung und Sinndeutung". In: GADAMER, H.-G. & BOEHM, G. (orgs.). *Seminar*: Die Hermeneutik und die Wissenschaften. Frankfurt a. M., p. 118-133.

POLLOCK, F. (org.) (1955). *Gruppenexperiment* – Ein Studienbericht: Frankfurter Beiträge zur Soziologie. Vol. 2. Frankfurt a. M.

POPPER, K.R. (1971). *Logik der Forschung*. Tübingen.

PRZYBORSKI, A. (2004). *Gesprächsanalyse und dokumentarische Methode* – Qualitative Auswertung von Gesprächen, Gruppendiskussionen und anderen Diskursen. Wiesbaden.

_____ (2003). *Formen der Sozialität und diskursive Praxis*. Freie Universität Berlin [Projeto de dissertação].

PRZYBORSKI, A. & WOHLRAB-SAHR, M. (2007). *Qualitative Sozialforschung* – Ein Arbeitsbuch. Munique.

REICHERTZ, J. (2003a). *Die Abduktion in der qualitativen Sozialforschung* – Form und Funktion einer Denkform. Opladen [Qualitative Sozialforschung, vol. 13].

_____ (2003b). "Hermeneutische Wissenssoziologie". In: BOHNSACK, R.; MAROTZKI, W. & MEUSER, M. (orgs.). *Hauptbegriffe qualitativer Sozialforschung*. Opladen.

_____ (2000). *Die Frohe Botschaft des Fernsehens* – Kulturwissenschaftliche Untersuchung medialer Diesseitsreligion. Konstanz.

_____ (1997). "Objektive Hermeneutik". In: HITZLER, R. & HONER, A. (orgs.). *Sozial-wissenschaftliche Hermeneutik* – Eine Einführung. Opladen, p. 31-55.

_____ (1994). "Von Gipfeln und Tätern – Bemerkungen zu einigen Gefahren, die den objektiven Hermeneuten erwarten". In: GARZ, D. & KRAIMER, K. (orgs.). *Die Welt als Text.* Frankfurt a. M., p. 125-152.

_____ (1993). "Abduktives Schlussfolgern und Typen(re)konstruktion – Abgesang auf eine liebgewonnene Hoffnung". In: JUNG, T. & MÜLLER-DOOHM, S. (orgs.). *"Wirklichkeit" im Deutungsprozess.* Frankfurt a. M., p. 258-282.

_____ (1992). "Der Morgen danach – Hermeneutische Auslegung einer Werbefotografie in zwölf Einstellungen". In: HARTMANN, H.A. & HAUBL, R. (orgs.). *Bilderflut und Sprachmagie* – Fallstudien zur Kultur der Werbung. Opladen, p. 141-163.

_____ (1991). *Aufklärungsarbeit* – Polizisten und Feldforscher bei der Arbeit. Stuttgart.

_____ (1988). "Verstehende Soziologie ohne Subjekt? – Die objektive Hermeneutik als Metaphysik ohne Strukturen". In: *Kölner Zeitschrift für Soziologie und Sozialpsychologie,* 40, p. 207-222.

_____ (1986). *Probleme qualitativer Sozialforschung.* Frankfurt a. M./Nova York.

REICHERTZ, J. & SCHROER, N. (1994). "Erheben, Auswerten, Darstellen – Konturen einer hermeneutischen Wissenssoziologie". In: SCHROER, N. (org.). *Interpretative Sozial-forschung* – Auf dem Wege zu einer hermeneutischen Wissenssoziologie, p. 56-84.

REIM, T. & RIEMANN, G. (1997). "Die Forschungswerkstatt – Erfahrungen aus der Arbeit mit Studentinnen und Studenten der Sozialarbeit/Sozialpädagogik und der Supervision". In: JAKOB, G. & WENSIERSKI, H.J. (orgs.). *Rekonstruktive Sozialpädagogik.* Weinheim/ Munique, p. 223-238.

RICOEUR, P. (1972). "Der Text als Modell: hermeneutisches Verstehen". In: BRÜHL, W.L. (org.). *Verstehende Soziologie* – Grundzüge und Entwicklungstendenzen. Munique, p. 252-283 [reimpr. in: GADAMER, H.-G. & BOEHM, G. (orgs.) (1978). *Seminar* – Die Hermeneutik und die Wissenschaften. Frankfurt a. M., p. 83-107].

_____ (1970). "Qu'est-ce qu'un texte? – Expliquer et comprendre". In: BUBNER, R.; CRA-MER, K. & WIEHL, R. (orgs.). *Hermeneutik und Dialektik.* Vol. II. Tübingen, p. 181-200.

RIEMANN, G. (2000). *Die Arbeit in der sozialpädagogischen Familienberatung* – Interak-tionsprozesse in einem Handlungsfeld der sozialen Arbeit. Weinheim/Munique.

_____ (1997). *Beratungsgeschichte, Kernprobleme und Arbeitsprozesse in der sozialpäda-gogischen Familienberatung* – Eine arbeits-, biographie- und interaktionsanalytische Studie zu einem Handlungsfeld der Sozialen Arbeit. Madesburgo [Tese de habilitação].

_____ (1987). *Das Fremdwerden der eigenen Biographie* – Narrative Interviews mit psychiatrischen Patienten. Munique.

RORTY, R. (1967). *The Linguistic Turn*: Recent Essays in Philosophical Method. Chicago.

ROSENBERG, F. (2006). *Habitus und Distinktion in Peergroups* – Ein Beitrag zur Rekonstruktiven Schul- und Jugendkulturforschung. Berlim [inédito].

ROSENTHAL, G. (1995). *Erlebte und erzählte Lebensgeschichte*. Frankfurt a. M.

_____ (1987). *"...Wenn alles in Scherben fällt"* – Von Leben und Sinnwelt der Kriegsgeneration. Opladen.

RUDLOFF, M. (2002). *Männlichkeiten und Milieus in der Sozialen Arbeit* – Autobiographische und pädagogische Narrationen von männlichen Jugendsozialarbeitern in diskurspsychologischer und wissenssoziologischer Perspektive im Rahmen qualitativ-rekonstruktiver Geschlechterforschung. Freie Universität Berlin [Dissertação de mestrado].

SABISCH, A. (2007). *Inszenierung der Suche* – Vom Sichtbarwerden ästhetischer Erfahrung im Tagebuch: Entwurf einer wissenschaftskritischen Grafieforschung. Bielefeld.

SACK, F. (1968). "Neue Perspektiven in der Kriminalsoziologie". In: SACK, F. & KÖNIG, R. (orgs.). *Kriminalsoziologie*. Frankfurt a. M.

SACKS, H. (1995a). "Lecture 4: An Impromptu Survey of the Literature". In: *Lectures on Conversation*. Vol. 1. Oxford/Cambridge, p. 26-48

_____ (1995b). "Lecture 2: Adacency pairs – Distribuition in Conversation: A single instance of a Q-A pair". In: *Lectures on Conversation*. Vol. II. Oxford/Cambridge, p. 533-541.

_____ (1995c). "Lecture 5: A single instance of Q-A pair – Topical versus pair organization: Disaster talk". In: *Lectures on Conversation*. Vol. II. Oxford/Cambridge, p. 561-575.

_____ (1995c). *Lectures on Conversation*. Vols. I e II. Oxford/Cambridge.

SACKS, H.; SCHEGLOFF, E.A. & JEFFERSON, G. (1978). "A Simplest Systematics for the Organization of Turn Taking Conversation". In: SCHENKEIN, J. (org.). *Studies in the Organization of Conversational Interaction*. Nova York: Academic Press, p. 7-55.

SCHÄFFER, B. (2006a). "Gruppendiskussionen lehren und lernen – Aspekte einer rekonstruktiven Didaktik qualitativer Forschung". In: BOHNSACK, R.; PRZYBORSKI, A. & SCHÄFFER, B. (orgs.). *Das Gruppendiskussionsverfahren in der Praxis*. Opladen, p. 285-299.

_____ (2006b). "Gruppendiskussion". In: AYASS, R. & BERGMANN, J. (orgs.). *Qualitative Methoden der Medienforschung*. Reinbek/Hamburgo, p. 115-145.

_____ (2003). *Generationen - Medien - Bildung*: Medienpraxiskulturen im Generationenvergleich. Opladen.

_____ (2001). "'Kontagion' mit dem Technischen – Zur generationsspezifischen Einbindung in die Welt medientechnischer Dinge". In: BOHNSACK, R.; NENTWIG-GESEMANN, I. & NOHL, A.M. (orgs.). *Die dokumentarische Methode und ihre Forschungspraxis* – Grundlagen qualitativer Sozialforschung. Opladen, p. 43-64.

_____ (1998a). "Generation, Mediennutzungskultur und (Weiter)Bildung. Zur empirischen Rekonstruktion medial vermittelter Generationsverhältnisse". In: BOHNSACK, R. & MAROTZKI, W. (orgs.). *Biographieforschung und Kulturanalyse* – Transdisziplinäre Zugänge qualitativer Forschung. Opladen, p. 21-50.

_____ (1998b). "Die 'Arroganz' der Jüngeren? – Oder: Zur Bedeutung medienvermittelter Erlebniszusammenhänge für die Konstitution generationsspezifischer Erfahrungsräume". In: WITTPOTH, J. (org.). *Erwachsene - Medien - Bildung*: Literatur- und Forschungsreport Weiterbildung, n. 42, p. 48-62.

_____ (1996). *Die Band* – Stil und ästhetische Praxis im Jugendalter. Opladen.

SCHELER, M. (1926). *Die Wissensformen und die Gesellschaft*. Leipzig.

SCHELLE, C. (1995). *Schülerdiskurse über Gesellschaft* – Untersuchung zur Neuorientierung schulisch-politischer Bildungsprozesse. Schwalbach.

SCHIFFAUER, W. (1997). *Fremde in der Stadt* – Zehn Essays über Kultur und Differenz. Frankfurt a. M.

SCHITTENHELM, K. (2006). "Statuspassagen zwischen Schule, Ausbildung und Arbeitswelt – Eine Analyse auf der Basis von Gruppendiskussionen". In: BOHNSACK, R.; PRZYBORSKI, A. & SCHÄFFER, B. *Das Gruppendiskussionsverfahren in der Praxis*. Opladen, p. 93-107.

_____ (2005). *Soziale Lagen im Übergang* – Junge Migrantinnen und Einheimische zwischen Schule und Berufsbildung. Wiesbaden.

SCHMID, H. (1989). *Religiosität der Schüler und Religionsunterricht an der Berufsschule* – Empirischer Zugang und religionspädagogische Konsequenzen. Bad Heilbrunn.

_____ (1987). *"Nachts wenn ich Bauchschmerzen hab"* – Religiosität von Arbeiterjugendlichen und Konsequenzen für den Religionsunterricht. Munique.

SCHNEIDER, W.L. (1995). "Objektive Hermeneutik als Forschungsmethode der Systemtheorie". In: *Soziale Systeme*, 1, p. 129-152.s

SCHROER, N. (1997). "Wissenssoziologische Hermeneutik". In: HITZLER, R. & HONER, A. (orgs.). *Sozialwissenschaftliche Hermeneutik* – Eine Einführung. Opladen, p. 109-129.

SCHUMANN, K.F. (1985). "Labeling Approach und Abolitionismus". In: *Kriminologisches Journal*, 17/1, p. 19-28.

SCHÜTZ, A. (1974). *Der sinnhafte Aufbau der sozialen Welt* – Eine Einleitung in die verstehende Soziologie. Frankfurt a. M. [orig. 1932, Viena].

_____ (1971). *Gesammelte Aufsätze* – Vol. 1: Das Problem der sozialen Wirklichkeit. Haia [orig. 1962: *Collected Papers* – Vol. 1: The Problem of Social Reality. Haia].

SCHÜTZE, F. (1993). "Die Fallanalyse – Zur wissenschaftlichen Fundierung einer klassischen Methode der Sozialen Arbeit". In: RAUSCHENBACH, T.; ORTMANN, F. & KARSTEN, M.E. (orgs.). *Der sozialpädagogische Blick* – Lebensweltorientierte Methoden der Sozialen Arbeit. Weinheim/Munique, p. 191-221.

_____ (1992). "Sozialarbeit als 'bescheidene' Profession". In: DEWE, B.; FERCHHOFF, W. & RADTKE, F.-O. (orgs.). *Erziehen als Profession* – Zur Logik professionalen Handelns. Opladen, p. 132-170.

_____ (1989a). *Kollektive Verlaufskurve oder kollektiver Wandlungsprozess* – Dimensionen des Vergleichs von Kriegserfahrungen amerikanischer und deutscher Soldaten. Kassel [manuscrito].

_____ (1989b). "Kollektive Verlaufskurve oder kollektiver Wandlungsprozess – Dimensionen des Vergleichs von Kriegserfahrungen amerikanischer und deutscher Soldaten im Zweiten Weltkrieg". In: *Bios*, 1, p. 31-109.

_____ (1987a). "Das narrative Interview in Interaktionsfeldstudien: Erzähltheoretische Grundlagen". In: *Studienbrief der Fernuniversität Hagen* – Parte 1: Merkmale von Alltagserzählungen und was wir mit ihrer Hilfe erkennen können. Hagen.

_____ (1987b). "Symbolischer Interaktionismus". In: AMMON, U. et al. (orgs.). *Soziolinguistik*. Berlim/Nova York, p. 520-533.

_____ (1983). "Biographieforschung und narratives Interview". In: *Neue Praxis*, 13/3, p. 283-293.

_____ (1982). "Narrative Repräsentation kollektiver Schicksalsbetroffenheit". In: LÄMMERT, E. (org.). *Erzählforschung*. Stuttgart, p. 568-590.

_____ (1981). "Prozesstrukturen des Lebensablaufs". In: MATTHES, J. et al. (orgs.). *Biographie in handlungswissenschaftlicher Perspektive*. Erlangen, p. 67-156.

_____ (1977). *Die Technik des narrativen Interviews in Interaktionsfeldstudien* – Dargestellt an einem Projekt zur Erforschung von kommunalen Machtstrukturen. Universität Bielefeld [Arbeitsberichte und Forschungsmaterialien n. 1].

_____ (1976). "Zur Hervorlockung und Analyse von Erzählungen thematisch relevanter Geschichten im Rahmen soziologischer Feldforschung – Dargestellt an einem Projekt zur Erforschung von kommunalen Machtstrukturen". In: ARBEITSGRUPPE BIELEFELDER SOZIOLOGEN (org.). *Kommunikative Sozialforschung*. Munique, p. 159-260.

SCHWITALLA, J. (1993). "Über einige Weisen gemeinsamen Sprechens – Ein Beitrag zur Theorie der Beteiligungsrollen im Gespräch". In: *Zeitschrift für Sprachwissenschaft*, 112/1, p. 68-98.

SELTING, M. (1995). *Prosodie im Gespräch* – Aspekte einer interaktionalen Phonologie der Konversation. Tübingen.

SEYFARTH, C. (1979). "Alltag und Charisma bei Max Weber – Eine Studie zur Grundlegung der 'Verstehenden Soziologie'". In: SPRONDEL, W.S. & GRATHOFF, R. (orgs.). *Alfred Schütz und die Idee des Alltags in den Sozialwissenschaften*. Stuttgart, p. 155-177.

SHAW, C.R. (1930). *The Jack-Roller* – A Delinquent Boy's Own Story. Chicago [reimpr. 1966. Chicago/Londres].

SIEFKES, D.; EULENHÖFER, P.; STACH, H. & STÄDTLER, K. (1998) (orgs.). *Sozialgeschichte der Informatik* – Kulturelle Praktiken und Orientierungen. Wiesbaden.

SLUNECKO, T. (2002). *Von der Konstruktion zur dynamischen Konstitution* – Beobachtungen auf der eigenen Spur. Viena.

SMITH, D.E. (1976). "K. ist geisteskrank – Die Anatomie eines Tatsachenberichts". In: WEINGARTEN, E.; SACK, F. & SCHENKEIN, J. (orgs.). *Ethnomethodologie* – Beiträge zu einer Soziologie des Alltagshandelns. Frankfurt a. M., p. 368-415.

SOEFFNER, H.-G. (1992a). "Rekonstruktion statt Konstruktivismus – 25 Jahre 'Social Construction of Reality'". In: *Soziale Welt*, 43/4, p. 476-481.

_____ (1992b). "Stil und Stilisierung – Punk oder die Überhöhung des Alltags". In: *Die Ordnung der Rituale*. Frankfurt a. M., p. 76-101.

_____ (1991). "Verstehende Soziologie uns sozialwissenschaftliche Hermeneutik – Die Rekonstruktion der gesellschaftlichen Wirklichkeit". In: *Berliner Journal für Soziologie*, 2, p. 263-269.

_____ (1986). "Emblematische und symbolische Formen der Orientierung". In: SOEFFNER, H.-G. (org.). *Sozialstruktur und soziale Typik*. Frankfurt a. M.

_____ (1985). "Anmerkungen zu gemeinsamen Standards standardisierter und nicht standardisierter Verfahren in der Sozialforschung". In: KAASE, M. & KÜCHLER, M. (orgs.). *Herausforderungen der empirischen Sozialforschung*. Mannheim, p. 109-126.

_____ (1979). "Interaktion und Interpretation – Überlegungen zu Prämissen des Interpretierens in der Sozial- und Literaturwissenschaft". In: SOEFFNER, H.-G. (org.). *Interpretative Verfahren in den Sozial- und Textwissenschaften*. Stuttgart, p. 328-351.

SOEFFNER, H.-G. & HITZLER, R. (1994). "Hermeneutik als Haltung und Handlung – Über methodisch kontrolliertes Verstehen". In: SCHROER, N. (org.). *Interpretative Sozialforschung* – Auf dem Weg zu einer hermeneutischen Wissenssoziologie. Opladen, p. 28-54.

SPARSCHUH, V. (2006). *Von Karl Mannheim zur DDR-Soziologie* – Generationendynamik in der Wissenschaft. Hamburgo.

_____ (2001). *Generationsverhältnisse und Wissenschaftskultur*: Eine Rekonstruktion von Generationenverhältnissen in der DDR-Soziologie. Universität Gesamthochschule Kassel [Tese de habilitação].

SPÖHRING, W. (1989). *Qualitative Sozialforschung*. Stuttgart.

SRUBAR, I. (1992). "Grenzen des 'Rational Choice' –Ansatzes". In: *Zeitschrift für Soziologie*, 21/3, p. 157-165.

STACH, H. (2001). *Zwischen Organismus und Notation* – Zur kulturellen Konstruktion des Computerprogramms. Wiesbaden.

STÄDTLER, K. (1998). "Der Fall ist das, was die Welt ist – Zur Interpretation technischer Dinge". In: SIEFKES, D.; EULENHÖFER, P.; STACH, H. & STÄDTLER, K. (orgs.). *Sozialgeschichte der Informatik* – Kulturelle Praktiken und Orientierungen. Wiesbaden, p. 123-133.

STEINERT, H. (1985). "Zur Materialität der Etikettierungstheorie". *Kriminologisches Journal*, 17/1, p. 29-43.

STEINKE, I. (1999). *Kriterien qualitativer Forschung* – Ansätze zur Bewertung qualitativ--empirischer Sozialforschung. Weinheim/Munique.

STORR, B. (2006). *In der Lehrprobe da machst du "ne Show"* – Das Referendariat als Gegenstand rekonstruktiver Sozialforschung. Berlim [inédito].

STRAUB, J. (1994). *Handlung, Interpretation, Kritik* – Grundzüge einer textwissenschaftlichen Handlungs- und Kulturpsychologie. Universität Erlangen-Nürnberg [Tese de habilitação].

_____ (1993). *Geschichte, Biographie und friedenspolitisches Handeln* – Biographieanalytische und Sozialpsychologische Studien auf der Basis von narrativen Interviews mit Naturwissenschaftlern und Naturwissenschaftlerinnen. Opladen.

_____ (1990). "Interpretative Forschung und komparative Analyse: Theoretische und methodologische Aspekte psychologischer Erkenntnisbildung". In: JÜTTEMANN, G. (org.). *Komparative Kasuistik*. Heidelberg, p. 168-183.

_____ (1989). *Historisch-psychologische Biographieforschung* – Theoretische und methodische Argumentationen in systematischer Absicht. Heidelberg.

STRAUSS, A. (1999). *Der Zugriff auf Biographie in der Chicagoer Tradition der Soziologie*: implizite und explizite Aspekte. São Francisco [manuscrito].

_____ (1991a). *Grundlagen qualitativer Sozialforschung* – Datenanalyse und Theoriebildung in der empirischen soziologischen Forschung, Munique.

_____ (1991b). *Qualitative Sozialforschung*: Datenanalyse und Theoriebildung in der empirischen und soziologischen Forschung. Munique.

_____ (1987). *Qualitative Analysis for Social Scientists*. Nova York.

STRAUSS, A.L. & CORBIN, J. (1996). *Grounded Theory*: Grundlagen qualitativer Sozialforschung. Weinheim [orig. 1990].

_____ (1994). "Grounded Theory Methodology". In: DENZIN, N.K. & LINCOLN, Y.S. (orgs.). *Handbook of Qualitative Research*. Thousand Oaks/Londres/Nova Deli, p. 273-285.

STRAUSS, A.; FAGERHAUGH, S.; SUCZEK, B. & WIENER, C. (1985). *The Social Organization of Medical Work*. Chicago.

STRAUSS, A. & GLASER, B. (1970). *Anguish* – A Case History of a Dying Trajectory. Mill Valley.

STREBLOW, C. (2006). "Sichtweisen, Aktionismen und Orientierungen von Nutzer(inne)n eines Schulsozialarbeitsprojekts". In: BOHNSACK, R.; PRZYBORSKI, A. & SCHÄFFER, B. *Das Gruppendiskussionsverfahren in der Praxis*. Opladen, p. 137-149.

_____ (2005). *Schulsozialarbeit und Lebenswelten Jugendlicher* – Ein Beitrag zur dokumentarischen Evaluationsforschung. Opladen.

_____ (2003). *Schulsozialarbeit in der Lebenswelt von Jugendlichen* – Qualitative Evaluationsforschung an einer Berliner Hauptschule. Freie Universität Berlin [Dissertação de mestrado].

SUTTER, T. (org.) (1997). *Beobachtung verstehen; Verstehen beobachten* – Perspektiven einer konstruktivistischen Hermeneutik. Opladen.

TERHART, E. (1997). "Entwicklung und Situation des qualitativen Forschungsansatzes in der Erziehungswissenschaft". In: FRIEBERTSHÄUSER, B. & PRENGEL, A. (orgs.). *Handbuch Qualitative Forschungsmethoden in der Erziehungswissenschaft*. Weinheim/Munique, p. 27-42.

THOMAS, W.I. (1965). *Person und Sozialverhalten*. Berlim/Neuwied [orig. 1951, com trabalhos de 1927 a 1937].

THOMAS, W.I. & ZANIECKI, F. (1958). *The Polish Peasant in Europe and America*. Nova York [orig. 1918-1922. Chicago].

THRASHER, F.M. (1927). *The Gang*. Chicago.

TREICHEL, B. (1996). *Die linguistische Analyse autobiographischen Erzählens in Interviews*. Tübingen.

VOGD, W. (2006a). *Die Organisation Krankenhaus im Wandel* – Eine dokumentarische Evaluation aus der Sicht der ärztlichen Akteure. Berna.

_____ (2006b). "Teilnehmende Beobachtung". In: SCHMITZ, S.U. & SCHUBERT, K. (orgs.). *Einführung in die Politische Theorie und Methodenlehre.* Opladen, p. 89-109.

_____ (2005a). *Systemtheorie und rekonstruktive Sozialforschung* – Eine empirische Versöhnung unterschiedlicher theoretischer Perspektiven. Opladen.

_____ (2005b). "Komplexe Erziehungswissenschaft jenseits von empirieloser Theorie und theorieloser Empirie – Versuch einer Brücke zwischen Systemtheorie und rekonstruktiver Sozialforschung". *Zeitschrift für Erziehungswissenschaft (ZfE),* 8/1, p. 113-114.

_____ (2004). *Ärztliche Entscheidungsprozesse des Krankenhauses im Spannungsfeld von System- und Zweckrationalität* – Eine qualitativ-rekonstruktive Studie. Berlim.

_____ (2002). "Die Bedeutung von 'Rahmen' (frames) für die Arzt-Patient-Interaktion – Eine Studie zur ärztlichen Herstellung von dem 'was der Fall ist' im gewöhnlichen Krankenhausalltag". In: *Zeitschrift für qualitative Bildungs-, Beratungs- und Sozialforschung (ZBBS),* 2, p. 321-346.

VOGES, W. (org.) (1987). *Methoden der Biographie- und Lebenslaufforschung.* Opladen.

VOLMERG, U. (1977). "Kritik und Perspektiven des Gruppendiskussionsverfahrens in der Forschungspraxis". In: LEITHÄUSER, T. et al. *Entwurf zu einer Empirie des Alltagsbewusstseins.* Frankfurt a. M., p. 184-217.

WAGNER, H.-J. (1999). *Rekonstruktive Methodologie* – George Herbert Mead und die qualitative Sozialforschung. Opladen [Qualitative Sozialforschung, vol. 2].

WAGNER-WILLI, M. (2006a). "Rituelle Praxis im Spannungsfeld zwischen schulischer Institution und Peer Group. Gruppendiskussionen mit Schülern". In: BOHNSACK, R.; PRZYBORSKI, A. & SCHÄFFER, B. *Das Gruppendiskussionsverfahren in der Praxis.* Opladen, p. 45-56.

_____ (2006b). "Die Erforschung von Handlungspraxis in Feldern der Sonder- und Integrationspädagogik – Zum Potential der dokumentarischen Methode der Interpretation". In: SCHLEY, W. (org.). *Empirische Beiträge zur Systemischen Sonderpädagogik.* Berna/ Stuttgart [inédito].

_____ (2005). *Kinderrituale zwischen Vorder- und Hinterbühne* – Der Übergang von der Pause zum Unterricht. Wiesbaden.

_____ (2004). "Videointerpretation als mehrdimensionale Mikroanalyse am Beispiel schulischer Alltagsszenen". In: *Zeitschrift für qualitative Bildungs-, Beratungs- und Sozialforschung (ZBBS),* 1, p. 49-66.

_____ (2002). *Verlaufskurve "Behinderung"* – Gruppendiskussionen mit Beschäftigten einer "Werkstatt für Behinderte". Berlim.

_____ (2001). "Videoanalysen des Schulalltags – Die dokumentarische Interpretation schulischer Übergangsrituale". In: BOHNSACK, R.; NENTWIG-GESEMANN, I. & NOHL, A.-M. (orgs.). *Die dokumentarische Methode und ihre Forschungspraxis* – Grundlagen qualitativer Forschung. Opladen, p. 121-140.

WEBER, M. (1976). *Wirtschaft und Gesellschaft* – Grundriss der Verstehenden Soziologie. Tübingen [orig. 1922].

_____ (1968). "Die 'Objektivität' sozialwissenschaftlicher uns sozialpolitischer Erkenntnis". In: *Gesammelte Aufsätze zur Wissenschaftslehre.* 3. ed. Tübingen, p. 146-214 [orig. 1922].

_____ (1920). "Die protestantische Ethik und der Geist des Kapitalismus". In: *Gesammelte Ausätze sur Wissenschaftslehre I.* Tübingen, p. 17-206.

WEGENER-SPÖHRING, G. (2000). "Lebensweltliche Kinderinteressen im Sachunterricht – Ein qualitatives Forschungsprojekt". In: JAUMANN-GRAUMANN, O. & KÖHNLEIN, W. (orgs.). *Lehrerprofessionalität; Lehrerprofessionalisierung* – Jahrbuch Grundschulforschung, vol. III. Bad Heilbrunn, p. 326-336.

WEISSMANN, S. (1994). *Über-Lebenskünstlerinnen* – Lebenswege sexuell missbrauchter Frauen. Pfaffenweiler.

WELLER, W. (2011). *Minha voz é tudo o que eu tenho* – Manifestações juvenis em Berlim e São Paulo. Belo Horizonte.

_____ (2006). "HipHop-Gruppen in São Paulo und Berlin: ästhetische Praxis und kollektive Orientierungen junger Schwarzer und Migranten". In: BOHNSACK, R.; PRZYBORSKI, A. & SCHÄFFER, B. *Das Gruppendiskussionsverfahren in der Praxis.* Opladen, p. 109-122.

_____ (2005). "Karl Mannheim und die dokumentarische Methode". In: *Zeitschrift für qualitative Bilduns-, Beratungs- und Sozialforschung,* 6/2, p. 295-312.

_____ (2003). *Hip Hop in Berlin und São Paulo*: Ästhetische Praxis und Ausgrenzungserfahrungen junger Schwarzer und Migranten. Opladen.

WELLING, S. (2006). "Der Computer als Mittel zum Zweck – Milieusensitive computerunterstützte Jugendarbeit als Gegenstand von Gruppendiskussionen". In: BOHNSACK, R.; PRZYBORSKI, A. & SCHÄFFER, B. *Das Gruppendiskussionsverfahren in der Praxis.* Opladen, p. 123-135.

WENSIERSKI, H.-J. (1994). *Mit uns zieht die alte Zeit* – Biographie und Lebenswelt junger DDR-Bürger im Umbruch. Opladen.

WERNET, A. (2000). *Einführung in die Interpretationstechnik der objektiven Hermeneutik.* Opladen [Qualitative Sozialforschung, vol. 11].

WEYMANN, A. (1984). "Kommunikative Bildungsforschung". In: HAFT, H. & KORDUS, H. (orgs.). *Methoden der Erziehungs- und Bildungsforschung.* Stuttgart.

WIEDEMANN, D. (2005). "Film und Fernsehen". In: SACHS-HORNBACH, K. (org.). *Bildwissenschaft*: Disziplinen - Themen - Methoden. Frankfurt a. M., p. 365-380.

WIEZOREK, C. (2005). *Biographie, Schule und Anerkennung* – Eine feldbezogene Diskussion der Schule als Sozialisationsinstanz. Wiesbaden.

WILD, B. (1996). *Kollektivität und Konflikterfahrungen* – Modi der Sozialität in Gruppen jugendlicher Fussballfans und Hooligans. Freien Universität Berlin [Tese de doutorado]

WILLIS, P. (1997). *Spass am Widerstand* – Gegenkultur in der Arbeiterschule. Frankfurt a. M.

_____ (1981). *"Profane Culture"* – Rocker, Hippies: Subversive Stile der Jugendkultur. Frankfurt a. M.

WIRTH, L. (1928). *The Ghetto*. Chicago [Chicago/Londres, 1982].

WOHLRAB-SAHR, M. (2003). "Objektive Hermeneutik". In: BOHNSACK, R.; MAROTZKI, W. & MEUSER, M. (orgs.). *Hauptbegriffe qualitativer Sozialforschung*. Opladen.

_____ (2000). "Qualitative Methoden: Die 'Texte' lösen sich von den Intentionen der Erfinder". In: *Soziologische Revue* – Sonderheft 5: Soziologie 2000: Kritische Bestandesaufnahme zu einer Soziologie für das 21. Jahrhundert. Org. de R. Münch, C. Jauss e C. Stark. Munique, p. 207-216.

_____ (1999). *Konversion zum Islam in Deutschland und den USA*. Frankfurt a. M./Nova York.

_____ (1998). "'Protestantische Ethik' im islamischen Gewand; Habitusproduktion und religiöser Wandel – Das Beispiel der Konversion eines Afroamerikaners zum Islam". In: BOHNSACK, R. & MAROTZKI, W. (orgs.). *Biographieforschung und Kulturanalyse* – Transdisziplinäre Zugänge qualitativer Forschung. Opladen, p. 183-201.

_____ (1994). "Vom Fall zum Typus: Die Sehnsucht nach dem 'Ganzen' und dem 'Eigentlichen' – 'Idealisierung' als biographische Konstruktion". In: DIEZINGER, A. et al. (orgs.). *Erfahrung mit Methode* – Wege sozialwissenschaftlicher Frauenforschung. Friburgo i. Br., p. 269-299.

_____ (1993a). *Biographische Unsicherheit* – Formen weiblicher Identität in der "reflexiven Moderne" – Das Beispiel der Zeitarbeiterinnen. Opladen.

_____ (1993b). "Empathie als methodisches Prinzip? – Entdifferenzierung und Reflexivitätsverlust des problematischen Erbes der 'methodischen Postulate' zur Frauenforschung". In: *Feministische Studien*, 2, p. 128-139.

WOLFF, S. (1992). "Die Anatomie der dichten Beschreibung – Clifford Geertz als Autor". In: MATTHES, J. (org.). *Zwischen den Kulturen* – Die Sozialwissenschaften vor dem Problem des Kulturvergleichs, p. 71-90 [Soziale Welt Sonderband, 8].

WOPFNER, G. (2012). *Geschlechterorientierung zwischen Kindheit und Jugend* – Dokumentarische Interpretation von Kinderzeichunungen und Gruppendiskussionen. Opladen/ Farmington Hills [Sozialwissenschaftliche Ikonografie, Qualitative Bild- und Videointerpretation, vol. 1].

WULF, C. (2003). "Mimesis". In: BOHNSACK, R.; MAROTZKI, W. & MEUSER, M. (orgs.). *Hauptbegriffe qualitativer Sozialforschung*. Opladen.

_____ (1999). "Bild und Phantasie – Zur historischen Anthropologie des Bildes". In: SCHÄFER, G. & WULF, C. (orgs.). *Bild - Bilder - Bildung*. Weinheim, p. 331-344.

_____ (1998). "Mimesis in Gesten und Ritualen". In: *Paragrana* – Internationale Zeitschrift für Historische Anthropologie, vol. 7, n. 1, p. 241-263.

WULF, C.; ALTHANS, B.; AUDEHM, K.; BAUSCH, C.; GÖHLICH, M.; STING, S.; TERVOOREN, A.; WAGNER-WILLI, M. & ZIRFAS, J. (2001). *Das Soziale als Ritual* – Zur performativen Bildung von Gemeinschaften. Opladen.

WULF, C.; GÖHLICH, M. & ZIRFAS, J. (orgs.) (2001). *Grundlagen des Performativen* – Eine Einführung in die Zusammenhänge von Sprache, Macht und Handeln. Weinheim/Munique.

WÜNSCHE, K. (1991). "Das Wissen im Bild. Zur Ikonographie des Pädagogischen". In: OELKERS, J. & TENORTH, H.E. (orgs.). *Pädagogisches Wissen*. Weinheim, p. 273-290.

ZIMMERMAN, D.H. (1969). "Recordkeeping and the intake process in a public welfare agency". In: STANTON, W. (org.). *On Record* – Files and Dossiers in American Life, p. 319-354.

ZINNECKER, J. (1995). "Pädagogische Ethnographie – Ein Plädoyer". In: BEHNKEN, I. & JAMMANN, O. (orgs.). *Kinderleben im Blick von Grundschulpädagogik und Kindheitsforschung*. Weinheim/Munique, p. 21-38.

ZORBOUGH, H. (1929). *The Gold Coast and the Slum*. Chicago.

Índice remissivo

Ateórico 34, 58, 80, 199, 214s., 257-259

Auge dramatúrgico 69, 111, 157, 172, 175-178, 241, 276, 279, 339

Autenticidade 240s., 243, 245

Automatismo (da discussão em grupo) 44, 56, 276

Categorias analíticas 23s., 112, 273s.

Cenas 208, 223-227, 335, 341s.

Cibernética de primeira/segunda ordem 85, 170, 269; cf. tb. Observação de primeira
e segunda ordem

Circularidade (do processo de conhecimento) 37, 40s., 104s.

Círculo hermenêutico 37, 40s., 77, 270s.; cf. tb. Circularidade (do processo de
conhecimento)

Coerção de detalhamento; cf. Coerções narrativas

Coerção de encerramento da figura; cf. Coerções narrativas

Coerções narrativas 120, 130s.

Coletividade (concepções coletivas) 56s., 81-84, 111, 136-139, 146-148, 236

Colocar entre parênteses
    o caráter de validade (suspensão das pretensões de validade) 78, 85-88, 166s.,
        188, 206, 236
    o teor de sentido iconográfico (conotativo) 205-207

Comparação de casos; cf. Análise comparativa

Competências intuitivas 39, 104, 118, 245, 271

Componentes do quadro 174, 177s., 306

Composição
    formal 204, 209-211, 214, 310, 315, 318, 322, 327, 336
    planimétrica 209-211, 228s., 310, 315s., 327s., 331

Compreender (ao contrário de interpretar) 78-81, 164s., 240, 260
    explicativo 183
    hermenêutico 92, 96

Compreensão alheia metodicamente controlada 29, 32

Comunicação
    comunicativa *vs.* conjuntiva 76, 79-81, 142-144, 208, 310
    por meio da imagem *vs.* sobre a imagem 198s., 214-216

Conceito
    formal 112, 118
    metateórico 118

Conclusão (de uma passagem discursiva) 68s., 177s.

Concordância habitual 83, 90, 157

Confiabilidade 26, 104s., 167, 169, 244-247, 275

Conhecimento
    comunicativo-generalizado 208, 310
    conjuntivo 208, 310

Conjunção 90, 153s.

Conotação 205-207

Construção da realidade orientada pela suspeita 86

Construções de primeiro e segundo graus 33-35, 244, 252, 270, 273s.

Construtivismo 78, 89, 237, 256

Contaminação do conhecimento 256, 260

Contexto 31s., 91, 96-98, 108s.
    da descoberta (*vs.* contexto de justificativa) 27
    de justificativa 22

Contextualização (marcadores de contextualização) 156-158

Contraste no comum 50, 181s.

Coreografia cênica 209-211, 226, 317, 329, 332

Criatividade (da interpretação) 251, 260, 263

Critérios
    de qualidade; cf. Confiabilidade; Validade
    de validade 240s., 244

Epistemologia naturalista 253

Epoché 107s.

   cf. tb. Suspensão da postura natural

Equivalência funcional 262, 272

Esboço

   biográfico 87, 122-124, 146, 186

   de ação 34, 183s., 224

Escola

   de Chicago 27, 32, 36, 38, 42, 44, 117, 128, 186-188, 237, 252, 265-267, 271

   histórica 253s.

Espaço de experiência conjuntiva 56s., 73, 79-81, 86, 108-110, 138s., 142-145, 153-156, 162, 173, 180-183, 193, 203, 219, 236, 240, 250, 274

Esquema de ação biográfica; cf. Esboço biográfico

Estereotipificação 241-243

Estilos

   comunicativos, generalizadores 83

   habituais/habitualizados 83, 88-90

   intencionais 88

Estranheza, princípio da 107s., 179, 265, 277

Estrutura

   aspectual (do conhecimento); cf. Aspectualidade geral planimétrica; cf. Composição planimétrica processual 84, 87, 97, 180, 185-188

   simultânea (*vs.* sequencialidade) 213, 227, 230

Estruturas processuais da biografia 121

Etnografia 27, 107, 169

Etnometodologia 17, 27, 32-34, 36-38, 41, 76-80, 91, 107s., 117, 188, 194, 237, 259

Exatidão (normativa); cf. Critérios de validade

Experiência comunicativa *vs.* conjuntiva 76, 80s., 141-144

objetiva 17s., 86, 91-94, 107-110, 127, 197, 213, 239, 247, 256, 264-266

tradicional 27, 37, 238

Heteronímia 146, 151-153

Hierarquização do saber melhor 254

Hipóteses (procedimentos de exame de hipóteses) 18, 21-24, 253, 263

História da arte 203, 207, 211, 215s.

Homologia 119, 132, 192, 203, 231, 233, 272, 298

Horizonte oposto (horizontes de comparação) 51, 54, 67, 86s., 98, 109-112, 167, 172-174, 177, 181, 213s., 239, 251, 268s., 297

Icônica 203s., 207

Iconicidade 199, 203, 215

Iconografia 200s., 207, 210, 225, 310, 322

Iconologia 199-203, 206s., 215

Idealizações 77, 108, 130

Identidade coletiva 111, 150, 236, 242, 247

Ideologia (conceito de) 235s.

Implicidade do conhecimento; conhecimento tácito 199, 214, 253, 257-260, 263

Incongruência de quadro 160, 241, 300s., 306s.

Indefinição demonstrativa 277

Indexicalidade 28, 33, 76-79, 259

Indiferença etnometodológica 237

Individualismo metodológico 77

Indução qualitativa 253, 264-266

Interacionismo simbólico 27, 117, 140, 142

Padrões (quadros) de orientação 51, 140, 152, 158, 172s., 269, 306s.

Padronização, procedimentos padronizados 26, 32, 244-246

Pano de fundo; contexto; processos de vivência 56s., 78-80, 138s., 164-167, 172s., 180, 184, 194s., 240s.

Paradigma interpretativo 141, 221

Perspectiva
inclinada 228, 316s., 328, 331
paralela (sociologia fenomenológica) 28, 32, 36, 41, 44, 77-79, 108, 194, 269

Pictorial turn (*iconic turn*) 197

Pluridimensionalidade (da formação de tipos) 162s., 220, 248

Poder (comunicação estruturada pelo poder) 307

Ponto
cego 270, 273
de fuga 210, 228, 317s., 322, 338
de vista do intérprete 57, 67, 174, 248, 250, 271

Postura
analítica genética 78, 260s.; cf. tb. Interpretação sociogenética
em relação à funcionalidade 108
em relação ao coletivo 176-178
genética 38, 78, 108, 166, 236s.; cf. tb. Interpretação sociogenética
natural 38, 78, 107s., 237
performativa 165, 238
perspectiva do participante; cf. Postura performativa

Pragmatismo 253

Prática social 252s., 256

Praxiologia; cf. Metodologia praxiológica

Pré-compreensão (pré-juízo) hermenêutica 86

Preconhecimento 206, 221, 251, 259, 262-264

Pré-iconografia 200

Referências sobre o método documentário em português e em inglês

Português

Discussão teórica e metodológica básica

BOHNSACK, R. (2013). A interpretação de imagens segundo o método documentário. In: WELLER, W. & PFAFF, N. (orgs.). *Metodologias da pesquisa qualitativa em educação*: teoria e prática. Petrópolis: Vozes, p. 114-134.

_____ (2011). A multidimensionalidade do *habitus* e a construção de tipos praxiológica. In: *Educação Temática Digital (ETD)*, vol. 12, n. 2, p. 22-41.

_____ (2007): A interpretação de imagens e o método documentário. In: *Sociologias*, 9/18, p. 286-311. Porto Alegre [Disponível em http://www.scielo.br].

BOHNSACK, R. & WELLER, W. (2013). O método documentário na análise de grupos de discussão. In: WELLER, W. & PFAFF, N. (orgs.). *Metodologias da pesquisa qualitativa em educação*: teoria e prática. Petrópolis: Vozes, p. 67-86.

GEIMER, A. (2013). Práticas culturais de recepção e apropriação de filmes na perspectiva da Sociologia Praxiólogica do Conhecimento. In: WELLER, W. & PFAFF, N. (orgs.). *Metodologias da pesquisa qualitativa em educação*: teoria e prática. Petrópolis: Vozes, p. 135-150.

SEVERO, R.G. (2017). Sociologia do conhecimento e o método documentário: instrumento qualitativo para análise sociológica. In: *Revista de Ciências Sociais (UFC)*, vol. 48, p. 304-317.

WELLER, W. (2017). Compreendendo a operação denominada comparação. In: *Educação & Realidade*, 42 (3), p. 921-938 [Disponível em http://dx.doi.org/10.1590/2175-623665106].

_____ (2013). Grupos de discussão: aportes teóricos e metodológicos. In: WELLER, W. & PFAFF, N. (orgs.). *Metodologias da pesquisa qualitativa em educação*: teoria e prática. Petrópolis: Vozes, p. 54-66.

_____ (2006). Grupos de discussão na pesquisa com adolescentes e jovens: aportes teórico-metodológicos e análise de uma experiência com o método. In: *Educação e Pesquisa* – Revista de Educação da USP, 32/2, p. 241-260.

_____ (2005). A contribuição de Karl Mannheim para a pesquisa qualitativa: aspectos teóricos e metodológicos. In: *Sociologias*, 13, p. 260-300.

WELLER, W. et al. (2002). Karl Mannheim e o método documentário de interpretação – Uma forma de análise das visões de mundo. In: *Sociedade e Estado*, vol. XVII, n. 02, p. 375-396.

WELLER, W. & BASSALO, L.M.B. (2011). Imagens: documentos de visões de mundo. In: *Sociologias*, 13/28, p. 284-314.

WELLER, W. & PFAFF, N. (orgs.) (2013). *Metodologias qualitativas em educação*: teoria e prática. Petrópolis: Vozes.

WELLER, W. & SILVA, C.M. (2014). Método documentário e pesquisa participante: algumas interfaces. In: STRECK, D.; SOBOTTKA, E. & EGGERT, E. (orgs.). *Conhecer e transformar* – Pesquisa-ação e pesquisa participante em diálogo internacional. Curitiba, p. 267-285.

WELLER, W. & ZARDO, S.P. (2013). Entrevista narrativa com especialistas: aportes metodológicos e exemplificação. In: *Faeeba*, vol. 22, p. 131-143.

O método documentário na análise de diferentes tipos de dados

BALTRUSCHAT, A. (2013). A interpretação de filmes segundo o método documentário. In: WELLER, W. & PFAFF, N. (orgs.). *Metodologias qualitativas em educação*: teoria e prática. Petrópolis: Vozes, p. 151-181.

BASSALO, L.M.B. & PONTES, H.M.N. (2016). "Santinha em tudo quanto era canto": um estudo sobre jovens mulheres universitárias cristãs. In: *Revista Cocar*, vol. 10, p. 335-360.

BASSALO, L.M.B. & WELLER, W. (2015). Jovem e mulher: um estudo sobre os posicionamentos de internautas feministas. In: SOUSA, C.A.M.S. (org.). *Juventude e tecnologias*: sociabilidades e aprendizagens. Brasília: Liber Livro, p. 235-254.

BECKER, M.R. (2017). Confluências entre turismo, cultura e artesanato. In: *Desafio Online*, vol. 5, n. 1, jan.-Abr. Campo Grande.

DAMASCO, D.G.B. & WELLER, W. (2018). Eu sempre tive assim essa vontade de aprender...? – Línguas estrangeiras no cotidiano de jovens de escolas públicas no Distrito Federal. In: WELLER, W. & BENTO, A.L. (org.). *Ensino Médio público no Distrito Federal*: trabalho pedagógico e aprendizagens em sala de aula. Brasília: UnB, p. 299-333.

DIAS, A.R.M.; CASTILHO, K.C. & SILVEIRA, V.S. (2018). Uso e interpretação de imagens e filmagens em pesquisa qualitativa. In: *Ensaios Pedagógicos*, vol. 2, n. 1, jan.-abr., p. 81-88. Sorocaba.

FRITZSCHE, B. (2004). Negociando o feminismo pop na cultura jovem feminina: um estudo empírico com fãs de grupos femininos. In: *Estudos Feministas*, 12 (2), 264, mai.-ago., p. 106-115. Florianópolis.

GOMES DE CARVALHO, M.; FEITOSA, S. & CARDOSO DA SILVA, V. (2006). Relações de gênero entre alunos e alunas em uma instituição de educação tecnológica brasileira. In: *Tecnologia e Sociedade*, vol. 2, n. 3, jul.-dez., p. 87-135.

GOSS, K.P. (2013). Trajetórias militantes: análise de entrevistas narrativas com professores e integrantes do Movimento Negro. In: WIVIAN W. & PFAFF, N. (orgs.). *Metodologias da pesquisa qualitativa em educação*: teoria e prática. Petrópolis: Vozes, p. 223-238.

HOLANDA, M.A.G. & WELLER, W. (2014). Trajetórias de vida de jovens negras da Universidade de Brasília no contexto das ações afirmativas. In: *Poiésis* – Revista do Programa de Pós-Graduação em Educação, vol. 8, p. 57-80. Unisul.

JARDILINO, J.R.L. & MARTINS, R.S. (2013). Espaços de formação continuada de professores da EJA: análise a partir das metáforas em foco em grupos de discussão. In: *Revista @mbienteeducação*, vol. 6, n. 2, jul.-dez, p. 244-258. São Paulo.

LARA, G.J. (2018). "A gente não quer só comida": estudo da representação dos estudantes sobre o Ensino Médio inovador". In: WELLER, W. & BENTO, A.L. (orgs.). *Ensino Médio público no Distrito Federal*: trabalho pedagógico e aprendizagens em sala de aula. Brasília: UnB, p. 335-369.

LEÃO, M.G. & EGGERT, E. (2008). História da educação sob a perspectiva da narrativa autobiográfica – Uma experiência metodológica de sala de aula. In: *Contexto e Educação*, ano 23, n. 80, jul.-dez.

LIEBEL, V. (2016). O historiador e o trato com as fontes pictóricas: a alternativa do método documentário. In: *Topoi*, vol. 17, n. 33, p. 372-398. Rio de Janeiro.

_____ (2015). Ângelo Agostini e a charge no crepúsculo imperial – Apontamentos preliminares acerca da questão abolicionista. In: *Almanack*, n. 11, dez., p. 759-778. Guarulhos.

_____ (2013). A análise de charges segundo o método documentário. In: WELLER, W. & PFAFF, N. (orgs.). *Metodologias da pesquisa qualitativa em educação* – Teoria e prática. Petrópolis: Vozes, p. 182-196.

_____ (2011). Entre sentidos e interpretações – Apontamentos sobre análises documentárias de imagens. In: *Educação Temática Digital (ETD)*, 12, p. 172-189 [Disponível em http://fu-berlin.academia.edu/ViniciusLiebel/Papers/1556688].

LOREA, M.C.L. & DIAS, R.D. (2016). Diálogos entre imagens, justiça e educação jurídica. In: *Currículo sem Fronteiras*, vol. 16, n. 1, p. 5-20.

NASCIMENTO, A.M.R. & GASQUE, K.C.G.D. (2017). Novas tecnologias, a busca e o uso de informação no Ensino Médio. In: *Inf. & Soc. Est.*, vol. 27, n. 3, set.-dez., p. 205-218. João Pessoa.

NOHL, A.-M. & OFNER, U.S. (2013): Migrantes altamente qualificados: oportunidades, restrições e motivos da imigração. In: WELLER, W. & PFAFF, N. (org.). *Metodologias da pesquisa qualitativa em educação*: teoria e prática. Petrópolis: Vozes, p. 239-252.

OLIVEIRA, E. & ALVES, A.F. (2017). Visão de mundo e agroecologia: o caso dos agricultores de medianeira, Paraná. In: *Faz Ciência*, vol. 19, n. 29, jan.-jun, p. 9-30.

PAULA, F.N. Alunas alijadas de aulas esportivizadas de educação física escolar: uma abordagem inter-relacional de dados imagéticos em estudo envolvendo representações sociais. In: *Semioses*, vol. 12, n. 1, jan.-mar, p. 14-35. Rio de Janeiro.

PAULA, F.N. & OLIVEIRA, J.H. (2018). Representações sociais do corpo nas aulas de educação física escolar. *Revista Carioca de Educação Física*, vol. 13, n. 1.

PFAFF, N. & DA SILVA, C. E. (2011). Bagunça na escola – Estratégias para serem aplicadas entre escola e grupos. In: *Educação Temática Digital*, vol. 8, n. 2, p. 1-21.

SANTOS, D.J.B. & SCARELIL, G. (2018). O cinema como potência de uma nova terra por vir. In: *Linha Mestra*, n. 35, p. 209-216.

SCARELIL, G. & PAIVA, V.C.S. (2018). Cinema e educação visual: um estudo sobre o sertão mineiro. In: *Linha Mestra*, n. 36, set.-dez., p. 85-93.

SCHITTENHELM, K. (2013). A transição de jovens-mulheres da escola para o mundo do trabalho: uma abordagem multicultural. In: WELLER, W. & PFAFF, N. (org.). *Metodologias da pesquisa qualitativa em educação*: teoria e prática. Petrópolis: Vozes, p. 87-99.

SILVA, C.M. (2019a). As "ajudas" prestadas à família no meio rural: significados do trabalho e da educação escolar para moças e rapazes. In: *Juventude.br*, ano 14, p. 41-47. Centro de Estudos e Memória da Juventude.

_____ (2019b). Juventude, cotidiano e escola: vivências no meio rural. In: *Revista de Artes e Humanidades (online)*, vol. 19, p. 1-24.

_____ (2019c). Educação, juventude e gênero: vivências de moças e rapazes em área rural na Bahia. In: FUCHS, C.; SKRSYPCSAK, D. & SCHUTZ, J.A. (orgs.). *Debates e diálogos educacionais*: reflexões contemporâneas. São Carlos: Pedro & João, p. 83-98.

_____ (2018a). Entre ficar e sair do meio rural: o que dizem os/as jovens estudantes da Bahia. In: *Revista Científica Foz*, vol. 1, p. 90-109

_____ (2018b). Experiências escolares no sertão da Bahia: sentidos atribuídos por jovens estudantes. In: FUCHS, C.; SCHWENGBER, I.L. & SCHUTZ, J.A. (orgs.). *Educação, escola e contemporaneidade*: questões e diálogos. São Carlos: Pedro & João, p. 255-274.

_____ (2017). Morar no meio rural: o cotidiano dos/das jovens rurais de um município baiano. In: *Revista Brasileira de Educação do Campo*, vol. 2, p. 106-126.

_____ (2011a). Socialização e modos de ser jovem em área rural na Bahia. In: *Revista Latino-americana de Geografia e Gênero*, vol. 2, p. 47-56.

_____ (2011b). Não ser só um carregador de livro: elaborações de jovens rurais sobre a escola. In: *Revista Faeeba*, vol. 20, p. 137-149.

SOUZA, F.L.; MADRUGA, F.P. & LEITE LOREA, M.C. (2019). Uma análise segundo o método documentário de interpretação. In: *Revista Latinoamericana de Estudios en Cultura y Sociedad*, vol. 5, ed. esp., p. 1-9.

TAVARES, B.L. (2012a). Método documentário e a análise das orientações geracionais da juventude. In: *Caderno CRH*, vol. 25, p. 587-600. Ufba.

_____ (2012b). *Na quebrada a parceria é mais forte*: jovens, vínculos afetivos e reconhecimento na periferia. São Paulo: Anna Blume.

WEISS, A. (2018). Tornar-se refugiado: uma abordagem de trajetória de vida para a migração sob coação. In: *Sociologias*, ano 20, n. 49, set.-dez., p. 110-141. Porto Alegre.

WELLER, W. (2014). Narrativas biográficas de jovens: o que seus destinos revelam? In: CARRANO, P. & FÁVERO, O. (orgs.). *Narrativas juvenis e espaços públicos*: olhares de pesquisas em educação, mídia e ciências sociais. Niterói: UFF, p. 355-374.

_____ (2011). *Minha voz é tudo o que eu tenho* – Manifestações juvenis em Berlim e São Paulo. Belo Horizonte: UFMG.

_____ (2008). Jovens turcos em Berlim e jovens negros em São Paulo: saberes coletivos e resistência social. In: PASSEGGI, M.C. et al. (orgs.). (Auto)biografia: formação, territórios e saberes. São Paulo/Natal: Paulus/EDUFRN, p. 157-182.

_____ (2005). A presença feminina nas (sub)culturas juvenis: a arte de se tornar visível. In: *Revista Estudos Feministas*, vol. 13, n. 1, p. 107-126.

_____ (2004). O *hip hop* como possibilidade de inclusão e de enfrentamento da discriminação e da segregação na periferia de São Paulo. In: *Caderno CRH*, vol. 17, n. 40, p. 103-115.

WELLER, W.; FERREIRA, E.C.L. & MEIRA, A.P.B. (2009). Relações étnico-raciais e de gênero na escola e no espaço acadêmico: experiências de jovens-negras da Universidade de Brasília. In: *Educação*, vol. 34, p. 77-94. UFSM.

WELLER, W. & OTTE, J. (2014). Análise de narrativas segundo o método documentário: exemplificação a partir de um estudo com gestoras de instituições públicas. In: *Civitas – Revista de Ciências Sociais*, vol. 14, p. 325-340.

WELLER, W. & PFAFF, N. (2012). Transições entre o meio social de origem e o meio acadêmico: discrepâncias no percurso de estudantes da Universidade de Brasília. In: *Estudos de Sociologia*, vol. 18, p. 1-16. Recife.

WELLER, W. & SILVA, C.M. (2014). Método documentário e pesquisa participante: algumas interfaces. In: STRECK, D.; SOBOTTKA, E. & EGGERT, E. (org.). *Conhecer e transformar*: pesquisa-ação e pesquisa participante em diálogo internacional. Curitiba: CRV, p. 267-285.

WELLER, W.; SILVA, I.P. & CARVALHO, N.M. (2011). Discussões de gênero e sexualidade no meio escolar e o lugar da jovem mulher no Ensino Médio. In: DAYRELL, J.; MOREIRA, M.I.C. & STENGEL, M. *Juventudes contemporâneas*: um mosaico de possibilidades. Belo Horizonte: PUC, p. 273-295.

WELLER, W. & SILVEIRA, M. (2008). *Ações afirmativas no sistema educacional*: trajetórias de jovens negras na Universidade de Brasília. In: *Revista Estudos Feministas*, n. 16, p. 931-947.

Inglês

Discussões teóricas e metodológicas básicas

BOHNSACK, R. (2017). Praxeological Sociology of Knowledge and Documentary Method: Karl Mannheim's Framing of Empirical Research. In: KETTLER, D. & MEJA, V. (orgs.). *The Anthem Companion to Karl Mannheim*. Londres/Nova York/Nova Delhi: Amthen Press.

_____ (2014a). Documentary Method. In: FLICK, U. (ed.). *Sage Handbook of Analyzing Qualitative Data*. Thousand Oakes/Londres/Nova Deli, p. 217-233.

_____ (2014b). The Interpretation of Pictures and the Documentary Method. In: HUGHES, J. & GOODWIN, J. (eds.). *Documentary & Archival Research*. Thousand Oakes/Londres/Nova Deli.

_____ (2014c). The Interpretation of Pictures and the Documentary Method. In: HUGHES, J. & GOODWIN, J. (eds.). *Documentary & Archival Research*. Thousand Oakes/Londres/Nova Delhi.

_____ (2010a). The Interpretation of Pictures and the Documentary Method. In: BOHNSACK, R.; PFAFF, N. & Weller, W. (orgs.). *Qualitative Analysis and Documentary Method in International Educational Research*. Opladen/Farmington Hills, p. 267-299 [Disponível em http://www.budrich-verlag.de/pages/details.php?ID=334].

_____ (2010b). Documentary Method and Group Discussions. In: BOHNSACK, R.; PFAFF, N. & WELLER,W. (eds.). *Qualitative Analysis and Documentary Method in International Education Research*. Opladen/Farmington Hills, p. 99-124 [Disponível em http://www. budrich-verlag.de/pages/details.php?ID=334].

_____ (2009). The interpretation of Pictures and the Documentary Method. In: *Historical social Research-Historische*, vol. 34, p. 296-321.

BOHNSACK, R.; PFAFF, N. & WELLER, W. (2010). Reconstructive Research and the Documentary Method in Brazil and German Educational Science – An Introduction. In: BOHNSACK, R.; PFAFF, N. & WELLER, W. (org.). *Qualitative Analysis and Documentary Method in International Educational Research*. Opladen/Farmington Hills, p. 7-38 [Disponível em http://www.budrich-verlag.de/pages/details.php?ID=334].

GEIMER, A. (2015). Varieties of "sociological enlightenment": Critical arts-based inquiry versus German reconstructive social research. In: *International Journal of Qualitative Methods*, 14, p. 16-35 [Disponível em ejournals.library.ualberta.ca/index.php/IJQM/article/view/21069.].

O método documentário na análise de diferentes tipos de dados

ASBRAND, B. (2011). The Meaning of Peer Culture for Learning at School – The Example of a Student Company. In: *Educação Temática Digital (ETD)*, 12/2, p. 59-76. Campinas.

BALTRUSCHAT, A. (2011). Parsprototo: film interpretation according to the documentary method illustrated by means of an example. In: *Educação Temática Digital (ETD)*, 12/2, p. 77-92 [Disponível em http://www.fae.unicamp.br/revista/index.php/etd/article/view/2299].

_____ (2010). Film Interpretation According to the Documentary Method. In: BOHNSACK, R.; PFAFF, N. & WELLER, W. (eds.). *Qualitative Analysis and Documentary Method in International Education Research*. Opladen/Farmington Hills, p. 311-342 [Disponível em http://www.budrich-verlag.de/pages/details.php?ID=334].

GEIMER, A. (2010). Cultural Practices of the Reception and Appropriation of Films from the Stand point of a Praxeological Sociology of Knowledge. In: BOHNSACK, R.; PFAFF, N. & WELLER, W. (orgs.). *Qualitative Analysis and Documentary Method in International Education Research*. Opladen/Farmington Hills, p. 293-309 [Disponível em http://www.budrich-verlag.de/pages/details.php?ID=334].

GÖHLICH, M. & WAGNER-WILLI, M. (2010). Rituals in daily schoo llife. In: WULF, C.; ALTHANS, B.; AUDEHM, K.; BAUSCH, C.; GÖHLICH, M.; STING, S.; TERVOOREN, A.; WAGNER-WILLI, M. & ZIRFAS, J. (orgs.). *Ritual and Identity* – The staging and performing of rituals in the lives of young people. Londres, p. 39-80 [Ethnographie and Education – Book Series].

_____ (2003). Peerson the Thres hold to Lessons – Making and Dealing with Differences in a School's Everyday life. In: QVARSELL, B. & WULF, C. (orgs.). *Culture and Education*. Münster/Nova York, p. 183-193.

HELSPER, W.; KRÜGER, H.-H.; FRITZSCHE, S.; PFAFF, N. & SANDRING, S. (2008). Political attitudes of young people between school and peerculture. In: KRÜGER, H.-H. et al. (orgs.). *Family, School, Youth Culture* – Networked Spaces of Education and Social Inequality from the Perspective of Pupil Research. Leverkusen, p. 93-114.

KRÜGER, H.-H.; KÖHLER, S.-M.; PFAFF, N. & ZSCHACH, M. (2011). Peer Group, Educational Distinction and Educational Biographies. In: *Childhood*, 18/3, p. 474-490.

LIEBEL, V. (2016). The historian and the deal with the pictorial sources – The alternative of the documentary method. In: *Topi* – Revista de História, vol. 17, p. 372-398.

_____ (2015). Ângelo Agostini and the Cartoons at the Imperial Twilight-Preliminary Notes on the Abolition in Brazil. In: *Almanack*, n. 11, dez., p. 742-758. Guarulhos.

NOHL, A.-M. (2015). Typical Phases of Transformative Learning – A Practice-Based Model. In: *Adult Education Quarterly*, 65 (1), p. 35-49 [Disponível em http://aeq.sagepub.com/cgi/reprint/65/1/35.pdf?ijkey=E0x85zCGqvRN5eo&keytype=finite].

_____ (2010). Narrative Interview and Documentary Interpretation. In: BOHNSACK, R.; PFAFF, N. & WELLER, W. (orgs.). *Qualitative Analysis and Documentary Method in International Education Research*. Opladen/Farmington Hills, p. 195-217 [Disponível em http://www.budrich-verlag.de/pages/details.php?ID=334].

_____ (2009). Spontaneous Action and Transformative Learning – Empirical Investigations and Pragmatist Reflections. In: *Educational Philosophy and Theory*, 41/3, p. 287-306.

NOHL, A.-M. & OFNER, U.S. (2010). Migration and Ethnicity in Documentary Interpretation – Perspectives from a Project on High Qualified Migrants. In: BOHNSACK, R.; PFAFF, N. & WELLER, W. (orgs.). *Qualitative Analysis and Documentary Method in International Education Research*. Opladen/Farmington Hills, p. 237-264 [Disponível em http://www.budrich-verlag.de/pages/details.php?ID=334].

NOHL, A.-M.; SCHITTENHELM, K.; SCHMIDTKE, O. & WEISS, A. (2014). *Workin Transition* – Cultural Capital and highly skilled migrants'passages into the labour market. Toronto.

NOHL, A.-M. & SOMEL, R.N. (2016a). *Education and Social Dynamics*: A Multi level Analysis of Curriculum Change in Turkey. Londres/Nova York: Routledge [Studies in Curriculum Theory Series].

_____ (2016b). Curricular Changein Turkey: Time, Sequentiality, and Differential Power of Actors in Establishing a New Knowledge Path. In: *Journal of Educational Change*.

_____ (2015). Practicing a New Curriculum in Turkey: Loose Coupling, Organizational and Social Milieus, and their Practical Capital Formations. In: *British Journal of Sociology of Education* [Disponível em http://dx.doi.org/10.1080/01425692.2015.1042148].

PFAFF, N. (2010a). Social Distinction in Children's Peer Groups: First Results from Brazil and Germany. In: BOHNSACK, R.; PFAFF, N. & WELLER, W. (orgs.). *Qualitative Analysis and Documentary Method in International Education Research.* Opladen/Farmington Hills, p. 165-192 [Disponível em http://www.budrich-verlag.de/pages/details.php?ID=334].

_____ (2010b). Gendered Worlds of Preadolescents as a Matter of Class – Results from two German Studies. In: *Childhood,* 17, p. 43-60.

_____ (2009). Youth Culture and the Development of Civic Competencies: How Young People Politicize Among Each Other. In: *Young,* 17/2, p. 167-189.

_____ (2005). Adolescent Ways of Political Learning: Results from East Germany. In: FORBRIG, J.; LAURITZEN, P. & SCHILD, H.-J. (orgs.). *Revisiting Youth Political Participation.* Challenges for Research and Democratic Practice in Europe. Brüssel, p. 71-82.

PHILIPPS, A. (2015a). Defacing Election Posters – A Form of Political Culture Jamming? In: *Popular Communication,* 13/3.

_____ (2015b). Defining Visual Street Art: Incontrast to political stencils. In: *Visual Anthropology,* 28/1, p. 51-66.

_____ (2012). "Visual protest material as empirical data". In: *Visual Communication,* 11/1, p. 3-21.

SABISCH, A. & MELLENTHIN, S. (2010). Recording and Representing Aesthetic Experiences in Diaries. In: BOHNSACK, R.; PFAFF, N. & WELLER, W. (orgs.). *Qualitative Analysis and Documentary Method in International Education Research.* Opladen/Farmington Hills, p. 343-363 [Disponível em http://www.budrich-verlag.de/pages/details.php?ID=334].

SCHÄFFER, B. (2007). The Digital Literacy of Seniors. In: *Research on Comparative and International Education,* 2/1, p. 29-42 [Disponível em http://www.words.co.uk/rcie/content/pdfs/2/issue2_1.asp].

SCHITTENHELM, K. (2010). School-to-Work Transitions of Young Women – A Cross-Cultural Approach Based on Group Discussions. In: BOHNSACK, R.; PFAFF, N. & WELLER, W. (orgs.). *Qualitative Analysis and Documentary Method in International Education Research.* Opladen/Farmington Hills, p. 125-142 [Disponível em http://www.budrich-verlag.de/pages/details.php?ID=334].

SOMEL, R.N. & NOHL, A.-M. (2015). Social Change, Competition and Inequality – Macro Societal Patterns Reflected in Curriculum Practices of Turkish Schools. In: *Comparative Education,* 51(4), p. 502-518 [Disponível em http://dx.doi.org/10.1080/03050068.2015.1081797].

STOTTEN, R. (2018). Through the agrarian lens: an extended approach to reflexive photography with farmers. In: *Visual Studies,* vol. 33, p. 374-394.

WAGNER-WILLI, M. (2012). On the Multidimensional Analysis of Video Data: Documentary Interpretation of Interaction in Schools. In: KNOBLAUCH, H.; SCHNETTLER, B.; RAAB, J. & SOEFFNER, H. (orgs.). *Video analysis Methodology and Methods* – Qualitative Audio visual Data Analysis in Sociology. Frankfurt a. M., p. 143-153.

WATSON, P.G. (2018). The Documentary of [video] Interpretation: A Paradoxical Verdict in a Police-Involved Shooting and its Consequences for Understanding Crime on Camera. In: *Human Studies*, vol. 41, p. 121-135.

WEISS, A. & NOHL, A.-M. (2012). Overcoming methodological nationalism in migration research – Cases and contexts in multi-level comparisons. In: AMELINA, A.; NERGIZ, D.D.; FAIST, T. & SCHILLER, N.G. (orgs.). *Beyond Methodological Nationalism* – Research Methodologies for Cross-Border Studies. Londres, p. 65-87.

WELLER, W. (2010). The Feminine Presence in Youth (Sub) Culture: The Art of Becoming Visible. In: BOHNSACK, R.; PFAFF, N. & WELLER, W. (orgs.). *Qualitative Analysis and Documentary Method in International Education Research*. Opladen/Farmington Hills, p. 143-163 [Disponível em http://www.budrich-verlag.de/pages/details.php?ID=334].

WELLER, W.; BASSALO, L. & PFFAF, N. (2018). Collecting data for Analyzing Blogs. In: FLICK, U. (org.). *The Sage handbook of Qualitative Data Collection*. Vol. 1. Londres: Sage, p. 482-495.

WELLER, W. & SILVA, C.M. (2011). Documentary Method and Participatory Research: Some Interfaces. In: *International Journal of Action Research*, 7/3, p. 294-318.

WELLER, W. & TELLA, M.A.P. (2011). Hip-Hop in São Paulo: Identity, Community Formation, and Social Action. In: AVELAR, I. & DUNN, C. (orgs.). *Brazilian Popular Music and Citizenship*. Durham, NC, p. 188-203.

XIAOFEI, H. (2016). *Motion Pictures and the Image of the City* – A Documentary Interpretation. Wiesbaden.

Glossário do método documentário (alemão, inglês, português)

Terminologia do método documentário[1]

Enaktierung	Enacting	Apropriação
• Enaktierungspotential	• Potential of enacting	• Potencial de apropriação (de apropriar-se)
Erlebnis / Erfahrung	**Experience**	**Vivência / Experiência**
• Erlebnisschichtung	• Stratification of experience	• Estratificação da experiência
• Konjunktiver Erfahrungsraum	• Conjunctive space of experience	• Espaço de experiências conjuntivas
• Gemeinsamkeit des strukturidentischen Erlebens	• Commonalities of structurally identical experiencies	• Base comum de experiências estruturalmente idênticas
Gebundenheit	**Dependence**	**Vinculação**
• Dimensionsgebundenheit	• Dimensional dependence	• Vínculo dimencional
Geltungscharakter	**Validity**	**Validade**
• Einklammerung des Geltungscharakters	• Bracketing the validity aspect	• Pôr entre parêntesis o caráter de validade

---

1 Optamos pela ordem alfabética dos termos em alemão. Esta lista foi organizada a partir de um glossário alemão/francês do método documentário elaborado por Adeline Busson Hurmaci em sua tese de doutorado *Retour en images sur la vie en RDA – Une étude de cas à partir de photo-interviews biographiques pour une nouvelle approche de la question identitaire*, defendida em 2015 na Université du Maine, França. A tradução do francês foi realizada por Denise Gisele de Britto Damasco e revista a partir dos termos no original, em alemão. A tradução dos termos para o inglês foi realizada por Ralf Bohnsack.

Homologie	**Homology**	**Homologia**
• Homologie	• Homology	• Homologia
Horizont	**Horizon**	**Horizonte**
• Gegenhorizont (negativer oder positiver)	• Counterhorizon (negative or positive)	• Horizonte oposto / contrahorizonte (negativo ou positivo)
• Vergleichshorizont	• Horizon of comparison	• Horizonte de comparação
Kultur	**Culture**	**Cultura**
• Kulturobjektivationen	• Cultural objectivations	• Objetivações culturais
• Kulturgebilde	• Cultural phenomena	• Fenômenos culturais
Lagerung	**Location**	**Posição**[2]
• Soziale Lagerung	• Social location	• Posição social
• Generationslagerung	• Generation location	• Posição geracional
Muster	**Pattern**	**Padrão**
• Deutungsmuster	• Interpretative pattern/ pattern of interpretation	• Padrão interpretativo
Orientierung	**Orientation**	**Orientação**
• Orientierungsrahmen (konjunktiver)	• (Conjunctive) frame of orientation	• Quadro de orientação (conjuntiva)
• Orientierungsmuster	• Pattern of orientation	• Padrão (modelo) de orientação
• Orientierungsschemata	• Scheme of orientation	• Esquema de orientação
Sinn	**Meaning**	**Sentido**
• Ausdruckssinn (intendierter)	• Expressive (intended) meaning	• Sentido expressivo (intencional)
• Dokumentsinn	• Documentary meaning	• Sentido documentário
• Immanenter Sinn	• Immanent meaning	• Sentido imanente
• Objektsinn	• Objective meaning	• Sentido objetivo

---

2 Optamos aqui pelo termo "posição", seguindo a tradução do alemão para o espanhol do artigo "O problema das gerações", de Karl Mannheim.

• Sinnmuster	• Pattern of meaning	• Padrão de sentido
• Sinnschichten	• Layers of meaning	• Estratos de sentido
• Sinnzusammenhang	• Context of meaning	• Contexto do sentido
• Subjektiv gemeinter Sinn	• Subjective meaning	• Sentido subjetivo
Sozial	**Social**	**Social**
• Soziale Lebensräume	• Social life spaces	• Espaços de vida sociais
• Soziale Szenarien	• Social scenes	• Cenários sociais
• Soziale Verankerung / Verwurzelung des Denkens im sozialen Raum	• Social anchoring or rootedness	• Ancoramento social / Enraizamento do pensamento no espaço social
Subjekt	**Subject**	**Sujeito**
• Geistiges Subjekt	• Mental subject	• Sujeito espiritual
• Kollektivsubjekt	• Collective subject	• Sujeito coletivo
System	**System**	**Sistema**
• Relevanzsystem	• System of relevances	• Sistema de relevância
Tertium	**Tertium**	**Tertium**
• Gemeinsames Dritte / Tertium comparationis	• Tertium comparationis	• *Tertium* comparativo
Typenbildung	**Typification**	**Construção de tipos**
• Sinngenetische Typenbildung	• Meaning-genetic typification	• Construção de tipos de sentido genético
• Soziogenetische Typenbildung	• Socio-genetic typification	• Construção de tipos sociogenéticos
Typus	**Tipe**	**Tipo**
• Idealtypus	• Ideal tipe	• Tipo ideal
Wissen	**Knowledge**	**Conhecimento**
• Alltagswissen	• Common sense knowledge	• Conhecimento cotidiano
• Atheoretisches Wissen	• Atheoretical knowledge	• Conhecimento ateórico

• Implizites Wissen	• Tacit knowledge	• Conhecimento implícito
• Inkorporiertes Wissen	• Incorporated knowledge	• Conhecimento incorporado
• Konjunktives Wissen	• Conjunctive knowledge	• Conhecimento conjuntivo
• Handlungsleitendes Erfahrungswissen	• Action orientating knowledge	• Ação dirigida pelo conhecimento experienciado
• Handlungspraktisches Wissen	• Practical knowledge	• Conhecimento prático
• Kommunikativ-generalisiertes Wissen (reflexives theoretisches Wissen)	• Communicative generalized knowledge (knowledge of theoretical reflection)	• Conhecimento comunicativo generalizado (conhecimento teórico--reflexivo)
• Seinsverbundenheit des Wissens	• Existential connectedness (*or* connection) of knowledge	• [Determinação existencial do conhecimento[3]]
• Standortgebundenheit von Wissen und Denken	• Social connectedness of knowledge and thinking	• Condicionamento local (ou social) do conhecimento e do pensamento[4]
• Vorwissen	• Previous knowledge	• Conhecimento prévio
• Wissensbestände	• Set of knowledge	• Conjunto de conhecimentos (ou saberes)

Terminologia utilizada na interpretação de imagens e textos

Bild – Bildanalyse	Picture – Analysis of pictures	Fotografia/Imagem – Análise de...
• Bildhintergrund	• Picture background	• Plano de fundo da imagem
• Bildmittelhintergrund	• Picture middle ground	• Plano intermediário da imagem

3 Esta tradução se encontra em *A construção social da realidade*, de Berger e Luckmann (Editora Vozes, 1998, p. 15) e também nas traduções de *Ideologia e utopia*, de Karl Mannheim. No artigo "Praxeological Sociology of Knowledge" (2017) Bohnsack faz uma crítica a essa tradução, argumentando que ela não transmite a particularidade da sociologia do conhecimento de Karl Mannheim.

4 Tradução utilizada em francês, realizada por Adeline Hurmaci e adotada na tradução da obra para o português. O termo "*Gebunden*" remete a estar conectado ou vinculado a algo, e "*Standort*" remete à situação local. Nesse sentido, também poderíamos traduzir como "vinculação local do conhecimento e do pensamento".

• Bildmittelpunkt	• Picture center	• Ponto central da imagem
• Bildvordergrund	• Foreground of the picture	• Primeiro plano da imagem
• Perspektive	• Perspectivity	• Perspectiva
• Planimetrie	• Planimetry	• Planimetria
• Schärfe/Unschärfe-Verhältnis (des Bildes)	• Relation of image focus and image softness	• Relação nítido/desfocado
• Szenische Choreographie	• Scenic choreography	• Coreografia cênica
Bildinterpretation (Arbeitsschritte)	**Interpretation of pictures (working steps)**	**Interpretação de fotografias/imagens (Passos da)**
Formulierende Interpretation	*Formulating interpretation*	*Interpretação formulada*
• Vor-ikonografische Interpretation	• Pre-iconographic interpretation	• Interpretação pré-iconográfica
• Ikonografische Interpretation	• Iconographic interpretation	• Interpretação iconográfica
Reflektierende Interpretation	*Reflecting interpretation*	*Interpretação refletida*
• Formale Komposition	• Formal composition	• Composição formal
• Ikonologisch-ikonische Interpretation	• Iconological-iconic interpretation	• Interpretação icônica--iconológica
Komparative Analyse	*Comparative Analysis*	*Análise comparativa*
Interpretation (Arbeitsschritte)	**Interpretation (working steps)**	**Interpretação (Passos da)**
• Formulierende Interpretation	• Formulating interpretation	• Interputação formulada
• Reflektierende Interpretation	• Reflecting interpretation	• Interpretação refletida
• Komparative Analyse	• Comparative Analysis	• Análise comparativa
• Typenbildung	• Typification	• Construção de tipos

Text – Textanalyse	Text – Text analysis	Texto – Análise de texto
• Argumentation	• Argumentation	• Argumentação
• Beschreibung	• Depiction	• Descrição
• Bewertung	• Evaluation	• Avaliação
• Darstellungsmodus	• Mode of presentation	• Modo de apresentação
• Diskursorganisation	• Organization of discourse	• Organização do discurso
• Diskursverlauf	• Process of discourse	• Desenvolvimento do discurso
• Erzählung / Eingangserzählung	• Narration/ initial narration	• Narração / narração inicial
• Eingangspassage•	• Initial passage	• Passagem inicial
• Fokussierungsmetapher	• Focusing metaphor	• Metáfora de foco
• Stegreiferzählung	• Extemporized narration	• Narração improvisada
• Thematischer Verlauf	• Topical development	• Desenvolvimento temático
• Theorie des eigenen Selbst	• Theory about ones own self	• Teoria sobre o seu próprio eu
• Übergegensätzlichkeit	• Ambivalence (transcontrariness)	• Ambivalência

Metodologia do estudo e pesquisa

Facilitando a vida dos estudantes, professores e pesquisadores

Lourdes Meireles Leão

O processo de construção do conhecimento científico não se desenvolve espontaneamente. Para isso é necessário um estudo sistemático e rigoroso. A metodologia é um instrumento de extrema utilidade para subsidiar professores, pesquisadores, profissionais de diferentes áreas e alunos dos cursos superiores neste empreendimento. O caminho a ser percorrido exige hábitos e operacionalização de técnicas de estudo e de trabalho que tornem os esforços realmente produtivos. O domínio de métodos e técnicas de leitura e interpretação de textos, como também de elaboração de trabalhos científicos (artigos, monografias, dissertações e teses) constitui uma exigência para todos aqueles que pretendem percorrer esse caminho.

Esse livro se apresenta como uma introdução geral à metodologia científica, tendo como objetivo principal demonstrar as bases e as estruturas do trabalho científico, desde atividades discentes até trabalhos de maior rigor metodológico. Conteúdo essencial exemplificado, linguagem simples e objetiva, texto dividido de maneira didática são as características desse livro que abrange considerações sobre conhecimento, ciência e método, regras de como estudar, elaboração de resumos, esquemas e fichas de leitura, confecção de trabalhos científicos escritos, apresentações orais e noções elementares de pesquisas.

Lourdes Meireles Leão é mestre e doutora em Psicologia Cognitiva; especialista em Psicologia Clínica, docente e pesquisadora do Departamento de Educação da Universidade Federal Rural de Pernambuco. Ministrou as disciplinas Psicologia Social, Psicologia Aplicada às Relações Humanas, Psicologia da Aprendizagem, Psicologia do Desenvolvimento, Gestão de Pessoas e Serviços, Metodologia do Trabalho Científico, Psicologia e Sociedade nos cursos de graduação e Metodologia da Pesquisa Científica nos cursos de Pós-graduação de Medicina Veterinária e demais Ciências Agrárias. Autora de artigos relacionados às áreas de Psicologia e Linguagem. Atualmente aposentada, ministra, como professora-convidada, a disciplina Metodologia da Pesquisa Científica no curso de Pós-Graduação de Medicina Veterinária e demais Ciências Agrárias, na Universidade Federal Rural de Pernambuco.

CULTURAL

Administração
Antropologia
Biografias
Comunicação
Dinâmicas e Jogos
Ecologia e Meio Ambiente
Educação e Pedagogia
Filosofia
História
Letras e Literatura
Obras de referência
Política
Psicologia
Saúde e Nutrição
Serviço Social e Trabalho
Sociologia

CATEQUÉTICO PASTORAL

Catequese
Geral
Crisma
Primeira Eucaristia

Pastoral
Geral
Sacramental
Familiar
Social
Ensino Religioso Escolar

TEOLÓGICO ESPIRITUAL

Biografias
Devocionários
Espiritualidade e Mística
Espiritualidade Mariana
Franciscanismo
Autoconhecimento
Liturgia
Obras de referência
Sagrada Escritura e Livros Apócrifos

Teologia
Bíblica
Histórica
Prática
Sistemática

VOZES NOBILIS

Uma linha editorial especial, com importantes autores, alto valor agregado e qualidade superior.

REVISTAS

Concilium
Estudos Bíblicos
Grande Sinal
REB (Revista Eclesiástica Brasileira)

VOZES DE BOLSO

Obras clássicas de Ciências Humanas em formato de bolso.

PRODUTOS SAZONAIS

Folhinha do Sagrado Coração de Jesus
Calendário de mesa do Sagrado Coração de Jesus
Agenda do Sagrado Coração de Jesus
Almanaque Santo Antônio
Agendinha
Diário Vozes
Meditações para o dia a dia
Encontro diário com Deus
Guia Litúrgico

CADASTRE-SE
www.vozes.com.br

EDITORA VOZES LTDA.
Rua Frei Luís, 100 – Centro – Cep 25689-900 – Petrópolis, RJ
Tel.: (24) 2233-9000 – Fax: (24) 2231-4676 – E-mail: vendas@vozes.com.br

UNIDADES NO BRASIL: Belo Horizonte, MG – Brasília, DF – Campinas, SP – Cuiabá, MT
Curitiba, PR – Fortaleza, CE – Goiânia, GO – Juiz de Fora, MG
Manaus, AM – Petrópolis, RJ – Porto Alegre, RS – Recife, PE – Rio de Janeiro, RJ
Salvador, BA – São Paulo, SP